de Gruyter Studienbuch

Helmut Henne / Helmut Rehbock

Einführung in die Gesprächsanalyse

Vierte,
durchgesehene und
bibliographisch ergänzte Auflage

Walter de Gruyter · Berlin · New York
2001

♾ Gedruckt auf säurefreiem Papier,
das die US-ANSI-Norm über Haltbarkeit erfüllt.

Die Deutsche Bibliothek – CIP-Kurztitelaufnahme

Henne, Helmut:
Einführung in die Gesprächsanalyse / Helmut Henne / Helmut Rehbock. – 4., durchges. und bibliogr. erg. Aufl. – Berlin ; New York : de Gruyter, 2001
(De-Gruyter-Studienbuch)
ISBN 3-11-017217-8

© Copyright 2001 by Walter de Gruyter GmbH & Co. KG,
D-10785 Berlin

Dieses Werk einschließlich aller seiner Teile ist urheberrechtlich geschützt. Jede Verwertung außerhalb der engen Grenzen des Urheberrechtsgesetzes ist ohne Zustimmung des Verlages unzulässig und strafbar. Das gilt insbesondere für Vervielfältigungen, Übersetzungen, Mikroverfilmungen und die Einspeicherung und Verarbeitung in elektronischen Systemen.

Printed in Germany

Satz: Arthur Collignon GmbH, Berlin & Werksatz, Gräfenhainichen
Druck und Bindung: WB-Druck, Rieden am Forggensee
Umschlaggestaltung: Hansbernd Lindemann, Berlin

Vorbemerkung

Mit der nachfolgenden Einführung informieren wir über ein neues Teilgebiet einer pragmatisch fundierten Sprachwissenschaft. Dabei können wir nicht in Anspruch nehmen, alle Standpunkte und Probleme referiert zu haben; dazu sind jene zu kontrovers und diese zu wenig durchgearbeitet. Hingegen haben wir versucht, auch unsere eigenen Entwürfe einzubringen und, im Vergleich, zur Diskussion zu stellen.

Gesprächsanalyse stellt sich uns als bedeutsames Kapitel der Sprachpragmatik dar: bedeutsam deshalb, weil Gesprächsanalyse die Praxis jedes einzelnen als Sprecher und Hörer in Gesprächen betrifft; bedeutsam aber auch, weil Gespräche (Unterrichtsgespräche, Diskussionen, Interviews) im pädagogischen Sektor, in Politik, Kultur und Literatur eine wichtige Rolle spielen. Als Germanisten haben wir der Analyse deutschsprachige Gesprächstexte zugrundegelegt und zugleich Hinweise dafür gegeben, daß das Gespräch als Gegenstand der Germanistik (wieder) zu entdecken ist.

Das Buch wendet sich an diejenigen, die sich für Probleme der Sprache interessieren und linguistische Grundkenntnisse besitzen, insbesondere an Studenten der Germanistik und anderer philologischer Fächer.

Diese Einführung faßt eine mehr als zweijährige Lehr- und Forschungstätigkeit zusammen. In Vorlesung, Seminar und Übung haben wir den Stoff unter wechselnden Gesichtspunkten vorgetragen und diskutiert. Die teilnehmenden Braunschweiger Studenten waren aufmerksame Zuhörer und kritische Diskussionspartner, deren Beiträge uns an vielen Stellen weiterhalfen. Darüber hinaus haben wir bei Vorträgen und Kolloquien in Zürich, Lund, Oslo, Loccum und Düsseldorf Erfahrungen gesammelt und wichtige Hinweise erhalten. Den Gesprächspartnern sei hiermit vielmals gedankt.

Der nachstehende Text ist auf der Basis einer gemeinsam erarbeiteten Konzeption erwachsen. Der Text wird deshalb gemeinsam verantwortet. Eine strikte Arbeitstrennung gab es nur für Kapitel 1 (Henne) und Kapitel 2 (Rehbock). Kapitel 4 bis 6 wurden zu gleichen Teilen formuliert. An der Notation der Gespräche (Kapitel 3) hat Wolfgang Jost entscheidend mitgewirkt.

Unser Dank gebührt nicht nur ihm, sondern auch Rolf Kanth, der uns bei Reinschrift und Drucklegung unterstützt hat. Dieter Cherubim danken wir für kritische Lektüre und wichtige Hinweise und Verbesserungen. In gleicher Weise haben uns die Gespräche mit Inger Rosengren, Lund, und Horst Sitta, Zürich, weitergeholfen. Diesem danken wir zugleich für briefliche Anmerkungen nach Durchsicht unseres Textes.

Braunschweig, im Oktober 1978

Vorwort zur zweiten Auflage

Der Neuauflage unserer ‚Einführung' haben wir ein 7. Kapitel hinzugefügt, das ein Forschungsreferat zu allgemeinen und einzelsprachlichen Problemen der Gesprächsanalyse enthält; darüber hinaus Hinweise und Bemerkungen zu Grundbegriffen und einzelsprachlichen Gesprächsmitteln.

Zum Aufbau der Kapitel 1 bis 6 sind in 4.1. einige Hinweise gegeben. Wir verweisen hierauf den geneigten und (möglicherweise) eiligen Leser. Daß er auch diese Auflage so freundlich aufnimmt wie die erste, wünschen wir uns. Mit diesem Wunsch verbinden wir den Dank an alle, die uns durch Gespräche und bei der Herstellung des Manuskripts gefördert haben.

H. H./H. R.

Vorbemerkung

Vorwort zur dritten Auflage

Unserer Einführung, die sich im Universitätsunterricht bewährt hat, fügen wir eine Auswahl von Arbeiten hinzu, welche die Forschung bis 1994 dokumentieren. Die knapp 100 Titel sind ein Angebot für diejenigen, die einen Überblick über die neuere Forschung gewinnen und wissenschaftlich weiterarbeiten möchten.

Braunschweig, im Februar 1995 H. H./H. R.

Vorwort zur vierten Auflage

Unsere Einführung präsentiert sich zwar in neuem Gewande, behält jedoch auch in dieser Auflage den bewährten Text. Wir meinen, daß er nach wie vor geeignet ist, den Zugang zum Gebiet der Gesprächsanalyse zu öffnen: indem er nämlich die elementaren Kategorien ausführlich begründet und veranschaulicht sowie die Vielzahl wissenschaftlicher Vertiefungen im Umriß zeigt. Diese Zielsetzung würde gefährdet, wollten wir versuchen, die Flut neuerer gesprächsanalytischer Veröffentlichungen in der Vielfalt ihrer Positionen, Fragestellungen und Ergebnisse in Textzusätzen und Ergänzungskapiteln einzufangen. Wir halten demgegenüber fest an der überschaubaren Form des Einführungstextes und aktualisieren lediglich den bibliographischen Anhang durch eine Auswahl von gut 60 Titeln, die den gegenwärtigen Stand der deutschen und angelsächsischen Forschung repräsentiert.

Braunschweig, im April 2001 H. H./H. R.

Inhalt

1. Wissenschaftliche Analyse von Gesprächen: eine neue linguistische Disziplin? 1
   1.1. Amerikanische und europäische Gesprächsforschung 1
   1.2. Philosophische Dialogtheorie und Poetik des Dialogs – zur europäischen Dialogforschung 3
   1.3. Theorie und Analyse des Gesprächs 6
       1.3.1. Die Kategorie Gespräch 6
       1.3.2. Gespräch, Sprechakt und Sprechakttheorie 9
       1.3.3 Kategorien der Gesprächsanalyse 12
       1.3.4. Zur soziologischen und pragmatischen Situierung des Gesprächs 22
2. Probleme wissenschaftlicher Aufzeichnung von Gesprächen ... 33
   2.1. Beobachtete, erinnerte und (re)konstruierte Gespräche ... 33
   2.2. Methodologie der Korpuserstellung I: Aufzeichnung als Selektion 39
       2.2.1. Das Korpus als repräsentative Stichprobe 39
       2.2.2. Selektion der Variablen und Einheiten 41
       2.2.3. Variablen der Beobachtungssituation 43
       2.2.4. Medienspezifische Datenselektion 46
       2.2.5. Notationsspezifische Datenselektion 47
   2.3. Methodologie der Korpuserstellung II: Aufzeichnung als Interpretation 49
   2.4. Datentypen in Gesprächsnotaten 54
   2.5. Entwurf eines gesprächsanalytisch orientierten Notationssystems 66
       2.5.1. Absicht und Zweck des Entwurfs 66
       2.5.2. Das Notationssystem 71
           2.5.2.1. Anordnung der Daten 71
           2.5.2.2. Bezeichnung der Interaktanten 72
           2.5.2.3. Segmentale sprachliche Zeichen 73
           2.5.2.4. Suprasegmentale sprachliche Zeichen 75
           2.5.2.5. Nicht-sprachliche Lautäußerungen und -produktionen 78
           2.5.2.6. Sichtbare personengebundene Ereignisse 79
           2.5.2.7. Nicht-personengebundene Ereignisse 81
           2.5.2.8. Bedeutungsangaben 81

X Inhalt

2.5.2.9. Angaben zum Gesprächsbereich und zum
 Gesprächstyp 81
2.5.2.10. Zeitzählung 82
3. Gesprächstexte in wissenschaftlicher Aufzeichnung 83
3.1. Ein Verkaufsgespräch in gesprächsanalytischer Notation .. 83
3.2. Ausschnitt eines Partygesprächs in gesprächsanalytischer Notation 118
4. Entwicklung von Kategorien und Analyseverfahren am Beispiel der notierten Gespräche 152
4.1. Neue Empirie – zur Entwicklung der Argumentation und zum Aufbau der Einführung 152
4.2. Informelle Analyse des Verkaufsgesprächs 154
4.3. Gesprächsanalytische Kategorien 166
 4.3.1. Gesprächshandlungen 166
 4.3.2. Gesprächsschritte, Gesprächssequenzen und simultane Gesprächsschritte 168
 4.3.3. Hörerrückmeldungen, spontane Kommentarschritte und Gesprächsschrittbeanspruchungen 170
 4.3.4. Gesprächsakte und Rückmeldungsakte 175
 4.3.5. Gesprächsphasen und -teilphasen 180
 4.3.6. Kategorien der Mikroebene 181
4.4. Folgestrukturen von Gesprächseinheiten 183
 4.4.1. Gesprächsschrittwechsel 184
  4.4.1.1. Typen des Wechsels 184
  4.4.1.2. Gesprächsschrittbezogene Anzeichen und Zeichen 191
 4.4.2. Gesprächsaktverknüpfung 195
  4.4.2.1. Basisregeln, Normen, Obligationen 195
  4.4.2.2. Determination von Gesprächsakten 199
  4.4.2.3. Responsivität von Gesprächsakten 205
 4.4.3. Distributionsanalyse und Interaktionsstruktur 210
4.5. Zur Analyse des Partygesprächs 215
5. Anwendungsaspekte der Gesprächsanalyse 224
5.1. Anwendungsbereiche – eine orientierende Übersicht 224
5.2. Gesprächsanalyse und Sprachgeschichte 228
5.3. Gesprächsanalyse und Kommunikation im Unterricht 235
6. Gesprächsanalytische Kategorien: systematische Übersicht 247
7. Neuere Gesprächsforschung: Fortschritte und Probleme 250
7.1. Schwerpunkte der Gesprächsforschung 250

Inhalt XI

7.2. Gesprächsanalytische Grundbegriffe: Korrekturen und Differenzierungen 255
    7.2.1. Gespräche und Gesprächsphasen: Probleme ihrer Definition und Abgrenzung 255
    7.2.2. Gesprächsrollen: Probleme ihrer Differenzierung und Überlagerung 260
    7.2.3. Kontextspezifische Gesprächsakt- und Gesprächshandlungsstrukturen 266
7.3. Sprachliche Mittel dialogischen Handelns – am Beispiel eines Gesprächsausschnitts 273
7.4. Sprachliche Mittel dialogischen Handelns – Hinweise zur neueren Forschung 287

Literaturverzeichnis 295

Bibliographischer Anhang 315

Sachregister 327

1. Wissenschaftliche Analyse von Gesprächen: eine neue linguistische Disziplin?

1.1. Amerikanische und europäische Gesprächsforschung

Die einen nennen es „Konversationsanalyse" (*Kallmeyer/Schütze* 1976), die anderen „Diskursanalyse" (*Wunderlich* 1976) oder „Linguistik des Dialogs" (*Steger* 1976). Diejenigen, die schon zu Beginn der siebziger Jahre Gespräche unter linguistisch-kommunikativem Gesichtspunkt analysierten, führten den Begriff „Gesprächsanalyse" ein (*Ungeheuer* 1974). Die Variation der Begriffe und Termini darf nicht täuschen: Was sich unter wechselndem Namen kundgibt, stellt eine Rezeption der amerikanischen „conversational analysis" dar oder ist doch wesentlich durch diese angeregt. An dieser Stelle soll nicht zum Problem werden, daß die Conversational analysis selbst in unterschiedlichen Forschungsansätzen vorliegt; wohl aber soll die Neuheit der amerikanischen Gesprächsforschung und ihrer deutschen Schwester oder Tochter diskutiert werden. Diese Diskussion muß zumindest zwei Fragen erörtern: Wie neu ist der Untersuchungsgegenstand Gespräch innerhalb der Wissenschaft, und wie neu sind die Einsichten, die die „neue" Gesprächsforschung liefert.

Die erste Frage kann sehr schnell beantwortet werden. Wenn der Mensch durch seine Sprachfähigkeit erst zum Menschen wird, dann bedeutet diese Sprachfähigkeit zugleich, daß der Mensch mit anderen Menschen in ein Gemeinsames und das heißt: in ein Gespräch eintreten kann. Die Kategorie Gespräch muß somit als grundlegend für jede Form menschlicher Gesellschaft angesehen werden. Von daher ist es naheliegend, daß die Wissenschaft der Bedeutung des Gesprächs im Leben der Menschen nachgegangen ist. Philosophische Dialogtheorie und -forschung; geistes- und literaturwissenschaftliche Gesprächsforschung im Rahmen einer Poetik des Dialogs; die pädagogischen Bemühungen um eine

Gesprächstheorie im allgemeinen und eine Theorie des Unterrichtsgesprächs im besonderen mögen die Skeptiker trösten: Viele Aspekte des Gesprächs hat die Wissenschaft, d.h. haben Philosophie und Einzelwissenschaften beschrieben. Griechische Philosophie ist darüber hinaus im europäischen Kulturkreis in erster Linie in den von Plato entworfenen Dialogen des Sokrates mit seinen wechselnden Gesprächspartnern präsent: Am Anfang europäischer Philosophie war das Gespräch. Wenn also das Gespräch als Mittel der Philosophie und als Untersuchungsgegenstand der Wissenschaft zwar nicht so alt wie die Menschheit ist, wohl aber die Wissenschaft von Anfang an begleitet, muß vor allem die Neuheit der Ergebnisse amerikanischer Gesprächsforschung zur Debatte stehen.

Die Frage nach den neuen Einsichten kann aber nicht beantwortet werden, ohne daß der theoretische Rahmen und das veränderte methodische Vorgehen dargestellt werden. Das soll in 1.3. erfolgen, nachdem zuvor die Umrisse (alt)europäischer Forschung in 1.2. skizziert sind. Um aber schon hier die neue kommunikativ-pragmatische Fragestellung anzudeuten, sei auf den Begriff des „turn" eingegangen. Dieser Begriff, der im Deutschen mit Gesprächsschritt oder Gesprächsbeitrag (relativ umständlich) wiederzugeben ist, wird von *Yngve* (1970) in das Zentrum einer Abhandlung gestellt. *Yngve* konstatiert, daß das Wechseln des Gesprächsbeitrages von einem Partner zum anderen, also der Sprecherwechsel, der offenkundigste Aspekt eines Gesprächs sei; er folgert, daß es ein System von Regeln geben müsse, das durch konventionelle Signale realisiert werde, deren Austausch den zumeist reibungslosen Ablauf des Gesprächs garantiere. Das Erstaunen des Verfassers, das sich in folgendem Satz niederschlägt, wirkt dann kaum gespielt: „In reviewing the literature on our topic, one is surprised to find that apparently no one has made any kind of a systematic study of how turn changes in dialogue" (*Yngve* 1970, 569). Einer der wesentlichen Antriebe amerikanischer Gesprächsanalyse ist es, die Systematik des „turn taking", also des Sprecherwechsels innerhalb eines Gesprächs, herauszuarbeiten. Indem somit das Funktionieren alltäglicher Gespräche zum Gegenstand wissenschaftlicher Beschreibung erhoben wird, ist eine Dimension erreicht, die der europäischen Gesprächsforschung nicht zugänglich war – das zumindest ist die Hypothese der conversational analysis amerikanischer Provenienz. Sie steht zur Überprüfung an.

1.2. Philosophische Dialogtheorie und Poetik des Dialogs – zur europäischen Dialogforschung

Wenn in der Überschrift dieses Kapitels der Begriff ‚Dialog' an die Stelle des ‚Gesprächs' tritt, so ist damit schon etwas über das Erkenntnisinteresse europäischer Dialogforschung – wie es nunmehr angemessen heißen soll – ausgesagt. In der „Deutschen Synonymik" von *J. A. Eberhard*, bearbeitet von *C. H. Meyer* 1852, wird der *Dialog* gegen die *Unterredung* und das *Gespräch* dadurch abgesetzt, daß bestimmt wird: „Zum Dialog gehört ein Thema von allgemeiner menschlicher Wichtigkeit" (Bd. 2, S. 436). Der Dialog erscheint somit als eine spezifische Gesprächsform, die den Teilnehmern Gelegenheit gibt, ein bedeutsames Thema zu erörtern. Es ist eine Gesprächsform, die nicht auf zwei Teilnehmer beschränkt ist (das wäre ein „Dyolog"), wohl aber ein grundlegendes Thema zergliedert, erörtert, wägt (vgl. griech. *dialégesthai* „sich unterhalten" und das zugehörige Aktivum *dia-légein* „auseinanderlesen, sondern, zergliedern"). Der Historiker des europäischen philosophischen und literarischen Dialogs, *Rudolf Hirzel*, erläutert dann auch, daß der Dialog insofern von der Konversation unterschieden sei, als jener „sich erörternd in die Gegenstände versenkt und deshalb nicht wie ein Schmetterling [und die Konversation] von einem zum anderen flattern kann" (*Hirzel* 1895, Bd. 1, S. 5).

Damit ist ein Rahmen gesetzt, innerhalb dessen sich eine philosophische Dialogtheorie und eine Poetik, also Dichtungslehre, des literarischen Dialogs entwickeln kann. Eine philosophisch orientierte Dialogtheorie stellt u.a. die Frage nach dem Anfang wissenschaftlicher Erkenntnis, soll heißen: wie wissenschaftliche Erkenntnis recht eigentlich begründet werden kann. Dabei ist es naheliegend, das Begründungsverhältnis umzukehren: Die Frage nach dem Anfang jeglicher Wissenschaft kann nur im Rahmen einer Dialogtheorie beantwortet werden, in der nicht nur Sprache als die Bedingung der Möglichkeit jeglicher Erkenntnis, sondern darüber hinaus dialogisches Sprechen als die Voraussetzung aller Wissenschaft bestimmt wird. In diesem Rahmen bewegt sich die Erlanger Philosophische Schule, die eine Dialogtheorie als transzendentale Begründung jeglicher Wissenschaft entwirft: „Eine Aussage zu behaupten heißt sich anheischig zu machen, sie gegen den Dialogpartner, den Opponenten, zu verteidigen" (*Lorenzen* 1974, 37). Im Dialog ist der methodische Anfang unserer Erkenntnis zu denken. In eine andere, aber vergleichbare Richtung führt die Antwort K. O. *Apels* auf die Frage nach den transzendentalen Bedingungen der Möglichkeit von Wissenschaft. Sie wird beantwortet mit dem Hinweis auf die (sprachliche) Kommunikationsgemeinschaft als transzendentale Voraussetzung der Sozialwissenschaften (*Apel* 1972). Sprachliche Kommunikationsgemeinschaften sind Menschen im Dialog.

Darüber hinaus ist der Dialog der Ort, „an dem ,Wahrheit' sich ereignet' oder ereignen kann, teils als ausgezeichneter Grund möglicher Wahrheitsbestimmung, teils schließlich als ein hoher Wert, als eine Wahrheit an sich" (vgl. *Wiehl* 1972, 41f.). Die Konsensustheorie der Wahrheit (das Wahre ist, worüber wir Einverständnis erzielt haben) insistiert auf dem Dialog als Voraussetzung jeglicher Wahrheitsfindung (vgl. *Lorenz* 1972; vgl. auch *Theunissen* 1965).

Damit ist nun nicht annähernd der Stellenwert des Dialogs und des Dialogischen im Kontext philosophischer Forschung ausgemacht; zu verweisen ist etwa auf *M. Theunissens* Darstellung der „Philosophie des Dialogs als Gegenentwurf zur Transzendentalphilosophie", einem Entwurf, in dem *anreden* und *vernehmen* einerseits und *bereden* andererseits als die beiden „Urdimensionen der Rede" (*Theunissen* 1965, 283) vorgestellt werden. Mit diesen Hinweisen ist lediglich eine Richtung gewiesen, die das Erkenntnisinteresse der Philosophie deutlich und zugleich die Vernachlässigung alltagssprachlicher Gesprächskommunikation wenn nicht rechtfertigt, so doch einsichtig macht.

Das literaturwissenschaftliche Interesse am Dialog bzw. Gespräch kann die Arbeit von *Gerhard Bauer*, „Zur Poetik des Dialogs"

1.2. Philosophische Dialogtheorie und Poetik des Dialogs

(1969), exemplarisch belegen. Nachdem *Bauer* eingangs den Anstoß zu seiner Arbeit auf Anregungen der Philosophie zurückführt, die u. a. das „Mit-ein-ander-sein" der Menschen im Gespräch herausgearbeitet habe, fährt er fort: „Keine philosophische Untersuchung liefert indes eine vollständige Beschreibung des gewöhnlichen Gesprächs, die sich der Analyse des literarischen Gesprächs zugrunde legen oder als Kontrollmodell heranziehen ließe" (*Bauer* 1969, 3). Wenn die Philosophie in dieser Richtung nicht weiterhilft und die Linguistik — im Jahre 1969 — erst gar nicht befragt wird, bietet sich als Rettungsanker die Rhetorik an. Doch auch hier kann der Autor seine Enttäuschung nicht verbergen: „Eine eigentliche Rhetorik des Gesprächs ist nie ausgebildet worden. Die antike Rhetorik bezog die Erwiderung nicht in ihr kasuistisches System ein" (*Bauer* 1969, 6). Somit ist die Literaturwissenschaft auf sich selbst verwiesen. *Bauer* legt in diesem Zusammenhang dar, daß die Interpretationsmethode vor allem an „Ausdrucksdichtung" ausgebildet worden sei: „Der dialogische Bezug der auftretenden Figuren und ihrer Reden (ist) kein leitender Gesichtspunkt, auch wenn er am einzelnen Text durchaus beachtet wird" (*Bauer* 1969, 3). Wie kritisch dieses Diktum im Zeitalter der Rezeptionstheorie und -forschung auch zu betrachten ist — man wird dem Autor zustimmen können, wenn er konstatiert, daß eine „Kunstlehre von den Repliken, eine ars dialogica" nicht entwickelt worden sei.

Nur noch summarisch kann hier der Weg gewiesen werden, den der Autor selbst beschreitet: In Anlehnung an *V. Klotz'* (1960) Entfaltung der Kategorien „geschlossene" und „offene" Form im Drama entwirft er den Typus des „konventionstreuen Dialogs" (analog zur geschlossenen Form) und den Typus des „konventionssprengenden Dialogs" (analog zur offenen Form), denen er das „dialektische Gespräch" und die „Konversation" als zwei weitere Typen zugesellt, die er dergestalt in Beziehung setzen möchte, „daß die dem Gespräch eigentümliche Leistung deutlich wird" (*Bauer* 1969, 22). An der Interpretationsmethode geschult, bemüht sich der Autor, einzelne dramatische Gesprächsszenen relativ zu den aufgestellten Typen zu interpretieren, zugleich jedoch Übergangserscheinungen aufzuzeigen. So kann er für den konventionstreuen Dialog einen „Sprachoptimismus" konstatieren, der jederzeit sich der Sprache und ihren Mitteln anvertraut, während im konventionssprengenden Dialog das Scheitern des Menschen in der Sprache und mit der Sprache vorgeführt wird: Exempla sind der Streit der Königinnen Elisabeth und Maria in *Schillers* „Maria Stuart" einerseits und der Abschiedsdialog zwischen Clov und Hamm in *Becketts* „Endspiel" andererseits.

Die Analysekategorien des Autors sind literaturwissenschaftlich orientiert – wie sollte es anders sein, da doch Nachbardisziplinen, wie oben gezeigt, keine Hilfestellung boten. Der Fall *Bauer* ist exemplarisch auch deshalb, weil *Bauer* die bisherigen germanistischen Untersuchungen zur Gesprächsliteratur und zum Gespräch in der Literatur aufführt und diese Tradition weiterführt. Nur erwähnt werden sollen an dieser Stelle die Analysen literarischer Dialoge innerhalb der linguistischen Gesprächsanalyse (vgl. z. B. *Betten* 1978); diese Untersuchungen setzen voraus, was innerhalb unserer Argumentation erst noch zu entwickeln ist: eine linguistische Gesprächsanalyse. Der Frage nach dem gewöhnlichen Gespräch und seiner Struktur und Funktion – und sei es als Kontrollmodell philosophischer und literarischer Dialogtheorie – ist nun nicht mehr auszuweichen.

1.3. Theorie und Analyse des Gesprächs

1.3.1. Die Kategorie Gespräch

Das Gespräch ist eine Grundeinheit menschlicher Rede. Diese Einsicht bedingt einen dialogischen Sprachbegriff, den *Wilhelm von Humboldt* folgendermaßen erläutert: „Es liegt aber in dem ursprünglichen Wesen der Sprache ein unabänderlicher Dualismus, und die Möglichkeit des Sprechens selbst wird durch Anrede und Erwiederung bedingt" (*W. von Humboldt* 1963, 138). Das Sprechen oder mit *Humboldt*: Die Anrede des einen ist somit auf die Erwiderung der anderen hin angelegt, nur im Gespräch erfahren wir voneinander. Schon in der kollektiven Wortbildung Ge-spräch (vgl. Ge-birge und Ge-wässer) (< mhd. *gespræche* < ahd. *gisprāhhi*) ist eben durch das kollektivierende Präfix ge- die Gemeinsamkeit der anredenden und erwidernden Gesprächs-

1.3. Theorie und Analyse des Gesprächs

partner bezeichnet. Aus anderer Perspektive hat *Karl Bühler* diese Einsicht akzentuiert: „Wir folgen einem aus intimer Kenntnis der Dinge oft ausgesprochenen, aber niemals methodisch restlos fruktifizierten Satz, wenn wir den Ursprung der Semantik nicht beim Individuum, sondern bei der Gemeinschaft suchen" (*Bühler* 1929, 38). Diesen nur jeweils unterschiedlich formulierten dialogischen Sprachbegriff versucht *E. Goffman* zu erläutern, indem er den grundsätzlichen „Paar-Charakter" von Sprache dadurch kennzeichnet, daß er zunächst ‚Frage' und ‚Antwort' als eine kanonische, also als Vorbild dienende Form dieses Paarcharakters kennzeichnet: „Whenever persons talk there are very likely to be questions and answers" (*Goffman* 1976, 257). In seinen weiteren Überlegungen zur Kennzeichnung des Paar-Charakters von Sprache führt *Goffman* aus, daß man einen weiteren (d. h. universalen) Begriff und Terminus brauche, weil z. B. auch ‚Behauptung und Entgegnung', ‚Beschuldigung und Rechtfertigung' (oder ‚Eingeständnis') diesen Paar-Charakter hätten. Er schlägt vor, „statement and reply" könne diesen universalen Paar-Charakter kennzeichnen, „intentionally using ‚statement' in a broader way than is sometimes found in language studies, but still retaining the notion that an initiating element is involved, to which a reply is to be oriented" (*Goffman* 1976, 263). Man könnte diesen Vorschlag *Goffmans* nun mit ‚Darlegung und Erwiderung' ins Deutsche übersetzen, um den Dualismus jeglichen Sprechens zu kennzeichnen, um also einen Oberbegriff für alle möglichen Gesprächspaare einzuführen. Wir meinen, daß *Humboldts* Begriffe in kommunikativ-pragmatischer Perspektive treffender sind, und möchten vorschlagen, ‚Anrede und Erwiderung' als universale Kategorien dialogischen Sprechens aufzufassen.

Als allgemeine sprachkommunikative Kennzeichnung der Kategorie Gespräch hat *G. Ungeheuer* vorgeschlagen: Möglichkeit des Sprecher-Hörer-Rollenwechsels (turn-taking); Wechsel von Themeninitiierung und Themenakzeptierung; gegenseitiges Akzeptieren jeweiligen Rechtfertigungsverlangens in bezug auf Gesprächsstücke (*Ungeheuer* 1974, 4). Diese Bestimmung geht von einem freien Gespräch unter Gleichberechtigten aus; die nachstehende Liste von Gesprächsbereichen (s. S. 24) genügt jedoch in abnehmender Linie nicht mehr oder nur noch sehr bedingt den vorstehenden Definitionsstücken. Amtsgespräche zum Beispiel zeichnen sich dadurch aus, daß das Rechtfertigungsverlangen in bezug auf bestimmte Gesprächsstücke nicht wechselseitig, sondern einseitig gilt. Eine weniger restriktive Bestimmung der Kategorie Gespräch geben *Fuchs* und *Schank* (1975, 7), indem sie Gespräch als „‚zentrierte Interaktion' (*Goffman* 1971, 84f.) zwischen wenigstens zwei Kommunikationspartnern mit freiem Wechsel der Sprecher-/Hörerrolle" definieren. Schaut man mit einem zweiten Blick auf die vorstehenden Bestimmungen der Kategorie Gespräch, so ist das hervorstechende Merkmal die Wechselbeziehung: von Sprecher- und Hörerrollen; von Themeninitiierung und -akzeptierung. Was die Philosophie als das „Gemeinsame" im Gespräch zu bestimmen suchte, erweist sich in kommunikativer Perspektive als der „Wechsel" bzw. die Wechselbeziehung.

Das Gemeinsame im Wechsel muß in jedem Gespräch von den Gesprächspartnern zumindest unterstellt werden. Da jeder Gesprächspartner je eigene lebensgeschichtlich begründete Perspektiven in das Gespräch einbringt, müssen die das Gespräch Führenden Idealisierungen vornehmen, deren zugrundeliegende Regeln innerhalb der Ethnomethodologie (einer Richtung amerikanischer Soziologie, die das ‚methodische' Wissen der Laien in Alltagshandlungen untersucht) als „Basisregeln" bezeichnet werden: „Derartige Basisregeln beinhalten die Bedingungen der Möglichkeit von Kommunikation. Kern dieser Bedingungen ist die Bewältigung der grundsätzlichen Unvereinbarkeiten des Interaktionsprozesses: die Unvergleichbarkeit der beteiligten Selbstidentitäten, die Vagheit der ausgetauschten Symbolgesten, die mangelnde Angleichung ihrer wechselseitigen Interpretation" (*Kallmeyer/Schütze* 1976, 9). Das dennoch Gemeinsame innerhalb der Gesprächskommunikation wird durch wechselseitige Idealisierungen garantiert, die *A. Schütz* (1962, 12) die Idealisierung der Austauschbarkeit der Standpunkte und die der Kongruenz der Relevanzsysteme genannt hat: „Ich setze als selbstverständlich voraus und nehme an, daß mein Interaktionspartner dasselbe tut: wenn ich meinen Standort mit ihm tausche, so daß sein ‚Hier'

1.3. Theorie und Analyse des Gesprächs

mein ‚Hier' wird, dann werde ich in derselben Entfernung den Dingen gegenüberstehen und sie in derselben Typikalität sehen, wie er das gegenwärtig tut. Außerdem würden genau die Dinge in meiner Reichweite sein, die gegenwärtig in seiner sind. (Dasselbe trifft – so nehme ich an – für den Interaktionspartner zu.)"
„Bis zum Gegenbeweis setze ich als selbstverständlich voraus und nehme an, daß mein Interaktionspartner dasselbe tut: die Unterschiede in unseren Perspektiven, die auf unsere je einzigartigen biographischen Situationen zurückgehen, sind bedeutungslos für die Absichten, die wir beide gerade verfolgen. Er und ich, ‚wir', unterstellen – so nehme ich als Selbstverständlichkeit –, daß wir beide die im Augenblick oder potentiell gemeinsamen Gegenstände und ihre Merkmale in einer identischen Weise ausgewählt und interpretiert haben – oder zumindest in einer empirisch identischen Weise, die ausreichend für alle praktischen Absichten ist." (Übersetzung von Kallmeyer/Schütze 1975, 81f.)

1.3.2. Gespräch, Sprechakt und Sprechakttheorie

Man kann die Entwicklung der Linguistik der 70er Jahre als fortschreitende Pragmatisierung sprachwissenschaftlicher Probleme begreifen. Darunter ist zu verstehen, daß die Sprachwissenschaft von ihrer Fixierung auf Laut-, Wort- und Satzprobleme – die als zu legitimierende abstraktive Größen erhalten bleiben – befreit und verwiesen wird auf die Rolle dieser Probleme in der Tätigkeit der Menschen als sprechende Wesen. Damit sind mehrere Konsequenzen verbunden: Sprache wird an die Sprachsubjekte und damit an den Vollzug von Handlungen gebunden; Sprache ist somit nur als sprachliches Handeln begreifbar. Dieses ist sinnkonstituierend, d.h. der Sprecher verbindet einen Sinn mit seiner sprachlichen Handlung, und konventionell, d.h. der Sprecher muß sich am Handeln anderer orientieren und somit einen Sinn voraussetzen (vgl. Henne 1975, 41–43). Diese Sichtweise bedingt zugleich, daß man sich nunmehr verstärkt der Beschreibung textlicher Strukturen zuwendet, die Grundlage und Instrument sprachlichen Handelns bilden.

Die von *J. L. Austin* mit seinem Buch „How to do things with words" (1962) („Wie man mit Worten handelt") inaugurierte

1. Wissenschaftliche Analyse von Gesprächen

Sprechakttheorie hat diesen Weg einer Pragmatisierung wesentlich eingeleitet. *J. R. Searle* formulierte in der Nachfolge *Austins*: „Die Grundeinheit der sprachlichen Kommunikation ist nicht, wie allgemein angenommen wurde, das Symbol, das Wort oder der Satz, oder auch das Symbol-, Wort- oder Satzzeichen, sondern die Produktion oder Hervorbringung des Symbols oder Wortes oder Satzes im Vollzug des Sprechaktes" (*Searle* 1971, 30). Im Gefolge dieser Annahme wurde vor allem die kommunikative Kraft („illocutionary force") einzelner Sprechakte herausgearbeitet, also beschrieben, was man tut, indem man z. B. sagt: „Ich wette" (vgl. *Austin* 1972, 81).

Sprecher vollziehen im Fall einer solchen Kommunikation (z. B. bezweifelt Georg Klein gegenüber Hans Schmidt, daß Eintracht Braunschweig deutscher Fußballmeister 1978 wird; H. Schmidt antwortet: „Ich wette!") nach *Searle* (1971, 40f.) drei simultane Teilakte, nämlich: (1) einen Äußerungsakt, der darin besteht, Sprachzeichen in eine grammatische Konstruktion zu bringen und zu artikulieren; (2) einen propositonalen Akt, der aus Referenz und Prädikation besteht: *Ich* („Hans Schmidt" = Referenz) *wette* („das, was von ‚Ich' ausgesagt wird" = Prädikation); (3) einen illokutiven Akt, der die kommunikative Kraft als Wirkung des Sprechers auf den Hörer ausdrückt: „Ich (H. S.) verpflichte mich, etwas an G. K. zu zahlen, wenn das Ereignis der deutschen Fußballmeisterschaft Eintracht Braunschweigs nicht eintrifft, und ich (H. S.) erhalte andererseits das Recht, etwas von G. K. einzutreiben, wenn das besagte Ereignis eintrifft." Zugleich kann der Sprecher einen perlokutiven Akt vollziehen, der darin besteht, eine zusätzliche Wirkung zu erzielen (in diesem Fall den Georg Klein z. B. einzuschüchtern).

Die sich aus diesem Forschungsansatz ergebenden weiteren Konsequenzen können an dieser Stelle nicht detailliert aufgeführt werden (vgl. u. a. *Henne* 1975, 55−81; *Schlieben-Lange* 1975, 81−111; *Braunroth* [u. a.] 1975, 136−176). Auf die Gefahr einer spezifischen, durch die Sprechakttheorie eingeleiteten pragmatischen Fehlentwicklung ist jedoch zu verweisen. Da jeweils nur der Sprechakt als solcher („Was ist ein Sprechakt?" (*Searle* 1965)) sowie spezifische einzelsprachliche Sprechakte (wie *wetten*,

1.3. Theorie und Analyse des Gesprächs

taufen, raten usw.) und die Bedingungen ihrer regelgeleiteten Ausführung, z. T. auch die regelgeleiteten Bedingungen von Sprechaktsequenzen den Gegenstand sprachwissenschaftlicher Beschreibung bilden, muß der Vorwurf einer zweifachen Verkürzung erhoben werden. Die Sprechakttheorie verkürzt die sprachliche Wirklichkeit insofern, als fortwährend nur der Perspektive des Sprechers Rechnung getragen wird und der Hörer nur als Reagierender (und nicht auch als aktiver Zuhörer) in den Blick kommt. Diesen Defekt kann man insofern aufheben, als man der Sprechakttheorie eine Hörverstehensakttheorie zuordnet und in dieser Sprech- und Hörverstehensakttheorie (als Teile eines sprachlichen Kommunikationsaktes) das gegenseitige Aufeinanderbeziehen formuliert (vgl. *Henne* 1975, 71 ff.). Die Sprechakttheorie verkürzt die sprachliche Wirklichkeit darüber hinaus, insofern es nicht nur den einen als Sprecher und den anderen als Zuhörer gibt, sondern den einen Gesprächsteilnehmer (als Sprecher und Hörer) im Gespräch mit dem anderen Gesprächsteilnehmer (als Sprecher und Hörer): Der Sprechakt von Hans Schmidt und der Hörverstehensakt von Georg Klein sind eingebettet in vorausgegangene und folgende Kommunikationsakte, in denen Sprech- und Hörverstehensakte einander ablösen und durchdringen. Im Gespräch verständigt man sich (oder auch nur teilweise oder gar nicht) mit dem oder den anderen über etwas: „einer — dem andern — über die Dinge" (*Bühler* 1978, 24) und der andere dem einen über die Dinge und der eine vielen und viele einem. Erst das Gespräch als Ausgangspunkt sprachpragmatischer Forschung garantiert die unverkürzte Darstellung sprachlicher Realität (vgl. *Henne* 1977, 71–75).

Im Zuge dieser Bemerkungen ist noch einmal auf die Bestimmung der Grundeinheit sprachlicher Kommunikation durch *Searle* zurückzukommen. *Searle* benennt als solche Grundeinheit den Sprechakt (s. o. S. 10), und nichts deutet darauf hin, daß er diese Aussage lediglich als eine methodologische verstanden haben möchte, also als eine solche, die die Kategorie Sprechakt nur als Analyseeinheit heraushebt. Da *Searles* Aussage vielmehr als eine sprachtheoretische zu verstehen ist („Was ist Sprache und deren Grundeinheit?"), ist sie, einem dialogisch konzipierten Sprachbegriff folgend, zurückzuweisen. Die Grundeinheit sprachlicher Kommunikation ist Anrede und Erwiderung, oder einfacher ausgedrückt: Die Grundeinheit sprachlicher Kommunikation ist das Gespräch. „Nicht der unilaterale diskurs eines sprechers an ein stummes auditorium darf systematisch ausgangspunkt kommunikationswissenschaftlicher theoriebildung und analysen sein; vielmehr ist es die situation des gesprächs, welche als matrix jeder kommunikationswissenschaftlichen erörterung zugrunde liegt" (*Ungeheuer* 1974, 4). „Sprechakt" hingegen ist eine Analysekategorie innerhalb einer gesprächstheoretisch fundierten pragmatischen Sprachwissenschaft.

1.3.3. Kategorien der Gesprächsanalyse

Wenn ein Gesprächsausschnitt folgendermaßen lautet:

A: Nein!
B: Ja!

dann würde man zunächst vermuten, daß eine heftige Kontroverse zwischen A und B vorliegt. Nehmen wir an, die Ehefrauen von Georg Klein und Hans Schmidt unterhalten sich ‚über den Gartenzaun', während ihre Männer in einer Kneipe Wetten abschließen. Das vollständige Gespräch sehe folgendermaßen aus (was eingestandenermaßen recht unwahrscheinlich ist (s. dazu Kap. 2)):

Anna Schmidt: Kannst du mir deinen Gartenschlauch leihen?
Beate Klein: Brauchst du ihn sofort?
Anna Schmidt: Nein!
Beate Klein: Ja!

Sofern dieses Gespräch vorliegt, könnte man die Interpretation des Gesprächsausschnitts als Kontroverse korrigieren; aber man könnte, sofern man nicht die Gesprächsanalyse als wissenschaftliche Disziplin entwickelt, keine sprachwissenschaftliche Aussage über die besondere Struktur dieses Gesprächstextes machen. Das ist besonders unbefriedigend, wenn man akzeptiert, „that linguistics is the scientific study of how people use language to communicate" (*Yngve* 1970, 567). Im Rahmen einer Gesprächsanalyse könnte man jedoch im Fall des vorliegenden Gesprächs von vier

1.3. Theorie und Analyse des Gesprächs

Gesprächsschritten sprechen, die mit vier „Sprechakten" zusammenfallen, wobei unterschiedliche Sequenzen, also Folgen von hier jeweils zwei Gesprächsschritten, nämlich eins und vier, zwei und drei, vorliegen. Das wäre folgendermaßen zu verdeutlichen:

```
┌── A. Schmidt: Kannst du mir [...]?
│ ┌─ B. Klein:   Brauchst du ihn [...]?
│ └─ A. Schmidt: Nein!
└── B. Klein:   Ja!
```

Gesprächsschritt, Sprechakt, Gesprächssequenz und andere Analysekategorien des Gesprächs sind nunmehr zu erläutern, wobei die kommunikative Einheit des Gesprächs und der besondere Stellenwert einzelner Äußerungen innerhalb des Gesprächs jeweils − wie das vorstehende Beispiel lehrt − besonders zu beachten sind. *E. Goffman* (1974, 206) hat diese Einsicht folgendermaßen formuliert: „Jede Technik der quantitativen Analyse, die den Satz oder selbst den Gesprächsschritt als Einheit wählt, wird für einige der signifikanten Realitäten der Interaktion blind sein."

Schegloff und *Sacks* (1973, 313) haben diese Einsicht im Rahmen ihrer Untersuchungen zur Beendigung von Telefongesprächen folgendermaßen exemplifiziert (wir geben eine deutsche Version des englischen Beispiels):

(B hat angerufen, um C einzuladen, hat aber die Nachricht erhalten, daß C zu einem Abendessen eingeladen ist:)

B: Tjah. Na nun zieh dich an und geh los und schlag dir den Bauch kostenlos voll und wir treffen uns dann ein ander Mal, Judy.
C: Gut Jack.
B: Tschüs!
C: Tschüs!

Schegloff und *Sacks* betonen, daß jegliche − ob grammatische, semantische oder pragmatische − Interpretation in die Irre geht, die nicht die spezifische Sequenzstruktur dieses Dialogs beachte. Eine solche Interpretation könne B's erste Äußerung als Befehl in der Form eines Imperativsatzes mißdeuten und C's sprachliche Reaktion als Unterwerfung bzw. Akzeptierung. Dabei liege hier eine Beendigungsinitiative („closing initiation") durch B vor – an anderer Stelle sprechen sie von Vor-Beendigung („pre-closing") – und C's Zustimmung zu dieser Initiative („gut"), wodurch die Beendigung des Gesprächs eingeleitet werde. (Was *Schegloff* und *Sacks* nicht erwähnen, ist, daß die Beendigungsinitiative seitens B polyfunktional insofern ist, als sie B zugleich erlaubt, seine leichte Verärgerung oder auch nur Enttäuschung durch eine sarkastische Redewendung (im Englischen: „and collect some of that free food") abzureagieren.)

Im weiteren möchten wir nun die für eine Gesprächsanalyse relevanten Analysekategorien auf der Basis folgender Systematik einführen:

1. Kategorien der Makroebene: Gesprächsphasen (-stücke, -teile)
    1.1. Gesprächseröffnung
    1.2. Gesprächsbeendigung
    1.3. Gesprächs-„Mitte" (: Entfaltung des Hauptthemas und der Subthemen)
    1.4. Gesprächs-„Ränder" (: Nebenthemen, Episoden)
2. Kategorien der mittleren Ebene
    2.1. Gesprächsschritt („turn")
    2.2. Sprecher-Wechsel („turn-taking"): Regeln der Gesprächsfolge
    2.3. Gesprächssequenz
    2.4. Sprechakt/Hörverstehensakt
    2.5. Gliederungssignal
    2.6. back-channel-behavior
3. Kategorien der Mikroebene
    Sprechaktinterne Elemente: syntaktische, lexikalische, phonologische und prosodische Struktur.

„Wenn zwei Individuen einen Kontakt arrangieren, kostet das Zeit, Geld und Energie", schreibt *E. Goffman* (1974, 109). Uns interessiert in diesem Fall, wie ein sprachlicher Kontakt arrangiert wird, wie also Gesprächspartner ihr Gespräch eröffnen. An diese Frage ist sogleich die nach der Beendigung des Gesprächs anzuschließen, denn Gesprächseröffnung und Gesprächsbeendigung sind relativ übersichtliche Strukturelemente eines Gesprächs;

1.3. Theorie und Analyse des Gesprächs 15

sie haben dementsprechend eine eingehendere Untersuchung erfahren als die Gesprächsmitte.

Man kann eine Gesprächseröffnung als diejenige Phase eines Gesprächs bestimmen, in der die Gesprächspartner eine wechselseitig akzeptierte Situationsdefinition hinsichtlich ihrer sozialen Beziehungen als Gesprächspartner erreichen (vgl. *Berens* 1976, 17f.). Das Ende dieses Verständigungsprozesses ist zugleich der Beginn der Gesprächsmitte, die der Verhandlung thematischer Gesichtspunkte gewidmet ist. Zum Verständnis dieser Bestimmungen müssen an dieser Stelle die Begriffe ‚Situation' und ‚Definition der Situation' eingeführt werden. ‚Situation' ist zu bestimmen als die „subjektive Umweltinterpretation und -orientierung des einzelnen Kommunikators, soweit sie als komplexe Voraussetzung der [. . .] Handlung fungiert", während ‚Definition der Situation' als „der Prozeß der Umweltinterpretation und -orientierung des Kommunikators" zu bestimmen ist (*Bayer* 1977, 101). Unterschiedliche Gesprächssorten und Gesprächsbereiche (s. 1.3.4.) zeichnen sich nun dadurch aus, daß die soziale Beziehung der Gesprächspartner einerseits institutionell festgelegt und somit die Eröffnungsphase zumeist auf ein Minimum reduziert ist (z. B. ein (Finanz-) Amtsgespräch); andererseits wesentliche Energien der Gesprächspartner zum Teil auf die Bestimmung der sozialen Beziehung gerichtet sind (z. B. eine persönliche Unterhaltung). Allerdings ist hier keine starre Skalierung möglich, weil die Bestimmung der Sozialbeziehung sich auch z. B. in der Lockerung institutionell vorgegebener Beziehungen ausdrücken kann: Das „Reden über das Wetter" zu Beginn eines Examensgesprächs ist Teil der Gesprächseröffnung, so daß als negative Bestimmung deren nichtthematische Orientierung bleibt.

Die spezielle Struktur der Eröffnung von Telefondialogen hat *Schegloff* (1968) herausgearbeitet. Die a b a b usw.-Distributionsregel (Regel wechselnder Gesprächsschritte) hat er inhaltlich dahingehend spezifiziert, daß von einer Aufforderung-Antwort-Sequenz („sequence of summons and answer") zu sprechen sei: Der „Aufforderung" des Anrufers a, durch das Klingelzeichen kommuniziert, entspricht b (wenn er antwortet) z. B. durch Namensnennung und gibt damit eine „Antwort". Der Anrufer a selbst ist nunmehr verpflichtet, das Thema anzubieten, dessen Akzeptierung durch b die Gesprächseröffnung beendet. Diese Beendigung kann innerhalb gewisser Grenzen („terminating rules") durch Rückfragen hinausgeschoben werden; hat b jedoch akzeptiert, kann die Eröffnungsphase nicht wiederholt werden („nonrepeatability") und führt notwendig in die Gesprächsmitte („nonterminality").

Die Phase der Gesprächsbeendigung unterscheidet sich von der Gesprächseröffnung dadurch, daß jene die Gesprächsmitte „im Rücken" hat: Die Gesprächsbeendigung ist durch den Glanz oder die Mühsal der Gesprächsmitte geprägt. Die Phase der Gesprächsbeendigung muß, weil die Gesprächsmitte vorausgeht, durch eine Initiative eines oder mehrerer Gesprächspartner eingeleitet werden. *Schegloff/Sacks* (1973) unterscheiden mehrere Arten möglicher Beendigungsinitiativen; zudem kann einerseits durch eine (gescheiterte) Beendigungsinitiative ein neues Thema eingeleitet, andererseits durch Hinweis auf das behandelte Thema bzw. die Abgeschlossenheit des Themas die Beendigungsinitiative signalisiert werden (vgl. *Jäger* 1976, 111f.). Das Ende der Gesprächsbeendigung ist zumeist durch das paarweise Auftreten einer Grußformel erreicht.

Die Darstellung der Gesprächsmitte, d.h. die Beschreibung ihrer Strukturelemente in Form spezieller Themenabfolgen und -wechsel wie auch deren Steuerung durch die Gesprächspartner soll hier ausgespart werden. Die theoretische Fundierung und Exemplifizierung sind ein schwieriger Teil einer Gesprächsanalyse. Er soll am Beispiel (Kap. 4) zumindest teilweise eingeholt und verdeutlicht werden.

Damit sind die Kategorien erläutert, welche die vorstehende Systematik (s. S. 14) als makrostrukturelle führt. Zu deren Darstellung ist die Kenntnis jener Kategorien unerläßlich, die vom Gesprächsschritt bis zum back-channel-behavior reichen und nunmehr zu diskutieren sind.

In schöner, die Erfahrung von Gesprächsteilnehmern einbeziehender Rede hat *Goffman* (1974, 201) einen Gesprächsschritt bestimmt als „das, was ein Individuum tut und sagt, während es

1.3. Theorie und Analyse des Gesprächs

jeweils an der Reihe ist", und er hat einen solchermaßen bestimmten Gesprächsschritt abgegrenzt von dem, was er einen „rituellen Schritt" nennt (den wir unter dem Begriff des Sprechakts mitbehandeln werden). Voraussetzung dafür, daß Gesprächspartner in ein Gespräch und damit in eine Verständigung eintreten, ist die wechselseitige Akzeptierung dessen, was Grice (1975, 45) als „kooperatives Prinzip" bezeichnet hat. Aus diesem Prinzip kann man Postulate in der Form von Konversationsmaximen ableiten, die zu spezifizieren sind in bezug auf „Quantität" [u. a.: daß der Beitrag so informativ wie erforderlich sei), „Qualität" (u. a.: daß das, was gesagt wird, wahr sei), gegenseitige „Beziehung" (daß Relevantes gesagt werde) und „Verhaltensweise" (u. a.: daß man Verständliches sage). Festzuhalten ist, daß in faktischen Gesprächen immer nur Grade des kooperativen Prinzips gegenseitig akzeptiert und aktualisiert werden. Sofern sich nun Gesprächspartner auf der Basis des kooperativen Prinzips in ein Gespräch einlassen, ist für jedermann einsichtig, daß die Initiierung und Akzeptierung des Gesprächsschrittwechsels oder einfacher: des Sprecherwechsels (engl.: turn-taking) zu den grundlegenden Verpflichtungen der Gesprächspartner gehört. In diesem Bereich ist ein gewisser Schwerpunkt der conversational analysis zu konstatieren (vgl. Sacks 1971; Schegloff/Sacks 1973; Sacks/Jefferson/Schegloff 1974; Duncan 1974). Drei regelgeleitete Möglichkeiten des Sprecherwechsels sind grob zu unterscheiden: (1) Selbstselektion: Der jeweilige Sprecher hat am Ende seines Gesprächsschritts nicht einen anderen Sprecher ausgewählt (hierfür gibt es verschiedene Techniken); dann hat derjenige das Recht auf den Gesprächsschritt, der sich zuerst zu Wort meldet. Meldet sich ein Gesprächspartner zu Wort, ohne daß der Gesprächsschritt des Sprechers beendet ist, so muß jener zumindest die sog. Satzbildungsregel beachten (Sacks 1971, 308), die besagt, daß man, grob gesprochen, nur am Ende eines Satzes des Sprechers den Gesprächsschritt übernehmen darf. Wenn am Ende eines Gesprächsschritts keiner den nächsten Gesprächsschritt übernimmt, kann, muß aber nicht, der „alte" Sprecher fortfahren; (2) Gegenwärtiger wählt Nächsten: eine Strategie, die zumeist vorübergehend in einem Gespräch Anwendung findet und die den Einfluß demonstriert, den der jeweilige Sprecher hat. Derjenige, dem der Gesprächsschritt (z. B. durch Namensnennung, Kopfnicken etc.) übergeben wird, hat das Recht und die Pflicht, das Gespräch fortzuführen. Eine Variante dieser Regel besteht darin, daß der Sprecher eine thematische Festlegung des nächsten Gesprächsschrittes und damit möglicherweise implizit auch des nächsten Sprechers vornimmt; (3) Gesprächsleiter wählt Nächsten: Diese Strategie ist üblich in institutionalisierten Gesprächen (wissenschaftlichen Kolloquien, Verhandlungen etc.). Im Zusammenhang mit den Strategien des Sprecherwechsels darf eine Bemerkung nicht fehlen: Jede gesprächsanalytische Konzeption greift zu kurz, die nicht prosodische (u. a. Akzent, Intonation), parasprachliche (u. a. Gestik, Mimik) und außersprachliche Mittel (gestisch-mimische Zeichen außerhalb des Zusammenhangs sprachlicher Kommunikation) in ihre Untersuchungen miteinbezieht (vgl. *Argyle* 1972, 104 ff.; dazu Kap. 4).

Unter dem Begriff Gesprächssequenz werden diejenigen Gesprächsschritte mehrerer Gesprächspartner zu funktionellen Einheiten zusammengefaßt, für die die Eigenschaft der ‚bedingten Erwartbarkeit' („conditional relevance") gelten soll: „By conditional relevance of one item on another we mean: given the first, the second is expectable; upon its occurrence it can be seen to a second item to the first; upon its nonoccurrence it can be seen to be officially absent — all this provided by the occurrence of the first item" (*Schegloff* 1968, 1085). So spricht *Schegloff* von der „SA sequence" („sequence of summons and answer") (s. o. S. 15), die konstitutiver Bestandteil einer Telefongesprächseröffnung ist und mit ihr identisch sein kann (aber nicht muß). Andere Gesprächssequenzen, die sich eben dadurch auszeichnen, daß auf einen Gesprächsschritt bestimmten Typs ein anderer erwartbar folgt, sind Gesprächsschrittpaare wie

A: Tschüs!
B: Tschüs!

innerhalb einer Gesprächsbeendigung oder Frage-Antwort-Paare. *Schegloff* (1972, 78) arbeitet u. a. die „Einfügungssequenz" („insertion sequence") heraus, die innerhalb einer Frage-Antwort-Sequenz operiert:

1.3. Theorie und Analyse des Gesprächs

A: Are you coming tonight?
B: Can I bring a guest?
A: Sure.
B: I'll be there.

Wie eingebettete Relativsatzkonstruktionen können also Frage(F)-Antwort(A)-Paare (FA) zu Frage-Antwort-Paaren mit Einfügungssequenz erweitert werden: FFAA. Es liegt also eine Einbettung einer Sequenz vor. Diese Art der Sequenzierung ist im Prinzip beliebig zu erweitern, wobei die Beliebigkeit ihre Grenze in der Gedächtniskapazität der Gesprächspartner findet.

Da Gesprächsschritte mit Sprechakten nicht notwendig zusammenfallen (s. o. S. 13), bedürfen letztere einer besonderen Erläuterung: Sprechakte als kleinste kommunikative Handlungseinheiten (s. u. S. 178 f.) bestimmen die Modalität der Gesprächskommunikation und sind Teile von Gesprächsschritten oder mit diesen identisch. Die jeweilige Funktion des Sprechaktes als Gesprächsschritt oder innerhalb eines Gesprächsschritts resultiert aus der Bedeutung der aktualisierten und durch Situation, parasprachliche und außersprachliche Mittel (also z. B. Intonation und Gestik und Mimik) modifizierten Sprachzeichen. Die Sprachzeichenkette eines Sprechakts läßt sich im allgemeinen (s. u. S. 178) in Proposition (das Behauptete) und illokutive Indikatoren differenzieren, die die kommunikative Kraft (und damit Funktion) des Sprechakts ausdrücken: In dem vorstehenden Gesprächsausschnitt besteht die Proposition des ersten Sprechakts von A darin, daß von „you" (Referenz) das „coming tonight" (Prädikation) ausgesagt wird und diese Proposition einen illokutiven Indikator, nämlich „Frage", erhält, die den Sprechakt des A eben als Frage an B ausweist und somit die kommunikative Kraft des Sprechakts ausmacht. Auf der Hörerseite entspricht dem Sprechakt ein Hörverstehensakt, in dessen inauditiver Kraft das aktualisierte Verstehensvermögen des Hörers sich ausdrückt (vgl. *Henne* 1975, 71–73). (*In-auditiv* ist Parallelbildung zu *il-lokutiv*: „Im" (während des) Sprechen(s) bzw. „im" (während des) Hören(s) kommt die Kraft des Sprechers (als locutor) bzw. die des Hörers (als auditor) zur Geltung. Die Spezifik der Illokution und Inaudition grenzt die Sprechakte in ihrer Typik gegeneinander ab.

1. Wissenschaftliche Analyse von Gesprächen

Goffmans Konzept des rituellen Schritts (als Gesprächsschritt oder innerhalb eines Gesprächsschritts) ist Teil seiner „Ritual-Theorie". „Interpersonelle Rituale" (*Goffman* 1974, 98) sind Handlungen, mit denen Personen z. B. Dankbarkeit, Respekt etc. bezeugen. Positive Rituale führen zu einem „bestätigenden Austausch", negative Rituale zu einem „korrektiven Austausch" (*Goffman* 1974, 99). Rituelle Schritte sind Züge innerhalb interpersoneller Rituale. Ein ritueller Schritt fällt nicht notwendig mit einem Sprechakt zusammen, vielmehr kann ein ritueller Schritt aus mehreren Sprechakten bestehen. Am Beispiel (in leichter Abänderung eines Beispiels *Goffmans* (1974, 200)):

A: Kann ich mal eben Ihr Telefon benutzen? Mein Vater ist sehr krank.
B: Natürlich, bedienen Sie sich.
A: Sehr freundlich.
B: Schon gut.

Der erste rituelle Schritt von A besteht aus zwei Sprechakten, dem einer Frage und einer Begründung, während die folgenden rituellen Schritte mit jeweils einem Sprechakt zusammenfallen.

In der gesprochenen Sprache und damit im Gespräch gibt es Mittel, die die sprachliche Kommunikation im Sinne des Sprechers steuern. Die Forschung (*Gülich* 1970; *Stellmacher* 1972; *Wackernagel-Jolles* 1973) hat hierfür den Terminus *Gliederungssignal* eingeführt und versteht darunter u. a. bestätigungsheischende und informationsverstärkende Partikeln wie *ne, nich, nicht, nicht wahr, wa, gell, ja, woll*. Auf keinen Fall dürfen diese lexikalischen Elemente als „Flickwörter" denunziert werden, wie es die konventionelle Stilistik tat (*Riesel* 1970); vielmehr liegen hier unter gesprächsanalytischem Aspekt Redemittel vor, die eher *Gliederungspartikeln* heißen können: Sie gliedern den Gesprächsschritt im Sinne des Sprechers, verstärken den Inhalt und bereiten den Sprecherwechsel vor.

In einer vergleichbaren Funktion stehen jene Elemente, die in der Gesprächsanalyse unter dem Terminus *back-channel-behavior* geführt werden. Nur vergleichbar ist deren Funktion insofern, als diese *Rückmeldungspartikeln* (wir schlagen, sofern diese Elemente

1.3. Theorie und Analyse des Gesprächs

lexikalisiert sind, diesen deutschen Terminus vor) Mittel des jeweiligen Hörers sind, das Gespräch zu stabilisieren und in seinem Sinne zu akzentuieren. *Duncan* (1974, 166) grenzt fünf Typen des back-channel-behavior aus: (1) *mhm, right, yes, exactly, I see* etc.; (2) „sentence completions"; (3) „request for clarification"; (4) „brief restatement"; (5) „head nods and shakes". Folgende Entsprechungen in Gesprächen der deutschen Standardsprache sind für (1) zu benennen: *hm, richtig, ja, genau, ich verstehe*. Mit (2) („Satzvollendung") sind jene „Satzvollender" gemeint, die die Zustimmung des Hörers dadurch zum Ausdruck bringen, daß sie die syntaktische Konstruktion desjenigen, der den Gesprächsschritt hält, zu Ende führen. Mit (3) („Bitte um Klärung") sind offensichtlich u. a. solche sprachliche Aktivitäten des Hörers angesprochen, die in höflicher Form die Klärung eines Sachverhalts erbitten („Was meinst du damit?") und die pauschal auch mit „wie bitte" und in weniger höflicher Form mit „was" zum Ausdruck gebracht werden. Unter (4) („kurze Nachformulierungen") sind solche wiederholenden Bemerkungen des Hörers zu verstehen, die im jeweiligen Gesprächskontext kurze Teiläußerungen des Sprechers nachformulieren. Mit (5) schließlich benennt *Duncan* die außersprachlichen Möglichkeiten des zustimmenden (Kopfnicken) oder zweifelnden (Kopfschütteln) Verhaltens des Hörers. Innerhalb des Rückkoppelungsverhaltens werden kontaktbestätigende und den Gesprächsverlauf stützende Sprechakte seitens des Hörers ausgeführt (der somit per definitionem den Gesprächsschritt nicht hat). Es sind Sprechakte außerhalb des Gesprächsschritts, bei denen eine Differenzierung in Proposition und illokutiven Indikator nicht ohne weiteres möglich ist. In konkreter Gesprächsanalyse ist die Zuordnung einzelner Äußerungen zur Kategorie des back-channel-behavior nicht immer so zweifelsfrei zu leisten, wie es die vorstehenden Kategorien suggerieren; zumindest sind Zwischenkategorien einzuführen, die Übergangsfälle abdecken (s. u. S. 170 ff.).

Damit ist aber eine Klasse von Sprechakten in den Blick gekommen, deren Existenz die „klassische" Sprechakttheorie gänzlich unerwähnt ließ. Wir möchten sie gesprächsstrukturierende, d. h. den Gesprächsverlauf organisierende Sprechakte nennen. Sie sind einerseits als Aktivitäten des Sprechers auszuweisen: als gesprächsschritt-gliedernde Sprechakte („nicht"; „ja"; „nun gut"; „das ist das eine"); als gesprächsschritt-behauptende Sprechakte („ich spreche jetzt" [Intonation (Heben der Stimme)]; als gesprächsschritt-übergebende oder -anbietende Sprechakte (Namensnennung, „Bitte"); andererseits als Aktivitäten des Hörers: als Rückkoppelungsverhalten (back-channel-behavior), wie oben dargelegt und in seinen verschiedenen Möglichkeiten beschrieben; als gesprächsschritt-beanspruchende Sprechakte des Hörers („ja aber . . . "), die durch den Sprecher unterdrückt werden (vgl. *Duncan* (1972) (1973) (1974)). Spezifisch für gesprächsstrukturierende Sprechakte ist, daß sie von parasprachlichen Mitteln begleitet (und damit gestützt) werden oder daß außersprachliche Mittel (z. B. Fingerzeig bei gesprächsschritt-übergebendem oder -beanspruchendem „Sprech"-Akt) an deren Stelle treten können.

1.3.4. Zur soziologischen und pragmatischen Situierung des Gesprächs

Da bisher Gespräche sowohl als philosophische und literarische Dialoge wie in ihrer alltäglichen Form in den Blick gekommen sind, soll nunmehr eine Umfangsbestimmung dessen gegeben werden, was „gewöhnliches Gespräch" (s. o. S. 6) genannt wurde und auch als „Alltagsgespräch", mehr oder weniger präzise bestimmt, in der Literatur geführt wird (s. den Untertitel von *Fuchs/Schank* 1975). Eine solche Umfangsbestimmung des Gegenstandes ist deshalb notwendig, um sich der Kategorie Gespräch in ihrer Breite zu versichern und damit Verkürzungen des Gegenstandes nicht hinzunehmen. Schlechte Beispiele bisheriger Pragmatik, die fortwährend mit den gleichen Sprechakten wie *versprechen*, *warnen* und *raten* arbeitete, zwingen dazu, an den Anfang solche Überlegungen zu stellen. Die folgende Umfangsbenennung wird als vorläufig angesehen; sie soll in erster Linie einen Anstoß zu einer Diskussion geben, die zu einer Soziologie des Gesprächs führen könnte.

Gesellschaftliche Praxis begründet unterschiedliche Ausprägungen von Gesprächen, für die der Terminus *Gesprächsbereich* stehen

1.3. Theorie und Analyse des Gesprächs

soll. Gesprächsbereiche erfüllen für die Mitglieder der Gesellschaft je spezifische Funktionen (Zwecke) und sind demnach finalistisch, d. h. durch die Ziele und Zwecke der Gesprächsteilnehmer begründet. Man kann sagen: In der Handlungsgrammatik einer Gesellschaft sind Gesprächsbereiche als Typisierungen der sprachlichen Interaktionen festgelegt.

Den hier vorgeschlagenen Begriff ‚Gesprächsbereich' kann man mit dem von *A. Schütz* eingeführten Begriff des „domain of relevance" (vgl. *F.-J. Berens* 1976, 21) und *J. A. Fishmans* „Domäne" vergleichen: „Alle umfassenden Regularitäten, die zwischen Varietäten und gesellschaftlich anerkannten Funktionen herrschen, werden zusammen mithilfe des Konstrukts, das man *Domäne* nennt, untersucht" (*Fishman* 1975, 50). Da gesellschaftlicher Verkehr durch Sprache mitbegründet wird, kann man entsprechend von Gesprächsdomänen oder, wie oben, von Gesprächsbereichen sprechen. Ein Ensemble von Gesprächsbereichen zeichnet sich dadurch aus, daß es innerhalb einer sprachlichen Varietät (z. B. innerhalb der deutschen Standardsprache) fungiert und die einzelnen Gesprächsbereiche jeweils durch spezifische „Regularitäten" bestimmt sind. Sprachliche Varietäten sind Funktionssysteme innerhalb einer Gesamtsprache (wie dem Deutschen). Je spezifische soziale Normen konstituieren eine sprachliche Varietät (vgl. *Dittmar* 1973, 133). Die folgenden Überlegungen zu einzelnen Gesprächsbereichen sind auf die Standardvarietät des Deutschen, also die deutsche Standardsprache, bezogen.

Wenn gesellschaftliche Praxis durch instrumentelles Handeln, also solches, das dem weiteren Bereich der Arbeit zuzuordnen ist, und kommunikatives Handeln begründet wird, dann sind diese Kategorien zugleich Richtpunkte zur Bestimmung von Gesprächsbereichen: Einerseits sind diese im wesentlichen instrumentell orientiert, andererseits im wesentlichen instrumentell entlastet und somit kommunikativ orientiert (vgl. *Pitcher* 1964, 240: „impure language games", „pure language games"). Andere fundamentale Richtpunkte zur Bestimmung von Gesprächsbereichen sind deren Öffentlichkeits- bzw. Privatheitsgrad, wobei Öffentlichkeit notwendig eine Form der Institutionalisierung impliziert, Privatheit aber nicht notwendig heißt, daß jegliche Institutionalisierung fehlt.

1. Wissenschaftliche Analyse von Gesprächen

Öffentlichkeit der Gespräche bedeutet dabei eine gesellschaftlich bedingte (und notwendige) prinzipielle Fremdbestimmung der das Gespräch Führenden.

Das Ziel, soziologisch relevante Gesprächsbereiche zu erhalten, wird nun dadurch erreicht, daß konkrete Gespräche zu Gesprächsbereichen zusammengefaßt werden. Diese Zusammenfassung wird geleitet von den angegebenen Kriterien (wesentlich instrumentell orientiert (oder arbeitsorientiert) versus wesentlich kommunikativ orientiert (oder arbeitsentlastet); privat versus öffentlich) und der integrativen Erfahrung und Intuition des Forschers, wobei in diesen Typisierungsprozeß zugleich Erfahrungen des Wissenschaftlers als Gesprächsteilnehmer (innerhalb der Standardvarietät des Deutschen) eingehen. Gesprächsbereiche der deutschen Standardsprache sind unter anderem:

(1) Persönliche Unterhaltung
(2) Feier-, Biertisch-, Thekengespräche
(3) Spielgespräche
(4) Werkstatt-, Labor-, Feldgespräche
(5) Kauf- und Verkaufsgespräche
(6) Kolloquien, Konferenzen, Diskussionen
(7) Mediengespräche, Interviews
(8) Unterrichtsgespräche
(9) Beratungsgespräche
(10) Amtsgespräche
(11) Gerichtsgespräche

Man kann nun z. B. die oben angegebenen Kriterien jeweils spezifischen Gesprächsbereichen als Prädikate zuordnen:

(1) bis (3):   arbeitsentlastet
(4) bis (11):   arbeitsorientiert
(1) bis z. T. (3): privat
z. T. (3) bis (11): öffentlich

Wenn man das Prädikat *arbeitsorientiert* noch in *hand-arbeitsorientiert* und *kopf-arbeitsorientiert* subspezifiziert, kommt man darüber hinaus zu folgender Kennzeichnung:

1.3. Theorie und Analyse des Gesprächs

(4) und z. T. (5): hand-arbeitsorientiert
z. T. (5) bis (11): kopf-arbeitsorientiert

Diese Kennzeichnung kann noch dahingehend erweitert werden, daß es Gesprächsbereiche gibt, die dem weiteren Bereich der staatlichen Verwaltung [(10) und (11)] zuzurechnen sind; die der öffentlichen Darstellung und Verhandlung der Interessen der Mitglieder der Gesellschaft dienen [(6), (7), (8), (9)]; die der Schaffung und Verteilung materieller Güter dienen [(4) und (5)].

Diese Vorbemerkungen zu einer Soziologie des Gesprächs sind dahingehend auszuarbeiten, daß die oben angegebenen soziologischen Prädikate im Rahmen einer Theorie der Gesellschaft zu erweitern und aufeinander zu beziehen sind. Eine solche Diskussion hätte sich mit vorliegenden Gesprächstypologien auseinanderzusetzen, die, wie unvollständig auch immer, z. B. von *Bollnow* (1966, 29−54) und *Brinkmann* (1971, 868−880) entworfen wurden.

Die vorstehenden Ausführungen sollen im wesentlichen als Anregung verstanden werden, auch in der Sprachwissenschaft eine Diskussion über die Kategorie Gespräch hinsichtlich ihrer Funktion im gesellschaftlichen Leben zu führen. Das aber heißt, auch die funktionell bedingte Vielfalt der Erscheinungsformen zu konstatieren und damit der Einheit und Vielfalt gewahr zu werden. Sprachwissenschaftler am Schreibtisch neigen dazu, die theoretisch als notwendig akzeptierte empirische Basis ihrer Wissenschaft dergestalt zu akademisieren, daß nur ihre eigenen Erfahrungsbereiche als Empirie akzeptiert werden. Dem ist entgegenzuwirken, damit die Pragmatisierung sprachwissenschaftlicher Fragestellungen nicht mit einer Verkürzung des Gegenstandsbereichs erkauft wird.

Die hier entworfenen Gesprächsbereiche (oder in Analogie zu *Fishmans* Terminologie: Gesprächsdomänen) bedürfen zusätzlich einer kommunikativ-pragmatischen Fundierung. Diese kann dadurch gegeben werden, daß ein Kategorieninventar etabliert wird, das wesentliche Merkmale und Aspekte der Gesprächskommunikation enthält. Ein faktisches Gespräch zwischen Gesprächspartnern ist dann dadurch gekennzeichnet, daß es durch jeweils eine Subkategorie der kommunikativ-pragmatischen Kategorien zu be-

1. Wissenschaftliche Analyse von Gesprächen

legen und damit einem besonderen Gesprächstyp zuzuweisen ist. Gesprächstypen sind somit als kommunikativ-pragmatische Veranschaulichung (und evtl. Spezifizierung s. u. S. 32) der Gesprächsbereiche aufzufassen. Das ist am Beispiel zu erläutern. Zuvor muß jedoch das kommunikativ-pragmatische Kategorieninventar dargestellt und kommentiert werden. Es stellt eine Weiterführung der in *Henne* (1975, 7ff.) entworfenen Systematik dar. Diese Weiterführung ist der Kritik von *Eitge* (1976, 145 ff.) und der (weiteren) Auseinandersetzung mit der Freiburger Redekonstellationstypik (vgl. zuletzt *K.-H. Jäger*, 1976, 60 ff.) verpflichtet.

1. Gesprächsgattungen
    1.1. natürliches Gespräch
        1.1.1. natürliches spontanes Gespräch
        1.1.2. natürliches arrangiertes Gespräch
    1.2. fiktives/fiktionales Gespräch
        1.2.1. fiktives Gespräch
        1.2.2. fiktionales Gespräch
    1.3. inszeniertes Gespräch
2. Raum-Zeit-Verhältnis (situationeller Kontext)
    2.1. Nahkommunikation: zeitlich simultan und räumlich nah (face-to-face)
    2.2. Fernkommunikation: zeitlich simultan und räumlich fern: Telefongespräche
3. Konstellation der Gesprächspartner
    3.1. interpersonales dyadisches Gespräch
    3.2. Gruppengespräch
        3.2.1. in Kleingruppen
        3.2.2. in Großgruppen
4. Grad der Öffentlichkeit
    4.1. privat
    4.2. nicht öffentlich
    4.3. halb öffentlich
    4.4. öffentlich
5. Soziales Verhältnis der Gesprächspartner
    5.1. symmetrisches Verhältnis
    5.2. asymmetrisches Verhältnis

1.3. Theorie und Analyse des Gesprächs

  5.2.1. anthropologisch bedingt
  5.2.2. soziokulturell bedingt
  5.2.3. fachlich oder sachlich bedingt
  5.2.4. gesprächsstrukturell bedingt
6. Handlungsdimensionen des Gesprächs
  6.1. direktiv
  6.2. narrativ
  6.3. diskursiv
    6.3.1. alltäglich
    6.3.2. wissenschaftlich
7. Bekanntheitsgrad der Gesprächspartner
  7.1. vertraut
  7.2. befreundet, gut bekannt
  7.3. bekannt
  7.4. flüchtig bekannt
  7.5. unbekannt
8. Grad der Vorbereitetheit der Gesprächspartner
  8.1. nicht vorbereitet
  8.2. routiniert vorbereitet
  8.3. speziell vorbereitet
9. Themafixiertheit des Gesprächs
  9.1. nicht themafixiert
  9.2. themabereichfixiert
  9.3. speziell themafixiert
10. Verhältnis von Kommunikation und nichtsprachlichen Handlungen
  10.1. empraktisch
  10.2. apraktisch

Kommentar zu den zehn kommunikativ-pragmatisch bedeutsamen Kategorien und deren Subkategorien:

Natürliche Gespräche sind solche, die real in gesellschaftliche Funktionsabläufe eingelassen sind bzw. diese begründen. Zu unterscheiden sind solche Gespräche, die unvorbereitet und somit spontan geführt werden, und solche, die einer längerfristigen Vorbereitung ihre Existenz verdanken und somit als arrangiert zu bezeichnen sind. Fiktive Gespräche sind solche, die zu bestimmten

Zwecken, z. B. denen des Unterrichts, entworfen werden, während fiktionale Gespräche die in Literatur und Philosophie sind. Ein Gespräch soll hingegen inszeniert heißen, wenn es Aufführungscharakter hat und damit eine zweite Wirklichkeit – andere mögen sagen: einen schönen Schein – konstituiert. Beispiele sind Theateraufführungen, Fernsehspiele, Gespräche zu wissenschaftlichen Aufnahmezwecken. Diese Subkategorisierung erlaubt auch, Zwischenformen zu bestimmen: Dramendialoge, gesprochen während einer Theateraufführung, sind fiktional (1.2.2.) und inszeniert (1.3.). Schon an dieser Stelle wird deutlich, daß die Subkategorien einer Kategorie nicht ausschließlich disjunktiv („entweder – oder") auf ein konkretes Gespräch angewendet werden können.

In Kategorie 2 wird der für Gespräche mögliche situationelle Kontext näher bestimmt. Gespräche bedürfen, sofern sie noch als Gespräch gelten sollen, des zeitlich unmittelbaren (und nicht phasenverschobenen) Kontakts der Gesprächspartner, also dessen, was als direkte Rückkoppelung in der Informationstheorie bezeichnet wird. Insofern werden z. B. Tonbandbriefe nicht der Kategorie Gespräch zugeordnet.

Die grundlegende Dichotomie hinsichtlich der Konstellation der Gesprächspartner ist die zwischen Gesprächen „unter vier Augen" und Gesprächen in Gruppen. Grundlegend ist der Unterschied deshalb, weil das Gespräch unter vier Augen nicht die Trennung von Adressat (als dem unmittelbar Angesprochenen) und Zuhörer kennt, die das Gruppengespräch jederzeit zuläßt (aber nicht notwendig fordert). Ein Gruppengespräch kann somit zeitweise alle Gesprächspartner als Adressaten (außer dem Sprecher) haben, während zeitweise, entsprechend der Intention der Gesprächspartner, zwischen Sprecher, Adressat und Zuhörer differenziert wird. Klein- und Großgruppen sollen dadurch unterschieden werden, daß die letzteren für die Gesprächskommunikation jeweils eines Gesprächsleiters bedürfen, welcher in Kleingruppen überflüssig ist. Die vorstehende Systematik führt keine Subkategorie ‚Kleingruppengespräch vor Großgruppen'. Solche Ergänzungen können jederzeit vorgenommen werden, hier zum Beispiel als 3.3. Angesichts der Entwicklung im deutschen Fernsehen, das die Talk

1.3. Theorie und Analyse des Gesprächs

Show inzwischen als festen Unterhaltungsbegriff führt, erscheint zumindest dieser Hinweis notwendig.

Die Grade der Öffentlichkeit sollen, vertrauend auf die semantische Aussagekraft der verwendeten Prädikate, als Annäherungswerte gelten. *Halb-öffentlich* soll jenen Grad bezeichnen, durch den spezifische, oft fachlich legitimierte Teile der Bevölkerung, zumeist als Zuhörer, zugelassen sind. Als Beispiel ist die universitäre Öffentlichkeit bei Sitzungen bestimmter Universitätsgremien zu nennen.

Was unter 5. als symmetrisches und asymmetrisches Verhältnis der Gesprächspartner bezeichnet wird, haben *Watzlawick, Beavin* u. *Jackson* (1972, 68–70) auf den Begriff einer „symmetrischen und komplementären Interaktion" gebracht. Diese Interaktionsformen beruhen auf „Gleichheit oder auf Unterschiedlichkeit". Als Ursachen der asymmetrischen, nach *Watzlawick* „sich ergänzenden" („komplementären") Beziehungen, werden „gesellschaftliche oder kulturelle" Gründe angeführt, („wie z. B. im Fall von Mutter und Kind, Arzt und Patient, Lehrer und Schüler"). *Watzlawick* u. a. schreiben, daß sich symmetrische Beziehungen „durch Streben nach Gleichheit und Verminderung von Unterschieden zwischen den Partnern" auszeichnen, mithin symmetrische Beziehungen sich immer als nur tendenziell symmetrische bestimmen lassen, was heißen soll, daß die Partner bemüht sind, vorübergehende wissensmäßig oder sonstwie bedingte Asymmetrien auszugleichen. Die unter 5.2.1. bis 5.2.4. angegebenen Ursachen für asymmetrische Gespräche bilden (in der angegebenen Reihenfolge) eine aufsteigende Linie hinsichtlich der Möglichkeit, die Asymmetrien gelegentlich und vorübergehend abzubauen. Unter 5.2.1. sollen u. a. Erwachsener-Kind-Verhältnisse begriffen werden; 5.2.2. sind institutionell und gesellschaftlich bedingte Konstellationen und Machtverhältnisse; 5.2.3. sind solche, die auf fachlichem und ausbildungsmäßigem Informations- und Wissens-Vorsprung beruhen, während unter 5.2.4. Formen des Gesprächs gemeint sind, die, wie Interview und Befragung, durch die beiderseitig akzeptierte Gesprächsform eine spezifische Asymmetrie der Gesprächsführung implizieren.

1. Wissenschaftliche Analyse von Gesprächen

Unter 6. wird versucht, die Erfahrung zu systematisieren, daß sprachliche Interaktionen in unterschiedlichen Handlungsdimensionen stehen. Das setzt die Einsicht voraus, daß sprachliche Kommunikation jeweils sprachliche Handlung ist. Unter dem Begriff ‚direktiv' sollen jene Gespräche begriffen werden, in denen Sprache Anweisungs- und Hinweischarakter hat, also Gespräche, die andere Handlungen bewirken oder vorbereiten. Dazu gehören vor allem Gespräche der Arbeitswelt, wobei dieser Begriff sehr weit zu fassen ist und darunter z. B. auch das Arzt-Patienten- und Seelsorger-Gläubiger-Gespräch zu subsumieren sind. Narrativ sollen jene Gespräche heißen, die keine direkten außersprachlichen Handlungsimplikationen haben; in denen vielmehr ein Gespräch geführt wird, um überhaupt in einen sprachlichen Kontakt zu kommen, um etwas und damit sich mitzuteilen, um Zeit zu überbrücken. Dazu zählt das − in der Pragmatik inzwischen berühmte − „Gespräch über den Gartenzaun" ebenso wie ein den Kontakt ermöglichendes Partygespräch. Diskursiv schließlich sollen jene Gespräche heißen, in denen Geltungen und Normen problematisiert werden. So könnte ein Gespräch zwischen zwei Freunden über neuere Entwicklungen in der Politik, aber auch die Unterhaltung zweier Fußballfans über die Spitzengruppe und die (möglichen) Absteiger der Bundesliga dieses Prädikat beanspruchen. Damit ist der Sinn von *diskursiv* hinsichtlich seiner alltäglichen Variante erläutert.

Zuweilen sind auch nur spezifische Aspekte des Gesprächs in diesem Sinne diskursiv, so wenn man z. B. die Bedingungen der Gesprächskommunikation, an der man selbst teilnimmt, zum Gegenstand des Gesprächs macht. Um den pragmatisch-kommunikativen Charakter dieser Sprachhandlungen zu kennzeichnen, ist er von *Henne* (1975, 6) als metakommunikativ-reflexiv gekennzeichnet worden. Dem wurde gegenübergestellt das metakommunikativ-deskriptive Handeln des Sprachwissenschaftlers, der Gespräche diskursiv-alltäglichen Charakter zum Gegenstand wissenschaftlicher Forschung macht, wobei darauf verwiesen wurde, daß metakommunikativ-reflexive Erfahrungen (des Sprachwissenschaftlers als Gesprächspartner) die metakommunikativ-deskriptive Tätigkeit (des Gesprächspartners als Sprachwissenschaftler) erst er-

1.3. Theorie und Analyse des Gesprächs

möglichen. Hier ist noch darauf zu verweisen, daß diskursiv-wissenschaftliche Gespräche (6.3.2.) in allen Wissenschaften anzutreffen sind, daß aber die diskursiven Gespräche aller Textwissenschaftler (also der Sprach- und Literaturwissenschaftler) insofern einen besonderen Status haben, als der Gegenstand ‚Sprache' sowohl die Kommunikation wie die Metakommunikation (hier: das diskursivwissenschaftliche Gespräch) begründet. Damit sind besondere hermeneutische Probleme (solche des Deutens und Verstehens) aufgeworfen worden.

Mit der Subkategorisierung der Kategorien 7 bis 9 wird wiederum auf die semantische Aussagekraft der zur Unterscheidung verwendeten alltäglichen Prädikate vertraut. Erst die Subkategorisierung von 10. greift auf eine wissenschaftliche Terminologie zurück, die *Karl Bühler* (1978, 158 f.) eingeführt hat: Unter „empraktisch" verstand *Bühler* den Sprachzeichengebrauch, bei dem der Sprecher, wie z. B. bei „Gerade aus!" oder „Ein schwarzer Kaffee!", je spezifische Auswahlen trifft und damit spezifische Handlungsweisen seines Gegenübers auslöst. Hier sollen darunter jene Gespräche verstanden werden, die in außersprachliche Handlungen verflochten sind und von daher ihren Sinn beziehen, also z. B. im besonderen Arbeitsgespräche (von Industriearbeitern, die eine technische Neuerung erproben; von Bauern, die eine Flurbegehung vornehmen; von Landschaftsarchitekten, die ein Planungsgespräch in „ihrer" Landschaft führen; von Chefarzt und Mitarbeitern während der Visite). *Apraktisch* ist eine Oppositionsbildung zu *empraktisch* und meint Gespräche, die in diesem Sinne entlastet sind von gesprächsbegleitenden Funktionen. Dieser unterschiedliche, einerseits empraktische, andererseits apraktische Situationsbezug von Gesprächen ist auch von *Mukařovský* (1967, 115 f.) herausgearbeitet worden.

Ein faktisches Gespräch des Gesprächsbereichs ‚persönliche Unterhaltung' (zwischen zwei Freunden über ihre berufliche Zukunft, zufällig zustande gekommen) und des Gesprächsbereichs ‚Beratungsgespräch' (zwischen einem Hochschullehrer und einem Studenten) unterscheiden sich nun dadurch, daß bei identischen Subkategorien von 2.1.; 3.1.; die übrigen Subkategorien differieren, und zwar: 1.1.1.; 4.1.; 5.1.; 6.2. und 6.3.1.; 7.2.; 8.1.; 9.1.;

10.2. für das Gespräch unter Freunden, und: 1.1.2.; 4.2.; 5.2.3.; 6.1.; 7.3.; 8.2.; 9.2.; 10.1. für das Beratungsgespräch zwischen Hochschullehrer und Student. Diese offensichtliche kommunikativ-pragmatisch fundierte Unterscheidung faktischer Gespräche unterschiedlicher Gesprächsbereiche ist weniger interessant als eine gleichermaßen fundierte Unterscheidung unterschiedlicher faktischer Gespräche desselben Gesprächsbereichs. Anders und aus entgegengesetzter Perspektive gefragt: Welche kommunikativ-pragmatischen Subkategorien sind obligatorisch für faktische Gespräche desselben Gesprächsbereichs und welche Varianzen sind zugelassen? Begründen sich wiederholende Varianzen besondere Gesprächstypen? Der Fragecharakter der letzten beiden Sätze soll andeuten, daß dem an dieser Stelle nicht weiter nachgegangen werden kann; gleichzeitig soll aber der Überzeugung Ausdruck gegeben werden, daß eine empirisch begründete, also mit faktischen Gesprächen arbeitende Untersuchung neue Einsichten in bezug auf das Verhältnis von Gesprächsbereich und Gesprächstyp vermitteln wird.

2. Probleme wissenschaftlicher Aufzeichnung von Gesprächen

2.1. Beobachtete, erinnerte und (re)konstruierte Gespräche

Gesprächsanalyse ist keine Erfindung der Wissenschaft, sondern als alltägliche Handlung so universal wie das Gespräch. Sie geht dem Gespräch voraus, begleitet es und folgt ihm nach; sie ist eine der frühesten kommunikativen Tätigkeiten, in denen das heranwachsende Kind sich übt. Zu einem nicht unbeträchtlichen Teil erwirbt das Kind die Regeln seiner kommunikativen Kompetenz, indem es die ihm zugewandten, in seiner Gegenwart vollzogenen und nach und nach auch die eigenen kommunikativen Handlungen metakommunikativ analysiert. Indem es lernt, eigenes und fremdes Verhalten als geordnete Folge von Handlungen zu interpretieren und deren situative Bezogenheit, konventionelle Geltung und individuelle Sinngebung zu verstehen, bildet sich seine Fähigkeit, an immer komplexeren Interaktionen teilzunehmen, entsteht seine Fähigkeit zum Gespräch.

Der „natürlichen Analyse" von Gesprächen entspricht ihre „natürliche Aufzeichnung": im Gedächtnis der Teilnehmer. Ohne diese natürliche Aufzeichnung, die der flüchtigen Äußerung Dauer verleiht, können die Sprechenden ihr Gespräch weder als Ganzes metakommunikativ beurteilen noch überhaupt führen. Um nicht bloß isolierte Äußerungen zu vollziehen und wahrzunehmen, sondern „Anreden und Erwiderungen", strukturierende und fortführende, dirigierende und reagierende „Schritte im Gespräch", brauchen die Redepartner oft einen strategischen Gesprächsentwurf, immer aber ein sich Schritt für Schritt strukturierendes Gedächtnisbild des bisherigen Gesprächsverlaufs, auf das sie sich mit dem jeweiligen Gesprächsschritt beziehen. Zumindest muß der Rückbezug immerfort möglich und erwartbar sein – nur dann ist „keine Antwort auch eine Antwort". Je nach der subjektiven Be-

2. Probleme wissenschaftlicher Aufzeichnung von Gesprächen

deutsamkeit des Gesprächs dauert dessen strukturiertes mentales Abbild fort als mehr oder weniger detailreiche Erinnerung; in jedem Fall wird es metakommunikativ verarbeitet, indem es die aus früheren Gesprächen abstrahierten Interaktionserfahrungen, Beurteilungskategorien und Kompetenzregeln bestätigt oder modifiziert.

Es ist darum ein naheliegender und prinzipiell akzeptabler Gedanke, auch für eine systematische, nicht durch partikuläre Interaktionsinteressen gebundene, die Bedingungen metakommunikativer Erkenntnis reflektierende, kurz: für eine wissenschaftliche Gesprächsanalyse die eigene Kommunikationserfahrung als empirische Basis zu verwenden.

Auf erinnerte oder erfundene Äußerungen und Äußerungssequenzen — Gesprächsausschnitte also, die der Linguist ganz oder teilweise aus seiner Kompetenz (re)konstruiert hat — wurde im Bereich pragmatischer Sprachforschung u. a. von den Vertretern der Sprechakttheorie zurückgegriffen (ebenso von dem Interaktionsanalytiker *E. Goffman*: „Die in diesem Aufsatz vorkommenden Darstellungen von Austäuschen habe ich [. . .] Notizen entnommen, die ich über wirklich erlebte Interaktionen gemacht habe." 1974, 196). Im Rahmen der systembezogenen Linguistik wurde dieses Verfahren verwendet von den traditionellen Grammatikern wie auch von den Anhängern der „Generativen Transformationsgrammatik" und „Generativen Semantik", nachdem es von *N. Chomsky* sprachtheoretisch begründet worden war.

Eine generative Grammatik soll als ein möglichst adäquates Modell die Sprachkompetenz, d. h. das endliche mentale Regelsystem eines idealisierten „native speaker's" abbilden, das diesen befähigt, beliebig viele „grammatische" Sätze seiner Sprache zu generieren und „grammatische" von „ungrammatischen" Sätzen zu unterscheiden. Da diese Regeln aus der Analyse vorliegender Sprachäußerungen nur mit einer gewissen Wahrscheinlichkeit, nicht aber mit Sicherheit zu erschließen sind, erscheint ein unmittelbarer Zugang zu ihnen ertragreicher: Der Linguist erforscht als „native speaker" introspektiv seine eigene Kompetenz auf quasi-experimentelle Weise, indem er nämlich intuitiv Regelhypothesen bildet, alle daraus ableitbaren

2.1. Beobachtete, erinnerte und (re)konstruierte Gespräche

Sätze generiert und diese dann der eigenen oder einer anderen Beurteilungskompetenz zur Prüfung vorlegt. Die von verschiedenen Seiten gegen diesen Ansatz vorgetragene Kritik (z. B. *Schank* 1973) braucht hier nicht im einzelnen entfaltet zu werden. Wichtig ist in diesem Zusammenhang nur der mehreren Argumenten gemeinsame Hinweis auf die Grenzen der individuellen Kompetenz. Dabei fallen zunächst die Grenzen ihres Umfangs ins Auge: Die Erforschung der Sprache vergangener Zeiten, fremder Völker oder auch nur anderer sozialer Subgruppen des eigenen Sprachbereichs kann sich nicht auf Introspektion gründen; überdies sind idiosynkratische Komponenten und Lücken der eigenen Kompetenz nicht ohne Vergleich mit dem allgemein akzeptierten Sprachgebrauch zu entdecken.

Schwerer bemerkbar und darum gefährlicher für den Untersuchenden sind die strukturellen Begrenzungen seiner Kompetenz: Er hat ja deren Regeln nicht systematisch aus isolierten Sätzen abstrahiert, sondern als Kind in einem Spektrum konkreter Kommunikationssituationen erlernt, in denen die sprachliche Form der Äußerungen in unterschiedlicher Weise Gegenstand sowohl der Aufmerksamkeit als auch implizierter und expliziter Wertungen war. Insofern besteht die Erwachsenenkompetenz als das Ergebnis einer individuellen Sozialisationsgeschichte aus Regeln von unterschiedlichem normativen Status und variabler kommunikativer Reichweite. Falls der Linguist die Heterogenität und Situationsabhängigkeit seiner Kompetenz nicht gebührend in Rechnung stellt, wird er am Schreibtisch – verführt durch eine erlernte Norm sowie auch durch Mangel an Kontextphantasie – Sätze als inakzeptabel oder gar ungrammatisch indizieren, die er im entsprechenden Kontext bedenkenlos selbst verwenden und bei anderen nicht als abweichend bemerken würde.

Damit wird zugleich deutlich, daß die Schwierigkeiten einer introspektiven Kompetenzlinguistik umso größer werden, je mehr die Untersuchung sich der Verwendung von Sprache in verbalen Interaktionen zuwendet. Denn wenn ein „Kompetenz-Linguist" sich noch im Recht fühlen darf, falls er etwa behauptet, Sätze wie „Die schlafe Erde armt den nackten Himmel" (*A. Stramm*) oder „Pott ist wir" (Werbeslogan) seien nach den Sprachkompetenzregeln aller Deutschsprechenden grammatisch „abweichend", so muß er — wenn er ehrlich ist — eine Antwort auf die Frage verweigern, unter welchen situativen Bedingungen diese Sätze geäußert werden könnten und wie die Kommunikationspartner darauf reagieren würden. Man könnte ihn auch dadurch in Verlegenheit bringen, daß man ihn bittet, durch bloße Introspektion Regeln für eigenes und fremdes back-channel-behavior (s. o. S. 20 f.) zu formulieren. Die „guiding rules" (fundamentalen Regeln) der kommunikativen Kompetenz sind nicht weniger „Hintergrundphänomene" (*Whorf*) als die der Sprachkompetenz; im Vergleich mit diesen jedoch eröffnen sie einen unvergleichbar größeren Realisierungsspielraum und werden überdies teilweise von mächtigeren normativen Interpretationen überlagert, die den introspektiven Zugang zu ihnen verwehren.

Ein Gleiches gilt mutatis mutandis für die Erinnerung an konkrete Gespräche: Mentale Prozesse der Informationsspeicherung verlaufen grundsätzlich als Informationsverminderung, als gestufte zusammenfassende Auswahl des subjektiv Bedeutsamen. Nachweislich erfolgt schon die Wahrnehmung, desgleichen aber auch die kurz- und längerfristige Speicherung im Gedächtnis nicht fotografisch getreu, sondern gefiltert durch die Raster allgemeiner und spezieller Erwartungen, Interessen und Motivationen; hinzu kommen mannigfache Überlagerungs- und Verdrängungsprozesse. Gerade die für den Linguisten interessante phonemisch-morphologisch-syntaktische Form sprachlicher Äußerungen wird, da sie nur Vehikel zur Übermittlung von Bedeutung ist, im Normalfall vergessen, sobald sie ihre dienende Funktion erfüllt hat (vgl. z. B. *Sachs* 1967). Als Beispiel mag die Erinnerungsniederschrift eines Gesprächs dienen, dessen Zeuge einer der Verfasser am Tag zuvor geworden war. Der genaue Wortlaut war ihm nur teilweise, und zwar entsprechend der Gesprächsrelevanz der Äußerungen, im Gedächtnis geblieben; die weniger prägnanten Repliken mußte er aus seiner Erinnerung an den Gesprächsverlauf und den stimmlich-gestischen Ausdruck rekonstruieren:

An der Kasse eines Supermarktes in Wolfenbüttel, 17. 9. 1976:

A., ein Mann von etwa 30 Jahren, steht mit seinem Einkaufswagen an der Kasse; B., seine Frau, steht auf der anderen Seite, um einzupacken. Hinter

2.1. Beobachtete, erinnerte und (re)konstruierte Gespräche 37

A. wartet C., ein Junge von etwa 14 Jahren; neben A., von links kommend, wartet D., eine ältere Frau, ca. 60 Jahre alt. A. schiebt den Einkaufswagen durch, C. und D. schieben nach. C., der Junge, versucht, seinen Wagen vor D.s Wagen zu plazieren.

D.: Du brauchst dich gar nicht vorzudrängeln!
C.: Ich drängele mich nicht vor, ich war eher da.
D.: Das ist ja nicht wahr; ich stand schon hier, bevor du kamst.
A.: Das kann nicht stimmen, der Junge war direkt hinter mir.
D.: Nein, nein, ich stehe hier schon eine ganze Weile. (Nach einer Pause zum Jungen:) Daß du dich nicht schämst . . .!
C.: Ich brauche mich nicht zu schämen, ich war eher da!
D.: Hältst du wohl deinen Mund!
A.: Der Junge war ganz bestimmt eher da als Sie!

Frau D. hat ihren Wagen vor C. zur Kasse geschoben. A. packt zusammen mit B. ein, schaut hoch und sagt:

A.: Der Junge war aber wirklich eher da; ich habe genau gesehen, (zum Jungen:) daß du eher da warst.

D. packt schweigend den Wagen aus. Darauf B., einpackend, vor sich hinschauend:

B.: Du mußt schon entschuldigen, wenn Erwachsene dir Unrecht geben.
C. und D. sagen nichts.

Sicherlich ist in der Praxis die Aufzeichnung aus unmittelbarer Erinnerung ein oft unentbehrliches Verfahren, insbesondere um „seltene Ereignisse" der wissenschaftlichen Untersuchung zugänglich zu machen. So kann der obige Text durchaus für bestimmte Fragestellungen der Gesprächsanalyse herangezogen werden, etwa für die Analyse von Gesprächsschrittinitiativen. Andererseits lassen sich die meisten der Äußerungen als Sprechhandlungen nicht eindeutig interpretieren, da die begleitenden stimmlich-mimisch-gestischen Ausdruckszeichen nicht notiert sind und auch nicht mit hinreichender Genauigkeit erinnert werden konnten. Deutlich wird auch die Perspektivität der Aufzeichnung; man stelle sich eine Niederschrift des Jungen oder der älteren Frau vor. Vermutlich hat gegenüber diesen Interaktanten der nicht involvierte (wenn auch innerlich nicht ganz unbeteiligte) Beobachter eine größere Chance, das Gespräch unverzerrt zu erinnern; doch auch ein völlig unparteiischer, geübter und mit einem hervorragenden Gedächtnis begabter Beobachter bleibt gebunden an die Notwendigkeit, seine Aufmerksamkeit auf Ausschnitte und Teilaspekte der zu beobachtenden Kommunikationsprozesse zu konzentrieren.

Solange diese Auswahl spontan nach unreflektierten Kriterien getroffen wird, ist sie wissenschaftlich unbrauchbar. In der empirischen Sozialforschung gibt man daher dem Beobachter ein theoretisch fundiertes, situationsexternes Kategoriensystem vor und trainiert ihn in der richtigen und konsequenten Zuordnung der Ereignisse zu diesen Kategorien. Protokolle solcher kategorial gesteuerter „systematischer Beobachtung" bilden eine wesentliche Quelle sozialwissenschaftlicher Forschung; in der im Jahre 1970 erschienenen „Anthology of Observation Instruments" von *Simon/Boyer* werden allein 79 Kategoriensysteme beschrieben, deren bekanntestes von *R. F. Bales* für seine „Interaction Process Analysis" entworfen wurde (*Bales* 1950). Dieses bietet dem Beobachter von Gruppendiskussionen 12 Kategorien, denen er die einzelnen unterscheidbaren Gesprächsschritte zuzuweisen hat, z. B.: X „erbittet Vorschläge", Y „stimmt zu", Z „zeigt Antagonismus".

Daß die Auswertung solcher und ähnlicher Protokollnotizen durchaus brauchbare Aufschlüsse über Teilaspekte von Interaktionsverläufen zu geben vermag, haben zahlreiche soziologische und pädagogische (*Bachmair* 1976, *Merkens/Seiler* 1978) Untersuchungen erwiesen. Für die Gesprächsanalyse ist jedoch die kategoriale Beobachtung als empirische Basis selbst dann zu schmal, wenn man die soziologisch oder pädagogisch motivierten Kategorien durch linguistisch motivierte ersetzt; denn genau an das, wovon diese abstrahieren, bleibt sie als Gesprächs-Analyse gebunden: an die Untersuchung von Texten in Kontexten. Andererseits können viele und oft gerade wesentliche Phänomene sprachlicher Interaktion nur durch Beobachtung erkannt und festgehalten werden, weshalb – wie unten S. 51 ff. zu zeigen sein wird – Protokolle „teilnehmender Beobachtung" eine wichtige ergänzende Quelle für die Gesprächsanalyse darstellen.

Die drei bisher genannten Verfahren der Materialgewinnung (Regelkonstrukt, Erinnerungszitat, Protokollnotiz) haben eines gemeinsam: Sie liefern systematisch beschränkte und z. T. verzerrte Daten. Untersuchungen, die darauf aufbauen, sind deshalb nur insoweit wissenschaftlich brauchbar, als für ihre Fragestellungen diese Grenzen und Fehler des Materials theoretisch ohne Belang sind. So kann eine auf Kompetenz und Erinnerung gestützte Sprach- und Interaktionsanalyse zwar mit einigem Recht beanspruchen, fundamentale und deshalb in jeder Kompetenz internalisierte Sprach- und Interaktionsregeln erfassen zu können; dagegen werden sich soziale, regionale, situationelle und stilistische Kompetenzdifferenzierungen sowie zusätzliche Bedingungen der Performanz ihrem Zugriff weitgehend entziehen. Im letzteren Falle müßte zur Einschätzung der Validität der Analyse zuvor bekannt sein, wie Kompetenz und Erinnerung des Forschers hinsichtlich ihrer Struktur und Detailtreue zu beurteilen sind. Doch genaugenommen gilt dies ebenfalls für die Analyse der erwähnten „fundamentalen Regeln"; denn durch Introspektion allein ist es weder möglich, diese Regeln von ihren individuellen Umformungen und Zusätzen zu trennen, noch kann man feststellen, inwieweit es sich bei ihnen um wirklich fundamentale Regeln sprachlicher Interaktion oder bloße normative Interpretationen handelt (zur Kritik an der Kompetenzlinguistik vgl. *Schröder* 1975, 16 und *Schank* 1973, 19f.).

Mit anderen Worten: Sofern Linguistik überhaupt den Anspruch erhebt, eine empirische Wissenschaft zu sein, muß sie sich gründen auf die Analyse eines objektiv und umfassend aufgezeichneten Korpus „manifester Äußerungen der Sprecher einer Sprache". (*Hundsnurscher*, 1973, 196).

2.2. Methodologie der Korpuserstellung I: Aufzeichnung als Selektion

2.2.1. Das Korpus als repräsentative Stichprobe

Ein Korpus ist mehr als eine bloße Sammlung extern aufgezeichneter Sprachdaten. Der Begriff ‚Korpus' wurde geprägt von der amerikanischen Schule des empirischen Strukturalismus, dessen bekannteste Vertreter *L. Bloomfield* und *Z. S. Harris* waren und als deren Begründer *F. Boas* gilt. Dieser unternahm es zu Beginn

2. Probleme wissenschaftlicher Aufzeichnung von Gesprächen

des 20. Jhs., die grammatische Struktur von Indianersprachen — also von Sprachen nicht-indogermanischen Typs ohne schriftliche Tradition — zu erforschen. Das traditionelle Verfahren europäischer Grammatiker, aus literarischen Texten Belege zu sammeln, um damit ein vorgegebenes grammatisches Gerüst lateinischer Herkunft einzelsprachlich auszufüllen, mußte vor dieser Aufgabe versagen. Es erschien vielmehr erforderlich, unbeeinflußt durch antizipierte Analysekategorien ein zusammenhängendes Korpus sprachlicher Äußerungen aufzuzeichnen, um es dann zur Gänze — ohne unbequeme Details fortzulassen — der linguistischen Analyse zu unterziehen. Empirische Sprachwissenschaft stellt sich hiernach als zweistufig dar: „Investigation in descriptive linguistics consists of recording utterances in a single dialect and analyzing the recorded material" (*Harris* 1951, 12): Forschung im Rahmen deskriptiver Sprachwissenschaft besteht darin, Äußerungen in einer einzelnen Sprachvarietät aufzunehmen und das aufgenommene Material zu analysieren.

Die erste Stufe ist möglichst weitgehend, etwa durch Einsatz technischer Medien, zu objektivieren und müßte im Idealfall — wenn man diesen Ansatz konsequent zu Ende denkt — im quasi automatisch erstellten Korpus den Untersuchungsbereich vollständig repräsentieren.

Einen solch extremen und wissenschaftstheoretisch naiven Standpunkt haben auch die genannten amerikanischen Linguisten nie eingenommen. Bei ihnen (z. B. *Harris* 1951, *Gleason* 1955) finden sich eingehende Reflexionen über die Auswirkungen der offensichtlichsten Begrenzung von Korpora: der des Umfangs. Linguistische Untersuchungen zielen im allgemeinen auf die Formulierung genereller Aussagen, beziehen sich also — etwa im Falle der Untersuchung einer einzelsprachlichen Grammatik — auf einen prinzipiell unbegrenzten Bereich (alle möglichen Sätze dieser Sprache); Korpora dagegen sind grundsätzlich und aus forschungspraktischen Rücksichten begrenzt. Sie können den Untersuchungsbereich nicht vollständig, sondern bestenfalls unverzerrt „in modellhafter Verkleinerung" (*Deutrich* 1971, 23) abbilden. Mit anderen Worten: Korpora sind anzusehen als Stichproben (vgl. z. B. *Harris* 1951, 13; *Schank* 1973, 22) aus dem jeweiligen Unter-

2.2. Methodologie der Korpuserstellung I

suchungsbereich, der die sog. „Grundgesamtheit" bildet. Damit die Korpusanalyse eine gültige Generalisierung auf die Grundgesamtheit zuläßt, müssen die dafür notwendigen Voraussetzungen erfüllt sein:

„1. Die Stichprobe muß ein verkleinertes Abbild der Grundgesamtheit hinsichtlich der Heterogenität der Elemente und hinsichtlich der Repräsentativität der für die Hypothesenbildung relevanten Variablen sein.
2. Die Einheiten oder Elemente der Stichprobe müssen definiert sein.
3. Die Grundgesamtheit sollte angebbar und empirisch definierbar sein.
4. Das Auswahlverfahren muß angebbar sein und Forderung (1) erfüllen." (*Friedrichs* 1973, 125)

Diese Postulate entfalten das, was gewöhnlich mit einem Wort benannt wird: „A corpus must be representative" (*Gleason* 1955, 196).

2.2.2. Selektion der Variablen und Einheiten

Verdeutlichen wir uns die Repräsentativität als wesentliche Bedingung eines aussagekräftigen Korpus an einem Beispiel: Angenommen ein Linguist wählt als Untersuchungsgegenstand die Argumentationsstrukturen von Jugendlichen und als Untersuchungsbereich („Grundgesamtheit") die authentischen argumentativen Gespräche von Schülern des 11. Schuljahrs: so muß er eine wenigstens umrißhafte Vorstellung von den konstanten und variablen Merkmalen dieser Grundgesamtheit haben, um ihr überhaupt Stichproben entnehmen zu können. Je weniger er über diese Merkmale weiß, desto umfangreicher und diffuser muß die Stichprobe sein, damit alle möglicherweise relevanten Merkmale zufällig in ihr auftreten, und desto weniger ist auch auszumachen, ob dies tatsächlich der Fall ist. Um also ein brauchbares Korpus zu erhalten, muß der Forscher wissen, a) welche Merkmale für die Grundgesamtheit konstitutiv sind (z. B. Alter und sozialer Status der Schüler, Merkmale der Textsorte ‚argumentatives Gespräch', situative und thematische Bedingungen für die Authentizität des Gesprächs); b) welche variablen Merkmale die Variation innerhalb des Untersuchungsgegenstandes determinieren oder beeinflussen und deshalb im vollen Spektrum ihrer Ausprägungen repräsentiert sein müssen (z. B. soziale Herkunft, Geschlecht, Intelligenz, verbale Geschicklichkeit, Reifegrad der Schüler, Themenspezifik etc.); c) welche variablen Merkmale wahrscheinlich irrelevant sind und darum vernachlässigt werden können (z. B. Körpergröße der Schüler). Zusätzlich zur qualitativen und quantitativen Einschätzung der Variablen braucht der Forscher fundierte Annahmen über den für gültige Aussagen erforderlichen Umfang des Korpus sowie über Art und Abgrenzung der Erhebungseinheiten (z. B. Gesprächsausschnitte, Gespräche, Gesprächskomplexe) und der späteren Analyseeinheiten (z. B. Lexeme, Sätze, Gesprächsschritte, Intonationskurven, Unterbrechungen, Gesten), die im Korpus hinreichend repräsentiert sein müssen.

Drei Folgerungen lassen sich aus dem Gesagten ziehen:

1. Wirklich objektive, das heißt repräsentative (und dabei bearbeitungsfähige) Korpora können nur auf der Basis theoretischen Vorwissens über den Untersuchungsgegenstand und -bereich gewonnen werden. Je besser der Forscher die relevanten Variablen als solche erkennt und in ihren möglichen Ausprägungen einzuschätzen weiß, desto besser ist er dagegen gefeit, Korpora mit einseitigen Variablenausprägungen (also Stichproben von Teilgesamtheiten) fälschlich als Stichproben der Grundgesamtheit zu interpretieren.

2. Daß dies auf unbekanntem Terrain immer wieder geschehen kann, zeigt z. B. die Geschichte der Soziolinguistik:

So kritisierte *Oevermann* (1972, 95 ff.) mit Recht an den Untersuchungen *Bernsteins* (1962 a,b), daß in ihnen weder der mögliche Einfluß der Schule noch der der (Test-) Diskussionsgruppe auf die untersuchte individuelle Sprachproduktion berücksichtigt worden sei. Um die letztere Variable auszuschalten, stützte er sich bei seiner eigenen Untersuchung auf schriftliche Aufsätze, wogegen nun *Wunderlich* (1970, 36) den ebenfalls berechtigten Einwand erhob, daß aus diesen Aufsätzen nicht auf die „natürliche Äußerungsform" der Kinder geschlossen werden dürfe, daß *Oevermann* also unzulässig generalisiert habe.

In Untersuchungsbereichen, deren Variablenstruktur noch weitgehend unerforscht ist, können repräsentative Korpora nur approximativ erstellt werden: Jedes neue Untersuchungsergebnis, jede

2.2. Methodologie der Korpuserstellung I

neue theoretische Einsicht kann eine Revision der empirischen Basis erforderlich machen, also eine neue Phase der Korpuserstellung einleiten (vgl. *Gleason* 1955, 196f.).

3. Es ist natürlich möglich und oft aus forschungspraktischen Gründen unerläßlich, vorhandene Korpora für neue Fragestellungen zu nutzen, insbesondere wenn es sich um umfangreiche Korpora handelt, die unter weitgesteckten Zielen erstellt wurden: z. B. das Material des Deutschen Spracharchivs oder der Freiburger Arbeitsstelle (ca. 600000 Wörter; vgl. die für die Gesprächsanalyse ergiebigen Teilpublikationen: „Texte gesprochener deutscher Standardsprache" Bd. I–III, 1971–1975; dazu *R. Müller* 1975). Dies bedeutet jedoch keine Umkehrung des oben skizzierten Verhältnisses von Theorie und Datenerhebung; der Forscher muß vielmehr aufgrund seines theoretischen Vorwissens das Korpus auf seine Tauglichkeit prüfen und wird dann oft vor der Alternative stehen, seine Fragestellung dem Korpus anzupassen oder ein eigenes, zumindest ergänzendes Korpus zu erheben.

2.2.3. Variablen der Beobachtungssituation

Eine spezifische Gruppe von Variablen verdient besondere Behandlung: diejenigen nämlich, die durch die Korpusaufnahme selbst beeinflußt werden. In allen neueren Arbeiten zur linguistischen Datenerhebung (besonders *Ruoff* 1973, *Bielefeld* u. a. (Hrsg.) 1977, *Hufschmidt/Mattheier* 1976, 106ff.) wird diskutiert, was *Labov* (1970) das „Beobachterparadoxon" nannte:

„Das Ziel der sprachwissenschaftlichen Erforschung der Gemeinschaft muß sein, herauszufinden, wie Menschen sprechen, wenn sie nicht systematisch beobachtet werden; wir können die notwendigen Daten jedoch nur durch systematische Beobachtung erhalten." (*Labov* 1972, 147).

Mehrere Faktoren der Beobachtungssituation beeinflussen die Authentizität der Äußerungen und vermindern die Repräsentativität des Korpus; auf ihre Eliminierung zielen verschiedene z. T. erprobte Lösungsvorschläge: Wenn die bei der Aufnahme gegebenen äußeren Situationsbedingungen nicht zum geforderten Gesprächstyp passen oder die Partner das Gespräch ohne echte thematische Motivation führen, werden die Äußerungen von den unter normalen Bedingungen produzierten abweichen; diese Schwierigkeiten sind durch entsprechende Gestaltung der Kommunikationsbedingungen relativ leicht zu beheben. Es handelt sich dann um „simuliert natürliche" Situationen (vgl. *Hufschmidt/ Mattheier* 1976, 122f., 135f.).

Weniger leicht zu lösen ist das durch die Person des Forschers gegebene Problem: Als Außenstehender, der möglicherweise Mißtrauen, Respekt oder gar Aggressionen hervorruft, aber auch nur als nicht-teilnehmender Beobachter wird er die Äußerungen in ihrer Spontaneität hemmen oder gar verhindern; als Freund der Versuchspersonen, als am Gespräch Teilnehmender wird er dieses — möglicherweise im Sinne seiner Forschungshypothesen — beeinflussen. Hinzu kommt natürlich die mehr oder weniger starke Mikrofonbefangenheit (oder auch Mikrofonbeflügelung) der Aufgenommenen. Gewöhnung an die Aufnahmesituation, Unkenntnis des linguistischen Zwecks der Aufnahme sowie thematische und emotionale Ablenkung im Gespräch können ihnen bis zu einem gewissen Grade ihre Unbefangenheit zurückgeben.

Dieser Grad mag für manche (z. B. systemlinguistischen) Untersuchungsziele ausreichen; für andere Ziele, etwa die pragmatischen der Gesprächsanalyse, ist dies oft nicht der Fall: Ein Streit unter vier Augen ändert seinen Charakter, wenn neugierige Ohren oder Mikrofone zuhören. Die folgende Aufzeichnung aus einer studentischen Wohngemeinschaft vermittelt einen guten Eindruck davon, wie die über einen längeren Zeitraum anscheinend vergessene Aufnahmesituation plötzlich bei bestimmten Anlässen sprachlich reflektiert wird:

A: Ich will noch baden gehen.
Ach: Würdeste mitgehn? Ins Stadtbad?
A: Nee, / in die Dusche.
H: Nee, wenn dann draußen.
A: Aber . . . (stöhnt)
Ach: Find ich auch. Wenn, dann draußen baden gehn.
R: Bienroder See?
Ach: Ja, wer traut sich rein?
A: Vielleicht gehn wir ja nachher noch.
R: Dann holen wir Nasser ab, und dann fahren wir zum Bienroder See.

2.2. Methodologie der Korpuserstellung I

H: Hör auf, keine Namen nennen.
A: Wie, / is das was Schlimmes jetzt?
H: Nein.
(Anschließendes Gespräch zwischen R. und H. über die Tonbandaufnahmen.)

War die Aufnahmesituation also wirklich zuvor vergessen? Sprachen die Studenten wirklich wie sonst? Beantworten können eine solche Frage nach der Authentizität von Gesprächen nur Gruppenmitglieder oder Beobachter, die zu Gruppenmitgliedern geworden sind (also „teilnehmende Beobachter", s. S. 53); in jedem Fall sind die Antworten intuitiv und je nach individueller Urteilskraft mehr oder weniger unscharf.

Natürlich stellt sich dieses Problem dort nicht, wo die Aufnahme ein „integriertes Merkmal der Redekonstellation" (*Schröder* 1975, 18) ist und das durch sie beeinflußte Sprachverhalten als das in dieser Situation „natürliche" gelten kann: in Interviews, Rundfunk- und Fernsehdiskussionen etc. Für eine Untersuchung authentischer nicht-öffentlicher Interaktion ist es dagegen von unschätzbarem Vorteil, wenn diese heimlich aufgezeichnet werden kann. Allerdings sind den verdeckten Aufzeichnungen sowohl „ethische" (*Hufschmidt/Mattheier* 1976, 109f.) wie auch praktische Grenzen gesetzt:

Tabu sind alle Aufnahmen, für die im Nachhinein nicht die Einwilligung der Belauschten zu erhalten ist; außerdem müssen verdeckte Aufnahmen oft mit einer geringeren technischen Qualität erkauft werden. Im allgemeinen gilt: Je mehr Beobachtungsdaten eine Aufzeichnung erbringen soll, desto schwieriger ist es, sie verdeckt zu halten. Auch hier wird der Forscher entsprechend seinem Untersuchungsziel auswählen müssen.

Häufig empfiehlt es sich, explorative Untersuchungsphasen auf verdeckt aufgenommene Korpora zu stützen, späteren hypothesengeleiteten Untersuchungsphasen dagegen datenreiche, offene Aufzeichnungen zugrunde zu legen. Denn: „Je mehr man schon über den Untersuchungsgegenstand weiß, desto weitgehender kann der Eingriff in das zu untersuchende System sein, ohne daß nicht kontrollierbare Verzerrungen auftreten" (*Hufschmidt/Mattheier* 1976, 109).

2.2.4. Medienspezifische Datenselektion

So wichtig wie die Bestimmung der für eine repräsentative Stichprobe relevanten Variablen ist für die Korpuserstellung die Auswahl der aus dieser Stichprobe aufzuzeichnenden und für die Analyse aufzubereitenden Daten. Menschliche Beobachter nehmen nur begrenzte Wirklichkeitsausschnitte und innerhalb dieser wiederum nur bestimmte Einzelheiten wahr; dies letztere gilt zwar nicht oder nur bedingt für Mikrofone und Kameras, aber auch diese sind gebunden an eine Richtcharakteristik und einen Bildwinkel.

Nun ist es sicherlich denkbar, durch eine entsprechende Vermehrung von Beobachtern und technischen Geräten auch die unbedeutendsten Details einer Interaktion zu konservieren. Eine solche Totalaufnahme sämtlicher untersuchungsrelevanter und -irrelevanter Daten würde zwar kein unmittelbar brauchbares Korpus liefern; sie böte jedoch den Vorteil, daß der Forscher alle Entscheidungen zwischen ‚relevant' und ‚irrelevant' außerhalb der unwiederholbaren Situation nach reiflicher Überlegung vollziehen, wiederholt überprüfen und nach Bedarf revidieren könnte. Natürlich ist ein solch extremes Verfahren impraktikabel, aus Geld- und Platzgründen sowie durch die unerträgliche Steigerung des Beobachtereffekts; es wäre auch unökonomisch, weil eine je verschiedene Anzahl irrelevanter Daten mühelos von Fall zu Fall oder auch generell erkannt und ausgeblendet werden kann. Der Vorteil, den die technischen Geräte gegenüber menschlichen Beobachtern prinzipiell bieten, nämlich alle ihnen erreichbaren Daten vollständig und unparteiisch zu speichern, kann in der Praxis nur zum Teil genutzt werden; es bleibt den Aufnehmenden nicht erspart, nach untersuchungsbezogenen Kriterien, dann aber auch mit Geschick, Geistesgegenwart und dem Risiko des Fehlgriffs die Mikrofone so zu plazieren und die Kamera so zu führen, daß die relevanten Daten repräsentativ eingefangen werden.

Das Prinzip der theoriegesteuerten Selektion mit den oben S. 42 f. diskutierten Implikationen wirkt also bis unmittelbar in die Aufnahme hinein; es wirkt weiter in der anschließenden Phase der schriftlichen Aufbereitung des Korpus für die linguistische Analyse.

2.2.5. Notationsspezifische Datenselektion

Die sogenannte „Transkription" von „Texten gesprochener Sprache" stellt sich genau betrachtet dar als Notation, die wie die Notation einer gesungenen Tonfolge das Ergebnis einer primären (in diesem Fall linguistischen) Analyse schriftlich fixiert: Der Ton- (Bild-)Träger enthält ein „Kontinuum" komplexer audiovisueller Signale; die Linguistik aber beschäftigt sich mit unterscheidbaren sprachlichen (und nicht-sprachlichen) Zeichen. Jedes Korpus ist darum zunächst zu „segmentieren", das heißt in identifizierbare Einheiten aufzulösen. Im Falle der sprachlichen (und mancher gestischen) Zeichen sind diese Einheiten im Sprachsystem gegeben; der Forscher hat sie lediglich im Signalkontinuum zu identifizieren, was allerdings bei einer ihm fremden Sprache voraussetzt, daß er zuvor das vorgegebene Raster der Zeicheneinheiten entschlüsselt oder erlernt. Bei allen expressiv-„analogen" Zeichen dagegen (z. B. Lautstärke, Tonhöhe, nicht-konventionalisierte Mimik und Gestik) gibt es kein solches Raster, sondern nur kontinuierliche Skalen feinster Schattierungen; hier muß der Forscher in jedem Fall und nach eigenen Kriterien rastern, um unterscheidbare und identifizierbare Einheiten für die linguistische Untersuchung zu erhalten.

Daß der Forscher die Zeichen einer Sprache, deren kompetenter Sprecher er ist, „lediglich" zu identifizieren habe, ist eine Formulierung, die die Schwierigkeiten der Notationsarbeit unterschlägt: Um die kontinuierlich ineinander übergehenden, oft gleichzeitig geäußerten, undeutlich artikulierten und durch Störgeräusche überlagerten Sprachzeichen verläßlich zu identifizieren, bedarf es in der Regel des mehrfachen wiederholten Abhörens, am besten durch mehrere, einander korrigierende Wissenschaftler. Entsprechend größer ist der Arbeitsaufwand und die Schwierigkeit, ein einheitliches Ergebnis zu erzielen, bei der Bestimmung der Akzentuierungen, des Tonhöhenverlaufs, des Sprechtempos, der Pausen und Pausenlängen und der gestisch-mimischen Gebärden (zu der Schwierigkeit, z.B. Pausenlängen und -positionen nach dem Gehör zu erfassen, s. *Müller* 1975, 65 und *Wackernagel-Jolles* 1971, Kap. 4). *Wagner* (1974, Bd. 1, 178), der diese letzteren Aspekte nur teilweise berücksichtigte, brauchte durchschnittlich 34 Arbeitsstunden zur Notation einer Stunde Tonbandaufnahme; in der Freiburger Arbeitsstelle werden 50–100 Arbeitsstunden auf die Notation einer Aufnahmestunde verwandt (*Schröder* 1975, 37); 200–400 Arbeitsstunden (je nach Genauigkeit und Komplexität der Interaktion) kostet die Notation einer Stunde Videoaufzeichnung.

Die schriftliche Notation ist also aus drei Gründen erforderlich:

1. Das Ergebnis aufeinanderfolgender Zeichenerkennungsprozesse muß festgehalten werden, damit die Untersuchung eine verläßliche Materialbasis erhält. Für die Gesprächsanalyse ist der notierte Text das eigentliche Korpus, dessen mögliche Defizienzen (s. u.) allerdings an der aufzubewahrenden Bandaufzeichnung korrigiert werden können.

2. Die schriftliche Notation soll den ganzen Interaktionsprozeß, dessen zeitlicher Verlauf ja in der Bandaufzeichnung bestehen bleibt, überschaubar machen und die gleichzeitige Untersuchung aufeinanderfolgender Prozeßzustände ermöglichen.

3. Durch die schriftliche Notation sollen schließlich die simultanen sprachlichen und nicht-sprachlichen Zeichen, die zu komplexen Interaktionszeichen verschmolzen sind, getrennt und dadurch der Analyse zugänglich gemacht werden.

Aus diesem dritten Erfordernis ergibt sich ein grundsätzliches Problem: Je mehr Daten im Notat analytisch verzeichnet werden, desto größer ist die Fehlerwahrscheinlichkeit (s. *Bausch* 1971, 43) und desto geringer ist die Lesbarkeit, vor allem für solche Leser, die die Originalaufzeichnung nicht kennen (s. u. S. 66 f.). Aber auch der Forscher, der die Aufnahme zur Hand hat, braucht ein übersichtliches Notat als Arbeitsgrundlage; er tut gut daran, z. B. auf eine exakte phonetische Notation zu verzichten, wenn phonetische Daten für seine Untersuchung irrelevant sind. Wiederum wird entsprechend dem Untersuchungsziel und dem theoretischen

Vorverständnis selegiert, und zwar nicht nur hinsichtlich des zu berücksichtigenden Datentyps, sondern auch hinsichtlich der Feinheit des Rasters, in dem die nicht-distinktiven Zeichen eingefangen werden: Z. B. muß zuvor entschieden werden, ob Sprechpausen notiert werden sollen oder nicht; wenn ja, ob nur Pausen von einer Mindestlänge an berücksichtigt werden sollen; ob zur Notation ein einziges Pauschalzeichen ausreicht oder ob eine feinere Untergliederung vonnöten ist; ob gar die Länge der Pausen gemessen und notiert werden soll und wenn ja, wie exakt die Werte zu skalieren sind.

Quantitativ exakte Messungen liefern nicht notwendig brauchbarere Daten als eine Grobeinteilung in Kategorien wie ‚kurze, mittlere, lange Pause'; sie interessieren nur, insofern ihnen innerhalb eines durch vorwissenschaftliche Erfahrung oder wissenschaftliche Erkenntnis gestifteten Interpretationsrahmens eine bestimmte Bedeutung zugesprochen werden kann (z. B. Grade des Zögerns, der Unsicherheit, der Komplexität des Themas) und insofern diese Bedeutungen für die Untersuchung relevant sind. Man denke z. B. an die bekannte soziolinguistische Untersuchung *Bernsteins* (*Bernstein* 1962), in der er u. a. die Pausenlänge als Anzeichen für die Komplexität des der „verbalen Planung" zugrundeliegenden „Sprechcodes" auswertete.

2.3. Methodologie der Korpuserstellung II: Aufzeichnung als Interpretation

/Beginn der Analyse

Mit der Erwähnung des Interpretationsrahmens ist das Stichwort gefallen für die Erörterung eines Aspekts der Variablen- und Datenauswahl, von dem bisher nur implizit die Rede war. Der Zeichencharakter sowohl von Sprache als auch von kommunikativem Handeln überhaupt bringt es mit sich, daß das Interesse des Soziologen wie des Linguisten nur in begrenztem Maße sinnlich wahrnehmbaren, physikalisch meßbaren Phänomenen als solchen gilt; sie interessieren sich vielmehr für die Bedeutungen, die diesen Phänomenen kraft geltender Konvention oder kollektiver Erfahrung in der untersuchten Gruppe zugeschrieben werden. Soziologische und linguistische Kategorien sind häufig oder gar in der Regel interpretative Kategorien.

2. Probleme wissenschaftlicher Aufzeichnung von Gesprächen

Es ist also nicht damit getan, daß der Untersuchungsplan dem Forscher vorschreibt, z. B. Partygespräche oder Gespräche von Freunden aufzunehmen; er muß auch wissen, an welchem beobachtbaren Verhalten in der betreffenden Gruppe eine ‚Party' oder ein ‚Freund' zu erkennen ist. Es reicht nicht aus, daß der Forscher aufgrund theoretischer Vorentscheidungen z. B. bevorzugt kommunikative Handlungen der ‚Bestätigung' oder der ‚Kritik' aufnehmen möchte; um Mikrofon und Kamera auf solche Handlungen richten zu können, muß ihm bekannt sein, welche sprachlichen und nicht-sprachlichen Äußerungen unter welchen situativen, personalen und thematischen Bedingungen in der Gruppe als ‚Bestätigung' oder ‚Kritik' empfunden werden. Und er muß natürlich diese Bedingungen auch kennen, so wie sie in der beobachteten Interaktion konkret gegeben sind: nicht nur um aus ihnen seine jeweilige Aufnahmeentscheidung zu motivieren, sondern auch um sie der Notation als Kommentar beifügen zu können, soweit sie nicht den manifesten Äußerungen der Gesprächspartner zu entnehmen sind.

Ohne einen solchen Kommentar ist im Nachhinein oft nicht mehr zweifelsfrei zu rekonstruieren, wie Gesprächsäußerungen gemeint waren, d. h. welche kommunikativen Handlungen mit ihnen vollzogen wurden, oder auch nur was mit ihnen gemeint war, d. h. auf welche Gegenstände oder Ereignisse des Wahrnehmungs-, Erinnerungs- oder Wissensraumes („Leg das da hin!"; „Alles gut überstanden?"; „Das ist gegen die Regeln!") die Äußerungen Bezug nehmen.

K. R. Wagner, der die Gespräche seiner neunjährigen Tochter Teresa einen Tag lang mithilfe eines Mikroportgerätes aufgezeichnet und später veröffentlicht hat, bietet eine Fülle von kurzen Kommentaren, die in den meisten Fällen nur die gemeinten Gegenstände identifizieren, aber auch – wie in dem folgenden Beispiel – weitergehende Erläuterungen bieten:

Teresa spielt mit ihrer Freundin Anke „Golduntersuchen"; plötzlich sagt Anke:
A.: Du, Pütti, heute kommt „Schweinchen dick"!
T.: Wolln wir ja sehen! / Papa, dürfen wir doch „Schweinchen dick" sehen, ja?

2.3. Methodologie der Korpuserstellung II 51

V.: Hm! (= ja)
A.: Ich guck das aber bei uns, Pütti! (= Ich weiß nämlich nicht, ob ich solange bleiben darf!)
T.: Is doch erst halb sechs! // So! (= fertig)

(Wagner 1975, Bd. 2, 175)

Wagner hat diesem Textausschnitt drei Erläuterungen (in Klammern) beigegeben; zwei davon ersetzen die Intonation, die dem Hörer zeigen würde, um welches der 14 von *Wagner* verzeichneten bedeutungsverschiedenen *hm*'s oder um welches *so* es sich handelt. Die dritte Erläuterung bietet mehr als bloßen Intonationsersatz. Um die Äußerung Ankes *Ich guck das aber bei uns, Pütti!* als Sprechhandlung richtig verstehen zu können, braucht man nicht nur Kenntnisse über die Sendezeit von „Schweinchen dick", sondern man muß auch wissen, wie die Mädchen zueinander stehen, wann, wo und wie oft sie einzeln oder gemeinsam fernsehen, wann Anke abends zuhause sein muß und wie sie sich gegenüber elterlichen Geboten verhält. Aus der Kenntnis dieser Zusammenhänge ist für Teresa und ihren Vater die in der Äußerung implizit enthaltene (präsupponierte) Aussage *Ich weiß nämlich nicht, ob ich so lange bleiben darf* unmittelbar einsichtig und darum der Sinn der Äußerung klar; indem *Wagner* dem Leser diese Präsupposition (mit einem falschen Gleichheitszeichen) mitteilt, versetzt er ihn in die Lage, Ankes Worte als sachliche (bedauernde?) Korrektur zu Teresas *wir* und nicht etwa als spitze Zurückweisung zu verstehen sowie auch Teresas Antwort als sinnvoll bezugnehmenden Gesprächsschritt richtig einzuschätzen.

Es entspricht alltäglicher Kommunikationserfahrung, daß auch die intime Kenntnis einer Gruppe und ihrer Mitglieder nicht in jedem Fall eindeutige Handlungsinterpretationen sichert und Fehlinterpretationen ausschließt. Insofern ist es für die Aussagekraft eines Korpus ein entscheidender Vorteil, wenn der Kommentar sich auf die Interpretationen mehrerer Beobachter stützen kann und auch – etwa bei nicht lösbaren Unstimmigkeiten – die Interpretation der Aufgenommenen erfragt wird. Hierbei können zugleich Interpretationsdifferenzen innerhalb der Gruppe zutage treten, die in der aufgenommenen Interaktion verborgen blieben. Die Beobachter sollten ihre Interpretationen durch Notizen während der Aufnahme vorbereiten. Insbesondere können mit Hilfe von Protokollen kategorial gesteuerter (s. oben S. 38) und freier Beobachtungen diejenigen untersuchungsrelevanten Ereignisse festgehalten werden, die vom aufzeichnenden Gerät nicht erfaßt werden, ein Verfahren, welches bei bloßen Tonaufnahmen zumeist unerläßlich ist. Der nötige Aufwand wird auch hier entsprechend dem Untersuchungsgegenstand zu bemessen sein.

Wie oben angedeutet, stellt sich das Problem der Interpretation schon bei der Notation von Zeichenstrukturen, und zwar in erster Linie bei der Bestimmung nicht-distinktiver expressiver Zeichen. Unter diesen sind insbesondere die „parasprachlichen Wörter" (in Anlehnung an *Wagner* 1974, Bd. 1, 302ff.) (z. B. *ähöm, aha, pff, oh*), die nicht-sprachlich vokalen Äußerungen (Lachen, Husten, Stöhnen etc.), mimische und gestische Gebärden sowie der Tonfall von Äußerungen des Kommentars bedürftig. Eine bloße Notation der materiellen Gestalt dieser Zeichen mithilfe vorhandener oder neugeschaffener Symbole und Termini ist nur in den Fällen ausreichend, in denen sie innerhalb des notierten Kontextes eindeutig zu interpretieren sind. Zumeist sind jedoch Notationen wie: *hm, aha, lacht, mit nasaler Stimme,* ⌒⌒, mehrdeutig, zumal für die feineren Nuancen des Stimmklangs ein materiales Notationssystem als kaum denkbar erscheint.

Es ist deshalb unerläßlich, daß der Forscher die expressive, appellative oder auch referentielle Bedeutung dieser Zeichen mitnotiert, solange ihm neben dem sinnlichen Eindruck ihrer materialen Erscheinung auch die personen-, gruppen- und situationsspezifischen Interpretationsbedingungen noch voll gegenwärtig sind (s. dazu *Wagner* 1974, Bd. 1, 154ff.); daß er also schreibt: *hm (nachdenklich), aha (zweifelnd), mm (= nein), lacht (verlegen)*. So fragwürdig und subjektiv die Charakterisierung etwa eines Lachens als ‚verlegen' auch erscheinen mag, sie ist einem „objektiven" Verzicht auf derartige Kommentare bei weitem vorzuziehen: Einerseits kann der Forscher im Kommentar gegenüber sich selbst und anderen Benutzern des Korpus seine Interpretationen, die teilweise implizit Aufnahme und Notation steuern, offenlegen und damit überprüfbar machen; andererseits ist die Deutung der Zeichen und Handlungen für die Gesprächsanalyse

2.3. Methodologie der Korpuserstellung II 53

nicht hintergehbar und ohne Kommentar gänzlich auf blasse Erinnerung oder gar Spekulation verwiesen.

Dem Forscher kommt allerdings nur dann die hier unterstellte Interpretationsautorität zu, wenn er so vertraut mit der untersuchten Gruppe geworden ist, daß er als Insider zu urteilen vermag: eine Forderung, die leicht oder schwer zu erfüllen ist, je nachdem, wie nah oder fern die Gruppe seinem eigenen kommunikativen Erfahrungsbereich steht, wieviel er durch Kenner (oder vorhandene Literatur) über sie erfahren kann, welche Gesprächstypen aufgenommen und interpretiert werden sollen und um welche Art von Daten es sich jeweils handelt. In jedem Falle muß eine mehr oder weniger ausgedehnte, systematisierte und verhaltensprovozierende **teilnehmende Beobachtung** der Aufnahme vorangehen oder — wenn das Korpus neue Interpretationsprobleme aufwirft — ihr folgen.

Das hier Gesagte gilt übrigens auch für die zahlreichen Gespräche, die ein jeder tagtäglich mit Fremden, also außerhalb bestimmter Interaktionsgruppen führt. Sofern gruppenspezifische Bedeutungen unexpliziert in die Kommunikation einfließen (und die Verständigung möglicherweise blockieren), steht der Forscher vor den oben genannten Schwierigkeiten; sofern dies aber nicht der Fall ist und sich das Gespräch im Rahmen des allgemein Geltenden und Bekannten bewegt, ist er schon ein Insider —, falls er zur gleichen Kommunikationsgemeinschaft gehört; ist dies nicht der Fall, stellen sich sofort wieder die genannten Probleme.

Von den bei der teilnehmenden Beobachtung zu bewältigenden Schwierigkeiten (zusammenfassend *Friedrichs* 1973, 288—309), die ihren Erfolg mindern oder gar zunichte machen können, sei hier nur das grundsätzliche Dilemma genannt, in das die Verbindung von ‚Teilnehmen' und ‚Beobachten' den Forscher bringt (vgl. auch *Cicourel* 1970, 70f.). Beobachtung bedarf des Abstandes: Wer beobachten will, muß Abstand nehmen vom Mit-Tun, das die Aufmerksamkeit bindet, muß sich davor hüten, in soziale Positionen einzutreten, an die zeitraubende Interaktionserwartungen geknüpft sind; er muß ferner innerlich Abstand wahren von dem in der Gruppe fraglos Geltenden, den Einstellungen, Überzeugungen, Normen und Urteilen. Um die „gewöhnlichen" Ereignisse registrieren und sowohl in ihrer Spezifik als auch im größeren Zusammenhang erkennen zu können, darf er nicht distanzlos in der Gruppe „verkaffern" (wie *Cicourel* es nennt). Das Ziel der „intensiven Partizipation" ist es hingegen, jene Distanzen zu überwinden, nämlich den Forscher einerseits durch Eintritt in rollengebundene Interaktionen unauffällig werden zu lassen, ihm dadurch andererseits über die Weise, in der die Gruppe sich selbst, ihre Handlungen und ihre Umwelt wahrnimmt und interpretiert, diejenigen Aufschlüsse zu verschaffen, die die Gruppe nur ihren Mitgliedern im vertrauten Diskurs wie in handelnder Auseinandersetzung zuteil werden läßt.

Der teilnehmende Beobachter steht also vor der schwierigen Aufgabe, mit der Nähe, welche ihm den Blick auf die wirklich relevanten Phänomene eröffnet, jene Distanz zu verbinden, welche allein ihn deren Relevanz erfassen läßt – eine Aufgabe, deren Lösbarkeit in jedem Einzelfall von anderen konkreten Faktoren abhängt und immer auf das kommunikative Geschick des Beobachters und oft auch auf etwas Glück angewiesen ist. Neben der Bereitschaft und Fähigkeit zum Erwerb fremder Bedeutungssysteme braucht der Forscher eine Haltung des produktiven Nicht-Begreifens, die – gespeist aus der hermeneutischen Reflexion auf die eigenen Verstehensbedingungen und aus dem Mißtrauen gegen alles schnell Verstandene – zum wirklichen Verstehen führt. Die Grenzen dieses Verstehens sind auch die Grenzen der Gesprächsanalyse.

2.4. *Datentypen in Gesprächsnotaten*

Dialogische Kommunikation – in einem weiteren Sinne – gibt es auch im Medium der Schrift, etwa im Brief; unter ‚Gesprächen' dagegen verstehen wir – wie oben S. 6 f. dargelegt – ausschließlich die im engeren Sinne dialogischen mündlichen Kommunikationsprozesse, welche in unmittelbare und komplexe Interaktionen eingelassen sind: Gesprächsanalyse ist ein Teilbereich der Analyse „gesprochener Sprache". Von daher gesehen ist es folgerichtig, daß die methodologischen Grundlagen der Korpuserstellung im

2.4. Datentypen in Gesprächsnotaten

vorigen Abschnitt allein mit dem Blick auf Korpora mündlicher Rede erörtert wurden. Natürlich müssen auch Korpora schriftlicher Texte den Erfordernissen repräsentativer Stichproben genügen (vgl. *Engel* 1969, *Hellmann* 1969). Jedoch: Die Probleme des Beobachtereinflusses, der medien- und notationsspezifischen Datenselektion und -interpretation treten bei schriftlichen Korpora gar nicht oder nur am Rande auf (vgl. *Schank* 1973, 25 zur Interpunktionsproblematik); die „schriftliche Hörerinterpretation" des Forschers entfällt, da ihm der Text die „Selbstinterpretation des Schreibers" bietet (*Steger* 1970, 15). Es ist insofern kein Zufall, daß die theoretischen und methodischen Probleme der Korpuserstellung zum ersten Male von amerikanischen Strukturalisten (s. S. 39 f.) reflektiert wurden, die ihre grammatischen Untersuchungen ausschließlich auf gesprochene Sprache richteten. Ihre volle Schärfe gewinnen diese Probleme allerdings erst in einer Interaktionslinguistik, deren Untersuchungsobjekte nicht selten bei Licht die Farbe wechseln oder sich hinter Zäunen verbergen, durch deren Astlöcher zu spähen sich die Wissenschaft nur allzu oft versagen muß.

Insbesondere ist es prinzipiell unmöglich, repräsentative „Allround"-Korpora zu erstellen, die für alle denkbaren Fragestellungen der Gesprächsanalyse zu nutzen wären. Denn die dafür zu berücksichtigenden sozialen, individuellen und situativen Variablen sind so zahlreich und überdies so kontinuierlich skaliert, daß das Korpus eine potentiell unendliche Menge von Kombinationen der Variablenausprägungen zu repräsentieren hätte. Erst wenn sich aus einem spezifischen Untersuchungsziel eine Rasterung der Variablenausprägungen in diskrete Stufen ableiten läßt, wird die Menge ihrer Kombinationen überhaupt aufzählbar.

Demgegenüber läßt sich durchaus eine generelle Aussage darüber treffen, welche Datentypen in einem maximal informativen Korpus der Gesprächsanalyse aufgezeichnet und notiert werden müßten. Zunächst mag ein Schaubild die möglicherweise zu berücksichtigenden Daten vor Augen stellen (s. S. 56: Taxonomie der Daten mündlicher Kommunikation).

Taxonomie der Daten in der mündlichen Kommunikation

- **kommunikativ (Zeichen)**
  - (fühlbar)
  - (riechbar)
  - **hörbar**
    - **nicht-vokal**
      - **Körper**
        - → pfeifen
        - → schnauben
        - → schmatzen
        - → klatschen
    - **vokal**
      - **zuständlich**
        - **Stimmgrundklang**
          - oral-nasal
          - → metallisch
          - → sonor
      - **prozeßhaft**
        - **sprachbegleitend**
          - **Stimmgebung**
            - → ruhig
            - → spöttisch
          - **nicht-sprachlich**
            - → lachen
            - → schreien
            - → hüsteln
            - → seufzen
        - **sprachlich**
          - **suprasegmental**
            - **Prosodie**
              - → Betong.
              - → Kadenz
              - → Pausen
          - **segmental**
            - **tonal**
              - **konventionelle Stimmzeichen**
                - → [mm] = (hm)
                - → [ə] = (äh)
            - **phonische[1] Realisation**
              - → [ˈteːnblaˑm]
          - **verbal**
            - **lexisch[2] Selektion**
              - → *stehenbleiben*
            - **syntakt./textuelle Kombination**
              - → Stehenbleiben! (Satzwertiger Aufforderungsinfinitiv)
  - **sichtbar**
    - **zuständlich**
      - **Physiognomie**
        - 'Statur'
        - 'Aussehen'
          - → schmutzig
          - → gebrechlich
      - **gestisch**
        - 'Miene'
          - → finster
          - → heiter
        - 'Haltung'
          - → majestätisch
          - → entspannt
      - **nicht-gestisch**
        - 'Tracht'
          - → Kleidung
          - → Haare
          - → Kosmetik
        - 'Mimik'
          - → Flunsch
          - → Stirnrunzeln
    - **prozeßhaft**
      - **gestisch**
        - **Expression**
          - 'Gestik'
            - → erhobener Zeigefinger
            - → nicken
            - → streicheln
        - **Zuwendung**
          - **Blick**
            - → hinsehen
          - **Körper**
            - → hindrehen
      - **nicht-gestisch**
        - **kommunikative Aktionen**
          - → Tür aufhalten
          - → Aschenbecher leeren
          - → Feuer geben

- **nicht-kommunikativ**
  - **zuständlich**
  - **prozeßhaft (sichtbar und hörbar)**
    - **instrumentelles Handeln**
      - → graben
      - → bauen
      - → kochen
    - **physisches Verhalten**
      - → laufen
      - → fallen
      - → sitzen
    - **physiologische Reflexe**
      - → niesen
      - → husten
      - → Lidschlag

- **nicht persongebunden Ereignisse und Dinge (hörbar und sichtbar)**

[1] phonisch = phonemisch/phonetisch
[2] lexisch = lexikalisch/morphologisch

Erläuterungen zum Schaubild:

Den (in der Gesprächssituation präsenten) nicht an die Gesprächspartner gebundenen Dingen und nicht von ihnen bewirkten Ereignissen werden die Zustände und Verhaltensäußerungen der Gesprächspartner gegenübergestellt und weiter unterteilt in kommunikative und nichtkommunikative. ‚Kommunikativ' werden sie genannt, wenn sie darin aufgehen oder – mindestens – die primäre Funktion besitzen, als bedeutungstragende Zeichenausdrücke intendiert und/oder interpretiert zu werden; ‚nichtkommunikativ' heißen sie, wenn sie allenfalls sekundär als Zeichen intendiert und/oder interpretiert werden (so wie ein Niesen als (An-)Zeichen für eine Erkältung interpretiert werden kann oder wie jemand ostentativ abwaschen kann, obwohl es seiner Meinung nach nicht seine Aufgabe wäre).

Neben der naheliegenden Dichotomie ‚zuständlich' vs. ‚prozeßhaft' scheint eine Aufteilung der kommunikativen Daten in sichtbare und hörbare unter dem Gesichtspunkt der Aufzeichnungsmethodik sinnvoll zu sein (im Bereich des „Nichtkommunikativen" gibt es dagegen zuviel gleichzeitig Sicht- und Hörbares, als daß man dazwischen sinnvoll differenzieren könnte). Die für die mündliche Kommunikation ebenfalls sehr wichtigen Daten des taktilen („fühlbaren") und olfaktorischen („riechbaren") Bereichs (Händedruck, Parfum etc.) gehen in die audiovisuelle Aufzeichnung nicht oder nur mittelbar (über sicht- und hörbare Reaktionen) ein und bleiben hier deshalb unausgeführt.

Die weitere Gliederung der sichtbaren kommunikativen Daten in ‚gestische' (= „durch die Lage und Bewegung der Körpergliedmaßen und Gesichtszüge bedeutungstragende") und ‚nicht-gestische' könnte im hörbaren Bereich allenfalls bei den nicht-vokalen Verhaltensäußerungen durchgeführt werden, wenn man etwa an die (hier nicht aufgenommenen) nicht-gestischen Handlungen „mit lauten Motorradgeräuschen prahlen" oder „ostentativ mit Geschirr klappern" denkt; vokale Äußerungen sind dagegen immer (auch) gestisch.

Alle weiteren Untergliederungen dürften sich durch die angegebenen Beispiele selbst erklären. Anzumerken bleibt, daß diese Beispiele nicht nur komplettiert, sondern auch systematisiert werden können, wodurch sich der Stammbaum noch weiter veräßtelt. Insbesondere wäre an dieser Stelle die auf höherer Ebene nicht durchführbare Entscheidung in intentionale und nicht-intentionale Zeichen nachzutragen; am Beispiel der mimischen Zeichen:

ausschließlich nicht-intentional: erröten,
intentional oder nicht-intentional: Stirn runzeln,
ausschließlich intentional: Zunge herausstrecken.

2. Probleme wissenschaftlicher Aufzeichnung von Gesprächen

Daß es ferner vielfältige Mischformen (z. B. gestisch / nicht-gestisch: Blumen überreichen, oder kommunikativ / nicht-kommunikativ: einem Kind das Fleisch schneiden) und Überschneidungen (z. B. hörbare Gesten und Aktionen) der Kategorien gibt, dürfte den Wert der Übersicht als Orientierungshilfe nicht schmälern.

Angesichts eines derartigen Schaubildes läßt sich natürlich leicht der begrenzte Arbeitsbereich der traditionellen (System-)Linguistik, lassen sich auch Defizienzen neuerer dialogorientierter Korpora aufzeigen. Wichtiger ist jedoch hier der entgegengesetzte Hinweis, daß nämlich selbst ein maximal informatives gesprächsanalytisch orientiertes Korpus nicht alle der im Schaubild spezifizierten Daten vollständig zu erfassen hat. Es müßte vielmehr „nur" enthalten:

a) alle ‚kommunikativen Daten', insoweit sie als ‚Gesprächzeichen' interpretiert werden können, d. h. eine gesprächsspezifische semantische Funktion und/oder kommunikative Wirkung ausüben, sowie
b) alle ‚nicht-kommunikativen Daten', die Gesprächzeichen begleiten, provozieren, verhindern oder zur Interpretation der Gesprächzeichen erforderlich sind.

Was hier mit dem bislang unüblichen Terminus *Gesprächzeichen* gemeint ist, soll das Beispiel der Notation phonetischer Daten (Teilbereich der ‚phonischen Realisation') verdeutlichen:

Angenommen, ein Gesprächspartner äußere den Satz „Nachher da habe ich als Maurer gelernt" in oberfränkischer Lautform:
[nɔᵘxə(d) dɔu hɔʷ iç als maɪrɐ gəlænt] (aus *Knetschke/Sperlbaum* 1967,17),
und zwar unter folgenden jeweils einander ausschließenden Bedingungen:

a. Die Gesprächspartner sind Freunde oder gute Bekannte, die immer schon und ausschließlich im oberfränkischen Dialekt miteinander reden; oder:
b. Der Sprecher spricht habituell Dialekt, seine Gesprächspartner jedoch nicht; oder:
c. Der Sprecher spricht in manchen Situationen die hochdeutsche Standardsprache (oder einen anderen Dialekt als das Oberfränkische), in anderen Situationen jedoch – etwa wegen der Anwesenheit bestimmter Personen – oberfränkischen Dialekt, und die Gesprächspartner wissen das; oder:

2.4. Datentypen in Gesprächsnotaten

d. Der Sprecher wechselt innerhalb desselben Gesprächs zwischen standardsprachlichen und dialektalen (z. B. phonischen) Varianten.

Im Fall a. wird der dialektalen Lautgestalt weder durch die Intention des Sprechers noch durch die Interpretation der Hörer irgendeine gesprächsbezogene Bedeutung zugewiesen. Selbst wenn der Sprecher in der Lage sein sollte, in anderen Umgebungen andere Subsprachen (z. B. die hochdeutsche Standardsprache) zu verwenden, und die Gesprächspartner dies wissen, werden sie nicht den Gebrauch des in ihrer Gruppe üblichen Dialekts, sondern allenfalls ein Abweichen davon bemerken und interpretieren. Habituell und ausschließlich verwendete Lautformen bilden also keine Gesprächszeichen und müssen für die Zwecke der Gesprächsanalyse nicht notiert werden (während sie für den Dialektologen von höchstem Interesse sind).

Sobald aber — wie im Fall c. — ein Sprecher innerhalb derselben Interaktionsgemeinschaft von Gespräch zu Gespräch zwischen verschiedenen Subsprachen wechselt, kann diese (bewußte oder unbewußte) Wahl des kommunikativen Mediums als Ausdruck einer auf die betreffende Gesprächsinteraktion bezogenen Haltung interpretiert werden. Unter diesen Umständen ist die oberfränkische Lautgestalt unseres Beispiels insgesamt als ein Gesprächszeichen zu betrachten und muß pauschal (also nicht durch eine phonetische Notation der einzelnen Wörter) vermerkt werden.

Im Normalfall jedoch wechseln Sprecher nicht global von einer Subsprache in die andere, sondern wählen eine adressatenangepaßte Zwischenform, die Elemente beider Subsprachen enthält; oder sie wechseln innerhalb des Gesprächs entsprechend dem augenblicklichen Adressaten, dem jeweiligen Thema oder stilistischen Intentionen zwischen dialektalen, soziolektalen und expressiven Varianten (mit gleicher referentieller Bedeutung). In einem ansonsten hochdeutsch-standardsprachlichen Gespräch könnte die phonische Realisierung unseres Beispielsatzes als Zeichen mit der Bedeutung „Ich werte diese mir aufgezwungene Lehre als stark negativ" gemeint sein und verstanden werden — eine Bedeutung, welche auch die Wörter [mɑɪʀɐ gəlænt] oder sogar [mɑɪʀɐ] allein (zusammen mit der entsprechenden Stimmführung und Mimik) vermitteln würden. Im Falle d. ist jede einzelne Lautvariante ein Gesprächszeichen und muß entsprechend notiert werden. Dies gilt auch für die wechselnden Deutlichkeitsstufen der Artikulation ([nɪçt] vs. [nɪç], [haːbɔn wir] vs. [haːbmwɐ] vs. [hamwa]), die u. a. ein Indiz dafür sein können, in welchem Maße der Sprecher das Gespräch als formell definiert. Allerdings kann sofort einschränkend hinzugefügt werden: Die Notation muß nur so genau sein, daß die Wahl des stilistischen „Registers" eindeutig zu erkennen ist. Anstelle einer exakt phonetischen Notation reicht deshalb die sog. „literarische Umschrift" (*Zwirner/Bethge*

2. Probleme wissenschaftlicher Aufzeichnung von Gesprächen

1958) aus, in der sich die eben genannten Beispiele als *nicht* vs. *nich, haben wir* vs. *habn wer* vs. *hamwa* und der zitierte Dialektsatz als *Nouchet, dou hou ich als Moira gelänt* (Knetschke/Sperlbaum 1967, 17) präsentieren.

Der bisher ausgesparte Fall b. ist etwas schwieriger zu beurteilen: Vom Sprecher aus gesehen besteht — falls er ausschließlich Dialekt spricht — kein Unterschied zwischen a. und b.; und auch die dialektfremden Gesprächspartner werden seinen Dialekt, den sie als habituell erkennen, nicht als Ausdruck einer gesprächsbezogenen Haltung, sondern als Symptom seiner Herkunft, Bildung etc. interpretieren. Indem sie dies aber tun, werden sie durch diese Interpretationen und die häufig daran geknüpften Wertungen in ihrer eigenen Haltung und in ihrem Verhalten gegenüber dem Dialektsprecher beeinflußt, und zwar umso mehr, je weniger sie mit diesem und mit seiner Umwelt vertraut sind: Die fremde Phonetik wirkt auf sie anheimelnd oder irritierend, ungebildet oder geziert. Insofern die dialektale Lautgestalt somit eine gesprächsbezogene kommunikative Wirkung ausübt, kann man sie insgesamt als ein (hörerseitiges) Gesprächszeichen auffassen und wie im Fall c. notieren. Darüber hinaus können aber auch einzelne Laute oder Intonationskonturen zu Mißverständnissen führen; erkennt der Notierende solche speziellen Wirkungen, muß er die Notation wie im Fall d. behandeln.

In diesem Zusammenhang muß noch eine weitere Möglichkeit kurz berührt werden: Nicht jede phonetische Variante, auch wenn sie innerhalb desselben Gesprächs in Opposition zu anderen Varianten steht, kann als sprecherseitiges Zeichen interpretiert werden. Es gibt artikulatorische Ausrutscher und Versprecher ohne psychische Ursachen, es gibt die phonetischen Folgen schadhafter Zähne, verstopfter Atemwege und unterdrückten Gähnens. Man darf aber annehmen, daß Hörer und Sprecher solche Lapsus wahrnehmen und als dysfunktional empfinden, selbst wenn sie keine manifesten Reaktionen darauf zeigen. Insofern können Art und Häufigkeit der Reaktionen und Nicht-Reaktionen für das Gespräch gleichermaßen kennzeichnend sein (z. B. für die thematische Disziplin). Eine zufällige Fehlartikulation ist zwar ebensowenig ein ‚Gesprächszeichen' wie ein Niesen; da sie aber aufschlußreiche Gesprächszeichen provozieren, verdienen beide notiert zu werden.

Was soeben für die phonische Realisierung sprachlicher Zeichen ausgeführt wurde, kann auf alle übrigen Typen nicht-sprachlicher Zeichen (und auf die sprachbegleitenden Handlungen) übertragen werden. Das habituelle Lidzucken eines Kranken im Kreise seiner Familie oder aber unter Fremden, die es stört; das aufgeregte Augenzwinkern eines nervösen Menschen bei einem peinlichen

2.4. Datentypen in Gesprächsnotaten

Gespräch; das listige oder lustige Zuzwinkern bei bestimmten Anlässen innerhalb eines Gesprächs; schließlich der Lidreflex, wenn einem etwas ins Auge fliegt: all diese verschiedenenartigen Aktivierungen des gleichen Muskels können in einem gesprächsanalytischen Korpus in ebenderselben Weise vernachlässigt oder berücksichtigt werden, wie dies am Beispiel der dialektalen Artikulation gezeigt wurde.

Daß die Ausführungen über das Maximum notierbarer Gesprächszeichen lediglich ihrer theoretischen Eingrenzung dienen sollen und keine Forderung an die Notation realer Korpora enthalten, dürfte sich auf dem Hintergrund des Abschnitts 2.2. von selbst verstehen. Von praktischer Bedeutung ist es dagegen, sich Gedanken über ein notwendiges Datenminimum zu machen, und zwar für Korpora, die jenseits ihres ursprünglichen Aufnahmezweckes fremden Benutzern für deren gesprächsanalytische Ziele verfügbar gemacht werden sollen. Insbesondere die schulische und universitäre Lehre ist angewiesen auf Gesprächssammlungen, die für vielfältige, nicht durch spezielle Forschungsinteressen begrenzte Analysen sowie ohne Kenntnis der Originalaufzeichnung verwendbar sind und deshalb „breitbandig" notiert sein müssen. Leider genügen die bislang vorliegenden gedruckten Gesprächsnotate diesem Anspruch nicht oder (im Falle der neuesten Texte) nur ungenügend. So pflegt etwa der Versuch, in Seminardiskussionen „Sprechakte" innerhalb von „Alltagsgesprächen" (Texte gesprochener deutscher Standardsprache. III, 1975) zu bestimmen, nach wenigen Schritten vor Fragen zu kapitulieren, die durch einen etwas reichhaltigeren Kommentar hätten beantwortet werden können.

Ein Beispiel mag dies beleuchten. Es entstammt einem der „Alltagsgespräche" und wird hier in zwei Fassungen zitiert: in der „speech-code"-orientierten Notation der Ausgabe von 1975 (I. = Texte III, 1975, 27f.) sowie in der neuen Freiburger Notation des „Projekt(s) Dialogstrukturen" (II. = *Schank/Schoenthal* 1976, 53f.).

Es handelt sich um den Beginn eines ehelichen Disputes über Erziehungsfragen im Anschluß an einen Theaterbesuch. Diesem war ein Konflikt der Eheleute vorausgegangen, der aus dem Verhalten der Frau angesichts der

2. Probleme wissenschaftlicher Aufzeichnung von Gesprächen

Angst ihres kleinen Sohnes, allein gelassen zu werden, entstanden war. Die Auseinandersetzung schließt sich an die Unterhaltung über das gesehene Theaterstück an, deren Ende folgendermaßen signalisiert wird:

I. AA (ohhh) (ohoho)
   AB (he)
   AA (aha)
   AA also hab ich jetzt f+nit+f gedacht, +daß das gut geht mit NN heute+, , +daß der überhaupt einschläft und nicht dauernd vor Angst wieder aufschreckt oder so+, .
   AB der ist f+ni:t+f so wie du früher .
   AA / he er hat | (ja) hättest du hättest du
                 | ihn da gelassen?
   AB | ne völlig falsche Projektion. |
   AA und ich hab die Tür abgeschlossen da is er aus m Bett gera:st
       und hat s Licht angemacht und hat | gegen die Tür geba:llert |
   AB | (da war doch aber so ...)|
   AA wie wild .
   AB da war doch aber so lange dunkel .

( ) = syntakt. nicht angeschlossene Einschübe; f+ +f = Dialektismen; + + = Unterordnung (syntakt.); / = es folgen normwidrige Kongruenzen und Rektionen; : = Hervorhebung; | |= gleichzeitiges Sprechen; ... = Unverständliches.

II. AAA = Frau NN   BBB = Herr NN

    (AAA STÖHNT EROTISCH UND
    LACHT)
    (BBB UND AAA LACHEN)

    also das hab ich jetzt 7net7 gedacht
    daß das gut geht mit ZZZ 11 daß der
    überhaupt einschläft und nich
    dauernd vor angst wieder aufschreckt
    oder so 1   der is 7ni:t7 so: wie du früher
    (BBB LACHT)

    er hat
                                           ne vö:llig
    8 ja hättest du hättest du ihn da   fa:lsche pro:jektio:n 8
    gelassen? 1 ich hab die tür
    abgeschlossen da is er aus m be:tt
    gera:st hat s licht angemacht und
    hat gegen
    8 die tür geba:llert   da war doch aber so lange 8
    wie n wilder
                                           da war doch so lange dunkel 11

2.4. Datentypen in Gesprächsnotaten

Die größere Brauchbarkeit der 1976-Notation für die Zwecke der Gesprächsanalyse ist an dem Ausschnitt klar ablesbar: Das nunmehr als LACHEN erklärte *he* und *aha* zeigt die möglicherweise (noch) entspannte Atmosphäre vor dem Disput; die Angabe von Pausen, die übersichtlichere Anordnung der Äußerungen und die präzisere Notation der Gleichzeitigkeit lassen das Ineinandergreifen der Gesprächsschritte besser erkennen. Erst jetzt sieht man deutlich, daß der Ehemann seine Frau mit der Äußerung *ne vö:llig fa:lsche pro:jektio:n* unterbricht und daß er möglicherweise ihren begonnenen Satz vollendet, wodurch sich seine Behauptung auf das Verhalten des Kindes (und nicht auf das seiner Frau) bezöge; man sieht ferner, daß die Frau mit *ja hättest du . . .* die Äußerung ihres Mannes kontert, deren Richtung ihr offenbar schon nach den ersten beiden Wörtern klar wird.

Schon hier wäre allerdings eine Angabe über den „Ton" seiner Worte vonnöten, der nur sehr unvollkommen aus den vier Betonungszeichen zu erschließen ist (sagt er sie böse skandierend oder noch halb lachend?); ferner ließe sich die Frage nach ihrem Bezug und ihrer Anknüpfung − wenn überhaupt − nur mit Hilfe ihrer Intonationskontur entscheiden. Noch mehr bedürfte die vorhergehende Äußerung *der is 7ni:t7 so: wie du früher* des Kommentars, da ihr illokutiv-perlokutiver Charakter (humorvolle Situationserklärung zur Konfliktminderung? spöttisch-rechthaberisches „Es ist *mein* Sohn"? tadelnde Abwertung der Frau mit anschließendem bitterem Lachen?) sich weder aus den folgenden Worten der Frau noch aus der Notation *BBB LACHT* erkennen läßt: ein offenbar kurzes (in Fassung I noch als *he* bei der Frau verbucht) amüsiertes? leicht ironisches? spöttisch-überlegenes? bitteres? Auflachen. Die Notiz *LACHT* eröffnet mehr Fragen als sie erklärt, ebenso wie das aus dem vorhergehenden Text nicht motivierte *STÖHNT EROTISCH:* Will die Frau ihren Mann für die folgende Auseinandersetzung in eine günstige Stimmung versetzen? Oder ist diese Äußerung durch andere nicht hörbare Ereignisse motiviert?

('1, 11 = kurze, längere Pause; 7   7 = Dialektismen; 8   8 = gleichzeitiges Sprechen; : = Hervorhebung)

2. Probleme wissenschaftlicher Aufzeichnung von Gesprächen

Auf dem Hintergrund solcher Erfahrungen mit vorliegenden Gesprächstexten erscheint es plausibel, an ein gesprächsanalytisch brauchbares „Breitband"-Korpus die folgenden Minimalforderungen zu stellen, die sich vom oben genannten Maximum im wesentlichen durch eine strengere Auslegung des Relevanzprinzips sowie durch die Tilgung der für einen kommunikativ kompetenten Leser redundanten Daten unterscheiden:

Für die Notation akustischer Aufzeichnungen:
- Notation aller verbalen und tonalen Zeichen in literarischer Umschrift;
- Notation der Hauptbetonungen, rhythmisch-intonatorischen Markierungen (Kadenzen), Pausen, Dehnungen und Wortabbrüche;
- Kennzeichnung der Lautstärke und des Sprechtempos;
- Bezeichnung nicht-sprachlicher hörbarer Äußerungen (Lachen, Husten, Schmatzen etc.);
- selektiver Kommentar zum expressiven Gehalt des vokalen Verhaltens (sprachbegleitende Stimmgebung, nicht-sprachliche vokale Äußerungen wie Lachen, Stöhnen);
- Kommentar zur lexikalischen und referentiellen Bedeutung erklärungsbedürftiger verbaler und tonaler Zeichen sowie zur pragmatischen Bedeutung von Äußerungen, die nicht aus sich und dem sprachlichen Kontext verständlich sind;
- Bezeichnung der Sprecher; Visualisierung der Abfolge und Verschränkung der Gesprächsschritte;
- Angabe nicht persongebundener hörbarer Ereignisse und Tätigkeiten, soweit sie wichtig erscheinen.

Soweit visuelle Daten zu notieren sind, kommen hinzu:
- Notation der Körper-, Kopf- und Blickzuwendung der Sprecher;
- stichwortartige Beschreibung gesprächsrelevanter gestischer Zeichen (darstellende, appellative, expressive) und nicht-gestischer Aktionen der Gesprächspartner;
- Angabe sonstiger gesprächsbeeinflussender oder -erklärender sichtbarer Ereignisse.

2.4. Datentypen in Gesprächsnotaten

Darüber hinaus müssen dem Text natürlich ausreichende Angaben zu den Personen und ihrer gegenseitigen Beziehung, dem Interaktionsanlaß und -kontext, der Aufnahme (Ort, Zeit, Art, Güte) vorangestellt werden (etwa wie dies in Texte III, 1975 gehandhabt wurde).

Bei der Notation der dieser Einführung zugrundegelegten Gespräche (das Notationsverfahren wird im folgenden Abschnitt erläutert) versuchen wir, den oben genannten „Minimalforderungen" gerecht zu werden. Wer sich noch nicht selbst in derartigen Notationen versucht hat, wird den fertigen Texten nicht ansehen, wieviel Zeit ihre Herstellung kostet – ein Zeitaufwand, der größer ist (s. o. S. 48), als man für bisherige Editionen von Texten „gesprochener Sprache" aufzubringen bereit war. Der höhere Aufwand ist jedoch dann sinnvoll investiert, wenn die daraus resultierenden Texte für externe Benutzer in Forschung und Lehre wirklich verwendbar sind.

Noch ein Wort zur Repräsentativität der beiden von uns zugrundegelegten Gespräche (s. Kap. 3). Die Gesprächssammlung, aus der wir sie ausgewählt haben, wurde nicht als ein zusammenhängendes Korpus unter einer einheitlichen Forschungsperspektive aufgezeichnet, sondern entstammt verschiedenen Quellen, die in keinem Fall dem oben erläuterten strengen Korpusbegriff genügen. Das gilt in erster Linie für das unten abgedruckte Partygespräch, aber auch für das Verkaufsgespräch, welches im Rahmen einer Examensarbeit aufgenommen wurde, die zwar hinsichtlich ihrer Zielsetzung eine gewisse Repräsentativität anstrebte, diese jedoch im gesteckten Rahmen weder quantitativ fundieren, noch qualitativ absichern konnte.

Damit ist die Exemplarität, die wichtigste Eigenschaft aussagekräftiger Beispieltexte, für unsere Gespräche nicht auf dem unmittelbaren Wege gesichert, den man etwa folgendermaßen paraphrasieren könnte: Dieser Einzeltext ist exemplarisch, d. h. die an ihm gemachten Beobachtungen lassen sich auf eine definierte Grundgesamtheit generalisieren, da der Text einer repräsentativen Stichprobe entstammt, deren Untersuchung zu den gleichen Beobachtungen geführt hat. Dennoch garantieren zwei schwächere

Kriterien diesen Gesprächen ein ausreichendes Maß an Exemplarität, das wir ihnen, indem wir sie wählen, natürlich unterstellen: An ihnen lassen sich – und das ist der entscheidende Gesichtspunkt – Analyseergebnisse vorliegender korpusorientierter Untersuchungen belegen; sie ermöglichen ferner Beobachtungen, deren Generalisierbarkeit auf dem Hintergrund unserer eigenen kommunikativen Erfahrungen als plausibel erscheint. Eine solche Plausibilität sichert singulären Analyseergebnissen immerhin den Rang von Forschungshypothesen, deren Gültigkeit anhand von speziell zu diesem Zweck aufgezeichneten Korpora zu überprüfen ist.

2.5. Entwurf eines gesprächsanalytisch orientierten Notationssystems

2.5.1. Absicht und Zweck des Entwurfs

Die folgende Erläuterung unseres eigenen Notationsverfahrens dient nicht nur dazu, dem Leser die Lektüre der abgedruckten Gespräche zu ermöglichen, sondern verfolgt auch den Zweck, am Beispiel die Darlegungen dieses Kapitels zur Notationsproblematik zu konkretisieren und abzurunden. Es würde den Rahmen einer Einführung sprengen, zusätzlich die bereits vorliegenden Verfahren vergleichend darzustellen oder gar Punkt für Punkt zu zeigen, was unser Verfahren ihnen verdankt und wo und warum es von ihnen abweicht. Einen schnellen Überblick über eine Auswahl dieser „Transkriptionssysteme" (als wichtigste seien genannt: *Berens* u. a. 1976; *Ehlich/Rehbein* 1976) vermittelt ein Aufsatz von *Ehlich* und *Switalla* (*Ehlich/Switalla* 1976), in welchem die jeweiligen theoretischen Annahmen, die Zwecke, die berücksichtigten Daten, die Notationsform und die praktische Anwendbarkeit charakterisiert sowie wichtige „Transkriptionszeichen" in einer „synoptischen Tabelle" einander gegenüber gestellt werden.

Gemeinsamkeiten und Unterschiede zwischen unserem und den dort verzeichneten Notationsverfahren erklären sich teils aus den oben (2.4.) behandelten Gemeinsamkeiten und Unterschieden im theoretischen Konzept, teils aus dem Bestreben, einem nicht mit der Aufzeichnung vertrauten Leser einen möglichst lesbaren Text zu bieten. Für einen solchen Leser hat das Notat einen

2.5. Entwurf eines Notationssystems

doppelten Zweck zu erfüllen: Es soll ihm ein Maximum analyserelevanter Daten übersichtlich darbieten und zugleich einen zusammenhängenden Eindruck der komplexen Gesprächshandlung vermitteln, also das Anhören oder Anschauen der Aufnahme weitgehend ersetzen. Diese Forderung ist aber außerordentlich schwer zu erfüllen: Die multimedial und simultan gesendeten digitalen und analogen Kommunikationssignale (s. o. S. 56 die Datenübersicht) werden im monomedialen schriftlichen Notat in vorwiegend digitale (sprachliche und grafische) Symbole zerlegt, die der Leser gesondert, also fast durchweg sukzessiv wahrnimmt. Er muß die Symbole nicht nur in die realen Signale rückübersetzen, sondern sie in seinem Geiste zur ursprünglichen Einheit zusammenfügen. Informationsarme Notate machen es ihm in dieser Hinsicht leicht: die Umrißzeichnung ist schnell entworfen. Je mehr Details und Schattierungen jedoch das Notat dem Leser bietet, umso schwerer ist es für ihn, sie zu dem plastischen Bild, das aus ihnen zu gewinnen ist, zusammenzusetzen.

Nun könnte allerdings ein schriftliches Notat durchaus die simultanen digitalen und analogen Signale des akustischen Bereichs in simultane grafische Signale übersetzen: Betonung könnte durch Strichstärke, Lautstärke durch Buchstabengröße, Tonhöhenverlauf durch auf und nieder gleitende Zeilen, Sprechtempo durch die Weite der Buchstabenfügung analog abgebildet werden; expressive Klangqualitäten könnten darüber hinaus durch die Neigung der Buchstaben, durch verschiedene Schriftarten oder gar durch unterschiedliche Farben wiedergegeben werden. Daß ein solches Verfahren schon aus finanz-, druck- und korrekturtechnischen Gründen undurchführbar wäre, liegt auf der Hand; es ist aber auch anzunehmen, daß ein das Druckbild derart verfremdendes Notat Alltagsgespräche als Texte konkreter Poesie erscheinen ließe und dadurch gerade nicht ein getreues Abbild der Aufzeichnung vermittelte.

Ein Notat muß also vorwiegend analytisch sein und dies umso mehr, als ja eben darin sein wesentlicher Nutzen für die wissenschaftliche Arbeit liegt. Es muß andererseits so gestaltet werden, daß die Synopse der Daten möglichst mühelos vollzogen werden kann und das Druckbild nicht allzu weit vom Üblichen abweicht.

2. Probleme wissenschaftlicher Aufzeichnung von Gesprächen

Das bedeutet:

- Es sind möglichst weitgehend bekannte oder zumindest durchsichtige Symbole zu verwenden. So führt z. B. die lange Liste von Abkürzungen, die *H. Ramge* (Ramge 1976, 12) zur Bezeichnung von Klangqualitäten benutzt, den Leser durch häufiges Nachschlagen immer wieder vom Text fort.
- Die quasi-simultanen Möglichkeiten der üblichen Schreib- und Druckkonventionen (Großschreibungen, Zeichensetzung) sind auszuschöpfen.
- Es sind auf diese Weise so viele Daten in den Text einzuarbeiten, daß dieser dennoch überschaubar bleibt. Welche Daten im Text und welche in einem zusätzlichen Kommentar untergebracht werden, muß einsichtig begründet sein.
- Die im Kommentar aufgeführten Daten sind so zu plazieren, daß sie in möglichst enger Nachbarschaft zu den zugehörigen Textdaten stehen.

Sicherlich können diese Anforderungen auf verschiedene Weise realisiert werden; andererseits gibt es auch optimale Lösungen, die man nicht für schlechtere Möglichkeiten eintauschen sollte. Optimal für die Notation von Kleingruppengesprächen ist z. B. die von *Ehlich/Rehbein* inaugurierte Partiturnotation, die es gestattet, ohne allzu große Abweichungen vom üblichen Druckbild den Zeitverlauf des Gesprächs analog abzubilden. Die kommunikativen Äußerungen und Verhaltensweisen der Teilnehmer werden entlang einer von links nach rechts verlaufenden Zeitachse entsprechend ihrer Dauer übereinander eingetragen, wobei im Druck ein solches Zeitband in eine Folge von „Partiturzeilen" unterteilt ist. Jede Partiturzeile (im folgenden PZ) besteht aus einer oder mehreren simultanen Einzelzeilen (je eine für jeden berücksichtigten Teilnehmer), die durch eine „Partiturklammer" zusammengefaßt werden. Wie in einer Orchesterpartitur bekommen stumme Mitspieler keine Zeile in der PZ (deren Höhe also von Mal zu Mal wechselt). Anschaulich abgebildet werden – ebenfalls wie in einer Musikpartitur – Simultaneität und Aufeinanderfolge der Äußerungen sowie ihre relative Dauer; um auch die absolute Dauer, also das wechselnde Sprechtempo, sichtbar zu machen,

2.5. Entwurf eines Notationssystems

können „Taktstriche" eingefügt werden (in unserer Notation: alle 3 Sekunden). Die Abbildung der relativen Dauer bereitet übrigens bei simultanem Sprechen gewisse Schwierigkeiten, da selbst bei gleichem Sprechtempo die Zahl der pro Zeiteinheit produzierten Phoneme von Wort zu Wort und Satz zu Satz schwankt; man vergleiche etwa die (gesprochen) gleich langen Wörter *Oma* und *Strickstrumpf*. In solchen Fällen können die Zeilen durch Zuordnungsstriche zeitlich koordiniert werden (zur Partiturnotation vgl. *Ehlich/Rehbein* 1976, 26–29).

Ein Fragment eines Partygesprächs mag das Gesagte verdeutlichen (zu den Einzelheiten der Notation s. u. 2.5.2.):

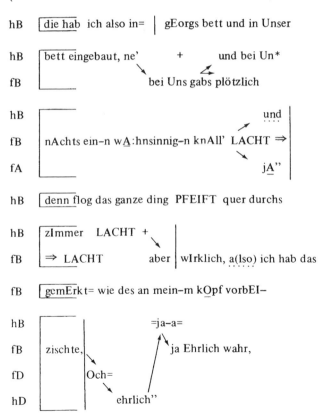

2. Probleme wissenschaftlicher Aufzeichnung von Gesprächen

Die in der eigentlichen Partitur nicht vorhandenen Lesepfeile zeigen, daß der Leser sich hinsichtlich des Leseablaufs umstellen muß: Da innerhalb einer PZ tieferstehende Zeilen höherstehenden zeitlich vorangehen können, da ferner die zusammenhängende Lektüre einer über das Zeilenende hinausgehenden Äußerung ein Springen in die nächste PZ erfordert, muß der Leser seine sonst seitwärts wandernden Augen hinauf und hinunter schweifen lassen: eine Leseerschwernis, die aber durch die Vorteile der Partiturschreibung bei weitem aufgewogen wird. Zu diesen Vorteilen zählt auch die Flexibilität der Partiturnotation: Man kann sie nicht nur je nach Bedarf straffen, sondern auch erweitern. So können etwa parallele Interaktionen in Kleingruppengesprächen durch Teil-Partiturklammern abgegrenzt werden (wiederum greifen wir, wie auch im folgenden Beispiel, auf das Partygespräch zurück):

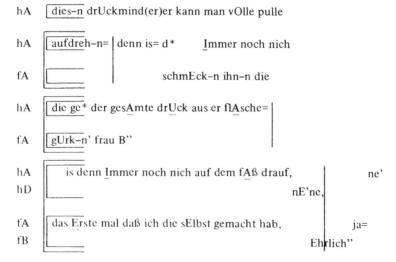

2.5. Entwurf eines Notationssystems

Insbesondere können aber je nach Bedarf und Umfang visuelle Daten durch Doppelung der Zeilen in die Partitur eingefügt und damit mühelos den simultanen akustischen Daten zugeordnet werden:

hB | denn flog das ganze ding   PFEIFT   quer durchs
   | BLICKT ZUR GRUPPE, RECHTE HAND OFFEN NACH

hB | zImmer   LACHT   +
   | VORN STOßEND
   | ⇒ LACHT   aber wIrklich, a(lso) ich hab das
fB | HEBT KOPF, BL.Z.GRUPPE   HEBT VOR SICH

fB | gemErkt= wie des an mein-m kOpf vorbEIzischte,
   | RECHTE HAND U. FÜHRT SIE NACH HINTEN LINKS AN
   | KOPF VORBEI

2.5.2. Das Notationssystem

2.5.2.1. Anordnung der Daten

Die Notation erfolgt im Querformat und zwar in folgenden Spalten:

Sp. 1:	Sp. 2:	Sp. 3:	Sp. 4:	Sp. 5:	Sp. 6:	Sp. 7:
Zeit-zählung	Sprecher-sigle	Wort-zählung u. Partitur-klammer	Partitur	akusti-scher	visuel-ler	seman-tisch-pragma-tischer
				Kommentar		

In Partituren mit mehr als zwei Sprechern werden die Sprecherzeilen innerhalb der PZ in möglichst gleichbleibender Reihenfolge angeordnet, wobei allerdings die Zeilen unmittelbar miteinander interagierender Gruppenmitglieder zueinander gerückt werden; zerfällt das Gruppengespräch in simultane Teilgespräche, so werden diese Teilgruppen durch die Anordnung der Zeilen und zusätzlich eingefügte Partiturklammern sichtbar gemacht (s. o.

S. 68). Bei der Wiedergabe von Video-Aufzeichnungen werden die Sprecherzeilen in je eine Text- und Handlungszeile gedoppelt.

Die Angaben der Kommentare stehen ohne feste Anordnung neben den erläuterten PZ; wo eine exakte Zuordnung erforderlich ist, erfolgt sie mittels der Wortzählung. Alle selbständig gedruckten (von Lücken umgebenen) sprachlichen Zeichen werden fortlaufend entsprechend der Abfolge der Sprecherzeilen gezählt; in Spalte 3 wird die Ziffer des ersten Wortes jeder Sprecherzeile aufgeführt.

2.5.2.2. Bezeichnung der Interaktanten

Die „Sprecher" bzw. Interaktanten werden in Spalte 2 vor der entsprechenden Zeile oder Doppelzeile mit Hilfe von Siglen bezeichnet. Bei längeren Beiträgen eines Sprechers (also bei einer Folge von einzeiligen PZ) werden die Siglen reduziert auf zwei durch einen senkrechten Strich verbundene Siglen am Anfang und Ende der Passage:

V   dAs ist ein=sehr hübsches service das wir

    auch= + sEhrsehr gern, + + immer Anbiet-n =

V   weil es=   + schon viel erfOlg hatte'   + +
K   ja-a'

Die Adressaten der sprachlichen Äußerungen kann der Notierende erkennen aus a) Blick, Kopf-, Körperhaltung des Sprechenden, b) der sprachlichen Äußerung selbst (Anrede, inhaltliche Bezugnahme) sowie c) seinem Wissen über die Interaktanten oder seiner Erinnerung an die Situation (falls z. B. eine Zuwendung in der Aufzeichnung nicht sichtbar ist). Im Fall a) wird der Adressat der körperlichen Zuwendung ohnehin in der Handlungszeile notiert; im Fall b) ist der Adressat auch für den Leser aus dem Text ersichtlich; im Fall c) gehören die entsprechenden Angaben in den Kommentar. Es werden daher die Adressaten der sprachlichen Äußerungen nicht eigens in der Partitur notiert.

Die Adressaten der sichtbaren kommunikativen Handlungen werden in den Handlungszeilen benannt (LEGT hC DIE HAND

2.5. Entwurf eines Notationssystems

AUF DEN ARM). Dabei muß der Kopfhaltung und der Blickrichtung als den wichtigsten gesprächssteuernden Zeichen soviel Beachtung geschenkt werden, daß aus Platzgründen der Gebrauch von Abkürzungen erforderlich ist:

		entsprechend:
oA / oA, B	: blickt A an / blickt A und B an	cA / cA, B : wendet Kopf zu A/ etc.
oA–B	: blickt abwechselnd A und B an	cA–B ....
o –(	: blickt in die Gruppe	c –(
o –)	: blickt in der Runde umher	c –)
ȯ ọ	: blickt nach oben, nach unten	ċ c̦
–o o–	: blickt nach links, nach rechts	–c c–
ɵ	: schließt die Augen	
⌀C	: Seitenblick zu C	

Weitere Qualifikationen des Blickverhaltens (tadelnd, liebevoll; vermeidet, jemanden anzusehen) werden in den Kommentar übernommen.

2.5.2.3. Segmentale sprachliche Zeichen

Die verbalen Zeichen werden bei genereller Kleinschreibung (Majuskeln haben eine andere Funktion, s. u.) in ‚literarischer Umschrift' (s. o. S. 59 f.) notiert. Zusätzlich gelten folgende Zeichen und Regeln:

— ɔ: langes offenes o : ɔ *mann*
 ɔ: der gewöhnlich als *äh* notierte Pausenfüllervokal
 Unbetontes ‚e' in Vor- und Endsilben wird als *e* notiert, soweit es (als [ə]) gesprochen wird; dagegen steht ein Bindestrich (–), falls es elidiert („verschluckt") ist, die Silbe aber erhalten bleibt:
 fahren = [faːrən], *fahr–n* = [faːr–n], *fahrn* = [faːrn]
 (*fahr–n* ist also zweisilbig, *fahrn* dagegen einsilbig.)
 geg–n = [geːg–ŋ], *leb–n* = [leːb–m]
 (Die phonetische Realisation des Nasals wird nicht bezeichnet.)

— Auch andere elidierte Laute und Lautgruppen werden nur in dem Fall, daß ihre völlige Tilgung die Unterschlagung einer

2. Probleme wissenschaftlicher Aufzeichnung von Gesprächen

Silbe zur Folge hätte, durch — bezeichnet. Sie können allerdings, sofern dies zum Verständnis oder zur besseren Lesbarkeit erforderlich erscheint, in runden Klammern eingefügt werden: *gib ma–n apf–l rüber*; *da stand son becher so–n bemalter;* *(i)ch ma(ch) ja son bißchen da in der richtung so*; *ne(be)n–m auto* (= [ne:m–m aoto:]); *aus er flasche*; *da(s i)s gut* (= [das gu:t]); *servi(ce)* (= [zervi:]).

— Unverständliches: .... : das wär ....
Schwer Verständliches: . . das . . . : aber das is noch
Vermuteter Wortlaut: (überleg–n): noch mal (überleg–n)

Wortabbruch: ei* : die frau hat nix Abgekrigt, ei* jA,
Satzabbruch: / : ja denn hätt ich ihn–n gErn noch mal= hier drüb–n/ das wär aber dAnn wieder= + + in porzella:n'

Die tonalen Zeichen — eine Teilmenge der „parasprachlichen Wörter" (s. o. S. 52), zumeist Pausenfüller und Rückmeldungspartikeln — werden zwar oral oder nasal ausgeführt, sind aber allein durch ihren Tonhöhenverlauf distinktiv. In bestimmten Funktionen geht ihnen ein oraler oder nasaler Hauchlaut voran. Sie werden mithilfe der Buchstaben *m* (nasal für: [m], [n], [ŋ]), *ǝ* (oral) und *h* (Hauch) notiert, und zwar bedeuten:

m, ǝ, hm, h	: eingipflig kurze	
m:, ǝ:, hm:, hǝ:	: eingipflig lange	tonale
m-m, ǝ-ǝ, hm-m, hǝ-ǝ	: zweigipflig kontinuierl.	Zeichen
m m, ǝ ǝ, hm hm, hǝ hǝ	: zweigipflig abgesetzte	

Hinzu treten die unten (2.5.2.4.) erläuterten prosodischen Zeichen ('' ' = , .) in etwas erweiterter Verwendung; dadurch wird in vielen Fällen die Bedeutung der tonalen Zeichen unmittelbar ersichtlich und braucht nicht gesondert im Kommentar angegeben zu werden, z. B.:

2.5. Entwurf eines Notationssystems

m / m: / ɔ / ɔ:	: Pausenfüller	(—)	
m' / ɔ'	: einfache Rückmeldung	(⌐)	
m-m' / =m:' / ɔ-ɔ'	: abwartende Bestätigung	(⌐/ ⌐)	
.m:' / .ɔ:'	: Zustimmung	(_/)	
m' m, / ɔ' ɔ,	: Verneinung	(⁻_)	
'hm:=	: Nachdenklichkeit	(⌐)	
,m:"	: (starker) Zweifel	(╱)	

In ähnlicher Weise werden verbale Rückmeldungs- und Gliederungspartikeln wie *ja, ne, aha, so* prosodisch gekennzeichnet. Überall dort, wo die prosodischen Zeichen zur Angabe der Bedeutungen oder der expressiven Nuancen nicht ausreichen, erfolgt eine entsprechende Eintragung im Kommentar (spöttisch; = ach so).

2.5.2.4. Suprasegmentale sprachliche Zeichen

Die für das Verständnis der Textbedeutung wichtigsten prosodischen Zeichen sind die **Hauptbetonungen** im Satz. Betont wird im wesentlichen durch stärkeren Atemdruck; damit einher geht in vielen Fällen eine Tonhöhenänderung (ob ein „Gipfel" oder ein „Tal", ist dialektal verschieden), während ein melodischer Akzent ohne gleichzeitigen Druck sehr selten zu beobachten ist; auch die Dehnung des silbentragenden Vokals kann zur Betonung beitragen.

Da wie gesagt im Regelfall der ‚melodische' vom ‚dynamischen' Akzent abhängig und nicht distinktiv ist, wird eine einheitliche Notation der Betonung gewählt:

— Die Vokale deutlich betonter Silben werden als Majuskel notiert:
  „hAben sie eventuell an etwas fEIneres apArteres Oder an etwas rustikAleres gedAcht"
— Stark betonte Vokale werden zusätzlich unterstrichen:
  „gekÖpft dUrch bIErfla* fAß stand drauf
— Bei besonders emphatischer Betonung wird zusätzlich das ganze Wort unterstrichen:
  verdAmmter mIst

2. Probleme wissenschaftlicher Aufzeichnung von Gesprächen

Eine analoge Abbildung des Tonhöhenverlaufs etwa durch eine Schlangenlinie über den Textzeilen (s. *Rhode/Roßdeutscher* 1973) ist für gesprächsanalytische Zwecke nicht notwendig. In der Tat verlaufen diese Linien über weite Strecken hinweg fast gerade (ob in tiefer oder hoher Lage, kann allerdings wichtig sein, s. *Kohler* 1977, 202 ff.) und weisen Gipfel und Täler nur an bestimmten Stellen auf: den Sinnbetonungen (fast immer gleichzeitig Druckbetonungen, s. o.) und den rhythmischen und/oder syntaktischen Einschnitten, die sehr oft zugleich semantische oder pragmatische Zäsuren sind. Es reicht also aus, den Tonhöhenverlauf an diesen Einschnitten, d. h. die sogenannten „Kadenzen" zu bezeichnen.

Den Kadenzen der gesprochenen Sprache entsprechen in der geschriebenen Sprache die „Satzzeichen". Da die Gliederungsprinzipien beider Teilbereiche der Sprache sich nur teilweise decken, kann die konventionelle Zeichensetzung nicht unbesehen für Notate gesprochener Sprache verwendet werden: Die Regeln der Zeichensetzung zwingen dazu, Einschnitte zu machen, wo keine sind, und vorhandene Zäsuren zu vernachlässigen. Andererseits ist es im Hinblick auf die Lesbarkeit ratsam, vorhandene „Satzzeichen" zu verwenden, diese also in prosodische Zeichen umzuinterpretieren (ähnlich auch *Kallmeyer/Schütze* 1976).

Da die semantisch vorbelasteten Zeichen ? und ! ausscheiden, werden die folgenden fünf Kadenzzeichen verwendet:

" : stark steigende/sehr hoch endende
' : leicht steigende/halbhoch endende
= : schwebende/in mittl. Lage endende ⎬ Kadenz
, : leicht fallende/halbtief endende
. : stark fallende/auf dem Grundton endende

(Eine weitere Differenzierung der steigenden und der fallenden Kadenzen bietet *Kohler* 1977.)

Überall, wo aufgrund eines Innehaltens, einer Pause und/oder eines Tonhöhensprungs oder -umschwungs eine Kadenz zu diagnostizieren ist, wird an das voraufgehende Wort das entsprechende Zeichen angehängt:

2.5. Entwurf eines Notationssystems

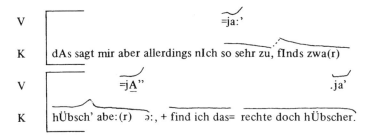

Daß die Höhen und Tiefen innerhalb der Kadenzeinheiten im Regelfall nicht notiert werden, wurde oben gesagt; expressive oder imitative Extreme können allerdings durch an den Vokal angehängte Zeichen (" oder .) gekennzeichnet werden:

igI"ttigitt ; a' die familie us rEU.tlinge'

Der rhythmische Verlauf der Rede kann im Notat nicht getreu abgebildet werden; er kann aber annäherungsweise erschlossen werden aus zwei absoluten Zeitangaben:
– Die Partiturzeilen werden durch „Taktstriche" in 3-Sekunden-Einheiten gegliedert.
– Die Pausen werden in einem 0,5-Sekunden-Raster verzeichnet:
+ : ca. 0,3–0,7 sec.
++ : ca. 0,8–1,2 sec.
+++: ca. 1,3–1,7 sec. etc.

Von der Normalform abweichende Dehnungen (Vokale und Konsonanten) und Kürzungen (Vokale) werden durch die Zeichen
: = Dehnung und
` = Kürzung   bezeichnet:
und ich hA:b mich verjAgt, und zwa:(r) eb–nd in: grÜn.
sò, das wÄrs.

Rhythmisch abgehacktes Sprechen (Stakkato) wird durch
´ = Stakkato   bezeichnet:
aber dás sÁg ích dóch.

Angaben zur Lautstärke erscheinen im akustischen Kommentar unmittelbar neben dem Text, und zwar in musikalischer Notation:
pp: pianissimo; p: piano; mp: mezzopiano;
ff: fortissimo; f: forte; mf: mezzoforte.

Vorübergehende Lautstärkeänderungen können durch Angabe der betreffenden Wortziffern lokalisiert werden:

V	⌈6 dAs ist ein= sehr hübsches service das | wir	mp
	⌈14 auch= + sEhrsehr gern, + + immer Anbiet-n=|	17 f.: mf
V	⌈19 weil es= + schon viel erfOlg hatte' + +	mp/mf
K	25 ja-a'	p

2.5.2.5. Nicht-sprachliche Lautäußerungen und -produktionen

Lautäußerungen wie Lachen, Seufzen, Pfeifen und Lautproduktionen wie Klatschen, Husten, Niesen werden durch das entsprechende umgangssprachliche Verb benannt; dieses wird mit Majuskeln im Text eingetragen:

das hab–n bekAnnte von mir. LACHT dAṣ sagt . . . . .

und denn flog das ganze ding PFEIFT quer durchs zImmer

Soweit es sich nicht um lautmalende Wörter handelt, die als sprachliche Einheiten zu notieren sind (*tatÜ, brOmm* etc.), werden nähere Angaben zum Klang der produzierten Laute im akustischen Kommentar aufgeführt:

LACHT   verlegen
PFEIFT   φʊit

Angaben zur expressiven Stimmgebung der sprachlichen Äußerungen werden umgangssprachlich paraphrasierend im akustischen Kommentar gemacht, z. B.:

stolz, freundlich, unsicher, gepreßt, überzeugt,
weinerlich, kichernd etc.; oder:
29–38: mit unterdrücktem Lachen.

2.5. Entwurf eines Notationssystems

Endet ein Gesprächsschritt in einer über die PZ hinausreichenden Lautäußerung, so ist dies durch einen Pfeil (LACHT ⇒) gekennzeichnet. Für die Notation der Dauer gibt es dann zwei Möglichkeiten:

— Redet der betreffende Interaktant nach Beendigung der Lautäußerung nicht sofort (d. h. innerhalb der entsprechenden PZ) weiter, so wird die Dauer im Kommentar vermerkt.

— Handelt es sich dagegen um ein „Intermezzo" zwischen zwei sprachlichen Äußerungen, so wird das Ende der Lautäußerung durch einen zweiten Eintrag mit Pfeil angedeutet:

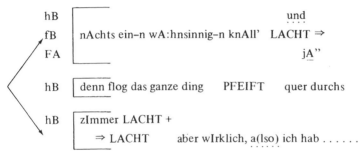

2.5.2.6. Sichtbare personengebundene Ereignisse

Das in der Videoaufzeichnung oder auch im Beobachterprotokoll festgehaltene Verhalten der Interaktanten (also das, was sie tun und was ihnen widerfährt) wird — soweit es als relevant erscheint — in den Handlungszeilen in Stichworten notiert (alle Eintragungen in Majuskeln). Die nötige Kürze wird z. T. durch Abkürzungen erreicht, die im semantisch-pragmatischen Kommentar erläutert sind. Zu den speziellen Zeichen für Blick- und Kopfzuwendungen s. o. S. 73. Handlungszeilen sind natürlich nicht nur dann anzusetzen, wenn die betreffende Person gleichzeitig etwas sagt; kommunikativ bedeutsame Dinge geschehen oft genug ohne Worte, und sei es nur, daß ein Hörer nickt oder den Kopf schüttelt, anstatt *m–m'* oder *m' m*, zu sagen. Andererseits würde es die Partitur zu sehr überfrachten, wenn Gesprächsteilnehmer allein wegen irgendwelcher Nebentätigkeiten eine eigene Zeile bekämen. „Stummen" Teilnehmern wird deshalb nur dann eine Zeile innerhalb der PZ zugewiesen, wenn die betreffende Handlung

– sowohl kurzfristig ist, d. h. nicht über den Zeitraum mehrerer PZ hinweg durchgehalten wird
– als auch eine thematische Beziehung zum Gespräch ausweist: als gestische Antwort, als Illustration, als Reaktion, als Anlaß für Äußerungen oder kommunikatives Verhalten anderer Teilnehmer etc.

Längerfristig gleichbleibende Verhaltensweisen (zeigt abweisende Miene, nickt fortwährend, schaut zu, blickt den Sprecher gespannt an, strickt etc.) und marginale Tätigkeiten (trinkt einen Schluck Bier, zündet sich eine Zigarette an etc.) kommen dagegen – soweit sie überhaupt relevant erscheinen – in den visuellen Kommentar, der ansonsten alle qualifizierenden Angaben über die Art der notierten Handlungen enthält (hastig, drohend, entspannt etc.).

Längerfristige „Intermezzi" können entsprechend den Lautäußerungen (s. o. 2.5.2.5.) durch Pfeile innerhalb der Partitur bezeichnet werden:

L	kann das jemand Anders"	so ein-n stEIn-
S1		was denn=
S2	MELDET SICH ⇒	
S3	RANGELT MIT S4 ⇒	

| L | bohrer= wie ihn achim eb-n beschrieb-n hat= an |

L	die tAfel mal-n= + + + + (zu Sx) mAch mal.	
S2	⇒ MELDET SICH	NIMMT HAND HERUNTER, ENTTÄUSCHTE GESTE
S3	⇒ RANGELT MIT S4, LEHNT SICH ZURÜCK	

In Notaten reiner Tonaufzeichnungen entfallen natürlich die Handlungszeilen und der visuelle Kommentar; soweit allerdings die entsprechenden Handlungen hörbar und identifizierbar sind (Anzünden einer Zigarette, Eingießen etc.), werden sie im akustischen Kommentar verzeichnet.

2.5. Entwurf eines Notationssystems

2.5.2.7. *Nicht persongebundene Ereignisse*

Nicht persongebundene Ereignisse, die während des Gesprächs eintreten und als gesprächsrelevant erscheinen, werden im semantisch-pragmatischen Kommentar in Stichworten festgehalten.

2.5.2.8. *Bedeutungsangaben*

Im semantisch-pragmatischen Kommentar werden ferner Erläuterungen zur Bedeutung sprachlicher und nicht-sprachlicher kommunikativer Zeichen und Äußerungen gegeben, soweit sie aus dem Text nicht zu erschließen ist und ein gruppenspezifisches Wissen oder die Kenntnis der Situation voraussetzt. Dabei kann es sich handeln um:
- die Semantik gruppenspezifischer Ausdrücke,
- die referentielle Bedeutung hinweisender (*der da, dies*) und anspielender Ausdrücke (Worauf bezieht er sich damit?),
- die pragmatische Bedeutung von Äußerungen (Wie meint er es?: z. B. ironisch),
- die präsuppositionale Motivation von Äußerungen (Warum sagt er *aber* in: *Das hat mir aber heute gut gefallen?*), soweit sie sich stichwortartig explizieren läßt.

Ferner wird gegebenenfalls erklärt:
- die nicht aus der Textnotation ersichtliche Bedeutung tonaler und diesen nahestehender („parasprachlicher") Zeichen und
- in den Handlungszeilen verwendete Abkürzungen.

2.5.2.9. *Angaben zum Gesprächsbereich und zum Gesprächstyp* (s. o. S. 22 ff.)

Dem Notat werden in jedem Fall zusammenfassende Angaben zum Gesprächsbereich und zum Gesprächstyp vorangestellt (ähnlich wie dies in den „Alltagsgesprächen" der Freiburger Arbeitsstelle (Texte III, 197) gemacht wird). Im einzelnen zählen dazu Angaben
- zu den Interaktanten,
- zu Zeit, Ort und Anlaß des Gesprächs,
- zur Art der Kommunikation (kommunikativ-pragmatische Kategorien, s. o. S. 26 f.),

2. Probleme wissenschaftlicher Aufzeichnung von Gesprächen

- zur Kommunikationsgeschichte (Vertrautheit und gegenseitige Einstellung der Interaktanten, Bekanntheit des Themas und Einstellung dazu, Art und Verlauf vorangegangener, für das jetzige Gespräch relevanter Interaktionen, bisheriger Gesprächsverlauf, soweit nur ein Ausschnitt geboten wird),
- Aufnahmebedingungen.

2.5.2.10. Zeitzählung

Zur besseren Übersicht wird in Spalte 1 eine Zeitzählung im 30-Sekunden-Rhythmus geboten; diese Zeitblöcke werden fortlaufend numeriert. In Kapitel 4 wird zitiert unter Angabe des Zeitblocks und der Wortziffer (z. B. 4, 30ff.).

3. Gespächstexte in wissenschaftlicher Aufzeichnung

3.1. Ein Verkaufsgespräch in gesprächsanalytischer Notation

Die vorliegende Aufnahme entstand im Jahre 1976 im Rahmen einer Staatsexamensarbeit (*Minter* 1976): *H. Minter* nahm mit Hilfe eines in einer Tasche versteckten Kassettenrecorders 16 Verkaufsgespräche in Braunschweiger Fachgeschäften auf; nach den Gesprächen wurden die Verkäufer von der Aufnahme informiert und um ihre nachträgliche Einwilligung gebeten. Diese wurde nur in einem Fall verweigert; das betreffende Gespräch wurde gelöscht.

Die Qualität der Aufnahmen war anfangs sehr schlecht, wurde aber vom fünften Gespräch an besser. Das von uns ausgewählte Verkaufsgespräch ist relativ gut zu verstehen; dennoch machen auch hier hereindringender Straßenlärm und vor allem Taschengeräusche das Notieren oft mühsam und unsicher. Da *Minters* Notation informell und teilweise ungenau war, wurde das Gespräch von uns völlig neu notiert; an einigen Stellen gab jedoch *Minters* Notat wichtige Hinweise.

Die Aufnehmende stand im handgreiflichen Konflikt zwischen finanziellem Aufwand und wissenschaftlichem Ertrag: Verständlicherweise hatte und verwirklichte sie in den meisten Geschäften (so auch in dem Geschäft unseres Textes) die Absicht, nichts zu kaufen; um diesen Status einer „unechten" Kundin zu kompensieren, bemühte sie sich, „sich so zu verhalten, als ob ein Kaufwunsch bzw. -absicht bestünde" (*Minter* 1976, 49). Wie weit ihr das gelungen ist, wird die Analyse zeigen. Im übrigen geht es uns in dieser Einführung nicht um eine repräsentative Untersuchung der Gattung ‚Verkaufsgespräch', sondern um die Entwicklung gesprächsanalytischer Kategorien am Beispiel eines natürlichen Gesprächs — und als solches ist unser Verkaufsgespräch trotz seines Inszeniertseins aufzufassen: Auch in normalen, nichtinszenierten

Verkaufsgesprächen haben Käufer oft nicht die Absicht, etwas zu kaufen, ohne dies immer deutlich kundzutun; überdies darf man *H. Minter* (auch nach dem Eindruck, den sie im Gespräch macht) glauben, daß sie zumindest ein echtes Interesse an der Ware empfand und darüber die Aufnahmesituation weitgehend vergaß.

Das ausgewählte Verkaufsgespräch wurde im Obergeschoß eines uns bekannten Braunschweiger Porzellanfachgeschäfts aufgenommen; die Verkäuferin konnte von uns nicht mehr zu der Aufnahme befragt werden.

Zur Notation des Textes vgl. o. S. 71 ff. Ein visueller Kommentar fällt natürlich fort; dafür wurde eine eigene Spalte für die von den Gesprächsteilnehmern produzierten Geräusche vorgesehen. Hier werden folgende Abkürzungen verwendet:

AB: Ausziehbrett herausgezogen oder hineingeschoben (rollendes Geräusch)
GA: Absetzen von Geschirr (auf Holz o. ä.)
TT: Porzellanklang: Teil an Teil
TAT: Porzellanklang: Teil auf Teil (zumeist wohl Tasse auf Untertasse)
TAAT: Porzellanklang: Teil an Teil, doppelt
TVT: Porzellanklang: Teil von Teil abgehoben

Hintergrundgeräusche wurden nicht notiert.

Verkaufsgespräch Seite 86 bis 117

6. Verkaufsgespräch, Aufnahme H. Minter auf Chromdioxidcassette,

1

V	1	gut-n tàg, bItte schÖn=	
K	5	gut-n tag. ich hätte mir gern	

V	11	+ |+ jAha'
K	12	ma ein frÜhstücksservI(ce) angesEh-n,

V | 16 | sEhr gErne.+ +\|+++++ hAben sie:=\|+ eventu-

| 21 | -ell, an etwas fEIneres= apArteres= \|Oder an

| 27 | etwas rustikAleres gedAcht" + +\|hier vorn

| 32 | darf ich ihn-n hier gerne ma hIEr unsere=

| 40 | service zeig-n= \|+ das ist etwas rustikAler"

| 46 | + \|+ da hab-n wir einmal= + + kerAmiksach-n'

| 51 | + dann ist \|auch sEhr hübsch das von Arz-

V	59	-berg hIEr" + das is |eine= porzellA:n' +
K	64	(j)a-a'

0:30 V | 65 | servIce' + + \|\|

2

V	1	auf= + + + kerAmik= |+ gesprItzt' jA' +
K	5	ja:'

V | 6 | dAs ist ein= sehr hübsches service das \|wir

| 14 | auch= + sEhrsehr gern, + + immer Anbiet-n= \|

V	19	weil es= + schon viel erfOlg hatte' + + |
K	25	ja-a'

Frühjahr 1976

Tür öffnen			
	mf	V: 1–17: betont freundlich, lebhaft	
	mp/mf	K: 5–15: ruhig	
	mf		
		V: 18–65: weiter sehr freundlich, verhaltener; zunächst (–41) in ebenmäßig rhythmischer Sprechweise, danach abwechselnd zögernd (überlegend?) u. wieder betont kommunikative, stark ansteigende Stimmführung.	
V wechselt den Standort; nach 41: AB			
62: TVT	mf		
	mp		K: bestät.
	mf		
2: TAT	mf	V: 1–4: wie oben	
	mp		K: bestät.
	mf	V: 6–24: erzählend, locker, schneller, Betonungen auf 17/18 u. 23/24	
	mp/mf		
	mp/mf		
	p (gehaucht)		

2	V	26	dann wäre das von kUstiAn' + +│+ auch recht
	V	33	nett' aber das is: noch etwas dER:ber in der
	K	42	ja-a'
	V	43	art'│ jA:' + das=
	K	46	das│hab-n bekAnnte von mir. LACHT dAs
	V	52	=ja:'
	K	53	sagt mir aber allerdings│nIch so sehr zu,
	V	61	iA"
	K	62	fInds zwa(r) hÜbsch' abe:(r) ə:, +│find ich
	V	69	ja'
	K	70	das= rechte doch hÜbscher. + ich mag also
1:00	K	77	gErn-n│bIßch-n fEIneres, also (d)as wÄre ‖
3	V	1	zu .mm" jawoll.
	K	4	mir also in der tasse zU dick. m' das
	V	13	ja'
	K	14	is fEIner,│läßt sich bEsser draus trInk-n,
	V	21	geschmAcks-
	K	22	find ich immer aber= + ə des-s= +│geschmAcks-
	V	29	-sache ne" dann wäre hIEr' noch eins, das is│
	K	37	-sache, ja,
	V	38	ganz neu von thOmas= das helle' das island'│

30: TVT	mp/mf	V: 26–30: leicht zögernd	
33, 37: TAT	mp	31–38: schneller, 30 und 39 hervorgehoben	K: bestät.
44 f.: TAAT	mf/mp mf	44: sehr freundl.; 45: leiser Ansatz	
		K: 46–50: schneller Einsatz, verlegenes Lachen	
	mf	51–60: ruhig, bestimmt	
	mf	62–73: konzedierend; dann nach Worten suchend, dann schnelle Auflösung	
GA	f	2,74–3,10: ruhig erläuternd	
	mf	V: 52: freundlich 61: lebhaft, gespannt	bestät. bestät.
	mf	69: freundlich	bestät.
	mf		
	mf		
	mf		V: verstehend
	mf	K: 12–20: zuerst zögernd, überlegend, ab 17 schneller, erklärend mit unterlegtem Lachen	3: abschließend
	mp		V: bestät./ abwartend
	mf/f		
	f	22–27: schneller Nachtrag, dann überlegend	
	mf/f	28: abschließend, leicht lachender Unterton, 37:	V: bestät.
	mf	V: 21/29: freundlich und zugleich definitiv	
	mf	30–45: ruhig einsetzend, Tongipfel auf 32, dann rhythmisch-melodische Sprechweise	
	mf		43: oder: *selb* (Markenname)

3	V	46	+ auch ganz neu'
	K	49	=m:' ja:' + (i)ch hAbe ein
		54	frÜhstücksservi s-ha(b i)ch mir mal vor jAhr-n ge-
		62	-kauft, das|wAr von thomas, und zwa(r) eb-nd in: grÜn.
		71	+ wiss-n se' | und da hAt sich die form ei-
	K	80	-g-ntlich gar nich sehr vIEl= + verÄndert.
	V	85	.jA-a" ja'
	K	87	das|war damals das: sel(b)e grün. das
	V	93	ja=
	K	94	wa:r= + + ə |verlegenheitslÖsung dAmals von
	V	99	dAnn
1:30	K	100	mir=
4	V	1	ist hier eins von fÜrstenberg, das is AUch ein=
	K	10	=mm:'
	V	11	reines porzellAn' + is auch jetz nur wieder
	K	18	ja:'
	V	19	wie gesAgt auf= rustikAl etwas getrImmt' +
	K	25	ja=
	V	26	(und) |das is dIEse art= + + + |etwas fArben-
	K	33	ja=

46: TVT	mf mp/mf	V: 46–48: zögernd K: 49:	abwartend
54: TAT	mf/f f mf	50–84: zögernder, überlegender Einsatz, dann zunehmend schneller, bis zum 1. Gipfel: 71, der durch Zäsur u. Betonung hervorgehoben. 72f.: Nachfrage, langsam; dann neuer Anlauf bis zum 2. Gipfel: 84.	
GA	mf		
	mf/mp mf mp f/mp	V: K: 87–100: unmittelbar anschließender Nachtrag; 90f.: halb verschluckt; 92ff.: unsicher; 96ff.: lachend, dann undeutlich werdend	85: bestät. 86: abwartend 93: gespr.-schrittbeanspruchend
	p		
	mf mp	V: 2,99–3,24: mit hoher Stimmlage einsetzend, Tongipfel auf 5, dann ruhig erläuternd	
12: TVT	mf mp	26–33: ruhig, mit Demonstrationspausen	
22: TT	mf mp	K:	10: aufmerksam 18: bestät. 25: bestät.
29: TAT nach 30: TVT	mf mp		33: bestät.

4	V	34	-froh= + etwas + frEUnd|licher= + + dann: |is
	K	38	m-m'

V	39	das jetz allerdings wieder das rUska, das ganz

V	47	schwE:re' ich glaube dAs is ihn-n
K	53	das hier (fänd) ich zu dunkel.

V	59	wieder zu dunkel=|und dEnn auch natürlich auch
K	67	ja.

V	68	in der art vIEl= zu= dIck. |+ + + dEs wäre
K	76	jA.|

2:00

V	77	hübsch= ‖

5

V	1	dAs käme denn AUch nicht in fra:ge= dAs
K	9	das find ich nich, + (so gut) =m'

V	16	sind=|+ jA= das von= + arzberg=
K	21	jà= (da)s is schÖn

V	25	das is sEhr hübsch= + |+ AUch die
K	31	leicht. ja' m-m'|

V	34	ganze fOrm' undsoweite= es is= |sEhr an-
K	41	m-m' m'|

V	43	-sprechend" + |+ ja denn hätt ich ihn-n gErn
K	49	m'

36: TAT	mf mp mf	V: 34–36: zögernd, überlegend; 37–47: zunächst präsentierend, ab 41 mehr erwägend	K: überlegend
	mf mf mf mp	K: 53–58: schneller Einwurf V: 48–73: schneller, bestätigend, ab 63 sehr schnell, 69 ff. stockender Schluß	54 ff.: oder: *hier wär echt* K: bestät.
	mf	V: 74–77: neu ansetzend, hohe Stimmlage	K: zustimmend
	mf p mf mf	V: 1–7: überlegend 8–20: scheint zunächst etwas sagen zu wollen, wovon sie reagierend auf K sich abbringen läßt, bestätigend	10 f.: oder: *gefällt mir*
28: TAT	mf mp	25–43: zustimmend, allmählich lebhafter und melodischer.	
	mf/f mf	K: 9–15: fast gemurmelt; 21–49: ruhiges Urteil; 33/41/42/49: zustimmend	
	mf mf	V: 44–49: sachlich, scheint sich abzuwenden	

5	V	50	noch mal=｜hier drÜben das wär aber dAnn wieder=
		59	+｜+ in porzella:n' + + +｜so etwas in dIEser art,
	V	66	etwas bUnteres, frEUndlicheres, +
	K	69	ja=｜dAs mag
	V	72	das is AUch sEhr hübs(ch).｜+ + das is-n
	K	79	ich auch sEhr gern.　ja, =ja:'
2:30	V	85	blßch-n fArbenfrohe(r)=‖
6		1	+ + das schaut sO aus= + + das｜is denn, d(ie)
		9	kAffeekanne= gibt es denn verschiedene grÖßen=
	V	15	+｜sAhnegießer zUckerdose= + + auch=｜+
	K	18	m-m'　　das sieht sehr niedlich aus.
	V	24	eierbecherchen= + das isses= +｜+ grAde weil sies
	K	30	ja:'
	V	31	auch zum frÜhstück erwähnt-n=｜ne" isses doch
	K	38	jA, jà=
	V	40	etwas= + lUstiges= + belEb-nd. +｜+ (ja")
	K	44	man könntes
	V	46	jA:"!
	K	47	zur n:Ot= also (so)gar als kAffeeservice｜nehm-n,

V wechselt Standort, K folgt (bis 68)	mf mf mf mf	V: 50–68: zunehmend lebhafter bis 58, dann zögernd; starke Betonung auf 67 f. K: 69–82: locker, spontan zustimmend	
	mf mf mf	V: 72–76: feststellend (V sagt oft *hübs*)	
vor 1: TAT	mf mf mf mp mf mp mf mp	V: 5,77–6,43: freundlich plaudernd, mit ausgeprägter Sprachmelodie: aus tiefer Lage bei der Hauptbetonung in die höhere Lage übergehend und schließend mit hochebener Kadenz. 16 f.: besonders ‚lustig' und lebhaft; 35: stark ansteigend, wirkt bes. zuwendend; 41 f.: deutlicher intonatorischer Schlußpunkt K: 18: freudig 19–23: spontan zustimmend.	K: =,,ich sehe" K: bestät.
AB (am Nebentisch?)	mf mf f mf	K: 44–53: ruhig überlegend, dann etwas schneller, bei 52 lachender Unterton V: 46: fast enthusiastisch zustimmend	

6	K	54	nich' wenn mans mit einer nett-n tischdecke
	V	61	das is gA:nz= (s–gib)t ja jetz: diese rOt-n, +
	K	69	da= + ... mit die-
	V	72	das kann man sE:hr nett
	K	77	-ser spItze drüber, ne' (ich) mein: s= + jà=
	V	84	dekoriern. + +
3:00	K	85	m-m'
7	V	1	und= + das is ne ganz nEUe serie. die hab-n wir
		11	noch gar nich lange' gibt es denn auch die tEE-
	V	21	-sachen= denn ma dazu= + + tEEservice= + +
	K	25	ja-a'
	V	26	bUtterdOse= + + kleine bEIlageplatten ne' + +
	K	30	m-m'
	V	31	schÜsselchen= jA'
	K	33	ja= (i)ch muß sAg-n das gefällt mir
	V	40	dIE=
	K	41	dOch nOch bEsser, auch als dies= brAUne da
	V	49	auch= ja. es is dOch etwas farben-
	K	56	hint-n, + + ja-a' jà'

Forts. AB (am Nebentisch?)	mf f mf mf/f mf	K: 54–83: ruhig, sachlich, bei 61 kurze Stockung, dann trotz V-Äußerung im selben Ton fortfahrend; 83 eingeatmet V: 61–68: lebhaft, 63 starke Betonung u. abbrechend, dann eher plaudernd; 72–84: nachdrücklich zusammenfassend	
	mf/f mf		85: zustimmend
	mp/mf mf	V: 1–31: verhaltener (leicht abgewendet?), ruhige Erklärung wiederaufnehmend 15–20: etwas lebhafter, dann stockend; 26f: ruhig nennend	K: bestät.
GA			K: bestät.
		K: 33–56: recht sachlich, gleichmäßig, Betonung auf 47 V: 40/49: 2 Gesprächsschrittansätze, 40: hoch, 49: mittel; 50: tief 51–59: ruhig, bestätigend	V 32: bestät. 50: zustimmend
	mf		K: bekräftigend 58: eingeatmet

7	V	59	-froher, frEUndlicher= + + und= + es is AUch- ə
	K	64	m-m'　　　　　　　　　　　　　　　　m-m'
	V	66	in der prEIslage= + + dOch AUch noch erschwinglich=
		73	+ + (den)ns gedEck kostet vierzehn mark un(d)
	V	79	nEUnzich= + un dann,
3:30	K	82	=m:'　　　　kann man nichts zu sag-n,
8	V	1	+ kAffeekanne zucker=* ə sAhne= + -gießer undsoweiter=
		6	+ zehn mark dreißich, dreizehn mark= + und ne
	V	13	kAffeekanne dann in zwei verschiedenen= grÖßen'
	K	19	grö-
	K	20	-ßen= + (ja) ne kaffeekanne braucht ich nich weil
	V	27	jA. genAU. dAnn=
	K	30	ich ne kaffeemaschIne habe. + da is=　　dA
	V	37	fällt das ja sowiesO flach'　　jA" das stimmt.
	K	45	brAUch man ja meistens keine, + ja, + +　=m:'
	V	52	das is= wIrklich
	K	55	aber dAs gefällt mir sehr gut.
	V	61	nett. + + + grAde. und man kAnn es durch die
	K	69	m-m'

	f/mf mp	V: 60–71: zögernder Einsatz, überlegend (abgelenkt durch Hantieren mit AB?)	
nach 68: AB, laut GA	mf	71 f.: leicht seufzend	
	mf	73–81: ruhig erläuternd	
	mf mp/mf	K: 64 f./82: 83–87: knapp feststellend	bestät.
	mf	V: 1–19: zunächst stockend, bedächtig	
	mf	ab 7 flüssiger, ab 12 immer lebhafter	
	mf p	K: 19: leises Echo	
	mp/mf	20–35: etwas monoton, verhalten	
	f mf	V: 27 f.: ruhig 29–41: höhere Tonlage, freundlich konzedierend	zustimmend
	f f/mp	K: 36–49: lauter, mit lachendem Unterton 50/51:	bekräftigend
	mf	V: 42–44: ruhig, freundlich zustimmend	
	mf	K: 55–60: offen, sicher	
65: GA	mf mp	V: 52–61: beipflichtend; 62–68: kräftiger Einsatz, lebhaft	K: bestät.

8	V	70	verschied-nen dEcken undsoweiter' + kann mans
	K	75	ja-a'
	V	76	Immer= wIEder= frOh= + + und anders gestAlt-n,
	K	82	m-m' m'
4:00	V	84	in der dekoration.
	K	87	m-m'
9	V	1	+ + (da)s:= macht sich wIrklich hübs(ch).
	K	6	und man
	V	8	es is= fArben-
	K	11	sieht sich das muster nich lEId. + m'
	V	18	-froh' und trotzdem dezEnt.
	K	21	m-m' ja-a' genau, + weil
		25	meine mutter hat hIEr mal ein= + Englisches
	K	32	hAndgemaltes gekauft, und das sieht also im-
	V	39	jA'
	K	40	-mer wIEder hÜbsch aus. + un:(d) da neig ich
	V	47	jA'
	K	48	EIgentlich auch-n bißch-n mehr zu dIEs-m sErvI.
	V	55	jA, hie* ja=
	K	58	+ m-m'... das da Ob-n sieht sehr hübsch aus.

mf	V: 70–86: lebhaft, mit ausdrucksvoller Sprachmelodie		
mf		K: bestät.	
mf	76 ff.: kurz zögernd, dann schnellerer Abschluß		
mp		K: bestät.	
mp			
mp		K: bestät.	
mf	V: 1–5: Nachtrag, zusammenfassend, bekräftigend K: 6–16: beipflichtend V: 8–20: dezidiert bestätigend, Nachdruck auf 20		
mf			
mp		K: 21–23: bestät.	
mf	K: 24–54: ruhig erzählend, bei 48 ff. lachender Unterton V: bei 31: räuspert sich		
	39: lebhaft	bestät.	
	47: zurückhaltender	bestät.	
mf mp	55 f.: schneller Einsatz; 57: automatische Bestätigung (s. dagegen 66) K: 9–6: beiläufig		

9	V	66	+ jA" + + mEI=* mEInen sie
	K	70	es sieht a:*=

	V	73	hIEr" dAs is kaffee= un(d) Esservice.
	K	79	m:' kAffee und Eß,*

	V	83	.ja:' m=
	K	85	=m' das komm(t) sone sachen mag ich= + sEhr

	V	93	das wäre dann das=
4:30	K	96	gErne ja' + + +

10	V	1	.... + + was hamwer denn sOnst noch schönes= + Alles
		8	Andere wär denn dOch schon wieder zArter fEI-

V	16	-ner' und= +
K	17	jA= ja dAs:' + ə wollt ich dann

V	24	.... undsoweite(r)=
K	25	dOch noch nich für mIch, ja,

V	31	m-m' jA, dEnn w* ə das mExiko,
K	38	genau, ja-a'

V	40	dAs hätt ich ihn-n AUch gern noch mal gezeigt,

V	49	das is eig-ntlich AUch sehr nett hier. + + + bit te
K	57	a'jA.

V	58	schön= das is AUch hübs(ch). das hätt ich
K	66	LACHT m-m' das is ja

	mf/mp p	V: 66: aufmerksam 67–73: unsicher fragend; 74–83: ruhig erläuternd	fragend
	mf p	K: 79–83: bestätigendes Echo	
92f.: TAT	mf/p mp	V: 83/84: K: 85–97: verhalten, ruhig	bekräft./ bestät.
	p mp	V: 93–96: überlegend, mehr zu sich selbst (letztes Wort unverständlich vor 10,1)	
4: TÖ?	pp/mp	V: 1–6: leise zu sich selbst;	
	mf	7–16: wieder an K gerichtet, lebhafter	
	mf		
	mf	K: 17: 18–29: schnell einfallend, dann ruhig	bestät.
	p	V: –24: unverständlicher Nachtrag	
	mf/p	K: 30–39: leise	bestät.
	p/mf p	V: 31 f.: 33–55: lebhafter Neueinsatz; freundlich-sachlich	bestät.
V wechselt Standort, K folgt. Nach 55: AB Nach 62: GA	mf		
		K: 57: erstaunt-belustigt, übergehend in kurzes Auflachen	
	mf/mp mp	V: 56–75: freundlich, entspannt feststellend K: 67–77: spontanes Gefallen am Gezeigten	

| 10 | V | 70 | ihn-n AUch gern noch | mal gezEIgt. | dEs-is |
| | K | 77 | AUch rEIz-nd. | | m-m' + + |

| | V | 80 | AUch | sehr s(ch)ön. | |
| 5:00 | K | 83 | | m-m' + + | ‖ |

| 11 | V | 1 | ... zuckerdose und= sAhnegießer= das is AUch nett. | + |
| | K | 8 | m-m' | |

| | V | 9 | + + + Alles so= | + + denn das von Arzberg= |
| | | 15 | das is AUch ganz nEU= | dAs is jetz wieder die |

| | V | 25 | fOrm' + wie die dunkelbrAUne | form dorthint-n wAr' |
| | K | 32 | ja-a' | |

| | V | 33 | + + dAs is jetz Aber nur wieder= |
| | K | 39 | =ja:' |

| | V | 40 | komplEtt erhältlich, | also als komplEttes |

| | V | 45 | servIce' während= | + + |
| | K | 47 | ja. (ja) das wär mir | zu viel. |

| | V | 54 | Oh nEIn, + s-schon geÄndert. | + seh-n |
| | K | | | LACHT |

| | V | 59 | sie' schOn geändert, scheinbar= | + + | + |
| | K | 63 | | =ja' |

| 5:50 | V | 64 | jawoll' schOn geändert. Also gibt es AUch= ‖ |

	mp mp/mf mf mf	V: 76−82: V spricht bis 11,7 sehr entspannt (*dEs-is* mit stimmhaften s-Lauten), nicht behauptend, Einverständnis ausdrückend	K: zustimmend K: zustimmend
Nach 2: GA, 3: TAT	p/mp mp	1−7: s. o.	K: zustimmend
	mp mf mf mp	V: 9−31: 9f. noch in der vorigen Tonlage; ab 11 Neueinsatz, zunehmend lebhafter, artikulierter, melodischer	K: bestät.
	mf mf	33−46: ruhig erläuternd	K: bestät.
40: TT 46: TAT	mf mf mp/p mf	K: 47: 48−52: feststellend V: 54−62: erstaunt, zunächst halb zu sich, ab 58 zu K gewendet, freundlich, sachlich	zweifelnd
	mf mp	K: lacht kurz, höflich bestät.	K: bestät.
	mf	V: 64−12,4: resümierend, ruhig informierend	

12	V	1	die= tEIle= alle einzeln.
	K	5	=m:' ja das muster wäre mir-n

	V	11	m:"
	K	12	bIßchen zu kompAkt, wenn ich da länger hInkucke=

	V	20	jA"
	K	21	+ + währ-nd ich dIEs= etwas= grOßzü(g)igere

	V	26	=m:"
	K	27	muster= (do)ch bEsser finde, genau wIE dAs=

	V	34	dAs find ich
	K	37	drÜb-n= eb-nd AUch. + + + m-m'

	V	41	jetz AUch ganz nett.
	K	45	=m:' hübscher,

	V	47	.... jA'
	K	48	auch die zUckerdose is ja so hErrlich, LACHT wie

	V	56	(da)s gIEßerch-n, Ohne= hEnkelchen= is ma was
	K	63	ein pIlz, m-m'

	V	66	gAnz and-res= m" ... wäre dAs= +
	K	71	ja:' =m:' + + m-m' +

6:00	K/V		+ + + ‖

13	V	1	+ + .jA:' dAs kOstet=
	K	4	+ + un(d)= das käme wIEvIEl"

	mf
	p/mf
	mp
	mf
		K:
		    6–39: flüssig gesprochen, sachlich; ab 21
		    stockend, überlegend, dann schnellerer
		    Abschluß
		V: 11: aktives Zuhören betonend
			über-
			legend
			bestät.

	mf mf	20: interessiert	bestät. bestät.
	mp mf	26: zuhörend	bestät.
	mp mf mp mp/p	V: 34–44: beipflichtend, verhalten	K: 40: überle- gend K: zu- stimmend
TT	p/f mp/mf mf p/mp	K: 48–64: interessiert, amüsiert; amüsier- tes Lachen, lachender Unterton von 54 bis 64 V: 56–68: beipflichtend, Einverständnis heischend;	V: bestät. K: bestät.
Nach 68: TAT	mf/p mf/p	69 f: leise für sich	K: 71 f.: zu- stimmend, 73: überle- gend
	mf mf	K: 4–7: sachlich, interessierte Frage V: 1–3: erfreute Aufnahme der Frage, zu- vorkommend	

13	V	8	+ das gedEck= zwanzich mark │und dreißich. das and-re
	V	16	war vierzehn mark neun(zich)= │un(d) hIEr kOstet das
	K	24	jA'　　　　　　　　m-m'
	V	26	gedEck zwanzich mark dreißich' und= │sAhnegießer
	K	32	m-m'
	V	33	und zUckerdose AUch minimAl= elf fünfzich fünf-
	V	40	-zehn mark fÜnfzich= dAs lAg ja da drüb-n │denn
	K	48	ja'　　　　　　　　　ja=　　　=m-m'
	V	51	AUch so in der prEIslage. 　　+ +│ =m"
	K	57	ja, das wär 　│man nimmt
	K	62	dann dOch was ein-m gefÄllt, nich' denn=
	V	69	│　　　　　　　　　　　ja:.
	K	70	│+ (da)s hat man nOch über lÄngere zEIt=
	V	77	genau,│+ + das wär= gut= ‖
6:30	K	81	ja= (d)as müßt ich mir ‖
14	V	1	│=m:"
	K	2	noch mAl (überleg-n) ob dAs oder dAs Andere' │
	V	10	=m:' +│+ +
	K	11	find ich bEIde sehr hübsch, │(gef)ällt
	V	17	│(i)ich finde bEIde' bEIde
	K	21	mir sEhr gut. + +│

mf		V: 8–55: sachlich, ruhig informierend und erläuternd; 47–55: deutlicher intonatorischer Abschluß	
mf			
mp			K: bestät.
mf			
mp			K: bestät.
mf			
mf			
mp			K: bestät.
mf/mp			V: zuhörend
p/mp		K: 57–76: sehr leiser Beginn, tastend; ab 70 sicherer, bestimmter	
mp/mf			
mf		V: 69/77: begütigender Tonfall	zustimmend
mf			
mf/pp		V: 78–80: leise zu sich selbst	
mp			
mf		K: 13,81–14,9: langsam, überlegend, 4: halb verschluckt, zweifelnd;	
mp/mf		11–15: überzeugt; 16–22: Nachtrag	
mf			
mf/mp		V: 1: aufmerksam 10: kürzer, leicht reserviert	zuhörend zuhörend
mf		17–20: lebhafter Einsatz, dann überlegend	
mp			

14	V	24	sind-ə:= | fArbenfroh,　　　trOtzdem dezEnt
	V	28	in den fArben.　| also nIcht-ə: so= wie man
	K	36	ja-a=　　　　ja:= |
	V	38	so schÖn sAgt, so blAck-rige fArben,　| die eb-n
	K	46	jA, |　LACHT →
	V	47	nIch so ins AUge stechen. + | und trOtzdem sind
	K	55	────→ ja:-a'
	V	56	se bEIde frEUndlich. + + | und hübs(ch). + +
	K	61	| m-m'
	V	62	+ | + + + jÀ, das könn-n se sich sEhr
	K	68	ja-a' |
7:00	V	69	gern= überleg-n= ‖
15	V	1	jA" |
	K	2	+ ja(dan)n schau ich die tAge noch ma rEIn,
	V	11	bItte schÖn,
	K	13	erstma hErzlich-n dAnk für ihre mÜhe = LACHT
	V	19	gErn geschEh-n"　　　　　　jA"
	K	22	a(b)er (e)s= | gefÄllt mir　sehr gut.
	V	28	dAs is jetz= geh-n se rUhich noch ma= + +
	K	36	(ich)glaube wenn ich das länger noch=
	V	43	geh-n se ruhich noch ma drÜben rüber.　LACHT |
	K		+ …. 　　　　　　　　　　　　　　LACHT |

	mf	V: 24–33: zunächst überlegend, ab 26 zügig bis 30; neu anhebend, 34–40: Einschub, dann zügig bis 43	
	mf		
	mf		K: zustimmend
	mf		
	f	K: 46/55: K sagt lachend jA, lacht, holt Luft und sagt ja:-a'	K: zustimmend
	mf/f	V: 44–60: V reagiert auf Ks Lachen mit schneller Ergänzung in lustigem Tonfall bis 51; ruhig zusammenfassend bis 60	K: zustimmend
	mf		
	mf		
	mp		K: zustimmend
	mp	62–70: sehr verhalten, in halbhoher Stimmlage gedehnt und ebener Kadenz	
	p		K: bestät.
	mp		
	mf	V: 1: freundlich	bestät.
	mp/mf	K: 2–10: etwas seufzender Beginn, dann lauter werdend	
	f		
	mf/f	13–18: sehr freundlich, lachend, am Ende leises Lachen	
	f	V: 11–20: sehr zuvorkommend 19: sehr lebhaft	bestät.
	mf	K: 22–27: leiser, nachdenklich	
Nach 35: TAT	wf/f	V: 28–49: schneller Anschluß, bis 35 sehr lebhaft; dann ruhiger, freundlich, in Lachen ausklingend	
	mf		
	mf	K: 36–42: lebhaft, lachender Unterton; leicht verlegenes Lachen	

15	V	50	noch ma als verglEIch, + +
	K	54	das war bisher
	K	57	das= + + + mit dIEs-m brAUn-n |unt-n=
	V	62	m-m' ja das-s das dIcke, ...ja: |,
	K	68	+ jA, das (ist) natÜr(li)ch Etwas |fEI-
	V	74	m-m' Etwas, jA. m.
	K	78	-ner. ne' das is= man kAnn se im grUnde ge-
	V	87	m-m'
	K	88	-nomm-n nIch |verglEIch-n. nich' aber da hIn(t)-n
	V	94	m'
7:30	K	95	dAs gefÄllt mir AUch sehr gut. | + + m-m' + +
16	K	1	jA, je länger ich mir das Anseh' + find ich
	V	10	ja' hIErvon
	K	12	das hIn(t)-n EI(ge)nt|lich noch bEsser.
	V	17	hab ich sogAr-n prospEktch-n. | von den An-
	K	24	a'┤jA,
	V	25	-der-n hAb ich= im momEnt gar kein, prospEkt-
	V	32	-ch-n |da, + + + + + |+ + + wäre denn die=
	K	36	m=
	V	37	Abe(r) mEIst sieht es in natUra denn dOch
	K	45	m-m'

Vor und während 50: AB. 54–62: Schritte.	mf mp mp	V: 50–53: leichter lachender Unterton K: 54–61: beim Gehen leise überlegend	
	p mf	V: 62–66: feststellend; 67/74: 75–77: auf 72f. antwortend,	zustimmend zustimmend
	p/mf mf	K: 68–90: recht lebhaft, sicher feststellend	
	mp mf	K: 91–100: wie 68–90	V: bestät.
	pp		V: nicht deutbar.
	mf/mp		K: überlegend
	mf	K: 1–16: bis 7 recht schnell und nuschelig, aber 7 deutlicher, 14–16 lachend	
	pp/mf		V: bestät.
	mp/mf	V: 11–20: schnell, beflissen; 21–32: zunehmend zögernder, suchend	
	mf	21–32: zunehmend zögernder, suchend	
	mp		K: zur Kentnis nehmend
Ab 31: Papiergeraschel (vor allem in der Pause)	mf/mp		
	mp	V: 33–35: beiläufig	
	p		K: abwartend
	mf mf	37–49: lebhafter Einsatz, dann ruhig erläuternd	K: positiv zur Kenntnis nehmend

16	V	46	noch-n bIßch-n frEUndlicher aus. + +
	K	50	.... ja:= ja=
	V	52	abe(r) ich dArf ihn-n das gern mItgeb-n'
	K	59	ja=
	V	60	von dem Anderen hab ich lEIder im momEnt kEIns=
	K	69	.... ja=
	V	70	LACHT ⟶ ⟶ jA'!
	K	71	LACHT ich präg es mir sO ein, (ja) aber
8:00	K	79	das gefällt mir denn= sEhr sehr, ‖
17	V	1	+ also das Andre wie gesAgt= ə is
	K	8	+ m-m'
	V	9	auch allEIne schon wieder durch die= + zUk-
	V	16	-kerdose und sAhnegießer' + so ganz
	K	20	ja-a'
	V	21	Anders in der form, ne" AUch hübsch.
	K	28	m-m' + + +ja
	V	30	m'
	K	31	gefällt mir doch sEhr gut. + + + + + +
	V	36	bItte schön'
	K	38	+ + + dAnke schön, Erst ma. (ich)

	mf		
	p/mf	K: vor 50: möglicherweise Echo (*bißchen freundlicher*)	K: zustimmend
nach 52: Papiergeraschel	mf	V: 52–58: zuvorkommend, abschließend;	
	mf		K: bestät.
	mf	60–68: entschuldigender Tonfall, 68: in Lachen übergehend, offenbar lautlos weiterlachend: übergehend in lachende	K: bestät.
	p/mp		
nach 70: TAT	f		Bestätigung
	mf	K: 71–76: lachend; 77–84: ruhig, etwas unsicher	
80–84: AB	mf		
2: TT	mf	V: 1–27: ruhig beginnend, ab 9: lebhaftere Sprachmelodie; ab 18: verhaltener; seit (ca.) 13: beim Gehen gesprochen; 26 f.: Nachtrag an Ort und Stelle	
7: TAAT	mp		K: selbstbekräftigend
13–28: Schritte; K folgt V	mf		
	mf		
	mf		K: bestät.
	mf/mp		
	mp	K: 29–35: unsicher	K: zustimmend
	pp		V: sehr kurz
	mp		
	mf		
	mf	K: 38–41: leicht verlegen, schnell, lachender Unterton V: 36 f.: betont freundlich	

17	V	43		⌈jA' das wÄre nEtt'
	K	47	schau dann noch ma rein⌋	
	V	52	+ ⎸ich darf ru(hi)ch gleich ob-n⎸bleib-n"	
	K	58		jA'
	V	59	auf wIEderseh-n,	
	K	61	dAnke=	wIEderseh-n,

S c h r i t t e	mf
	p
	mf
	
	mf
		K: 42–51: sehr schnell, unbetont
		V: 43–46: freundlich-höflich;
		  52–57: freundlich-bestimmt, distanziert
		
		K: 58/61: lachender Unterton, verlegen/
		  überfreundlich
		V: 59f.: höflicher Zuruf
		K: 62: mit unsicherer Stimme
			gewährend

3.2. Ausschnitt eines Partygesprächs in gesprächsanalytischer Notation

Die Aufnahme wurde im Frühjahr 1977 bei einem Nachbarn des Aufnahmeleiters gemacht. Es handelte sich um ein „kleines" Abendessen im Partykeller, zu dem außer dem Aufnahmeleiter und seiner Frau noch zwei weitere Ehepaare geladen waren. Herr C und Herr A (der Gastgeber) sind Berufsbekannte; außerdem hatten Herr C und Herr D den Gastgebern kurz zuvor mit Rat und Tat (Herr D ist Pianotischler) geholfen, den Keller zum Partykeller auszubauen. Die Herren A, C und D duzen einander, die Damen kennen sich von früheren Einladungen. Ehepaar B ist dagegen nur den Gastgebern bekannt.

Die Videocamera wurde außerhalb des Kellerfensters in einem Pappkarton aufgestellt, die Mikrofone versteckt, der Videorecorder in einem Nebenkeller untergebracht und die Kabel sorgfältig verlegt. Dies bewirkte zwar, daß die Gäste nichts von der Aufnahme bemerkten, hatte jedoch leider den Nebeneffekt, daß der Kamerawinkel nicht mehr verändert werden konnte, als ein Mißgeschick mit der Sitzordnung eintrat: Im toten Winkel (s. Zeichnung) sollten eigentlich der Aufnahmeleiter und seine Frau sitzen; als diese jedoch mit Absicht etwas später kamen, saßen schon Herr C und Frau A auf diesen Plätzen vor vollen Gläsern. Obwohl dadurch der Aufnahmeleiter ungebührlich in den Vordergrund rückte, haben wir trotzdem einen Ausschnitt dieses Gesprächs in die Einführung übernommen, da er prototypisch die thematische Progression nicht-zielorientierter Gespräche erkennen läßt.

Ein zweiter Nachteil der Partysituation wirkte sich in Notationsschwierigkeiten aus: Von Anfang an lief im Hintergrund mittellaute Schlagermusik.

Aufnahmezeit: 2 Stunden (ca. 21−23 Uhr)
Aufnahmegerät: Sony U-Matic Video-Cassetten-Recorder
(1 Bildspur, 2 Tonspuren)
Sony SW-Camera
2 dynamische Mikrofone mit Richtcharakteristik
(Telefunken TD 26)

3.2. Ausschnitt eines Partygesprächs in gesprächsanalytischer Notation 119

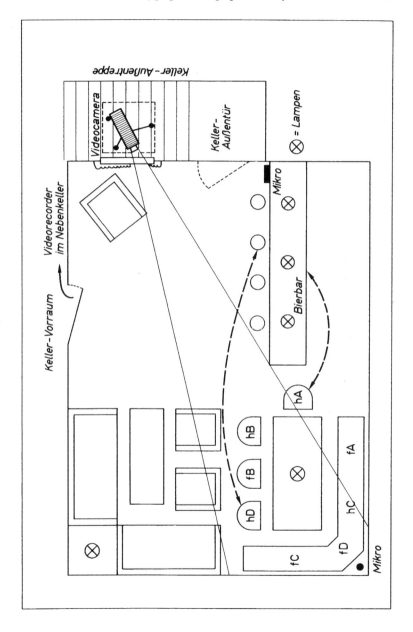

3. Gesprächstexte in wissenschaftlicher Aufzeichnung

Aufnahmeleiter: *H. Rehbock*
Anwesende: Gastgeberehepaar: hA/fA
Aufnahmeleiter + Ehefrau: hB/fB
Gastehepaare: hC/fC
hD/fD
Alle sind ca. 30—45 Jahre alt.

Die Sitzordnung blieb während des gesamten Abends stabil: Man saß am Eßtisch; Teller, Brot und Beilagen wurden nicht abgeräumt. Der Hausherr ging allerdings des öfteren an die Bar, um Bier zu zapfen. Herr D folgte ihm bisweilen und unterhielt sich dann dort mit ihm einige Minuten lang, bevor er auf seinen Platz zurückkehrte.

Zum Thema unseres Ausschnitts:
Nachdem geraume Zeit über die Einrichtung des Kellers gesprochen worden war, brachte hA die Rede auf den zunächst eingebauten und nicht funktionierenden Dimmer. hC griff das Thema auf und äußerte seinen Unmut über Beschaffungsschwierigkeiten und die schlechte Qualität von Dimmern, worauf hA noch einmal sehr anschaulich — und sekundiert von fA — das mangelhafte Funktionieren seines eigenen Dimmers schilderte.

Hier setzt hB ein, um eigene Erfahrungen mit selbstgebauten Dimmern beizusteuern, was dann über mehrere Beiträge (zum Thema „Explosionen an elektrischen Geräten") hinführt zur Geschichte des Hausherrn: „Geköpft durch Bierfaß".

Partygespräch Seite 122 bis 151

„Partygespräch" bei Ehepaar A., Wolfenbüttel

1 hB ⟨ 　1　aber mit dImmern kann man ganz hÜbsche sach-n
　　　　　　　o-(　　　　　-c　　o-(

hA ⟨ 　　9　　　　　　　abe(r) wEtt-n'
　　　　　　　SETZT BIERGLAS AB ҫ　c-hB
fC/fD　　　　LACHEN, SICH ANBLICKEND →

hB ⟨ 　11　erleb-n,　　　　　　　　　ich hAb= + ma-n paar
　　　　　　o-(　　　　　　　　　　　　o-hA　o-(
hC　　16　　　　　　Och │ hör-n se auf,
hA ⟨ 　20　　　　　　　　　　　　　　　　　m*=
　　　　　　　　　　　　　　　　o-hB,KOPF LEICHT ZURÜCK

hB ⟨ 　21　gebAUt.　also │ so gAnz= ə die ə ich ma(ch) ja
　　　　　　o-(　　　　　　　　　　HEBT RECHTE HAND,
　　　　　　　　　　　　　　　　　　KURZES WINKEN

⟨ 　　31　so-n bißchen da in der rIchtung │ so,　　aber es
　　　　　o-(　　　　　　　　　　　　　　　│c-hA　o-(

⟨ 　　40　war-n so meine Erst-n tAt-n,　+　so zwei gAnz
　　　　　o-(/ o-)

⟨ 　　48　billige= + + wollt-s möglichst bIllig mach-n=
　　　　　o-(/ o-)

hB ⟨ 　53　die kost(ete)-n materiAl │ sieb-n mark fUffzich=
　　　　　o-(/ o-)

		(Abkürzungen: l..(Hand, Arm): linke (r) r. (Hand, Arm): rechte (r)	
	Während der ganzen Aufnahme halblaute Schlagermusik.		
mf	ruhig, gleichmäßig	fB hat eine lustige Anekdote erzählt, alle lachen; dann trinken hA und hD einen Schluck Bier, fB ißt einen Happen; hB blickt wieder in die Gruppe und beginnt in die allgemeine Unruhe hinein zu reden.	*dimmer*: s. o. S. 120 fC/ und fD lachen noch über die Anekdote fBs.
mp	1. Gesprächsschrittbeanspruchung	hB: sitzt zurückgelehnt, Beine übereinandergeschlagen, Hände seitlich am Sitz. fB: lehnt sich zurück, von hB verdeckt.	
mf	12 ff.: schnell, dann stockend	hD: setzt Glas ab, lehnt sich zurück, o–hB. hA: ab 10: beugt sich etwas vor, c–hB (o–hB).	
mf	schneller Einwurf		
mp	2. Gesprächsschrittbeanspruchung	fC/fD: ab 14 beenden sie ihr Lachen, beugen sich vor, o–hB, Kopf auf Hand.	
		hA: 21 o̜ , beugt sich dann weit vor, c–hB.	
mf	ruhiger, ab 25 stockend	hD: ab etwa 27: lehnt sich weit zurück o–hB; ab etwa 40 wieder in normaler Position, durch fB halb verdeckt.	
	flüssiger, erzählend		
	flüssiger, erzählend	Alle sichtbaren Personen bleiben in ihrer Haltung unverändert bis etwa 80.	
	flüssiger, erzählend	hB bewegt beim Sprechen den Kopf leicht hin und her, so daß Deutung möglich: o–).	
mf	flüssiger, erzählend		

1

hB ⟨	59	+ die hab ich also in= gEorgs bett und in
		c-(/ o-)
hB ⟨	68	Unser bett eingebaut, ne' +
		c-fB/o-fB o-(
fB ⟨	72	bei Uns gabs
		L. HAND VOM GESICHT FORT
fB ⟨	75	plötzlich nAchts ein–n wA:hnsinnig–n knAll' LACHT
		→
		HAND ZUM GESICHT ZURÜCK
hB ⟨	80	und bei Un*
		c-(
fA	83	jA"
hB ⟨	84	und denn flog das ganze ding PFEIFT quer
		o-(R. HAND VON HINTER D. KOPF
		NACH VORN STOSSEND
hB ⟨	91	durchs zImmer, LACHT
		LEHNT SICH ZURÜCK, o–hD o-fB
fB ⟨	93	→ LACHT NOCH aber wIrklich, also
		c-(c-fD L. HAND V. KINN AUF
		SCHOSS,
hD		LACHT c-(o-fB
fB ⟨	96	ich hab das gemErkt= wie des an mein–m kOpf
		HEBT RECHTE HAND FÜHRT R. HAND AM
fB ⟨	105	vorbEIzischte.
0:30		KOPF VORBEI NACH HINTEN

mf	ruhig erzählend, 79: freundsch. einbeziehend	hA, fC und fD verharren in der gleichen Haltung wie zuvor: hA vorgebeugt, fC und fD Kinn auf Hand gestützt, alle c–hB.	Sohn
mf			für die Leselampe
mf	lebhaft, mit lachendem Unterton, nach 83 in Lachen übergehend; lacht (z. T. etwas leiser) bis 93		
f		Vermutlich alle o–fB ohne Kopfdrehung, Blickwechsel nicht erkennbar. fC scheint zu lächeln.	
p	ruhige Fortsetzung		
f	sehr hoch, lebhaft amüsiert	Kurzer Seitenblick von fC, hD (und fD?) zu fA.	
mf	mit lachendem Unterton; Pfeifen: [ɋuit']		
	Lachen beginnt in 90	hB sucht Blickkontakt mit amüsiert lachendem hD, mißlingt, da hD in die Gruppe blickt. Alle scheinen zu fB zu blicken, deutlich bei hD.	
f/mf	bis 100 schwächer werdender lachender Unterton		
mf	spontan amüsiert		
mf	ab 101 nachdrücklich		

2	fB	1		ja Ehrlich wahr,
	fD ⟨	4	Och=	
			o–fB c–hD	
	hD ⟨	5	ehrlich"	
			o–fB c–(	
	hB ⟨	6	=ja–a=	
			|o–) –c c–	

fB ⟨	7	wIE=	LACHT
		o–hD	
hB ⟨	8	vOll explodIErt,	der war irg-ndwie=
		LEHNT S. ZURÜCK, o–hD	BEUGT S. VOR, c–hD
		HEBT KURZ D. R. HAND	
hD ⟨	13		gIbts doch nich,
		c–)	

hB ⟨	16	das war ne ganz schlEchte platIne=	
		RÜCKT AUF D. STUHL, NIMMT NEUE, VORGE-	
		BEUGTE POSITION EIN	
hC	22	(gi)b–dE ma–(ne) erklÄrung, warum soll–s|(den)n	

hC	28	da nich explodIEr–n,	
hB ⟨	31		klAr, der hat(te)–n schlech-
			c– (c–hD?)
hB ⟨	35	–t–n kondensAtor' und	der hat die spAnnung nich
		c– (ohD?)	
hC	42		wohl
hA		HUSTET	

mf	versichernd		
mf	kurzes amüsiertes Auflachen	erstaunter Gesichtsausdruck, halboffener Mund	
mp	erstaunt		
mp			bekräftigend
	belustigt		
f/mp	8f.: bestätigend, etwas belustigt; 10ff.: dumpf, schwer verständlich	fC: nach 9 nimmt sie Hand vom Mund, guckt entgeistert.	
mp	hD: erstaunt/ zweifelnd	fD: 13ff.: schüttelt leicht den Kopf.	
mf			
f	sehr lebhaft, leicht entrüsteter Tonfall	fC: 22ff.: blickt zu ihrem Mann.	22–25 sehr schwer erkennbar: *du* (*mir*?) *mal ne* klingt wie [dimmer]
f		hA: 30: c–hC, dann sofort: c–(und o–).	
mf	zunächst zustimmend, dann in ruhige Erläuterung übergehend		
mf		fC: dreht bei 35 wieder Kopf in Richtung hB.	

2

hB 〈	43	ausgehalt-n.　　　　　AUßerdem war er nich 　　c-hC　　　　　　　　-o　c-hC　　c-(

hC 〈	48	diese oll-n blöd-n= + stAnniOlkondensAtor 　　　　MACHT WICKELBEWEGUNG MIT D. HAND
hA	52	o-hB　　　　　　=m'
fD		o-hB　　　LACHANSATZ　　o-hC　　　　o-hB

hB 〈	53	fUnkentstört= und die ganze zeit= ə brummte o-(/o-)　　　　　　　　　　　o-)
hC	60	dringehabt'

hB 〈	61	dann immer mIttelwelle,　+ un(d) wir wUßt-n 　　　　　　　　　　　o-hA　　　c-
hC	67	m:'
hA		o-hB　　　LACHT

hB 〈	68	erst gar nich woher (da)s kAm, bis ich draufkam= c-/ c-(　HEBT KURZ R. HAND, DANN L. ARM AN-
fB 〈	77	wir wußt-n nIch woher KOPF SCHRÄG ZU hB　o-(　NIMMT HAND V. MUND

hB 〈	81	daß das von unser-m= schön-n bEtt kam. GEWINKELT ZUM KINN o-(

fB 〈	88	das kam, o-(　　　c-)　　　o-hB

hB 〈	90	+ + und die An(d)ern beid-n=　　die hab-n ja o-(　　　o-fB , HAND VOM KINN,　o-(
fB 〈	97	das war noch nIch　　hier, das war o-hB　　　o-(

mf/f	weitersprechend, ohne auf hC zu reagieren; mittelschnell, relativ lebhaft	fB schaut seit etwa 30 in die Runde, bei 43 ist ihr Blick bei hB, bei 51 passiert er hC und wandert weiter nach rechts, dann wieder zurück, bis 77.
mf/f		
	hC: aufgeregt	
pp	überlegend? sehr kurz, recht tonlos	fC, fD und hD schauen gleichzeitig bei 51 zu hC, fD lächelnd; bei 53 blicken sie wieder zu hB, hA sieht nicht zu hC.
mf		
mf	ab 63 deutlich amüsierter Unterton bis 86	
mf	etwas krampfhaftes, tonloses Auflachen	
mf	mit lachendem Unterton, bei 80 deutlicher Lachansatz; insgesamt bekräftigend	Alle sichtbaren Personen schauen vorübergehend zu fB.
mf		
f/mf	schneller Neueinsatz, lebhaft, dann ruhiger erläuternd, wenig Nachdruck, schnell	fD: Umsetzen der Hand am Kinn.
mp		

2	hB ⟨	104 gehAlt-n, + + ə aber die sind mit o-fB, FINGERGESTE o-(,FINGERGESTE
	fB ⟨	110 noch in brAUnschweich, o-(o-hB o̝
	hB ⟨	113 der zEIt | AUch kaputtgegang-n, Unser= den hatt-n FINGERGESTE c̯ c-(
	⟨	120 wir bei renAte im | zImmer= in brAUnschweich o-(FINGERGESTE L. HAND
1:00	⟨	127 noch= der= + hielt so zwei jAhre und dAnn= ging er ‖ R. HAND HOCH, ABWÄGENDE c-hA ‖ BEWEGUNG
3	⟨	1 nur noch vOll, aber nich mehr hAlb, + R. HAND UNTERSTREICHT; LEICHTES NICKEN
	⟨	8 und den An(d)ern | hab-n wir damals bei SCHLUCKT o-(o-fB
	⟨	15 schwAger und schwÄgerin eingebaut' | + o-(
	⟨	19 und (bei) dEn-n hat e(r)-s so drei LEICHTES KOPFWIEGEN
	⟨	26 jahre lang gUt getAn, | aber jetz inzwisch-n o-(o-
	⟨	33 geht er AUch nur noch= ə hell un(d) dunkel, | o-)
	hB ⟨	42 + + das-s Also= + ich wEIß nich, s-is | Immer o-(o̝
	hC	…. ……….. …. | …..

mf	locker anschlie-ßend, vor 105 wartend	hB unterstreicht bei 104, 108, 114 durch kurze Linksbewegung des Zeigefingers der l. Hand.	
mp	sehr schnell zu Ende führend	fB blickt nach 112 hB kurz an, dann schräg nach unten zurück und mit Hand am Kinn vor sich nieder; so bis etwa 2, 10.	
mf	mittel-lebhaft erzählend, melodisch und rhythmisch abwechslungsreich	hA, fC, fD, hD haben ihren Kopf zu hB gewendet und blicken ihn an oder vor sich hin, fast bewegungslos.	Tochter
	mittel-lebhaft erzählend, melodisch und rhythmisch abwechslungsreich	hB: unterstreichendes Heben der r. Hand mit gleichzeitigem bekräftigendem Nicken bei 2 f., ebenfalls noch ein leichtes Nicken bei 6.	
		fB: Bei 10 schaut sie zu hB und erwidert dann seinen Blick, blickt bis 31 in seine Richtung, dann ruckartig geradeaus, 41 wieder zu hB und dann nach 43 langsam zu hC.	
mf/mp	zögernd, nach Fortführung suchend, unsicher	hA: Bei hBs zögernden Worten 42f. wendet hA sich ab, scheint vor sich in sein Bierglas zu schauen.	
p/mp	unverständlich		

3	hB 〈	49 mit bAUsätz-n is so-ne sAche (dan)n, das hAt o-(
	hC	....
	hA	o̥ RÄUSPERT SICH
	hB 〈	57 man ə +++ nIch so gAnz= o-fB

	fB 〈	62 werd das nIE: vergEss-n, da
		     c-(L. HAND AM HALS, KOPF LEICHT NACH
		                                            RECHTS

	fB 〈	68 war ich grade krAnk, und das war der grUnd c-(
	hB 〈	77 ganz= mit= dem= -c o̥
	fB 〈	80 warum ich Eher im bEtt lag= + + und so c-(
	hB 〈	88 materiAl, o̥

	fB 〈	89 plötzlich hatt ich schon das lIcht aus, plötz-
		     c-(NIMMT HAND VOR D. GESICHT, BEWEGUNG
		                                      DES AUSMACHENS

	fB 〈	97 -lich macht das pAff= und zIsch= Oh nein, o̥ HAND AN GESICHT
	hB 〈	104 ja, (also) das= o̥ LEICHTES NICKEN
	hD 〈	107 m, NICKT, o-hC
	fD	LACHT

mf	langsam, überlegend	fC schaut kurz zu ihrem Mann hinüber, wendet sich dann wieder hB zu. Blickrichtung ist im folgenden nicht zu erkennen.
		hD: ebenfalls kurz o–hC, dann wieder ohne Bewegung c–hB/ c–fB.
mp/mf	57 f.: leise werdend, stockend, klingt wie Satzabbruch; 59 ff.: fortfahrend	hA: Bei Einsatz von fB sofort o–fB.
mp		fB hält während ihrer Äußerung den Kopf leicht geneigt, geradeaus gerichtet; es ist möglich, daß sie eher auf den Tisch als den Gegenübersitzenden ins Gesicht schaut. Ab 98 blickt sie deutlich vor sich nieder.
mf	fB setzt verhalten ein, wird dann lebhafter, aber zunächst ruhig berichtend	fD: nach 55 o–), ab 65 konzentriert o–fB.
mf/p	77: abbrechend; 78–80: leise für sich den Satz zu Ende bringend	
mf		
p	fB: ab 86 schneller, nacherlebend, mit starkem Nachdruck auf 99 und 101 (diese Wörter recht langsam gesprochen)	
mf		
mf		hA wendet sich bei 102 ab, schaut vor sich hin.
pp	zu sich selbst	
pp	zur Kenntnis nehmend	

3	hC	108	mir is neulich–n t_onband umme Ohr–n geflOg–n,
		116	frIdrich seins,
1:30			
4		1	+ + ein kn_All gegeb–n
	hC	4	unt–n= wir hab–n überspIElt'
	hB ⟨	8	wAs is da um die ohr–n geflOg–n"
		c–hC	KOPF LEICHT SCHRÄG
		(ab 111)	
	hC	15	tOnband, ah–n phIllips,
	hB ⟨	18	+ja" + gibts sowas'
		o–hC	
	hC	21	ein–n knAll gegeb–n' und dann stand Alles= in
	hC ⟨	29	so–ne(r) grOß–n blAU–n wOlke, dieses gAnze
			HALBKREIS D. HÄNDE N. OBEN, UNTEN, OBEN
	fD	35	tss
	hC ⟨	36	apparAt, LACHT da hab ich= stEcker
			BEWEGUNG DES HER-
			AUSZIEHENS
	fB	41	Oh nein,
	hC ⟨	43	raus= aus–m hAUs geschmiss–n,
			WURF ÜBER DIE SCHULTER , UMSETZ-
			BEWEGUNG
	fD ⟨	47	U:=
		o–hC	c– (BEIM KOPFDREHEN)
	fB	48	O wei,
	hA		LACHT

135

mf	ruhig erzählend	hA dreht bei etwa 110 seinen Kopf weiter zu hC, sitzt nach wie vor vorgebeugt, bleibt in dieser Stellung bis 57.	
mf	erläuternder Nachtrag/Einschub		
f	sehr energischer Neueinsatz	fC schaut bis 111 zu hC, bei 4, 8 kurz zu hB, dann wieder zu hC bis 46.	
mp/p	4: leise erläuternd; 5 ff.: halb verschluckt		
mp		fD schaut nach 117 zu hC, spielt beim Zuhören mit der aufgestützten linken Hand an den Haaren.	Verständnisfrage, wohl wegen 111: *tonband* = „Tonbandgerät"
	hB: sachlich, interessiert		
mf/mp	15: kurz antwortend		
mf/p	16 f.: leiserer Nachtrag	hD: ab 108: c–hC	
	hB: 18: zweifelnd	fB: schaut bei 117 hoch, c–), ab 21 o–hC, unbewegt bis 66.	
mf/f	19 f.: skeptisch, mehr zu sich selbst		
mf/f		hB: nach 20: lehnt s. zurück, beugt s. vor, Kopf auf l. Hand, o–hC.	
	hC: wieder im alten Erzählton wie 108 ff.; jedoch so lebhaft wie 1 ff.	hC streckt bei 27 die Hände vor, illustriert die Wolke durch einen Halbkreis nach oben: 30, nach unten: 32 und nach oben: 34 f.; dann Hände zurück.	
p			
mf	36: schon leicht lachender Unterton; sagt während des Lachens 37–39; 40–46 mit lachendem Unterton, deutlicher Abschluß auf 46	hC vollführt die Bewegungen 40 ff. mit beiden beieinandergehaltenen Händen.	
mp			
		hC beugt sich über den Tisch, rückt auf dem Sitz, lehnt sich wieder zurück.	
mp	leicht schaudernd		
	fB: 41 f. / 48 f.: anteilnehmend	fC wendet gleichzeitig mit fD kopf ab, o.	
mp			
	kurzes Auflachen		

4

hC ⟨ | 50 | + + das war | nich mEIns is nich so schlImm,
---|---|---
 | | WEGWERFENDE HANDBEWEGUNG
hA ⟨ | | LACHT
 | | o–hC   c–

fA	58	vor elEktrisch–n sAch–n mensch=	hab ich ja
fD ⟨		LACHT
		o–hC, –c UND o–fC	c–)
hD		LACHT

fA	65	Angst.
	66	ja"
hB ⟨		LEICHTES KOPFNICKEN
fB ⟨	67	ɔ:, ich hab ma–n stEcker, in st* ə ich
		o–(L. HAND VOM KINN N. VORN GESTRECKT
hA ⟨	76	jA,
		o–) GREIFT NACH BIERGLAS

fB ⟨ | 77 | hab | mir ein tO*= son tOAst gemacht, + +
---|---|---
 | | FINGERBEWEGUNGEN D.   o–(
 | | AUSGESTR. HAND
hA ⟨ | 84 | ……… aber hAste
 | | LEHNT SICH ZURÜCK UND BEWEGT BIERGLAS
 | | VOR DIE BRUST
 | | o–??

hC | 86 | wir hab–n überspIElt=

fB ⟨ | 89 | plötzlich kam | so ne rIEsige stIchflamme aus
---|---|---
 | | o–(LEICHTES UNTERSTREICHENDES KOPF-
 | | HEBEN
hA ⟨ | 96 | gehÖrt"
 | | HÄLT BIERGLAS NOCH VOR DER BRUST
 | | TRINKT

mp	belustigt ironischer Tonfall	Alle sichtbaren Personen schauen zu hC.	
mp	amüsiert		
p	ängstlich, beunruhigt		
mp	amüsiert, sehr hoch		
mp	amüsiert, sehr hoch		
p	höflich, nichtbeipflichtend		an fA gerichtet
mf	fB beginnt mit leicht beunruhigter Stimme, dann etwas stockend ihre Erzählung, die sie mit etwas angestrengter Stimme bis zum 1. Haltepunkt 98 führt (Behauptung gegen Paralleläußerungen).	fC, fD, hD blicken zu fB. hB schaut vor sich hin, l. Hand am Kinn bis 100.	
mp			
mf			
mf			
	hA: 76: mehr zu sich, überlegend; 84–86: lebhafter Einsatz	fD blickt weiter zu fB, l. Hand am Kinn. Dagegen:	hA: vermutlich an hC gerichtet (*du*); Ansatz zur Geschichte 5, 32ff. (vgl. 5, 53ff.) hC: 86: an hA?
mf	erläuternder Nachtrag	fC und hD schauen vorübergehend in die Richtung von hC (zurück zu fB bei 93).	
mf			
mf	plötzlich innehaltend		

4	fB 〈	97	dem stEcker, + | + + ə Irgendwie war das
			o–(
	fA?	103	ɔ,

2:00	fB 〈	104	hInt–n defekt, ich wEIß nich, an der strIppe ‖
			o–hB o– o–(

5	〈	1	oder so, jA" + und die ganze wAnd war
			o–(/ o–) LÄCHELT →

	9	schwArz, | und ich hA:b mich verjagt, und na-

fB 〈	17	–türlich die sIch–rung–n alle raus= | + +
		o–) o–hD
fC		LACHT

hD 〈	21	jA,
		c–fB c–(

hD 〈	22	is klAr, spring–n ... rAUs, nech' | Aber=
		c–(–c, LEICH–
fD	28	ja, also | Ich= nEIn,
	32	aber in= +
hA 〈		SCHAUT VOR SICH AUF TISCH, VERSCHIEBT
		| BESTECK O. Ä.

hD 〈	34	+ passIEr–n kAnn da doch nIx,
		TES KOPFSCHÜTTELN –c

fA	39	dAvor hab ich AUch angst,

hA 〈	44	in gÖtting–n hat EIner= + hIEr, | hat EIner
		c–hC LEICHTE KOPFBEWEGUNG

mf p mf	98: Melodie- gipfel; 99 ff.: ruhig begründend bis 5,3, leichtes Zögern 105–108	hB schaut noch vor sich hin; bei 101 wendet er den Kopf zu fB (o–fB?), bei 106 wieder halb zurück, hält Kopf bis 5,21 halb nach rechts geneigt, sonst ohne Bewegung.	
mf mf mf mp	ab 4: lebhafter erzählend, rhyth- misch; amüsiert klingend (hörba- res Lächeln) 17 ff.: neutralerer Stimmklang, offener Schluß sehr leises kurzes Auflachen 21–26: ruhig be- stätigend, nur zu fB? (sehr leise)	fD, fC, hD schauen fB an. hA trinkt (seit 97) und setzt bei 5,7 ziemlich hart das Bierglas ab, schaut dann zu fB. fD lehnt sich zurück, wischt sich mit l. Zeigefinger das Auge, schaut vor sich hin. fC blickt bei 23 kurz zu hD, dann zu fD, ab ca. 44 zu hA.	
mp/p p/mp mf	29–31: leise feststellend; 31 evtl. auch von fA gespro- chen	hB blickt bei 23 kurz zu hD, dann wendet er langsam den Kopf, bis er bei 45 etwa in Richtung hA sieht. fD: schaut beim Sprechen schräg nach unten in Richtung fC, blickt dann zu hA und mehrfach zurück zu hD.	29–31 nicht ein- deutig zu identifizie- ren: fA oder fD
mf mp mf	hD: 27–38: ruhig einwen- dend, nur zu fB leise feststellend, zu Nachbarn hA: 32–50: 32 f. zögernder Beginn, 45 sehr nachdrücklich, dann zögernd, 48 Aufmerksam- keit fordernd	fB schaut von 21 bis 24 zu hD, dann vor sich hin, ab 35 wieder (halb) zu hD, scheint nach 38 Antwort zu überlegen.	

5	hA 〈	51	doch das= hast(e) gelEs-n inner zeitung'
			o-hC
	fB 〈	57	wenn man nich
			c-hD　　　STÄRKER c-hD
	hA 〈	60	bIErfaß angeschloss-n vor-n
			o-hC
	fB 〈	63	grad-n kOpf dran │ hält,
			LEICHTE KOPFBEWEGUNG o-(
	hD 〈	67	nA,
			o-fB　　　c-(, KOPFRUCK NACH HINTEN
	hA 〈	68	paar mOnat-n= war im sOmmer, │ + + und=
			o-hC　　　　　　　　　　　　　│ DREHT SICH KURZ
	hA 〈	74	da is das=　　+ ə bIErfaß │ explodiert, + + jA
			Z. BAR UM, o-hC, BEWEGUNG M. R. HAND
	hB 〈	81	wAs"
			o-hA　　　　　　　LEICHTE KOPFBE-
			WEGUNG
	hC	82	(im) Ernst'
	hA 〈	84	der hat Ohne= │ drUckmInderer, höchstwahrschein-
			BEUGT S. ÜBER TISCH, o-(, R. ARM AUFGESTÜTZT,
			LEICHTES KOPFNICKEN
	hB 〈	89	n-bIErfaß=
			o-hB LEICHT AMÜSIERTER GESICHTSAUS-
			DRUCK　o-)
	hA 〈	90	-lich ne kOhl-nsäureflasche │ an das bIEr gebracht,
			o-(BEWEGUNG M. R.　　　　ZEIGEFINGER
			HAND　　　　　　　　NACH VORNE
	hC	96	aha'　　　　　　vOlle pUlle drAUf-

mf/mp	53–56: leiserer, etwas vernuschelter Einschub; ansonsten sehr deutlich, kehlig energisch, langsam berichtend, immer wieder zögernd bis 79.	fD, fC, hB schauen zu hA.	
p			
mf/f			
p	fB: 57–66: leise nur zu hD, recht schnell		
p	sehr kurz		oder: jA? (zustimmend?)
mf		fC beugt sich weiter vor und blickt hA an.	
		hD c–hA etwa bei 68.	
mf		fB schaut bei 73 zu hA, bei 87 nach rechts, bei 91 wieder zu hA.	
f	erstaunter Ausruf, etwas amüsiert		
p	etwas ungläubig		
mf/f	nachdrücklich langsam erläuternd, Betonung stark kehlig	Ellbogen aufgestützt, Kinn auf Hand.	
pp	erstaunt, mehr zu sich selbst		
mf		fD wiegt bei 91 verstehend den Kopf, bewegt die Lippen.	
mf	bekräftigend-verstehende Weiterführung von hAs Satz.	hB blickt bei 98 zu hC.	

5	hA ⟨	100	+ und da hat er AUfgedrEht den hAhn=			
			o–hC KOPFNICKEN			
	hD	108	wAs=			
	hC ⟨	(99)	–gehau–n=			
			BEUGT SICH LANGSAM VOR, GREIFT NACH BIERGLAS			
2:30	hA	109	nich wAhr' denn ‖			
6	⟨	1	geh–n ja= wieviel atÜ= sEchs			
			o–hC R. HAND FRAGENDE GESTE			
			c–(ǫ̣			
	⟨	6	oder Acht oder was,	Über,	+ (–)drUck=	in dIEs
			FRAG. WEGWER-	BEUGT	LEHNT	HEBT
			GESTE N. FENDE	SICH	SICH	R.
			HINTEN BEW.	VOR	ZURÜCK	ARM
	hA ⟨	14	fAß rEIn' un(d)=	+ dAs= hat (d)as nich		
			SCHLÄGT R. ARM	SCHWENKT R. ARM N.		
			N. UNTEN	AUSSEN UND ZURÜCK		
	fC	21	Ɔh,			
	hA ⟨	22	AUsgehalt–n, + +	dem is der kOpf		
			BEUGT SICH VOR o–(	R. HAND M. GE-		
				STRECKT. FINGER		
				NACH VORN		
	hD		LACHT			
	hC	27	s–glaub ich ………. ……			
	hA ⟨	29	abgef*–riss–n.	dem mAnn' die		
			LEHNT SICH LANGSAM ZURÜCK, R. HAND Z.			
				BRUST		
	hC	33	ja ja' ……….			
	fD	35	Ɔh:,			
	fA	36	ja, der is tOt,			

f	weiter bedächtig erzählend, stark rhythmisch gliedernd, sehr kehlig in den Hauptbetonungen	fB dreht kurz den Kopf nach rechts, ordnet mit der l. Hand die Haare, dann bis 5,42 o–hA.	
mp			
		hB schaut bei 108 kurz zu hD, dann langsam zurück zu hA, bleibt in dieser Haltung (immer noch vorgebeugt).	
mf	hD: 108: kurzer erstaunter Ausruf		
mf	überlegend, fragend	fC und fD: o–hA (fC vorgebeugt).	
mf	10f.: wiederaufnehmend	hC faßt bei 5,1 sein Bierglas, trinkt bis 15 und setzt bei 22 ab.	über, Druck oder Über-druck ?
f	14: Tongipfel, stark betont	hD: bei 4,108 kurze Kopfbewegung nach hinten; bei 5,5–9 und nach 5,22: Kopfnicken.	
mp	erstaunt/entgeistert	fC lehnt sich nach 21 zurück.	
f/mf	22: mit belustigtem Unterton; 26: Tongipfel; kurzes Auflachen mit sehr hoher Stimme		
mp p	hC: 27–33: leise, nur teilweise verständliche, bestätigende Äußerung (zu fA?)		
mf			
mp	amüsiert schaudernd	hD scheint etwa bei 30ff. etwas sehr leise zu sagen, worauf fB mit einer Kopfdrehung zu hD bei 41 eine kurze Antwort zu geben scheint.	oder fC?
p	leise, aber nachdrücklich: wahrscheinlich zu hC		

6	hA ⟨	40 frau hat danEb-ngestand-n' R. HAND RECHTS NEBEN S. ZEIGEND	und E̲r= wollte
	hC	46	das is
	hA ⟨	48 da grade A̲Ufdreh-n und= ọ DREHBEWEGUNG M. BEIDEN HÄNDEN	+ das ding is= de* HÄNDE UND BLICK NACH OBEN
	hC	56 wIE-n sprEngkörper, wie	ne mIne die platzt
	hA ⟨	63 der kOpf is A̲bgeriss-n. ZWEIMAL MIT R. FLA- CHER HAND NACH RECHTS VOR DEM HALS	+ un(d) dOt. IN BRUSTHÖHE M. R. HAND AUS- STREICH. BEW.
	fB	69	Ɔh̄:,
	hB	70	un(d) die frA̲U hats
	hA ⟨	74 ọ	jA. die frA̲U hat nix Abgekricht, ei* o-hB UNTERSTREICHENDE GE- STEN M. R. ARM BEI 76 UND 85
	hB	81 überlEbt'	
	fA	82	gekÖpft dUrch bIErfla* -fAß,
	hA ⟨	85 jA. o-hB c-(	
	fA		
	hC	86 stand drauf,	....
	hB ⟨	88 o-hA	dIE hats überlEbt und hat c-(o-hA

mf	hA: etwas weniger nachdrücklich, mehr erläuternd		
mf	erläuternd	hB: o–hA bis 88 ohne Bewegung. fD: o–hA bis 83.	hA deutet Explosion an.
mp	ruhig, sachlich	fC: Blickrichtung nicht erkennbar: hC, hA?	
mf/mp	abschließend, 67 f.: leiser Nachtrag	Bei 76 beugt sie sich vor, stützt beide Ellbogen auf den Tisch, o–) und o–hA.	oder fD?
p	seufzend, erschrocken		
mf	engagierte Frage	hD: scheint unbeweglich hA anzuschauen.	
mf	relativ schneller Beginn, erläuternd; dann stockend (nach 84)	fB: o–hA, bei 56 ff. kurz zu hC; danach schaut sie meistens zu hA, gelegentlich kurz zu fA oder hC.	
mf/f	sehr nachdrücklich	fD schaut bis etwa 97 zu fA, dann kurz zu hB.	
mf	bekräftigend		hA unterbricht sich wegen der Äußerung von fA und bekräftigt diese mit 85.
mf	Nachtrag		
mf	dringliche Frage		

6	hB ⟨	93	das mitAngeseh-n' + gOtteswill-n, + das
			o–hA o o–fB
	hA ⟨	97	jA= ja.
			c–(c–hB c–(

fB ⟨	99	oh:= nein,
		LEGT KOPF
		o–hA o–hB o–) IN L. HAND,
		ORDNET HAAR
hD	101	wEI–o–wei,

hB ⟨	102	is ja wohl schrEcklich,
		o–fB c–(o REIBT M. L. HAND
		AM MUND/KINN
fB ⟨	106	mAnn,
		REIBT KOPF AN L. c–
		HAND, DIE SIE AM HALS (IN D. HAAREN) HÄLT.
hC		......
hA ⟨	107	jA= Aber=
		o–(o–hB BEUGT S. ZU hB

hA ⟨	109	ə ə wie kann man denn sOwas mAch–n,
		UND BERÜHRT MIT R. ZEIGEGESTE
		HAND SEINEN ARM c–(ÜBER TISCH
hC		....

hA ⟨	117	hier da muß= hIEr= + da muß–de so–n
		ZEIGT M. DAU- DREHT S. UM U. ZEIGT M. DER →
		MEN NACH
		HINTEN
hD ⟨	124	na so gErn ich bIEr trinke, aber= LACHT
		c–fB c–(NICKT ZWEIMAL o–hA
	131	(ja)=
3:00 fB ⟨		DREHT KOPF LAN_GSAM ZU hA o–hD

mf	94: mitleidiger Unterton; 95–105: betroffen, 96–105: mit unsicherer Stimme		
mp			
	hA: ruhig bestätigend		
mp	seufzend, betroffen		
pp	sehr tiefe Stimme		
mp	sehr betroffen	hA: o–(Gestik von fB und hB wirkt unbehaglich.	
p	betroffen (etwas abwehrend?)	fD: o–hA	
		fC: o–hA mit aufgestützten Ellbogen und gefalteten Händen; legt bei 106 kurz r. Wange auf Hände, schaut dann zu hC und wieder zurück zu hA.	
mf	107–116: einwendend, beschwichtigend, relativ schnell		
mf			
mf	ruhig erläuternd; 120: Aufmerksamkeit fordernd (an hD?)	fD schaut bei 112 zu hC (bewegt sie die Lippen? sagt sie etwas?) und dann wieder zu hA.	Addressat des *du* ist hD; vermutlich blickt hA ihn auch an.
mp	leichter lachender Unterton, fast unhörbar		
pp		schnelle Kopfdrehung zu hD, langsamer zurück zu hA (7,1–4)	

7 hA ⟨ 1 drUckminderer, hier so-n dIng da hab-n, weiß-de,
            R. HAND ZUR   ZEIGT NOCH   BEW. D. R.
            → BAR   EINMAL ZUR   HAND ZUM
                              BAR   TISCH

   hA ⟨ 8 ne' | +   de*   der lÄßt ja nur sOundsovIEl
            DREHT S.   ZWEI DREH-   STÜTZT ELL-
            ZUM TISCH   BEWEGUN-   o-(BOGEN AUF
                           GEN D. R.   TISCH UND
                           HAND
   hD   15   A= ja,

   hA ⟨ 17 atÜ überhaupt |dUrch, nIch'   +   nullkommaUnd=
             R. HAND HOCH   REIBT S.   HANDBEWEG. Z.
             UND FINGER   AN D.   TISCH (SPIE-
             ZUSAMMEN   NASE   LENDE FINGER)
                                                  (AUFGEST. ELL-
                                                  BOGEN)

   hA ⟨ 22 oder EIn atü=   jA' ja,
             R. ARM AUFGESTÜTZT,   c-([o-hD?]   NICKT
             FLACHE HAND NACH
             RECHTS
   hD ⟨ 26   ja, wAs der grade brAUcht, ne"
                c-hA   NICKT   ZWEIMAL

   hB ⟨ 32   + mEIne gÜte, aber das=
              LEHNT SICH
              ZURÜCK   SCHAUT fB zu →

   hA ⟨ 36   Aber da kAnn man= den
                                              BEWEGT D. R.
                c-([o-hD?) R. HAND AM KINN   HAND NACH
                                              RECHTS

mf	ruhig erläuternd, zuweilen stokkend, überlegend	hB schaut bis 7,4 vor sich hin mit der l. Hand am Kinn, nimmt sie dann herunter und o–), bei 17–21 vorübergehend o–hA.	
mf		hB und hD nicken bei 17 und 21 leicht mit dem Kopf. fB beginnt sich bei 21 vorzubeugen.	
mf/f	Nachdruck auf 23, 25: zustimmend	fD, fC und (nach 31 auch) hD blicken in unveränderter Haltung auf hA (bis nach 94); einzig fD schaut bei 50 einmal kurz zu fB.	
mf	beipflichtend		
mp	Stoßseufzer	fB beugt sich vor, um sich ein Stück saure Gurke auf ihren Teller zu holen.	
mf/f	erläuternd, argumentierend	Sie piekst das Stück mit der Gurkengabel auf (bei 36),	

```
7   hA ⟨  ┌─────────────────────────────────────────────────────────────┐
       │ 41  kann man auch │vOlle pUlle=     dies-n drUckmin-          │
       │     LEHNT S. ZU-  │R. HAND          R. HAND ZEIGT NACH        │
       │     RÜCK, HEBT    │NACH             LINKS HINTEN (BAR)        │
       │     R. ARM        │UNTEN                                      │
       └─────────────────────────────────────────────────────────────┘
    ⟨  ┌─────────────────────────────────────────────────────────────┐
       │ 48  -(der)er kann man vOlle pulle aufdreh-n=      │denn      │
       │     R. ARM WIE-    R. HAND           DREH-        │          │
       │     DER ZURÜCK     LEICHT NACH       BEWE-        │          │
       │                    UNTEN             GUNG         │          │
       └─────────────────────────────────────────────────────────────┘
    hA ⟨  ┌─────────────────────────────────────────────────────────┐
          │ 54  is= d*      Immer noch nich die ge*   der gesAmte    │
          │     ZEIGEBEWE-  HOLT MIT R. ARM           HAND ZUR       │
          │     GUNG NACH   NACH RECHTS              MITTE          │
          │     UNTEN       KREISEND AUS                            │
    fA ⟨  │ 63      schmEck-n ihn-n die gUrk-n' frau B'             │
          │                 BEUGT SICH VOR     o-fB                 │
          └─────────────────────────────────────────────────────────┘
    hA ⟨  ┌─────────────────────────────────────────────────────────┐
          │ 69  drUck    aus (d)er  flAsche= │ is denn Immer        │
          │     ZWEIMALIGES   R. ARM         │         BEUGT SICH   │
          │     KREISEN DER   NACH           │         VOR          │
          │     R. HAND       UNTEN          │                      │
    fA ⟨  │ 76                               │ das Erste mal        │
          │     o-fB                                                │
          └─────────────────────────────────────────────────────────┘
    hA ⟨  ┌─────────────────────────────────────────────────────────┐
          │ 79  noch nich auf dem fAß drauf,   +    │  +  +   ne'   │
          │          KOPF VORGE-       KOPF         │  R. ARM NE-   │
          │     o-hD BEUGT LEICH-      ZURÜCK       │  BEN BIER-    │
          │          TES SCHÜTTELN                  │  GLAS         │
    hD    │ 86                                ne,nE=│               │
          └─────────────────────────────────────────────────────────┘
    fA    │ 87  daß ich die sElbst gemacht hab,       +      ja=    │
    fB    │ 94                                   Ehr │lich'         │
3:22
```

mf/f	40–42: schnell; 46: etwas zögernd	legt es auf ihren Teller (bei 47),	
mf	von 47 (*-derer*) bis 52 (*auf-*) sehr schnell	legt die Gurkengabel zurück (bis 54/63);	
mf f/mf	fA: sehr freundlich, gastgeberhaft	während fA sie fragt, nimmt sie ihren Arm zurück, blickt dabei fA an, nickt mit anerkennender Mundbewegung, schaut auf ihren Teller und schneidet ab 77 das Stück in zwei Teile; bei 90 blickt sie noch einmal kurz hoch zu fA.	
mf f/mf	76–92: ruhig, freundlich; in 90–93 scheint ein wenig unterdrückter Stolz mitzuschwingen		
mf mp	hA: 85: anknüpfend hD: 86: zustimmend fA: 93: bestätigend fB: 94: bewundernd	hB hat fB seit 35 zugeschaut, ergreift nun bei 91 seine Gabel und holt sich von fBs Teller das linke Gurkenstück, was fBs Protest auslöst (*also hör mal, da sind doch welche*")	hA führt 85 mit einem Hinweis auf das Ventil weiter.

4. Entwicklung von Kategorien und Analyseverfahren am Beispiel der notierten Gespräche

4.1. Neue Empirie — Zur Entwicklung der Argumentation und zum Aufbau der Einführung

Neue Teildisziplinen einer Wissenschaft — wie z. B. die Gesprächsanalyse — stützen sich auf vorhandene Einsichten dieser Wissenschaft, beginnen also nicht jeweils neu; aber sie begründen doch, aufgrund eines veränderten Erkenntnisinteresses und einer modifizierten sprachtheoretischen Konzeption, eine veränderte Sicht ihres Gegenstandes, in diesem Fall der Sprache. Damit aber modifizieren sie notwendigerweise auch die Methoden zur Erforschung dieses Gegenstandes, d. h. konkreter: die Methoden zur Gewinnung sprachlicher Daten. Die Richtung der methodischen Modifikation, die durch die Gesprächsanalyse bedingt ist, soll als Empirisierung der Gegenstandskonstitution bezeichnet werden. Das ist zu erläutern.

Mit dem Begriff ‚Gegenstandkonstitution' soll ausgedrückt werden, daß sozialwissenschaftliche Forschung insgesamt mit einer „Konstitutionsproblematik" (*Luckmann/Gross* 1977, 199) befaßt ist. Das heißt im Fall der Sprachwissenschaft: Sprachliche Daten sind nicht als solche verfügbar, sondern nur relativ zu bestimmten sprachtheoretischen Konzepten. Im Fall einer gesprächsanalytischen Konzeption, in der mit *W. von Humboldt* darauf insistiert wird, daß „alles Sprechen auf der Wechselrede (ruht)" (*v. Humboldt* 1963, 137), sind zum Beispiel solche sprachlichen Daten nicht mehr hinreichend, die die unsituierte Satzproduktion und -rezeption und deren Bewertung durch einen zudem idealisierten Sprecher einer Einzelsprache abbilden. Denn der Begriff der ‚Wechselrede', die sich in Gesprächen und insofern in Texten verwirklicht, bedingt: daß Sprache situiert ist, also in alltagsweltlichen Situationen vorkommt; daß Sprache innerhalb dieser wech-

4.1. Neue Empirie

selnden Situationen an zumindest zwei Menschen gebunden ist, die jeweils psychisch disponiert sind und in einem bestimmten gesellschaftlichen Rahmen mit Statuszuweisung und Rollenverpflichtung stehen. Abstrakter formuliert: Sofern die Annahme von der Homogenität der Sprache zugunsten einer gesellschaftlichen und situationellen Heterogenität aufgegeben und damit der historische Charakter von Sprache erkannt wird, ist eine Datenkonstitution unzureichend, die als Moment empirischer Überprüfbarkeit nur die eigene Intuition – oder auch die anderer – und die Bewertung unsituierter Sätze zuläßt. Statt dessen ist eine Datenkonstitution erforderlich, die Menschen als Gesprächsteilnehmer in raumzeitliche und gesellschaftliche Bezüge stellt. Sofern das durch Tonband- und Videoaufnahmen und deren zureichende Notation geleistet wird, soll das Empirisierung der Gegenstandskonstitution insofern heißen, als hier sprachliche Wirklichkeit in ihrem vieldimensionalen Aspektreichtum in das Blickfeld kommt. Unmittelbar einsichtig ist, daß empirisch zureichende Datenkonstitution und umgekehrt: empirische Überprüfbarkeit theoretischer Kategorien immer nur relativ zu einer Sprachtheorie erfolgt. Nur scheinbar paradox formuliert: Die Frage einer hinreichenden Empirie kann nur im Rahmen einer hinreichenden Theorie beantwortet werden (vgl. u. a. *Finke* 1976, 180f.). Eine nach überprüfbaren Kriterien zum Zwecke der Gesprächsanalyse systematisch aufgebaute Datensammlung soll dann ein gesprächsanalytisches Korpus genannt werden. Ein solches Korpus hätte sich an den in 1.3.4. erarbeiteten Kategorien zu orientieren, wobei zu unterstellen ist, daß die Auswertung faktischer Gespräche ihrerseits zu einer Modifizierung oder Erweiterung dieser Kategorien führt.

An dieser Stelle ist nun darauf zu verweisen, daß der Aufbau der Argumentation unserer Einführung der Bewegung folgt, die hier komprimiert nachgezeichnet wurde: Der Entwurf einer gesprächsanalytischen Konzeption im ersten Kapitel stellt in wesentlichen Teilen eine Rezeption der „conversational analysis" amerikanischer Prägung dar; dieser Entwurf ist sprachtheoretisch abgesichert und gestützt durch europäische Konzeptionen, die dialogisch fundiert sind. Der gesprächstheoretische Entwurf des ersten Kapitels hat eine spezifische Methodologie zur Folge, deren Begründung und Darstellung im zweiten Kapitel gegeben wird. Die im Rahmen dieser Methode aufgezeichneten Gespräche (Kap. 3) sollen im nun folgenden Kapitel genutzt werden, um die im ersten Kapitel dargestellten Analysekategorien empirisch zu überprüfen, sie ggf. zu präzisieren und zu modifizieren. Der Zusammenhang von Theorie und Empirie ist damit nicht nur als solcher konstatiert, sondern auch in der Entwicklung der Argumentation aufgefangen.

Zu den Gesprächsnotaten des dritten Kapitels sei hier noch eine kurze Bemerkung erlaubt: Das Verkaufsgespräch ist für unsere Analysezwecke deshalb besonders tauglich, weil (1) eine überschaubare Zwei-Personen-Interaktion zu einem Abschluß gebracht wird; (2) diese sprachliche Interaktion zugleich von außersprachlichen Handlungen begleitet wird, das Gespräch also empraktisch ist (s. o. S. 31 – und damit zugleich der Bereich akademisierter Gespräche verlassen wird); (3) eine anspruchsvolle Datenmenge vorliegt, die auch noch mit einem Tonbandgerät sinnvoll eingefangen werden kann. Insofern jedoch dieses Gespräch nur als Tonbandmitschnitt zur Verfügung steht, liegt insgesamt eine reduzierte Datenmenge vor. Diese Reduktion der Daten aufgrund der besonderen Aufnahmetechnik soll durch die Videoaufnahme eines Partygesprächs ausgeglichen werden. Zudem wird die Zwei-Personen-Konstellation des Verkaufsgesprächs durch das Mehr-Personen-Stück einer Party „aufgehoben". Die Interpretation des Partygesprächs wird dies zum Ausdruck bringen müssen.

4.2. Informelle Analyse des Verkaufsgesprächs

Wer ein Geschäft betritt, erwartet in der Regel von den sozialen Beziehungen, die er dort eingeht, nicht mehr, als daß sie der Befriedigung seines Orientierungs- und Kaufwunsches dienen. Er erwartet, als ‚Kunde' mit einem ‚Verkäufer' in eine zielgerichtete und thematisch eng begrenzte Interaktion einzutreten, und unterstellt mit Recht, daß auch der Verkäufer die gleiche Erwartung hegt. Der Spielraum der kommunikativen Handlungen ist durch die Bedingungen der Institution, die das Gespräch ermöglicht, stark eingeschränkt und daher bei einiger Übung vollkommen überschaubar: Dies ermöglicht es einander fremden Menschen, als schon Vorverständigte eine zumeist gelingende (wenn auch nicht immer zum

4.2. Informelle Analyse des Verkaufsgesprächs

gewünschten Erfolg führende) Interaktion gleichsam aus dem Stand zu beginnen.

Demgemäß ist in unserem Beipiel eines Verkaufsgesprächs — und das ist die Regel — die Phase der Gesprächseröffnung sehr kurz: Indem die Kundin das Porzellanfachgeschäft betritt, gibt sie zu erkennen, daß sie bereit ist, sich auf eine Interaktion mit einem Verkäufer einzulassen. Wer ihr Interaktionspartner sein wird, erfährt sie von diesem selbst: Eine Verkäuferin, die gerade „frei" ist und die Bedienung übernehmen kann, gibt ihr dies durch körperliche Zuwendung (vermutlich tritt sie auf die Kundin zu), durch zuvorkommenden Gruß und durch die an den Gegengruß anschließenden Worte: *bItte schön=* zu verstehen. Zugleich zeigt sie mit dieser Äußerung, daß sie die Kundin bereitwillig und gerne bedienen wird — was sie durch die Freundlichkeit ihrer Stimme und (vermutlich auch) Mimik und Gestik unterstreicht —, und fordert die Kundin höflich auf, ihre Wünsche zu nennen. Sie führt also eine recht komplexe Handlung mit den einfachsten Mitteln aus, die ihre Partnerin ohne die geringste Mühe versteht. Dies schon deshalb, weil die Kundin die idiomatische Wendung „Bitte schön?" unzählige Male in ähnlichen Kontexten gehört hat und der ihr bekannte institutionelle Rahmen des Geschäftes eine andere Handlungsalternative nicht zuläßt.

Nachdem das Gespräch von der Verkäuferin initiiert ist, fehlt ihm noch die Richtung: Von der Kundin wird verlangt, daß sie ihre Wünsche nennt und damit dem Gespräch einen thematischen Brennpunkt, einen „Fokus" gibt. Indem sie dieser Aufforderung mit einer der wenigen üblichen Wunschvarianten entspricht, bestätigt sie zugleich ihre Kundenrolle und damit die begonnene Interaktion als Verkaufsgespräch — was nicht der Fall wäre, wenn sie nach dem Weg fragte oder um Wechselgeld für die Parkuhr bäte. Sie äußert nun einen relativ unspezifischen Orientierungswunsch (1, 7—15), der aber im Kontext eines Fachgeschäfts nicht ohne Implikationen ist: Da dort ein Ansehen der Ware auf eigene Faust kaum geduldet wird, kann ihr Wunsch nur dadurch erfüllt werden, daß die Verkäuferin die Ware präsentiert. Vermutlich ist dies der Kundin auch bewußt; zumindest vermag eine solche Annahme die betonte Bescheidenheit ihrer Formulierung zu erklären, die sowohl die Geringfügigkeit des Wunsches (*ein frÜhstücksservI*) als auch das Nicht-Insistieren auf seiner Erfüllung (irrealer Konjunktiv) akzentuiert und damit die Asymmetrie des Dienst-Inanspruchnehmens abzuschwächen versucht. Vielleicht hat die Kundin auch ein etwas schlechtes Gewissen, da sie ja in Wirklichkeit eine Tonbandaufnahme machen, auf keinen Fall aber kaufen will.

Ob die Kundin nun ihren Wunsch als indirekte Bitte meint oder nicht, die Verkäuferin versteht ihn als solche: Sie akzeptiert die Bitte mit *jAha' sEhr gErne.* und schreitet kommentarlos zur Tat, nämlich der durch die Bitte ausgelösten sprachlichen und nichtsprachlichen Tätigkeit, die im Zusammenwirken mit den Reaktionen der Kundin die „Mitte" des Verkaufsgesprächs ausmacht: Sie präsentiert die Ware. Daß es sich bei dieser Ware um Porzellan handelt, bestimmt natürlich die Art und Weise, in der die Verkäuferin sie in ihren Vorzügen vorstellt. Während etwa die wesentlichen Eigenschaften elektrischer Geräte nur durch sachliche Erläuterungen und Funktionsdemonstrationen darzustellen wären, kann sich die Porzellanverkäuferin darauf beschränken, die Service in einer ihr angemessen erscheinenden Reihenfolge und Darbietungsform zu zeigen und den durch unmittelbare Betrachtung gewonnenen Eindruck mit informativen und wertenden sprachlichen Äußerungen zu verstärken. Insgesamt vollzieht die Verkäuferin dabei folgende Sprechhandlungen:

Nennung des Markennamens, des Herstellernamens; Nennung der Einzelteile und gewisser Merkmale (*Ohne= hEnkelchen=*, 12,58f.); Nennung des Preises; Mitteilung über Einzelverkäuflichkeit und über das Vorhandensein von Prospekten; Klassifizierung der „Art" (*feiner* vs. *rustikaler, Porzellan* vs. *Keramik, derb, schwer, dick*); Klassifizierung der Farbe, des Musters (*dunkel* vs. *farbenfroh, bunt*); Mitteilung über die Neuheit und den Erfolg; Hinweise auf ästhetisch ansprechende Verwendungen (Dekoration); Bewertung der Geschirre als *hübsch, nett, schön, freundlich, lustig, belebend, ansprechend, dezent* und des Preises als *erschwinglich, minimal.* Eine Reihe an sich erwartbarer Informationen und Wertungen fehlen (z. B. „spülmaschinenfest"), wohl wegen der geringen Frageaktivität der Kundin.

4.2. Informelle Analyse des Verkaufsgesprächs

All diese einzelnen Sprechhandlungen, die hier pauschal zusammengefaßt wurden, sind keineswegs zufällig über die gesamte Präsentationshandlung verteilt. Durch ihre strukturierte Abfolge geben sie der Gesamthandlung, die sich äußerlich in eine Reihe von Teilpräsentationen gliedert, eine innere Entwicklung, an der sich das Handlungsziel der Verkäuferin ablesen läßt.

Die Verkäuferin eröffnet die Gesprächsmitte mit einer den Kundenwunsch präzisierenden Alternativfrage (1,18), wartet jedoch – die Kundin nach ihrem Auftreten taxierend? – eine Antwort gar nicht ab, sondern geht unmittelbar dazu über, „rustikalere" Geschirre zu zeigen: zunächst pauschal die (preiswerteren) „Keramiksachen", dann genauer drei Porzellanservice, die beim Namen genannt, charakterisiert und nach Schönheit, Neuheit und Erfolg bewertet werden (1,30–3,48).

Nach dem zweiten und dritten Service gibt die Kundin zwei ausführliche Kommentare: Offenbar bestrebt, ihrer Ablehnung alle Schärfe zu nehmen, relativiert die Kundin nicht nur ihr Urteil (*des–s= + geschmAcksache*, 3,27f.), sondern begründet es auch, indem sie – unter Rückgriff auf eigene Erfahrungen – die jeweils spezifischen Kriterien nennt: Art des Materials im einen (2,80–3,20), Form und Farbe im anderen Fall (3,66–3,91). Die Verkäuferin scheint zunächst diese Informationen gar nicht recht aufzunehmen: Sie gibt zwar mehrere freundlich-ermunternde, Einverständnis signalisierende (besonders durch das fast simultane Echo 3,21/3,28) Rückmeldungen, geht jedoch jeweils ohne irgendeinen Kommentar sofort zur Vorstellung eines neuen Geschirrs über. Daß sie aber sehr wohl aufmerksam zugehört hat, zeigt sie kurz darauf, indem sie einige weitere Service, gleichsam aus der Sicht der Kundin, als nicht in Frage kommend qualifiziert (4,36–5,7; vgl. besonders: *allerdings wieder das rUska, ihn–n wieder zu dunkel, dEnn auch natürlich . . zu dIck, dAs käme denn AUch nicht in fra:ge*); die Kundin bestätigt nun auch – diesmal knapp und ohne Abschwächung – das von der Verkäuferin antizipierte Urteil (4,53ff., 5,9ff.).

Die hiermit erreichte höhere Stufe der Verständigung leitet eine neue Phase der Präsentationshandlung ein: Zu dem folgenden

Service äußert sich die Kundin zum ersten Male anerkennend — ein Urteil, welches die Verkäuferin sofort bekräftigt und ergänzt (5,20—5,40) — und ist anschließend von dem „bunteren, freundlicheren" Service offenbar (auch mimisch?) so sehr angetan, daß die bisherige Revue der Service zu einem vorläufigen Ende kommt. Jetzt, da die Kundin ein deutliches Interesse zeigt, verweilt die Verkäuferin, stellt Einzelteile vor, bestätigt und befestigt das positive Urteil der Kundin durch Rückgriff auf ihren anfangs geäußerten Wunsch (6,27 ff.), führt hocherfreut einen Verwendungs- und Dekorationsvorschlag der Kundin weiter aus, nennt weitere Kombinationsmöglichkeiten und schließlich — nachdem die Kundin durch eine weitere Äußerung (7,33 ff.) dargetan hat, daß sie vom Gebrauchswert der Ware genügend überzeugt ist —: nennt sie den Preis, dessen Angemessenheit die Kundin knapp bestätigt (7,61—8,11).

Einverständnis, dokumentiert in einer Kette von einander positiv kommentierenden und fortführenden, einmal gar gleichzeitigen (8,28 ff.) Äußerungen zur Erschwinglichkeit und ästhetischen Qualität des Geschirrs, kennzeichnet den Schluß dieser Phase; sie endet mit der gleichen Figur, die die Kundin zur Begründung ihrer vorherigen Ablehnungen verwendet hatte: mit dem vergleichenden Rückbezug auf eine frühere (diesmal erfreuliche) Erfahrung.

Halten wir einen Augenblick inne: die Präsentationshandlung — soviel hat die bisherige Darstellung ergeben — zeigt eine deutliche Entwicklung, deren Struktur ablesbar ist an den aufeinander bezogenen kommunikativen Akten, mit denen Verkäuferin und Kundin sie realisieren. Diese Struktur wird erzeugt durch das kommunikative Ziel der Verkäuferin, die partielle Divergenz der Verkäufer- und der Kundeninteressen zu ihren Gunsten abzubauen: Kunden möchten kaufen, was sie brauchen und was ihnen gefällt, an einem im Prinzip beliebigen Ort, allerdings mit einem am Tauschwert der Ware bemessenen Aufwand des Suchens. Verkäufer dagegen sind gehalten, dem Kunden die Ware ihres Hauses zu verkaufen, allerdings so, daß die Wünsche des Kunden anhaltend befriedigt werden, so daß er wiederkommen wird. Überall dort, wo dieser Widerspruch manifest wird — nahe Konkurrenz bei relativ großem Warenwert —, muß der Verkäufer aus dem vor-

4.2. Informelle Analyse des Verkaufsgesprächs 159

handenen Warenangebot das dem Kundenbedürfnis einigermaßen Entsprechende auswählen und ihm als die optimale Befriedigung seiner Wünsche einsichtig machen. Diese muß er jedoch zunächst kennenlernen und sodann dem Kunden bemerkbar machen, daß er sie nun kennt und bemüht ist, sie zu erfüllen; nur so erlangt er Glaubwürdigkeit für seine kauffördernden Argumentationen.

Daß der Verkäufer vor der Präsentation der Ware in einer besonderen Begrüßungstechnik das Wohlwollen des Kunden zu erringen und sodann seinen Bedarf durch geschickte Fragen zu ermitteln habe, wird in Verkäuferschulungskursen und in Lehrbüchern des Verkaufserfolgs (z. B. *Kirchhoff* 1968, *Menninger* 1975, *Feldmann* 1975) dargelegt. Die dort empfohlenen verkaufsfördernden Strategien schlagen sich in normativen Gesprächsstrukturen nieder, die in einzelnen Fällen (z. B. *Feldmann* 1975, 95–137) zu ganzen Mustergesprächen ausgeweitet werden. Als Beispiel diene die Sieben-Phasen-Struktur von *Menninger*, die sich in wesentlichen Teilen mit den Vorschlägen anderer Autoren deckt:

1. Empfang und Begrüßung des Kunden
2. Bedarfsermittlung
3. Kauffördernde Warenpräsentation
4. Kundenbezogene Argumentation
5. Erfolgreiche Preistaktik
6. Möglichkeiten des Verkaufsabschlusses
7. Zahlakt, Warenaushändigung und Verabschiedung (*Menninger* 1975, 12; dort sind die Phasen in umgekehrter Anordnung als Stufen einer Treppe dargestellt.)

Ob die Verkäuferin unseres Beispiels solche reflektierten Strategien jemals kennengelernt hat, ist uns nicht bekannt. So oder so, sie folgt ihnen nicht, jedenfalls nicht in der in den genannten Büchern empfohlenen explizit-analytischen Form. Von den ersten beiden geforderten Phasen (Empfang und Bedarfsermittlung) finden sich im analysierten Verkaufsgespräch lediglich Rudimente. Dennoch verfolgt die Verkäuferin die kommunikativen Ziele dieser Phasen, und zwar – wie die Analyse zeigte – innerhalb der Präsentationsphase, in höchst komplexen kommunikativen Akten. Aus deren Abfolge läßt sich vielleicht keine bewußte Strategie, auf jeden Fall aber ein zugrundeliegender Handlungsplan erkennen: Ermittle

Wünsche und Einstellungen des Kunden durch Präsentation mehrerer verschiedenartiger Geschirre und Beobachtung seiner Reaktionen, insbesondere auch seiner Ablehnungen, deren Äußerung zu ermutigen ist; zeige, daß du bereit und in der Lage bist, die Urteilsperspektive des Kunden zu übernehmen und von ihr aus Empfehlungen zu machen (also keinen inhaltlichen Kommentar zu seinen negativen Urteilen); festige ein erkennbares Interesse des Kunden durch Konzentration auf den betreffenden Gegenstand, durch Bestätigung seiner positiven Werturteile, durch kauffördernde Informationen und Argumente; nenne möglichst spät und ganz nebenbei den Preis (dies ist auch eine Forderung der Lehrbücher).

Auf der Materialbasis eines Verkaufsgesprächs und ohne Befragung der Verkäuferin kann natürlich die Annahme eines solchen Plans nicht mehr sein als eine Hypothese, allerdings — wie wir meinen — eine sehr plausible, wenn man bedenkt, daß die Verkäuferin Tag für Tag viele Gespräche mit dem gleichen Gesprächsziel führt und dabei sich stets wiederholende Erfahrungen macht. Daß diese zu Verhaltensregeln verarbeitet werden und somit vorbewußt und gleichsam naturwüchsig aus den institutionellen Bedingungen Handlungspläne erwachsen, ist mit hoher Wahrscheinlichkeit anzunehmen; nur so erklären sich die Strukturähnlichkeiten, die alle Verkaufsgespräche des gleichen institutionellen Typs in unserem Korpus aufweisen. Darüber hinaus gehen natürlich auch die bewußte Reflexion eigener Erfahrungen, die Verarbeitung von Kritik und Verhaltensanweisungen sowie gegebenenfalls gelernte Strategien (in automatisierter und „umgesetzter" Form) in die Handlungspläne mit ein; doch inwieweit dies im Einzelfall geschehen ist, kann nur aus der Biographie der betreffenden Person vermutet, nicht aber aus ihren kommunikativen Äußerungen erschlossen werden.

Zurück zu unserem Beispielsgespräch: Am Ende der zweiten, eigentlichen Präsentationsphase ist das Gespräch an einem Punkt angekommen, an dem die Verkäuferin nach den Regeln der Lehrbücher die Kundin zum Kaufentschluß führen sollte. Ob dies auch ihre Absicht ist, läßt sich trotz aller bisherigen Zielstrebigkeit an ihrem Verhalten allein nicht ablesen; man müßte mindestens wissen, ob sie die Kundin wirklich als potentielle „Jetzt-Käuferin"

4.2. Informelle Analyse des Verkaufsgesprächs 161

einschätzt. Immerhin: Sie hat ihr noch keinen Prospekt angeboten, was mit ziemlicher Sicherheit von einer Porzellanverkäuferin zu erwarten wäre, die es mit einer reinen Orientierungskundin zu tun zu haben glaubt. Außerdem ist die Verkäuferin hörbar überrascht, als sich die Kundin unvermittelt einem nicht präsentierten Service lobend zuwendet (9,59 ff.). Die Verkäuferin reagiert zunächst darauf, indem sie unbeirrbar freundlich das gelobte Geschirr und einige andere in der Nähe befindliche Service als nicht recht passend charakterisiert, und ergreift dann wieder die Initiative als die Fachverkäuferin, die aus der Fülle des Angebots das den Kundenwünschen Entsprechende auszuwählen weiß: Sie führt die Kundin an eine andere Stelle des Raumes (hörbar; vgl. 15,31 ff.), um ihr dort ein speziell für sie geeignetes Service (10,33 ff., 10,63 ff.) zu zeigen, welches dann auch − auf einem Ausziehbrett (hörbar: 10,55 ff.) wirkungsvoll dargeboten − ein spontanes, leicht amüsiertes Echo bei der Kundin findet. Mit mehrfach wiederholten pauschalen Urteilen (*AUch sehr nett − AUch hübsch − AUch sehr schön − AUch nett*: 10,49−11,7) unterstreicht die Verkäuferin den optischen Eindruck, beginnt sodann, Einzelheiten zu nennen, unterbricht sich jedoch mitten im Satz, um ein anderes Geschirr als neu, aber nicht ganz in Frage kommen zu charakterisieren; vermutlich ist die Kundin mit ihrem Blick zu diesem Service weitergewandert, und die Verkäuferin versucht nun, sie an der langen Leine zu dem von ihr präsentierten Geschirr zurückzuführen. Dabei verstrickt sie sich jedoch für einige Augenblicke in der (11,54−12,4) Klärung einer für sie überraschenden Detailfrage, die ihrer Intention − falls diese soeben zutreffend interpretiert wurde − zuwiderläuft. Die Kundin ist es dann, die mit einem vergleichenden Geschmacksurteil zu dem vorherigen Geschirr zurücklenkt (12,6 ff.), dabei auch die Rede auf Einzelteile bringt (12,48 ff.) und schließlich nach dem Preis fragt (13,4−8). In ihrer Antwort ergreift die Verkäuferin die Gelegenheit, eine Brücke zu dem in der zweiten Präsentationsphase vorgestellten Geschirr zu schlagen und beide Service als gleichermaßen erschwinglich nebeneinander zu stellen.

Damit scheint sie das Gespräch zu einem Ziel steuern zu wollen, das *Feldmann* „Abschluß mit Doppelungseffekt" nennt: Dem

Kunden wird anstelle der Entscheidung zwischen etwas und nichts die (verkaufstaktisch günstigere) Wahl zwischen zwei attraktiven Kaufobjekten nahegelegt. In Wirklichkeit hat die Verkäuferin jedoch der Kundin das Stichwort gegeben, ihren vielfach auch in anderen Verkaufsgesprächen bewährten „Gesprächsbeendigungsplan" zu realisieren (13,81ff.): *ja= (d)as müßt ich mir noch mAl (überleg–n) ob dAs oder dAs Andere' find ich bEIde sehr hübsch,* sagt sie und benützt die von der Verkäuferin begonnene Doppelungstechnik, um einerseits ihrer Ausrede den Anschein des bloßen Kaufaufschubs zu geben (nicht: überlegen, ob ja oder nein, sondern ob dies oder das, also: Ich komme bestimmt wieder!) und um andererseits die Notwendigkeit einer Denkpause aus der Attraktivität beider Kaufobjekte zu begründen. Die Verkäuferin weiß denn zunächst auch nichts anderes darauf zu erwidern, als ihrerseits die farbliche Gestaltung der beiden Service zu loben und als identisch darzustellen (14,17–60). Als aber die Kundin außer einigen höflichen Rückmeldungspartikeln nichts darauf antwortet, stimmt sie dem „Beendigungsangebot" (*Jäger* 1976, 123) der Kundin zu und leitet damit unmittelbar zur Schlußphase des Verkaufsgesprächs über.

Von der Art, wie die Verkäuferin diese „Beendigungszustimmung" äußert, hängt einiges ab für die Interpretation des ganzen Gesprächs:

Wir haben ja bisher vorausgesetzt, daß die Verkäuferin die Kundin als potentielle „Jetzt-Käuferin" einschätzt, folglich auf einen Kaufabschluß unmittelbar hinsteuert. Hätte sie sie dagegen als Orientierungskundin betrachtet, also mit ihrer Präsentationshandlung lediglich einen späteren Kaufabschluß vorbereiten wollen, so müßten manche ihrer kommunikativen Handlungen anders beschrieben und beurteilt werden, als dies oben versucht wurde.

In unserem Korpus befindet sich ein weiteres Verkaufsgespräch, an dem sich beobachten läßt, wie eine Porzellanverkäuferin ihre Präsentationshandlung organisiert, wenn sie dem (dort ausgesprochenen) Ziel folgt: *daß se mal wIssen= wAs es alles gibt, ne'.* Nachdem sie ähnlich wie die Verkäuferin unseres Beispiels den Geschmack der Kundin durch das Zeigen verschiedenartiger Service

4.2. Informelle Analyse des Verkaufsgesprächs

herausgefunden hat, fährt sie dennoch fort, fast systematisch eine ganze Palette in Frage kommender Service verschiedener Preisklassen vorzuführen; schon zu dem ersten Geschirr, das der Kundin wirklich zu gefallen scheint, sucht sie einen Prospekt heraus, in den sie die Preise einträgt; ferner erörtert sie die Möglichkeit des Sammelns, des Anlegens einer Geschenkkarteikarte und gibt weitere Prospekte mit – *wEnn sie mal dafür intrEsse hab–n.*

Auf dem Hintergrund dieses kontrastierenden Verhaltens erscheint die Annahme, die Verkäuferin unseres Beispielgesprächs habe ganz anderes, nämlich einen Kaufabschluß im Sinn, als einigermaßen plausibel; unsere Annahme gewinnt an Evidenz, wenn man die Art ihrer Beendigungszustimmung mit in Betracht zieht.

Ihre Äußerung *jA, das könn–n se sich sEhr gern= überleg–n=* (14,62 ff.) ist dem Wortlaut nach eine Erlaubnis (vgl.: ja, das können Sie gerne mitnehmen/behalten etc.). Erlauben kann aber nur derjenige, der das Recht zur Verweigerung hat, ein Recht, das die Verkäuferin in diesem Fall weder besitzt noch im Ernst beanspruchen würde. Vielmehr zeigt sie anschließend der Kundin durch demonstrative Herzlichkeit (15,11–20), daß sie durchaus recht daran tut, sich ohne eine Kaufentscheidung zu verabschieden. Wie ist dann die Äußerung der Verkäuferin zu verstehen, wenn sie mit Sicherheit nicht als Erlaubnis gemeint ist? Jede Erlaubnis ist auch eine Zustimmung: Das ist die Minimalinterpretation, die der Äußerung in ihrer Funktion als Antwort gerecht wird. Stünde uns nur der bloße Wortlaut zur Verfügung, so müßten wir uns damit begnügen und dürften nicht fragen, warum die Verkäuferin z. B. nicht die Form des Rates („Es wäre sicherlich das Beste, wenn Sie sich das noch mal überlegen würden") wählt; denn es könnte sich bei ihrer „Erlaubnis" um eine idiomatische Wendung handeln, die nichts anderes aussagt als neutrale Zustimmung. Sie spricht jedoch den Satz mit einer Intonation, die in ihren übrigen Äußerungen nicht zu hören ist: gedehnt, mit schwebend-wartender, Einspruch heischender Kadenz, mit einer Stimmgebung, die zu den Worten *sehr gerne* in einem gewissen Kontrast steht. Damit aktualisiert sie ein weiteres Merkmal aus der Handlungsbedeutung von ‚Erlaubnis': nämlich „Nichtselbstverständlichkeit der Zustimmung", was in diesem Handlungskontext zugleich als Voraussetzung impliziert: „Eigentlich hätte ich eine Kaufentscheidung erwartet." Wohlgemerkt: Daß die Verkäuferin einen Augenblick lang — wahrscheinlich ohne es zu wollen — Enttäuschung über das Nicht-Erreichen ihres Handlungszieles durchblicken läßt, ist eine — allerdings wohl einleuchtende — Interpretation, die keinesfalls Anspruch auf alleinige Gültigkeit erheben kann. Selbst wenn sie gestützt würde durch zusätzliche visuelle Daten und durch weitere Aufzeichnungen von Gesprächen derselben Verkäuferin, auch wenn sie bestätigt würde von dieser selbst und von Personen, die sie kennen: als allein richtig „bewiesen" wäre diese Deutung damit nicht. Denn als Maßstab eines eindeutigen Wahr-Falsch-Urteils müßte die Handlung „an sich" herangezogen werden können, müßte sie ohne alle Interpretation der Erkenntnis unmittelbar zugänglich sein; dies aber ist nicht möglich. Auch der Handelnde selbst wird zum Interpreten seiner Handlungen, wenn er sie benennen soll. Seinem Bewußtsein ist der inhärente „subjektive Sinn" (*M. Weber*) seines Tuns, der dieses zur spezifischen Handlung macht, abgelöst von diesem Tun oft gar nicht, bestenfalls bruchstückhaft präsent; sofern der Handelnde überhaupt bereit ist, diesen „Sinn" vor sich und anderen zuzugeben, muß er ihn übertragen aus dem Medium der Handlung in das ganz andersartige Medium metakommunikativer Rede. Daß eine solche Übersetzung selten eindeutig und immer nur unvollständig gelingt, weiß ein jeder aus eigener metakommunikativer Praxis.

Für einen philologischen oder einen diagnostischen Ansatz, denen es auf die möglichst adäquate Analyse individueller Interaktionen ankommt, birgt die Einsicht, daß Handlungen immer nur als schon interpretierte der Analyse zugänglich sind, weitreichende Konsequenzen; für eine linguistische Gesprächsanalyse dagegen ist sie — abgesehen von ihrem grundsätzlichen Gehalt — weniger folgenreich: Um am exemplarischen Einzelfall grundlegende Strukturen kommunikativer Handlungen aufzuzeigen, genügt die plausible Lesart eines Interaktionsgeschehens.

Wenden wir uns nun noch kurz dem Schluß des Verkaufsgesprächs zu: Nachdem die Verkäuferin dem Beendigungswunsch der

4.2. Informelle Analyse des Verkaufsgesprächs

Kundin zögernd zugestimmt hat, beginnt diese ohne Umschweife die Verabschiedung mit einem Versprechen (15,2−10), das die Verkäuferin in seiner ganzen Unverbindlichkeit freundlich akzeptiert. Nach einer begründenden (*ihre mÜhe − gErn geschEh-n*) Danksequenz (15,13−20) müßte nun nur noch das „Terminalsignal" (*Jäger*, 1976, 125) „Auf Wiedersehen" folgen; doch die Verabschiedung erweist sich als Trug-Schluß: Die Kundin verweilt − sei es, daß sie tatsächlich vom Porzellan fasziniert ist, sei es, daß sie ihren Abschied als zu abrupt empfindet − und animiert dadurch die Verkäuferin zu dem Vorschlag, das erste Geschirr noch einmal vergleichend anzuschauen (15,28−53).

Damit tritt das Gespräch in eine letzte Verkaufsphase ein, die eine Art Nachtrag zur Präsentationshandlung darstellt: Die Kundin spielt die Rolle der ernsthaft Überlegenden (zumindest verbal) überzeugend weiter, prüft, welches der beiden Service ihr eher zusagt, und versucht, sie sich optisch einzuprägen (15,68−16,16; 16,71 ff.). Wieweit die Verkäuferin ihr diese Rolle glaubt, ist nicht zu ersehen; zumindest tut sie, was von ihr zu erwarten ist: Sie sucht einen Prospekt heraus, entschuldigt sich für das Fehlen eines zweiten und wiederholt noch einmal ein Verkaufsargument (16,11−17,27). Dann aber sieht sie offenbar das Gespräch als beendet an, zumal der Kundin nichts Neues mehr einfällt (16,77 ff., 17,29 ff.), und zeigt dies durch ein sekundenlanges Schweigen, da ihr als Verkäuferin eine explizite Beendigungsinitiative nicht zusteht. Auch die Kundin hält das Gespräch für eigentlich beendet, so daß sie ohne irgendeine legitimierende Äußerung nun noch einmal die Verabschiedung beginnt, die beide in vier Sequenzen zu Ende führen: Dank und Erwiderung; Versprechen (wiederzukommen) und Bestätigung (der Erwünschtheit); Bitte der Verkäuferin (oben bleiben zu dürfen) und Zustimmung; Abschiedsgruß und -gegengruß.

Übersicht über die Phasen des Verkaufsgesprächs:

1. Gesprächseröffnung (1,1−1,17)
2. Gesprächsmitte: Präsentationshandlung (1,18−17,35)
2.1. Präsentation mehrerer Service und Ermittlung des Kundenwunsches (1,18−5,15/42)

2.2. Vorführung eines zusagenden Services (5,16/43−9,54)
2.3. Vorführung zweier weiterer Service (9,55−13,80)
2.4. Trug-Schluß und nochmaliger Vergleich, Prospektübergabe (13,81−17,35)
3. Gesprächsbeendigung (17,36−17,62)

4.3. Gesprächsanalytische Kategorien

4.3.1. Gesprächshandlungen

Vorbemerkung: Gesehen auf unsere kategorielle Systematik (s. o. S. 14) möchten wir folgender Ordnung folgen: Wir werden zunächst in den Teilkapiteln 4.3.1. bis 4.3.4. Kategorien der mittleren Ebene diskutieren. Auf diesen Kategorien wird das Schwergewicht unserer Ausführungen deshalb liegen, weil hier der Handlungscharakter eines Gesprächs kategoriell entfaltet wird. Daran anschließend werden wir, eher beiläufig, die Kategorien der Makro- (4.3.5.) und Mikroebene (4.3.6.) nochmals anführen.

Den Anfang des Verkaufsgesprächs würde ein Dramatiker etwa folgendermaßen notieren:

Verkäuferin: Guten Tag!
Kundin: Guten Tag!
Verkäuferin: Bitte schön?
Kundin: Ich hätte mir gern mal ein Frühstücksservice angesehen!
Verkäuferin: Ja, sehr gerne [...]

In dieser dramenüblichen Notation käme zwar das spezifisch Sprechsprachliche nicht zum Ausdruck − das möglicherweise der Aufführungspraxis und der Erfahrung des Dramaturgen und Regisseurs überlassen würde −; aber die aufeinanderfolgenden Gesprächsschritte sind klar gegeneinander abgegrenzt: Die Teilnehmer des Gesprächs sind abwechselnd an der Reihe und füllen die Rolle des Sprechers mit ihren Gesprächsschritten aus. Nach der in 1.3.3. gegebenen Definition einer Gesprächseröffnung liegt mit diesen vier Gesprächsschritten und einem Teil des fünften Gesprächsschritts eine solche Gesprächseröffnung hier insofern vor, als die Gesprächspartner eine wechselseitig akzeptierte Situations-

4.3. Gesprächsanalytische Kategorien

definition hinsichtlich ihrer sozialen Rollen und Beziehungen erreicht haben. Mit der Weiterführung des fünften Gesprächsschritts durch die Verkäuferin: [...] *haben sie eventuell an etwas Feineres, Aparteres oder an etwas Rustikaleres gedacht?* [...] beginnt die Gesprächsmitte und damit das eigentliche Sachthema des Verkaufsgesprächs.

Solche Gesprächsphasen wie die einer Gesprächseröffnung werden konstituiert durch kooperative sprachliche Handlungen der Gesprächspartner. An dieser Stelle soll dafür der solche kooperativen sprachlichen Handlungen zusammenfassende Begriff ‚Gesprächshandlung' eingeführt werden. ‚Gesprächshandlung' ist die oberste Interaktionseinheit der mittleren Analyseebene: Eine Gesprächshandlung ist ein situativ und thematisch bestimmtes kooperatives Handlungsgefüge, das jeweils eine spezifische Station des Gesprächsverlaufs darstellt. Im vorliegenden Beispiel fällt die Gesprächseröffnung mit einer Gesprächshandlung zusammen; doch das ist nicht zwangsläufig so: Gesprächseröffnungen können auch durch mehrfache Gesprächshandlungen konstituiert sein, wie z. B. auch die Gesprächsmitte des vorliegenden Verkaufsgesprächs durch mehrfache Gesprächshandlungen konstituiert wird.

So setzt z. B. mit dem Gesprächsschritt der Kundin (13,81 ff.): *ja= (d)as müßt ich mir noch mAl (überleg–n)* [...] eine spezifische Gesprächshandlung ein, die durch eine neue thematische Akzentuierung von den vorausgegangenen Gesprächshandlungen (den „Präsentationen der Service") ausgegrenzt ist. Nunmehr geht es nicht mehr darum, welches Service auszuwählen bzw. zu kaufen sei, sondern es wird durch die Kundin entschieden, daß sie (jetzt) keins kaufen werde und sich die Option für das eine oder andere Geschirr vorbehalte. Nach einer solchen Äußerung, die als Gesprächsbeendigungsinitiative zu werten ist, geht naturgemäß ein aktuelles Verkaufsgespräch zu Ende. Die dadurch eingeleitete Gesprächshandlung soll deshalb Vorbeendigung heißen. Auf eine solche Vorbeendigung kann, muß aber nicht die Gesprächsbeendigung folgen. Die vorliegende Gesprächshandlung der Vorbeendigung endet mit den Worten der Kundin (15,13 ff.): *erstma hErzlich–n dAnk für ihre mÜhe=* und der Antwort der Verkäuferin:

b*i*tte sch*Ö*n, g*E*rn gesch*Eh*–n". Danach folgt keine Gesprächsbeendigung, sondern, wiederum durch die Kundin eingeleitet, eine Gesprächshandlung, die man Wiedergutmachung (dafür, daß nichts gekauft wurde) nennen könnte.

Der Gefügecharakter einer Gesprächshandlung läßt sich nun auf zwei Ebenen näher spezifizieren: auf der Ebene der Äußerungseinheiten, die hier als Gesprächsschritte gefaßt sind, und auf einer Handlungsebene, auf der sprachliche Bedeutungen, nämlich Bedeutungsproduktion und -rezeption, in ihrem Handlungscharakter näher zu bestimmen sind.

Mit diesen über die vorstehende Systematik (vgl. 1.3.3., S. 14) hinausgehenden Vorschlägen werden die Kategorien Gesprächsschritt usw. und „Sprechakt" usw. in einen Zusammenhang gebracht: Gesprächshandlungen als kooperative Gefüge, die durch situative und thematische Merkmale auszugliedern sind, können einerseits auf der Ebene der Gesprächsschritte und andererseits auf der Ebene sprachlicher Akte („Sprechakte") näher bestimmt werden. Wenden wir uns zunächst den Äußerungseinheiten, also der Analysekategorie Gesprächsschritt und den ihr zuzuordnenden weiteren Kategorien zu.

4.3.2. Gesprächsschritte, Gesprächssequenzen und simultane Gesprächsschritte

Vordergründig erscheint die Kategorie Gesprächsschritt problemlos: Der jeweilige Sprecher kommt mit seinen Gesprächsschritten seiner Rolle als Sprecher nach. Insofern lassen sich Gesprächsschritte auf der Basis der Gesprächserfahrung des Gesprächsanalytikers und auch der Gesprächsteilnehmer selbst scheinbar mühelos ausgrenzen. Gesprächsschritte haben einen sehr unterschiedlichen quantitativen Umfang: Im vorstehenden Verkaufsgespräch gibt es z. B. Gesprächsschritte im Umfang von zwei Wörtern (der erste Gesprächsschritt der Verkäuferin) und solche im Umfang von neunzig Wörtern (der fünfte Gesprächsschritt). (‚Wort' ist in diesem Fall bestimmt als durch Leerstellen in der Notation isolierte Einheit.) Darüber hinaus kann man Gesprächsschritte zu Gesprächssequenzen zusammenfassen. Der erste und zweite Gesprächsschritt stellen im vorliegenden Gespräch eine Gesprächs-

4.3. Gesprächsanalytische Kategorien

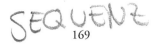

sequenz, in diesem Fall eine Grußsequenz, dar. Eine Sequenz soll dadurch bestimmt sein, daß der erste Gesprächschritt den zweiten Gesprächsschritt bedingt, was heißt: daß der zweite Gesprächsschritt dem ersten erwartbar folgt (s. o. S. 18). Bleibt ein erwartbarer Gesprächsschritt als Teil einer Sequenz aus, liegt eine Regelverletzung vor, für welche der die Regel Verletzende die Verantwortung trägt. Aufschlußreich in bezug auf die vorliegende Sequenz ist, daß sie von der Verkäuferin eröffnet wird und nicht von derjenigen, die hinzutritt und der es demzufolge nach den üblichen Regeln der Konvention obläge zu grüßen. Das kommerzielle Interesse nötigt zu einer veränderten Grußkonvention. Die Sequenz besteht aus Grußformeln (*H. Burger* 1973, 58: „pragmatische Idiome"), so daß man die Hypothese aufstellen kann, daß Anfang und Ende von Gesprächen oft „idiomatisch" sind: Die Verabschiedungssequenz am Ende des Gesprächs bestätigt diese Hypothese. Eine Frage-Antwort-Sequenz liegt z. B. in der Mitte des Gesprächs (13,1ff.) vor:

Kundin: *un(d)= das käme wIEvIEl"*
Verkäuferin: *jA:' dAs kOstet= + das gedEck= zwanzich mark* [...]

Würde man an dieser Stelle die Gesprächsschrittanalyse abbrechen, bekäme man das unzureichende Bild eines übersichtlich strukturierten Gesprächs. Um diesen falschen Eindruck zu zerstören, sei der folgende Teil aus der Gesprächsmitte (8,21ff.) zitiert:

K | + (ja) ne kaffeekanne brauch ich nich weil

V | jA.   genAU.   dAnn=
K | ich ne kaffeemaschIne habe. +   da is=   dA

V | fällt das ja sowiesO flach'   jA" das stimmt.
K | brAUch man ja meistens keine, +ja, + + =m:'

Hier liegen zwei simultane Gesprächsschritte mit wechselseitiger Rückmeldung der Gesprächsteilnehmer vor. Simultane Gesprächsschritte, in denen zumindest zwei Gesprächsteilnehmer gleichzeitig ihrer Rolle als Sprecher nachkommen, haben eine zeitlich sehr begrenzte Dauer, da die längerfristige Aufrechterhaltung dieses Stadiums sprachlicher Interaktion notwendig einen Zusammenbruch des Gesprächs zur Folge hat. (Das gleichfalls nur zeitweilig akzeptable, entgegengesetzte Stadium ist jenes, in dem die Gesprächsteilnehmer sich weigern, die Rolle des Sprechers, also den Gesprächsschritt, zu übernehmen.) Die Genese dieser simultanen Gesprächsschritte läßt sich auf der Basis der Notation folgendermaßen rekonstruieren: Die Kundin hält den Gesprächsschritt. Am Ende eines Satzes meldet sich die Verkäuferin als Hörer(in) bestätigend rück (j*A*. gen*AU*.) und benutzt diese Rückmeldung zugleich, um den Gesprächsschritt ihrerseits zu übernehmen. Dabei beachtet sie die sog. Satzbildungsregel (s. o. S. 17) insofern, als sie ihr Manöver am Ende eines Satzes ihrer Gesprächspartnerin ausführt. Diese möchte ihrerseits den Gesprächsschritt nicht abgeben und fährt somit fort. Ihre vorübergehende Irritation läßt sich an der elliptischen Konstruktion *da is=* ablesen, die durch *dA brAUch man ja meistens keine*, fortgeführt wird. Dieser Teil des (simultanen) Gesprächsschritts enthält eine für spontane gesprochene Sprache typische unverdeckte Selbstkorrektur (vgl. *Rath* 1975); unverdeckt etwa im Gegensatz zu Selbstkorrekturen in geschriebener Kommunikation, die in den unterschiedlichen Entwürfen (zumeist) verborgen bleiben. Am Ende der simultanen Gesprächsschritte stehen wechselseitige bestätigende Rückmeldungen. Die Gesprächsteilnehmer versichern sich wechselseitig, daß sie das simultane Interaktionsstadium ohne Informationsverlust überstanden haben.

In den vorstehenden Ausführungen war wiederholt die Rede von Rückmeldungen, also Aktivitäten des Hörers im Gespräch. Diese Höreraktivitäten und ihre Abgrenzung gegenüber den Gesprächsschritten des Sprechers stehen im folgenden zur Diskussion.

4.3.3. Hörerrückmeldungen, spontane Kommentarschritte und Gesprächsschrittbeanspruchungen

Gegenüber den herkömmlichen Bestimmungen der Rolle des Hörers in der Kommunikation hat die Gesprächsanalyse neue Einsichten erarbeitet. Herkömmlich und traditionell ist etwa die Bestimmung des Hörers im „Funk-Kolleg Sprache" (1973, 428):

4.3. Gesprächsanalytische Kategorien

„Verstehendes Subjekt, das die sprachliche Dekodierung vornimmt". Demgegenüber ist festzuhalten, daß die jeweilige Rolle des Hörers über die jeweilige Textrezeption hinaus eine sprachliche Aktivität darstellt, die sich in unterschiedlichen Formen der Hörerrückmeldung äußert (s. o. S. 20 f.). Die verstehende und Einfluß nehmende Tätigkeit des Hörers kommt in Rückmeldungen an die sprachliche und/oder gestisch-mimische Oberfläche. Diese Tätigkeit ist „out of turn" (*Yngve* 1970, 568), d. h. der Sprecherrolle zugeordnet, nicht diese übernehmend. Fünf Typen solcher Rückmeldungen hat *Duncan* (1974) (s. o. S. 21) erarbeitet. An dieser Stelle soll die Typologie *Duncans* an faktischen Rückmeldungen des Verkaufsgesprächs erläutert und damit zugleich eine Überprüfung der Typenbildung *Duncans* vorgenommen werden. Vom „back-channel-behavior", der Rückmeldung des Hörers, hat *Duncan* (1973, 34 f.) das „claiming of the turn", also das gesprächsschrittbeanspruchende Verhalten des Hörers unterschieden. Dieser Differenzierung folgend, möchten wir zunächst das Rückmeldungsverhalten des Hörers untersuchen.

Genuines — wie man versucht ist zu sagen — Rückmeldungsverhalten liegt dann vor, wenn der Hörer als Gesprächspartner dem Sprecher seine Aufmerksamkeit versichert: Den Beginn der „Mitte" des Verkaufsgesprächs (1,18ff.) bildet die Präsentation unterschiedlicher Kaffeeservice durch die Verkäuferin. Viermal signalisiert die Kundin ihre Aufmerksamkeit durch ein leicht steigendes, zweigipfliges und jeweils nahezu identisches *ja–a'*. Dieses *ja–a'* der Kundin signalisiert nichts als Aufmerksamkeit. Danach übernimmt die Kundin den Gesprächsschritt mit der Bemerkung: *das hab-n bekAnnte von mir* [. . .]. Die sofort folgende Gesprächsschrittbeanspruchung der Verkäuferin (*jA:'* + *das=*) soll hier übergangen werden. Die Fortführung des Gesprächsschritts durch die Kundin wird begleitet durch ein viermaliges *ja* (jeweils eingipflig, dreimal leicht steigend, einmal stark steigend) und eine prägnante Kombination lexikalisierter Rückmeldungspartikeln: *mm" jawoll*. Diese „Jas" der Verkäuferin drücken gespannte Aufmerksamkeit aus. Mit dem *mm" jawoll* möchte die Verkäuferin die „Spannung" lösen und dartun, daß sie die Geschmacksrichtung der Kundin zur Kenntnis genommen und akzeptiert hat. Da die

Kundin jedoch ihren Gesprächsschritt weiterführt, wendet die Verkäuferin, nach einem abermaligen *ja*', eine andere (erfolgreiche) Technik an, um den Gesprächsschritt zu übernehmen (worauf wir weiter unten zu sprechen kommen). Damit sind die in diesem Gespräch am häufigsten eingesetzten Rückmeldungspartikeln, nämlich *ja* und *hm*, genannt.

Auffällig ist nun, daß „Satzvollendung" (s. aber S. 173), „Bitte um Klärung" und „kurze Nachformulierung" in dem vorliegenden Verkaufsgespräch als Spielarten der Rückmeldung keine Anwendung finden. Diese Spielarten der Rückmeldung dienen einerseits dazu, Zustimmung zum Ausdruck zu bringen („Satzvollendung"), andererseits sind sie zugleich Prozeduren der Verständnissicherung („Bitte um Klärung" und „kurze Nachformulierung"). Offensichtlich werden zumindest die beiden letzten Spielarten häufiger in problematisierenden Gesprächen verwendet. Um diese Spielarten am Beispiel faktischer Gespräche zu belegen, müssen wir deshalb auf faktische Gespräche aus anderen Korpora zurückgreifen, wobei wir uns zugleich auf Ergebnisse einer Arbeit von *Passier* (1978) stützen können. In einem „Beratungsgespräch", in dem eine Bibliothekarin mit Dr. W. *von Hollander* spricht (das Gespräch wurde im Rundfunk gesendet), gibt es folgende Passage (*Schank/ Schoenthal* 1976, 70f.; zur Freiburger Notation s. o. S. 63):

AAA = *v. Hollander* BBB = Bibliothekarin
ja ich weiß 1 ja ja gut 1
aber 2 äh 2 so ein wichtiges
buch das sollte ihnen dann
8 wenn s ihnen   3 ja z 3 8
n paar mal begegnet is ja?

                              doch mal gelesen
8 mal 6 ge 6   werden 8
gelesen
8 werden   3 hmhm z 3 8

Die Bibliothekarin vollendet den Satz des Beraters, den dieser, ohne das herausfordernde *doch* der Bibliothekarin zu beachten, gleichfalls zu Ende führt. Satzvollendung ist hier Zustimmung und Vorausdenken, das auch eine spezifische Kritik einschließen kann.

4.3. Gesprächsanalytische Kategorien

„Bitte um Klärung" als Spielart des Hörerverhaltens ist zu Beginn dieses Beratungsgesprächs aufzuzeigen: Nachdem sich der Berater am Telefon gemeldet hat, und die beiderseitige Begrüßung erfolgt ist, schildert die Bibliothekarin ihr Problem. Als sie formuliert: *und zwar is es die skepsis die sich bei uns im moment so n bißchen breitmacht* [...], wird sie in ihrem Gesprächsschritt von dem Berater unterbrochen, der die verständnissichernde Frage: *skepsis oder mißtrauen?* stellt, damit aber keineswegs beansprucht, nun seinerseits den Gesprächsschritt zu übernehmen. Die Bibliothekarin setzt nach dieser „Zwischenfrage" ihren Gesprächsschritt fort. (Die Interpretation dieser Frage als Hörerrückfrage schließt gerade nicht aus, daß der Berater Einfluß nehmen möchte. Andererseits kann diese Rückfrage „unter Umständen" (s. *Ungeheuer* 1977, 37 ff.) als „autoritärer Eingriff" und damit als Gesprächsschritt interpretiert werden.)

Auch die Spielart der „kurzen Nachformulierung" ist am Beispiel dieses Beratungsgesprächs aufzuzeigen. Der Berater sagt am Schluß des Gesprächs, es ginge nicht darum, jedermann zu trauen: *man soll sich anschauen anschauen einen menschen ja?* Simultan zu *einen menschen* echot die Bibliothekarin: *ja anschauen*. Verständnissicherung, Zustimmung und – möglicherweise – gleichzeitig Kritik? Das soll an dieser Stelle nicht eindeutig entschieden werden. Sicher aber ist, daß die Spielarten der Rückmeldung Aktivitäten des Hörers sind und damit diese von Partner zu Partner wechselnde Rolle als aktiv und kooperativ ausgewiesen ist. Dementsprechend sind D. *Wunderlichs* (1976, 333) Auffassungen über „Prozeduren der Verständnissicherung", von denen er meint, daß sie „immer mit einem Sprecherwechsel verbunden" seien (Sperrung von uns), fragwürdig deshalb, weil sie zeigen, daß der Verfasser die Höreraktivitäten nicht systematisch genug reflektiert. (Korrekturnotiz: Bei der letzten Textredaktion des Verkaufsgesprächs wurden zwei fast unhörbare „Echos" der Kundin entdeckt: 8,19 und 9,80 ff.)

Von den bisher erläuterten Spielarten der Rückmeldung sind spontane Kommentarschritte des Hörers zu unterscheiden. *Schwitalla* (1976, 86 f.) spricht in diesem Fall von „Einstellungskundgaben"

4. Entwicklung von Kategorien und Analyseverfahren

des Hörers. Im vorliegenden Verkaufsgespräch liegen solche spontanen Kommentarschritte in folgender Form vor:

(1) *das hier (fänd) ich zu dunkel* (4,53 ff.)
(2) *das find ich nich,* + *(so gut)* (5,9 ff.)
(3) *das sieht sehr niedlich aus* (6,18 ff.)
(4) *das is ja AUch rEIz−nd* (10,67 ff.)

Diese vier spontanen Kommentarschritte werden von der Kundin an unterschiedlichen Stellen des Gesprächs geäußert; gemeinsam ist den vier Äußerungen, daß die Darstellungen der Verkäuferin als Inhaberin des Gesprächsschritts kommentiert werden. Relativ zu dem jeweiligen thematischen Rahmen − z. B. der Präsentation eines Kaffeeservices (6,15 ff.) durch die Verkäuferin − muß die sprachliche Aktivität der Kundin als bloße Beigabe bewertet werden. Weder signalisiert die Verkäuferin, daß sie den Gesprächsschritt übergeben will, noch macht die Kundin Anstalten, den Gesprächsschritt zu beanspruchen oder zu übernehmen. Die spontanen Kommentare sind einerseits simultan gesprochen (2), (4), zum anderen partiell simultan (1), (3). Jedesmal fährt die Verkäuferin fort „as if uninterrupted" (*Duncan* 1974, 166). Nichtsdestoweniger sind spontane Kommentarschritte nicht folgenlos: Sie steuern das Gespräch insofern, als sie kurz- oder langfristig Wirkungen bei der Verkäuferin erzielen, die sich bemüht, den Geschmacksstandard der Kundin möglichst perfekt zu erfassen. Eine kurzfristige Wirkung am Beispiel: Nachdem die Kundin den Kommentarschritt: *das hier (fänd) ich zu dunkel* geäußert hat, fährt die Verkäuferin partiell simultan fort: *ich glaube dAs is ihn−n wieder zu dunkel=*. Schneller kann man nicht lernen und reagieren. Eine langfristige Wirkung stellt die Äußerung der Verkäuferin nach der Gesprächsbeendigungsinitiative durch die Kundin dar. Mit den Worten (14,17 ff.): *(i)ch finde bEIde' bEIde sind−ə:= fArbenfroh, trOtzdem dezEnt in den fArben* stellt sie abschließend unter Beweis, daß sie ihre Lektion ‚Erfassung des Kundengeschmacks' gelernt hat.

Gesprächsschrittbeanspruchungen sind weitere spezifische Höreraktivitäten. Der Begriff ‚Beanspruchung' impliziert in diesem Fall das Vergebliche: Sofern eine Gesprächsschrittbeanspruchung vorliegt, wird sie vom Sprecher als Inhaber des Gesprächsschritts

4.3. Gesprächsanalytische Kategorien

zurückgewiesen; andernfalls liegt keine Beanspruchung, sondern eine Übernahme des Gesprächsschritts vor, und man kann dann nicht mehr von Höreraktivität sprechen. Für eine solche Gesprächsschrittbeanspruchung sucht sich der Hörer eine aus seiner Sicht „übergangsgeeignete" Stelle aus, etwa eine Sprechpause am Ende eines Satzes (womit er die „Satzbildungsregel" (s. o. S. 17) einhält); oder er versucht gar, den Sprecher mitten im Satz zu unterbrechen.

Die erste Gesprächsschrittbeanspruchung des Verkaufsgesprächs durch die Verkäuferin erfolgt an einer solchen übergangsgeeigneten Stelle. Am Ende des Satzes der Kundin (2,46 ff.): *das hab–n bekAnnte von mir* setzt die Verkäuferin ein mit: *jA:'* + *das* =, wird aber von der Kundin „unterdrückt", die lachend ihren Gesprächsschritt behält. Das Lachen hat hier auch die Funktion, die die „öhs" und „ähs" in gesprochener Sprache haben: Es sind Pausenfüller, die garantieren, daß man den Gesprächsschritt behält, ohne daß man etwas sagt. Eine Gesprächsschrittbeanspruchung, die die Satzbildungsregel verletzt, liegt gleichfalls seitens der Verkäuferin vor. Die Kundin hat den Gesprächsschritt (7,34 ff.): *(i)ch muß sAg–n das gefällt mir dOch nOch bEsser, auch als dies= brAUne da hint–n.* Ungefähr bei *dies=* setzt die Verkäuferin mit *dIE=* ein, wird aber insofern abgewiesen, als die Kundin ihren Satz zu Ende bringt. Die Verkäuferin setzt am Ende des Satzes der Kundin mit *auch=* die Beanspruchung des Gesprächsschritts quasi fort und übernimmt ihn endgültig erst mit *ja. es is dOch etwas farbenfroher* [...]; in diesem Fall möchten wir von einer phasenverzögerten Übernahme sprechen. Die Verzögerung ist durch die (vorzeitige) Gesprächsschrittbeanspruchung bedingt.

4.3.4. Gesprächsakte und Rückmeldungsakte

Gesprächshandlungen als Handlungen sind sinnorientierte Bedeutungsproduktionen und -rezeptionen. Diese sind intentional, also sinnsubjektiv und, da sie Sinn voraussetzen müssen, konventional, also sinnintersubjektiv. Da Gesprächshandlungen, wie oben dargelegt, einen kooperativen Gefügecharakter haben, ist nunmehr die Einheit einzuführen, die als sinngebende und minimalkommunikative die Gesprächshandlung konstituiert. Hierfür soll die Kate-

4. Entwicklung von Kategorien und Analyseverfahren

gorie Gesprächsakt eingeführt werden: Gesprächsakte sind sprachliche und gestisch-mimische minimal – kommunikative Gesprächseinheiten, die innerhalb eines Gesprächs einen handlungsplanmäßigen, auf jeden Fall spezifischen Stellenwert haben. Sprechakte können nunmehr als der spezifisch sprachliche (verbale und prosodische) Teil von Gesprächsakten gelten. Minimalkommunikativ sind Gesprächsakte insofern, als sie selbst nicht in kleinere Gesprächseinheiten zerlegbar sind, die als solche einen angebbaren Beitrag zu einer Gesprächshandlung leisten. Mit der Kategorie Gesprächsakt (und der weiteren Kategorie Rückmeldungsakt (s. u.)) kommen die sinngebenden und handlungsplanmäßigen Leistungen der Gesprächsteilnehmer in ihrer Sprecher- und Hörerrolle in den Blick. Damit aber ist offensichtlich, daß die Kategorie Gesprächsakt (und im weiteren auch die der Gesprächshandlung) aus der Sicht der Gesprächspartner interpretierende und aus der Sicht des analysierenden Wissenschaftlers interpretierte Kategorien sind, die als solche auch mehrfunktional sein können. Nach bestimmten Kriterien sind unterschiedliche Sorten von Gesprächsakten zu unterscheiden. Das soll nunmehr am Beispiel des Verkaufsgesprächs entwickelt werden.

Die Gesprächsbeendigungsinitiative der Kundin lautet: *ja= (d)as müßt ich mir noch mAl (überleg–n) ob dAs oder dAs Andere' find ich bEide sehr hübsch, + + + (gef)ällt mir sEhr gut.* (13,81–14,9). Dieser Gesprächsschritt der Kundin besteht aus vier Gesprächsakten, einem strukturierenden und drei thematischen Gesprächsakten. Der strukturierende Gesprächsakt *ja=* hat die Aufgabe, den bedeutsamen Gesprächsschritt der Kundin einzuleiten, den Bezug zu dem Vorhergehenden herzustellen und möglicherweise die gewisse Härte der folgenden thematischen Gesprächsakte zu mildern. Solche strukturierenden Gesprächsakte haben die Funktion, den Gesprächsschritt zu gliedern. Sie finden sich am Anfang, am Ende und in der Mitte von Gesprächsschritten und haben entsprechend ihrer Position im Gesprächsschritt je unterschiedliche Funktionen.

Die strukturierenden Gesprächsakte zu Beginn eines Gesprächsschritts haben, grob gesprochen, die eben angegebene einleitende und Bezug herstellende Funktion. Vor allem die Partikel *ja* wird im

4.3. Gesprächsanalytische Kategorien

vorliegenden Verkaufsgespräch so eingesetzt: Auf die Frage der Kundin: *un(d) = das käme wIEvIEl*" antwortet die Verkäuferin: *.jA:' dAs kOstet =* [...] (13,4ff.). Dieses auch in seiner phonetischen Realisation von dem beendigungsinitiativen *ja=* der Kundin (s. o.) differierende *jA:'* der Verkäuferin hat eine sehr unterschiedliche spezifische Funktion. Bestand die spezifische Funktion des beendigungsinitiativen *ja=* darin, mildernd und beschwichtigend zu wirken, so signalisiert das *jA:'* der Verkäuferin Zustimmung und Bereitwilligkeit.

Die strukturierenden Gesprächsakte am Ende von Gesprächsschritten oder am Ende oder auch innerhalb thematischer Gesprächsakte haben, wiederum allgemein formuliert, bestätigungsheischende und informationsverstärkende Funktion (s. o. S. 21f.). Im vorliegenden Verkaufsgespräch werden vor allem *ne'* bzw. *nich'* in dieser Funktion eingesetzt (vgl. u. a. 6,35; 6,54; 7,29). Sofern die einleitenden und Bezüge herstellenden Gesprächsakte einerseits und die bestätigungsheischenden und informationsverstärkenden Gesprächsakte andererseits auf lexikalisierte Mittel (*ja, also, nicht* etc.) zurückgreifen, kann man in bezug auf diese Partikeln von Gliederungspartikeln sprechen (vgl. Henne 1978, 45f.). Damit ist aber nur eine wortartentheoretische Aussage gemacht: Gesprächsanalytisch liegen strukturierende Gesprächsakte vor, eine Kategorie, die an die Stelle des bislang üblichen Begriffs ‚Gliederungssignal' deshalb treten soll (s. o. S. 20), weil die Kategorie Gesprächsakt die Handlungsimplikationen der Sprecherrolle abbildet.

Auffällig ist nun, daß diejenigen strukturierenden Gesprächsakte, deren Funktion es ist, thematische Beziehungen herzustellen und thematische Akzente zu setzen, zumeist nicht mit lexikalisierten Mitteln ausgeführt werden können; vielmehr muß der Sprecher auf idiomatische Phrasen zurückgreifen (wie: *nun gut, zum einen, das wär dies*). Ein Beispiel des Verkaufsgesprächs ist: *wie gesAgt auf= rustikAl etwas getrImmt'* + (4,19ff.): Die Verkäuferin möchte mit diesem *wie gesagt* darauf verweisen, daß sie über die rustikalen Tendenzen der Service-Designer schon gesprochen und zugleich sehr wohl behalten habe, daß die Kundin etwas „Feineres" bevorzugt.

4. Entwicklung von Kategorien und Analyseverfahren

Zu den strukturierenden Gesprächsakten müssen auch die gesprächsschrittübergebenden gerechnet werden, die am häufigsten im Unterricht zur Anwendung kommen (*Bitte schön*, Namensnennung). Und spätestens an dieser Stelle wird deutlich, daß strukturierende Gesprächsakte keine propositionale Struktur im Sinne der Sprechakttheorie aufweisen (s. o. S. 10), eine propositionale Struktur, in der auf etwas Außersprachliches Bezug genommen („Referenz") und von diesem etwas ausgesagt wird („Prädikation"); vielmehr sind es innerstrukturelle Bezüge, die durch strukturierende Gesprächsakte hergestellt werden: Mit dem Gesprächsakt (z. B. *ja, nich, wie gesagt*) bezieht sich der Sprecher auf thematische Gesprächsakte. Zumindest für einleitende, bestätigungsheischende und themenstrukturierende Gesprächsakte erscheint das plausibel: Die strukturierenden Gesprächsakte sind die Gelenkstellen am „Körper" des Gesprächs.

Den strukturierenden Gesprächsakten des Sprechers entsprechen die Rückmeldungsakte des Hörers. Was zuvor als Spielarten der Rückmeldung dargestellt wurde (s. o. S. 170), muß nunmehr als spezifischer Akt des Hörers gewertet werden. Dabei ist auf eine Mittellage spezieller Gesprächsakte zu verweisen. Zum Beispiel: Die Kundin beginnt einen Gesprächsschritt folgendermaßen: *ja-a' genau,+ weil meine mutter* [...] (9,22ff.). Mit einem zustimmenden Rückmeldungsakt eröffnet sie, besser: gewinnt sie den Gesprächsschritt. Die fugenlose Verbindung von Hörer- und Sprecherrolle wird an solchen Gesprächsstücken unmittelbar anschaulich. In ähnlicher Weise ist die Satzvollendung (3,21) zu bewerten: Die Verkäuferin vollendet simultan mit *geschmAckssache ne"* den Gesprächsschritt der Kundin, um dann ihrerseits den Gesprächsschritt zu übernehmen.

Näher zu bestimmen sind nun noch die thematischen Gesprächsakte, z. B. die auf S. 176 zitierten. Versucht man, diese thematischen Gesprächsakte zunächst als Sprechakte auf der Basis der Klassifikationsversuche von *Austin* (1972, 165ff.), *Searle* (1973, 117) und *Wunderlich* (1976, 77) einzuordnen, so ist der erste Gesprächsakt (*(d)as müßt* [...] *Andere'*) dem Typ des „kommissiven" Sprechakts zuzuordnen: *Austin* rechnet dazu u. a. „Willens- und Absichtserklärungen" und *Searle* bestimmt als die illokutive

4.3. Gesprächsanalytische Kategorien

Absicht, „den Sprecher auf einen zukünftigen Lauf der Dinge zu verpflichten". Innerhalb seiner Satztypologie spricht *Tugendhat* (1976, 511) von „Intentionssätzen", dessen einfachster Fall es sei, „daß ein solcher Satz das eigene Handeln leitet". Dementsprechend liegt hier ein Sprechakt vor, dessen kommunikative Kraft darin besteht, den Willen der Kundin auszudrücken, die Kaufentscheidung zunächst zurückzustellen. Wir möchten von einem **absichterklärenden Sprechakt** sprechen. (Die propositionale Struktur ist zweifach gegliedert: Die von der Haupt-Proposition abhängige Proposition lautet: ob ich (Referenz) das eine oder das andere [wähle] (Prädikation).)

Die fortgeschrittene Sprechakttheorie spräche weiterhin im vorliegenden Fall von Sprechaktsequenzen, wobei die dem kommissiven Sprechakttyp folgenden zwei Sprechakte dem „Satisfaktiv-Typ" (*Wunderlich* 1976, 79) zugerechnet würden: Es sind wechselnd begründete Rechtfertigungen für den Kaufaufschub, demnach sollen sie **rechtfertigende Sprechakte** heißen.

Darüber hinaus muß nun noch die Gesprächsaktstruktur dargestellt werden; denn thematische Gesprächsakte sind über ihre sprechaktstrukturellen Aspekte hinaus als Gesprächsakte durch ihren handlungsplanmäßigen Stellenwert ausgewiesen (s. o. S. 176). Danach ist der absichterklärende Sprechakt des Kaufaufschubs als Gesprächsakt der **Kaufverweigerung** zu bezeichnen. Die den Kaufaufschub rechtfertigenden Sprechakte sind Gesprächsakte einer **scheinbaren Rechtfertigung**, die die Härte der Verweigerung abmildern sollen. Somit erweist sich, daß die von der Kundin geäußerten Gesprächsakte einen ganz spezifischen handlungsplanmäßigen Stellenwert haben, der nur im kotextuellen und kontextuellen („situationellen") Zusammenhang auszumachen ist. Für den Wissenschaftler ergibt sich erst aus der Kenntnis des gesamten Gesprächs dieser Stellenwert.

Eine Interpretationsvarianz hinsichtlich des Stellenwerts dieser Gesprächsakte ist nun insofern aufzuweisen, als der Gesprächsakt der Kaufverweigerung zugleich als ein solcher der **Täuschung** bezeichnet werden könnte. Diese Täuschung wird durch die folgenden Gesprächsakte der scheinbaren Rechtfertigung kaschiert. Diese

Interpretation der Kaufverweigerung als Täuschung mag sicher zu weitgehend sein; sie soll in erster Linie am Beispiel klarmachen, daß die Bestimmung von Gesprächsakten einer Varianz unterliegt, die sich aus der Konstitution von Gesprächsakten als interpretierten Kategorien zwangsläufig herleitet: Der Interpret bringt in die Interpretation notwendig seine lebensgeschichtlich fundierten Erfahrungen, Kenntnisse und Interessen ein, auf deren Basis er die sprachwissenschaftlichen Kategorien interpretiert.

Eine abschließende Bemerkung sei erlaubt zu dem, was die Sprechakttheorie „indirekte Sprechakte" nennt. Indirekt wird ein Sprechakt dann genannt, „wenn der mit sprachlichen Mitteln angezeigte Illokutionstyp (s. o. S. 178) (nach der normalen Interpretation aller Illokutionsindikatoren) nicht mit der primär intendierten illokutiven Funktion übereinstimmt" (*Frank* 1975, 219). Angewendet auf unser Beispiel könnte nun die Absichtserklärung des Kaufaufschubs als der Illokutionstyp (Sprechakttyp) und die tatsächliche Kaufverweigerung als die primär intendierte Funktion bestimmt werden. Dieses Konzept der Direktheit und Indirektheit von Sprechakten wird von uns im Zusammenspiel von Sprechakt und Gesprächsakt umformuliert.

4.3.5. Gesprächsphasen und -teilphasen

In 4.3.1. wurde die Kategorie der Gesprächshandlung eingeführt und informell, wie zuvor schon in 4.2., von Gesprächsphasen gesprochen. Die schon vom deutschen Schulaufsatz her bekannte quasi universale Struktur Eröffnung, Mitte, Schluß wird auch in der Gesprächsanalyse angeboten. Aufgrund der bisher geleisteten begrifflichen Vorarbeit können wir nun bestimmen: Gesprächsphasen sind, relativ zu Gesprächsbereich und Gesprächstyp, spezifische Verlaufsformen eines Gesprächs. Gesprächsphasen werden durch jeweils eine oder mehrere Gesprächshandlungen konstituiert und liegen in der oben angegebenen Grobstruktur vor. Vor allem die Gesprächsphase der Mitte zeichnet sich zumeist durch hohe Komplexität, d. h. eine vielfach geschichtete Gesprächshandlungsstruktur aus. Deshalb scheint es notwendig, die grobe Kategorie Gesprächsphase durch die Kategorie Teilphase zu spezifizieren. Dies soll am Beispiel erläutert werden.

4.3. Gesprächsanalytische Kategorien

Mit 13,81 ff.: *ja= (d)as müßt ich mir noch mAl (überleg–n)* [...] beginnt die durch die Kundin eingeleitete Gesprächshandlung der Vorbeendigung. Diese geht mit 15,21 zu Ende, und es folgt die Gesprächshandlung der Wiedergutmachung, die mit 17,35 zu Ende geht. Dann folgt wirklich die Gesprächshandlung und Gesprächsphase der Gesprächsbeendigung. Die Gesprächshandlung der Vorbeendigung und die der Wiedergutmachung kann man nun zu einer Teilphase der Gesprächsmitte zusammenfassen, die aus der Sicht der Kundin (möglicherweise) einen anderen Stellenwert hat als aus der Sicht der Verkäuferin. Aus der Sicht der Kundin kann man diese Teilphase als „höfliche Vorbereitung des Gesprächsendes" bezeichnen, während sie aus der Sicht der Verkäuferin mit „Vorbereitung des Gesprächsendes und überflüssige Verlängerung" benannt werden kann. Die Kategorie Teilphase bildet somit die a u f einander bezogene, unter-, über- oder nebengeordnete Struktur von Gesprächshandlungen ab und erlaubt es, die Komplexität der Gesprächsmitte nachzuzeichnen.

Teilphasen werden durch Themen- und Subthemenwechsel sowie durch situative Bedingungen (z. B. Hinzutreten eines Gesprächspartners) ausgegliedert (vgl. *Schank* 1976, 46 ff., der auch S. 38–41 einen Problemkatalog liefert). Teilphasen bestehen aus aufeinander bezogenen Gesprächshandlungen. Korrespondierende „Merkmale", genauer: strukturierende Gesprächsakte gliedern Teilphasen (zumeist) aus. Dieser Prozeß der Ausgliederung erfolgt als Interpretation des Gesprächsverlaufs und ist insofern variabel in seiner Ordnung. In unserem Beispiel wird die Teilphase ‚Vorbeendigung und Wiedergutmachung' durch einen strukturierenden Gesprächsakt *ja=* eingeleitet (zu dessen Funktion s. o. S. 176) und durch eine ca. 4 Sekunden lange Pause beendet. Konsequenterweise ist das die Pause der Verkäuferin, die nach Beendigung des Gesprächsschritts der Kundin diesen nicht aufnimmt, so daß die Kundin mit 17,38 ff.: *dAnke schön* [...] die Beendigungsphase einleitet.

4.3.6. Kategorien der Mikroebene

Diese sind – sofern sie systematisch entwickelt würden – ein Thema für sich. Gemeint sind gesprächsakt- und rückmeldungsaktinterne Aspekte: phonische und prosodische Struktur, Wort- und Satzstruktur, Struktur von Mimik und Gestik. In diesen Zusammenhang gehört auch das, was *Wunderlich* (1976, 301 ff.) „Realisierungsformen von Sprechakten" nennt. Z. B.: Wie ist der Zusammenhang von Gesprächsakt, Sprechakt und grammatischer, insbesondere modaler Struktur? Warum benutzt die Kundin den irrealen Konjunktiv (13,4 ff.: *un(d)= das käme wIEvIEl"*), wo sie doch wirklich erfahren will, wieviel das Service kostet? Nachdem die Kundin gesagt hat (17,42 ff.): *(ich) schau dann noch ma rein*, also im Präsens einen nicht eingehaltenen Entwurf auf die Zukunft gemacht hat, sagt die Verkäuferin 17,43 ff.: *jA' das wÄre nEtt'*. Ist hier im Bewußtsein der Verkäuferin der irreale Konjunktiv reales Indiz für die Irrealität der Kundenaussage?

Über die phonische und prosodische Struktur von Gesprächen ist einiges im Entwurf eines Notationssystems ausgesagt, worauf an dieser Stelle verwiesen sei. Hier seien einige wenige Bemerkungen über Wort- und Satzprobleme in der Gesprächsanalyse am Beispiel des Verkaufsgesprächs vorgetragen.

In thematischen Gesprächsakten des vorliegenden Verkaufsgesprächs werden als prädikativer Bestandteil der Proposition häufig wertende, und zwar die Service bewertende Adjektive benutzt. Insgesamt werden 30 types und 68 tokens verwendet (30 Adjektive, die insgesamt 68mal Anwendung finden). Am häufigsten wird *hübsch* (14mal) eingesetzt, *nett, freundlich, fein* je 5mal, *farbenfroh* 4mal, *dick, neu, rustikal* je 3mal, *grün, dunkel, braun, dezent* je 2mal, *apart, derb, schwer, leicht, ansprechend, bunt, niedlich, lustig, belebend, froh, handgemalt, zart, reizend, schön, kompakt, großzügig, herrlich, blackrig* je 1mal. Diese Adjektive sind Daten für eine empirisch fundierte lexikalische Semantik. Selbstverständlich müßten bei der lexikalischen Beschreibung die gesprächsaktstrukturellen und gesprächshandlungsstrukturellen Aspekte nicht nur berücksichtigt werden, sondern diese müßten die lexikalische Beschreibung leiten.

Dieses lexikalische „Paradigma" der Service-Bewertung wird konstituiert durch einen realen Verkaufs- und Gesprächszusammenhang. Die Basis ist die berufliche Praxis der Verkäuferin und das

Zusammenspiel der Wertungen und Bewertungen von Kundin und Verkäuferin. An einer Stelle (14,17ff.) heißt es: *(i)ch finde bEIde' bEIde sind₋₇ := fArbenfroh, trOtzdem dezEnt*: Ursprüngliche Oppositionswörter (Antonyme) werden durch die Schönheit eines Services in Einklang gebracht. Die lexikalische Paradigmenforschung wird die situationelle Gebundenheit und kommerzielle Akzentuierung der Paradigmenmitglieder in Rechnung zu stellen haben.

Wenn Grammatiken den Satz als „unterste Einheit der Kommunikation" (*Brinkmann* 1971, 932) bzw. als „kleinste potentiell selbständige Äußerung in einer Sprache" (*Heringer* 1970, 9) bezeichnen und *Erben* (1972, 241) hinzufügt: „in einem abgeschlossenen Sprech- (oder Schreib-)Akt des Sprechers für einen Hörer (Leser) geprägt" –, dann wird aus diesen Zitaten einerseits die kommunikative Orientierung der Grammatiken deutlich; andererseits aber wird doch erkennbar, daß diese Satzdefinitionen, die als grundlegend „eine Struktur mit Prädikativität" (*Erben* 1972, 241) ansehen, nicht alle Äußerungstypen in konkreten Gesprächen berücksichtigen. Denn strukturierende Gesprächsakte (*ja=, ne*, s. o. S. 176), Gesprächsschrittbeanspruchungen (*jA:'* + *das=*, s. o. S. 174) und Rückmeldungsakte (*mm" jawoll*, s. o. S. 178) sind als minimalkommunikative Äußerungen zu bezeichnen, aber mit dem herkömmlichen Satzbegriff nicht zu fassen. (In bezug auf diesen werden Vollsätze, unvollständige Sätze: *Ein Bier!* und Satzwörter: *Ja! Nein!* unterschieden.) Die Gliederungspartikeln (in der Funktion strukturierender Gesprächsakte) und die Rückmeldungspartikeln (in der Funktion von Rückmeldungsakten) sind jeweils satzzusammenhangunabhängig. Im Falle der Gliederungspartikeln kann man sie als satzassoziiert, im Fall der Rückmeldungspartikeln als satzwertig bezeichnen (vgl. *Henne* 1978, 46). Im Fall der Spielart der Rückmeldung als Satzvollendung liegen z w e i kommunikative Akte in bezug auf e i n e propositionale und Satzstruktur vor (*Passier* 1978, 30).

4.4. Folgestrukturen von Gesprächseinheiten

Die im Abschnitt 4.3. behandelten Einheiten der Äußerungsebene (Gesprächsschritte) und der Ebene der Handlungsbedeutung (Gesprächsakte) erwiesen sich dadurch als Gesprächseinheiten, daß sie nicht statisch je für sich, sondern nur im Hinblick auf ihre Abfolge vorgestellt werden konnten: hinsichtlich ihres Wechsels und ihrer Verknüpfung. Dabei ist die im Kap. 1. (s. o. S. 8) angesprochene Grundkategorie des Gesprächs, nämlich der Wechsel, den Gesprächsschritten, die „Verknüpfung" dagegen, d. h. die bezugnehmende Fortführung, den Gesprächsakten zuzuordnen. Beide Sequenzierungsprinzipien sollen nunmehr im Zusammenhang betrachtet werden.

4.4.1. Gesprächsschrittwechsel

4.4.1.1. Typen des Wechsels

Da es sich bei unserem Beispieltext um ein Gespräch zwischen zwei Personen handelt, können daran nicht jene Probleme des Gesprächsschrittwechsels gezeigt werden, die nur in Gruppen von mindestens drei Personen auftreten: Dort geht es unter anderem um die Frage, welcher der Hörer der nächste Sprecher sein wird. Dies kann durch Selbstwahl (des künftigen Sprechers), Fremdwahl (durch den vorausgehenden Sprecher) oder einen Gesprächsleiter entschieden werden (s. o. S. 17f.). Bei vorwiegender Selbstwahl kann es häufig zur konflikthaltigen simultanen Gesprächsschrittübernahme mehrerer Sprecher kommen; die Fremdwahl hingegen kompliziert sich durch die in Gruppengesprächen mögliche Scheidung der Nicht-Sprecher in Adressaten und Zuhörer (s. o. S. 28).

Im Zweiergespräch stellt sich nicht die Frage, welcher Teilnehmer überhaupt redet, sondern wann und wie lange die beiden Teilnehmer zu Worte kommen und in welcher Form sie sich im Besitz eines Gesprächsschrittes abwechseln. Drei Hauptkategorien des Wechsels können unterschieden werden, und zwar hinsichtlich des relativen Zeitpunkts der Gesprächsschrittübernahme:

a) Wechsel nach Unterbrechung; b) „glatter" Wechsel; c) Wechsel nach Pause.

Echte Unterbrechungen sind selten in dem emotional neutralen Verkaufsgespräch, dessen Partner einander öfter bestätigen als widersprechen. Ein deutliches Beispiel findet sich 11,46/48: Die Verkäuferin stellt fest: *dAs is jetz Aber nur wieder= komplEtt er-*

4.4. Folgestrukturen von Gesprächseinheiten

hältlich, *also als komplEttes servIce' während=* und wird, bevor sie den Inhalt des mit *während* begonnenen Nebensatzes artikulieren kann, von der Kundin unterbrochen: *(ja) das wär mir zu viel*. Da die Verkäuferin ihren Gesprächsschritt abbricht, ohne ihn später fortzusetzen, erfolgt hier ein echter Gesprächsschrittwechsel durch Unterbrechung.

Ein solcher Wechsel ist aber nicht die Regel bei einer Unterbrechung: Wenn der Unterbrochene seinen Gesprächsschritt nicht abgibt, sondern weiterspricht, so kann der den Gesprächsschritt Beanspruchende entweder verstummen oder den begonnenen Gesprächsschritt fortsetzen. Im ersten Falle bleibt es bei einer bloßen Gesprächsschrittbeanspruchung, wie oben S. 175 an zwei Beispielen ausgeführt wurde. Den zweiten Fall zeigt der oben S. 169 zitierte Ausschnitt 8,27–51: Die Verkäuferin unterbricht die Kundin an einer nach den Spielregeln höflicher Unterhaltung an sich möglichen Stelle, und beide reden weiter; das Resultat sind zwei simultane Gesprächsschritte. Ähnliches geschieht 6,54 ff.:

K | nich' wenn mans mit einer nett-n tischdecke da=

K | + ... mit   dieser
V | das is gA:nz= (s gib)t ja jetz: diese rOt-n,   +

K | spItze drüber, ne' (i)ch mein: s= + jà=   +
V | +   +   das kann man sE:hr nett deko-

K | m-m'
V | riern. + +

Die Kundin macht nach *da* eine kleine Pause; die Verkäuferin, die offensichtlich verstanden hat, was die Kundin sagen wollte und für die deren Gesprächsschritt somit beendet ist, tritt schnell mit einem bestätigenden Gesprächsschritt in die Pause ein, um sofort von der Kundin, die offenbar noch nicht fertig war, unterbrochen zu werden. Die Verkäuferin führt allerdings simultan ihre Aussage zu einem vorläufigen Ende, überläßt dann der Kundin den Gesprächs-

4. Entwicklung von Kategorien und Analyseverfahren

schritt, bis diese ins Stocken gerät, ergreift aufs neue das Wort und führt die Wechselrede zu einem bündigen Abschluß.

Ganz ähnlich verfährt die Verkäuferin in 15,21–49:

V | jA" dAs is jetz=
K | aber (e)s= gefÄllt mir sehr gut.

V | geh-n se rUhich noch ma=   +   +   geh-n
K | (ich) glaube wenn ich das länger noch=   + ...

V | se ruhich noch ma drüben rüber. LACHT
K | LACHT

In einem „glatten" Wechsel übernimmt die Verkäuferin den Gesprächsschritt, um die Kundin zum nochmaligen Besichtigen der Ware aufzufordern; die Kundin artikuliert in einem neuen Gesprächsschritt ihre Zweifel und unterbricht die Verkäuferin; diese redet einen Augenblick weiter und bricht dann ab, um die Kundin ausreden zu lassen. Der Kundin wird dadurch offenbar bewußt, daß sie der Verkäuferin ins Wort gefallen ist, und sie beendet ebenfalls vorzeitig ihren Gesprächsschritt. Die Verkäuferin wiederholt ihren Gesprächsschritt und führt ihn zu Ende.

Die beiden Beispiele lehren, wie schwierig im Einzelfall zu klären ist, wer wen unterbricht, ob überhaupt eine Unterbrechung und ob ein Gesprächsschrittwechsel vorliegt – das letztere schon deshalb, weil die Grenze zwischen (Hörer-)„Kommentarschritten" und (Sprecher-)„Gesprächsschritten" fließend ist; denn die Einschätzung unterbrechender Kurzwiderungen hängt ab von der Struktur der unterbrochenen Gesprächsschritte (s. o. S. 174). Umfangreiche argumentative oder erzählende Gesprächsschritte können sogar durch längere „Intermezzi" unterbrochen werden, ohne daß ein Wechsel eintritt. Themenfremde Warnungen, Fragen, Angebote o. ä. (*Achtung, Ihre Asche! Darf ich Ihnen nachschenken!*), themenbezogene Zwischenfragen und -bemerkungen, die sich zu kleinen Zwischendialogen auswachsen können (Klärung eines Details, einer Voraussetzung), Nachträge durch den Sprecher

4.4. Folgestrukturen von Gesprächseinheiten

eines zuvor beendeten Gesprächsschrittes: diese und ähnliche Intermezzi suspendieren den „eigentlichen" Gesprächsschritt nur, ohne ihn außer Kraft zu setzen. Mindestens in einem kooperativen Gespräch bleiben sich die Teilnehmer bewußt, wer rechtens an der Reihe ist, entschuldigen sich womöglich für das Zwischenspiel und lassen den Gesprächsschrittinhaber zum frühestmöglichen Zeitpunkt seinen Gesprächsschritt fortsetzen.

In unserem Beispielgespräch fehlen nicht nur derart komplexe Fügungen, sondern auch die Unterbrechungen bilden eher die Ausnahme. Häufiger ist der „glatte" Wechsel, der nach *Duncan* (1973, 30, 33: „smooth exchange of speaking turns") dann vorliegt, wenn sich der Wechsel ohne eine Zwischenphase simultaner Gesprächsschritte vollzieht, d. h. wenn a) der Sprecher ein „turn signal" (s. dazu u. S. 191 ff.) gibt, b) der Hörer die Sprecherrolle übernimmt und c) der Sprecher seinen Gesprächsschritt aufgibt und zum Hörer wird. Diese Definition ist allerdings einerseits etwas enger, andererseits etwas weiter zu fassen: Ein Wechsel, bei dem zwischen der Abgabe des einen und dem Beginn des nächsten Gesprächsschrittes eine (längere) Pause liegt, sollte nicht als „glatt" bezeichnet werden; andererseits erscheint es sinnvoll, die folgenden beiden Typen von Gesprächsschrittwechseln „glatt" zu nennen:

– Der Hörer unterbricht den Sprecher zu einem Zeitpunkt, wo dieser nur noch inhaltlich Redundantes, wenn auch grammatisch Notwendiges zu äußern hat, wo sein Gesprächsschritt also für einen aufmerksamen Hörer beendet ist (überlappender Wechsel; *Sacks/Schegloff/Jefferson* 1974: „slight overlap").
– Der Hörer übernimmt den Gesprächsschritt nach einer kurzen Denk- oder Entscheidungspause, die nach dem Inhalt des voraufgehenden Gesprächsschrittes (z. B. nach einer Sachfrage) erwartbar war (zäsurierter Wechsel; *Sacks/Schegloff/Jefferson* 1974: „slight gap").

Die drei Typen des glatten Wechsels: a) fugenloser, b) überlappender, c) zäsurierter Wechsel, seien nunmehr mit je einem Beispiel aus dem Verkaufsgespräch belegt:

188   4. Entwicklung von Kategorien und Analyseverfahren

a)   9,1 ff.:

V | (da)s:= macht sich wIrklich
K

V | hübs(ch).
K | und man sieht sich das muster

V | es is= fArbenfroh' und trotz-
K | nich lEId. + m̈'   m-m'

V | dem dezEnt.
K | ja-a' genau, + weil meine....

b)   5,66 ff.:

V | ... etwas bUnteres, frEUndlicheres, +
K

V | das is AUch sEhr hübs(ch).
K | ja= dAs mag ich auch sEhr gern. ja, =ja:'

c)   6,36 ff.:

V | isses doch etwas= + lUstiges= + be-
K | ,ja:'

V | lEb-nd. +ja"
K | man könntes zur n:Ot= also....

Erwähnt werden muß an dieser Stelle eine Übergangsform zwischen Unterbrechung und glattem Wechsel: Der Hörer läßt den Sprecher zwar ausreden und beginnt dann fugenlos seine Erwiderung; er hat ihm jedoch mit seinen sprachlichen und nicht-sprach-

4.4. Folgestrukturen von Gesprächseinheiten 189

lichen Rückmeldungen zu verstehen gegeben, daß er ihn eigentlich gerne unterbrechen und die Sprecherrolle übernehmen würde und daß er nur aus Höflichkeit wartet. Der Sprecher sieht sich dann vor die Entscheidung gestellt, seinen Gesprächsschritt abzubrechen, abzukürzen oder wie geplant zu Ende zu führen. Für ein derartiges Hörerverhalten gibt es in unserem Text kein deutliches Beispiel; allerdings zeigen die fugenlosen Wechsel, mit denen die Verkäuferin in 3,30 und 3,99 die unterbrochene Präsentationshandlung wiederaufnimmt, ohne zu den Bemerkungen der Kundin Stellung zu nehmen, zeigt auch das abschließende *jawoll* (3,3), daß die Verkäuferin vermutlich auf die Beendigung des Kundengesprächsschrittes gewartet hat und nun etwas ungeduldig zur Sache kommt (s. o. S. 178).

Entsteht nach der Beendigung eines Gesprächsschrittes eine Pause, so ist — wie bei der Unterbrechung — der Wechsel, also die Übernahme der Sprecherrolle durch einen der bisherigen Hörer, nur eine von drei Möglichkeiten; die Pause kann auch als simultanes Schweigen aller andauern und das Ende des Gespräches bedeuten oder aber durch einen neuen Gesprächsschritt des bisherigen Sprechers beendet werden.

Ein eindeutiges Beispiel für einen Wechsel nach einer Pause begegnet im Verkaufsgespräch nach 12,70:

V   is ma was gAnz and–res= m"   + + ... wäre
K   ‚ja:'   =m:'   + +

V   dAs=   + + + + + +
K   m–m' + + + + + un(d)= das käme wIEvIEl"

Eindeutig ist dieses Beispiel allerdings nur auf der Ebene der sprachlichen Zeichen; doch was tun Verkäuferin und Kundin, während sie schweigen? Es darf vermutet werden oder ist zumindest mit dem Text nicht unvereinbar, daß die Verkäuferin sich nach einem weiteren zu präsentierenden Service umsieht, während die Kundin noch das alte betrachtet. In diesem Fall gäbe es auf der Ebene nicht-sprachlicher Interaktion keine Pause, mithin eine

4. Entwicklung von Kategorien und Analyseverfahren

Diskrepanz zwischen der Gliederung der sprachlichen (und mimisch-gestischen) und der aktionalen Ebene. Wir können jedoch dieser sehr wichtigen Frage nicht weiter nachgehen, denn wir stoßen hier an die Grenze nicht nur unserer Tonbandaufzeichnung, sondern auch der bisherigen Gesprächsanalyse: *Duncan* und seine Nachfolger untersuchten vornehmlich Unterhaltungen und zogen diejenigen nonverbalen Verhaltenselemente zur Analyse des „turn-taking-system" heran, die zur Strukturierung und Abgrenzung der an sich sprachlich definierten „turns" dienen. Die linguistische Erforschung des komplexeren „turn-taking-system" aktional begleiteter oder gar aktional zentrierter Gespräche (und damit eine gesprächsanalytische Fortführung des Ansatzes von *Goffmann*) steht noch aus.

Betrachten wir zum Schluß dieses Abschnittes noch zwei Beispiele, in denen nach der Pause der bisherige Sprecher wieder das Wort ergreift:

17,29 ff.:

V | m' + + + + + + + + +
K | ja gefällt mir doch sEhr gut, + + + + + + + + +

V | bItte schön'
K | dAnke schön, Erst ma.

15,92 ff.:

V |
K | aber da hInt-n dAs gefÄllt mir

V | m' + + + + + +
K | Auch sehr gut. + + m-m' + + jA, je län-

V |
K | ger ich mir das Anseh' . . . . .

4.4. Folgestrukturen von Gesprächseinheiten

Problematisch ist in diesen Fällen die Abgrenzung der Gesprächsschritte. Das eindeutige Kriterium des Sprecherwechsels ist hier nicht anwendbar; eine Pause allein ist jedoch kein Abgrenzungskriterium, da Sprecher ja auch innerhalb ihrer Gesprächsschritte Pausen machen, wenn sie Atem holen, ihre Gedanken ordnen, nach Worten suchen. Nur wenn sich mit der Pause handlungs- und darstellungssemantische Unterschiede (wie im ersten der beiden zitierten Beispiele) und/oder „turn signals", d. h. semantische, syntaktische, prosodische, mimische, gestische Anzeichen (wie in beiden Beispielen; s. dazu u. S. 192 f.) verbinden, läßt sich die Pause als „Außenpause" zwischen zwei Gesprächsschritten desselben Sprechers interpretieren.

Ein inhaltlicher Sprung (wie im ersten Beispiel) ist ein sehr starkes Abgrenzungskriterium, allerdings nur im Nachhinein zugänglich; wo der Sprecher jedoch nach der Pause seinen Gedanken weiterspinnt wie die Kundin im zweiten Beispiel, ist der Analysierende in gleicher Weise auf die genannten Anzeichen verwiesen wie der Hörer, der während der Pause entscheiden muß, ob der Sprecher seinen Gesprächsschritt beenden „wollte". Allerdings kann in der Regel durchaus bezweifelt werden, ob der Sprecher tatsächlich die ihm aufgrund der Anzeichen unterstellte Intention gehabt habe; doch ist seine Intention allein gar nicht entscheidend. Entscheidend ist vielmehr, ob dem Sprecher im Rahmen der in seiner Gruppe geltenden Interaktionsbräuche und -normen aufgrund der erwähnten Anzeichen die Intention der Gesprächsschrittbeendigung zu Recht unterstellt werden konnte: Man kann auch gegen seinen Willen einen Gesprächsschritt beenden – man kann sich allerdings dagegen auch wehren.

4.4.1.2. Gesprächsschrittbezogene Anzeichen und Zeichen

Der Terminus *Anzeichen* im vorigen Abschnitt wurde bewußt und etwas provozierend gebraucht. Liest man nämlich einschlägige gesprächsanalytische Arbeiten, so bekommt man aus der verwendeten Terminologie leicht den Eindruck, daß Sprecher und Hörer überwiegend bewußt und explizit die Koordination und den Wechsel der Gesprächsschritte „steuern": Sie senden „signals" (*Duncan* 1973), sie vollziehen „dialogaufrechterhaltende Steuerungsakte" (*Schwitalla* 1976), um nur zwei Autoren zu zitieren. Was dann dort im einzelnen als „cues" oder „Steuerungsmittel" aufgezählt wird, umfaßt jedoch zweierlei: explizite sprachliche und nicht-sprachliche Zeichen, mit denen Sprecher und Hörer automatisch oder gezielt ihre gesprächsschrittbezogenen Absichten mitteilen; daneben aber auch eine Auswahl solcher kommunikativen Verhaltensweisen, mit denen Sprecher und Hörer **implizit** und zumeist unbewußt ihre gesprächsschrittbezogenen Absichten offenbaren. (Die letzteren **allein** werden in der Forschung zum nonverbalen Verhalten als „cues" bezeichnet; s. *Argyle* 1972, *Scherer* 1974.) Es erscheint daher nicht recht sinnvoll, hier vom „Sender" und seinen „Signalen" (oder gar „Akten") auszugehen; besser ist es, die Perspektive des Wahrnehmenden einzunehmen. Sprecher und Hörer **orientieren sich** an expliziten Gesprächsakten, insbesondere aber auch am impliziten Gesprächs**verhalten** der Partner: Wenn ein Gesprächsteilnehmer eine thematisch weiterführende Äußerung beginnt, ist dies allein schon ein für den Hörer ausreichendes Anzeichen der Gesprächsschrittübernahme; wenn der Hörer bald nach dem Beginn der Äußerung ihre pragmatisch-semantisch-syntaktische Struktur entdeckt, die eine bestimmte Dauer zu ihrer Vollendung braucht, nimmt er zugleich zur Kenntnis, daß der Sprecher implizit diesen Zeitraum beansprucht; während der Sprecher diese Struktur engagiert entfaltet, kann er nicht gleichzeitig den Gesprächsschritt abgeben wollen; und indem er die Struktur vollendet, gibt er ohne weiteres Zutun die Sprecherrolle auf.

Diese Struktur besitzt informationelle und emotionale Gipfel und Täler, erfordert teils mehr Konzentration auf die Sache, teils mehr Zuwendung zum Hörer. All dies drückt der Sprecher nicht nur verbal, sondern — mit mehr oder weniger Intensität — auch in seiner Stimme, seiner Haltung, seiner Mimik und Gestik aus: wiederum Anzeichen für den Hörer, an welcher Stelle seines Gesprächsschrittes sich der Sprecher befindet.

Die Hervorhebung der impliziten Anzeichen soll natürlich nicht die Bedeutung der expliziten Steuerungsmittel schmälern. Nach Gewohnheit oder Bedarf verwendet der Sprecher Gliederungspartikeln als strukturierende Gesprächsakte (s. o. S. 176 ff.), modifiziert

4.4. Folgestrukturen von Gesprächseinheiten

er Stimme, Mimik und Gestik: Z. B. kann er sich gegen eine Beanspruchung des Gesprächsschrittes durch den Hörer wehren durch Erhöhung der Lautstärke, deutlichere Artikulation, Heben der Stimme, Erhöhung des Sprechtempos, durch mimischen und gestischen Ausdruck des Unwillens, Vermeidung oder Fixierung des Blickkontakts, durch Äußerungen wie *Darf ich bitte ausreden!* oder auch durch eine Kombination („cluster" nach *Duncan*) dieser und ähnlicher Mittel. Insgesamt darf man behaupten, daß der Sprecher solche expliziten Zeichen insbesondere dort gebraucht, wo ihm der Hörer zu entgleiten droht: aus der Rolle des willigen, des aufmerksamen, des verstehenden Zuhörers.

Umgekehrt ist der Sprecher stärker angewiesen auf explizite Rückmeldungsakte (s. o. S. 178) des Hörers als der Hörer auf strukturierende Gesprächsakte des Sprechers, was sich in einer entsprechend unterschiedlichen Frequenz dieser Akte spiegelt. Zwar orientiert sich auch der Sprecher stark daran, wie sich die Tätigkeit des Zuhörens, die Intensität der Aufmerksamkeit, Verstehen oder Nicht-Verstehen, Zustimmung, Zweifel oder Ablehnung unwillkürlich in Haltung, Blick, Mimik und Gestik des Hörers ausdrücken. Er empfängt jedoch vom Hörer nicht so zahlreiche implizite Hinweise, wie er selbst sie dem Hörer mit der von ihm entfalteten sprachlichen Struktur bietet.

Die Existenz und Notwendigkeit der Hörersignale ist im übrigen eine weitere Überlegung wert. In *Duncans* „turn system" kommen jedem Teilnehmer eines Zweiergesprächs zwei „sich gegenseitig ausschließende Zustände" zu: Sprecher und Hörer. Ein Hörer wird definiert als „participant who does not claim the speaking turn at any given moment" (1973, 30). Wäre diese Definition zureichend, so könnte man einen Großteil der Hörerrückmeldungen als überflüssig bezeichnen. Diese sind jedoch notwendig, weil es neben den beiden – auch von uns in den Vordergrund gerückten – Zuständen (Sprecher – Hörer) noch einen dritten gibt: den der Nicht-Interaktion. Wer „nicht den Gesprächsschritt beansprucht", ist nicht automatisch ein Hörer; denn die Gesprächsteilnehmer können nicht nur „umschalten", sondern auch „abschalten": Sie können träumen, einen eigenen Gedankengang verfolgen oder sich ängstlich, trotzig, verletzt verschließen.

Erst angesichts der immer präsenten Möglichkeit des nicht-interaktiven Zustands wird das (adressierte und nicht-adressierte) Hören als aktiver kommunikativer Prozeß erkennbar und verliert der Wechsel von der Sprecher- zur Hörerrolle den Anschein der Zwangsläufigkeit (s. auch *Kallmeyer/Schütze* 1976, 10). Nur mit einem solchen Drei-Zustand-Modell werden auch Interaktionen analysierbar, in denen Hörer im Widerstreit zwischen kommunikativem Desinteresse und geltenden kommunikativen Normen Hörerverhalten simulieren oder etwa auch mit dem ostentativen Beharren in der Hörerrolle zeigen, daß für sie das Gespräch zu Ende ist und sie sich ohne die Regeln der Höflichkeit schon im nicht-interaktiven Zustand befänden. In dieser Richtung darf man wohl das Verhalten der Verkäuferin am Schluß unseres Beispielgesprächs interpretieren (17,35 ff.).

Wie schon am Ende des vorigen Abschnittes angedeutet wurde, orientieren sich die Gesprächsteilnehmer am Verhalten der Partner, indem sie dieses Verhalten als Ausdruck von Intentionen deuten. Solche Interpretationen sind aber nur denkbar auf der Basis „praktischer Idealisierungen" (*Schütz* 1962; *Kallmeyer/Schütze* 1976), deren Regeln im Verlauf der sprachlichen Sozialisation erworben werden und in „Normformerwartungen" (s. auch *Cicourel* 1975, 33 f.) resultieren: der „normale" Ausdruckswert nonverbalen Verhaltens; die „Normalbedeutung" verbaler Zeichen; die „normale" Abfolge sprachlicher Akte etc. Da nun die „Normformerwartungen" bis zum Beweis des Gegenteils wechselseitig unterstellt werden, gewinnt die Orientierung am Verhalten des anderen eine gewisse Unabhängigkeit von dessen realen Intentionen: Man interpretiert das Verhalten, als ob es Ausdruck der betreffenden Intentionen sei, und kann sich im Konfliktfall auf dieses Verhalten berufen. So geben gewisse Satzschlüsse oder bestimmte argumentative Figuren dem Hörer das Recht, dies als Anzeichen dafür aufzufassen, daß der Sprecher seinen Gesprächsschritt beenden wollte.

Eine solche „Normformerwartung" scheint die dort vielleicht etwas ungeduldige, jedoch sehr höfliche Verkäuferin unseres Beispiels bei den fugenlosen Gesprächsschrittwechseln 3,37/30 und 3,100/99 zu leiten: Im ersten Fall hat die Kundin ein ausführlich begründetes negatives Urteil mit *des–s=* + *geschm*A*cksache*, rela-

4.4. Folgestrukturen von Gesprächseinheiten

tiviert und im zweiten Fall einem ebenfalls negativen Urteil eine generelle Qualifizierung der dem Urteil zugrundeliegenden Erfahrung angefügt: *das wa:r= + ə verlegenheitslÖsung dAmals von mir*. Die Vermutung liegt nahe, daß die Verkäuferin in diesen Äußerungen jeweils Realisierungen einer häufig zu beobachtenden „Normalform" erblickt: „Beendigung eines Gesprächsschrittes durch eine Beschwichtigung", und deshalb ohne Umschweife den Gesprächsschritt übernimmt.

4.4.2. Gesprächsaktverknüpfung

4.4.2.1. Basisregeln, Normen, Obligationen

Man stelle sich vor: Zwei Bekannte A und B. führen ein Gespräch, indem sie ohne erkennbare Reihenfolge reden, aufmerksam lauschen und in der Zeitung lesen; oder: A lächelt einem Fremden zu, dieser lächelt zurück, und A sagt: „Was wollen Sie von mir?"; oder: A sagt zu B: „Was meinst du dazu?" und als B antwortet, sagt A: „Unterbrich mich nicht immer!"; oder: A unterbricht B, B verstummt, und A fragt: „Warum redest Du nicht weiter?": Es ist nicht schwer, sich noch eine Fülle solcher „absurden" Interaktionen auszudenken. Ihre Absurdität besteht darin, daß in ihnen „Basisregeln" (s. o. S. 8 f.) des Sprecherwechsels verletzt werden, die so selbstverständlich sind, daß sie ohne einen besonderen Anlaß nicht bewußt werden, und die auch wir in den beiden vorigen Abschnitten als selbstverständlich vorausgesetzt haben. Sie sind Realisationen eines universalen Prinzips menschlicher Interaktion: Menschen können sich in ihrem Handeln nur dann aufeinander einstellen und beziehen, wenn ihr Verhalten mindestens während der Interaktion konsistent ist; wenn sie es u. a. auch vermeiden, ohne erkennbaren Grund dieselbe Sache erst weiß und dann schwarz zu nennen oder die Rolle des strengen Polizisten plötzlich mit der des feurigen Liebhabers zu vertauschen. Gelingende Interaktion bedarf aber darüber hinaus auch einer längerfristigen Konsistenz des Verhaltens, bedarf wechselseitiger durch Normen gesicherter Verhaltenserwartungen. Diese sind in der Regel nicht universal, sondern gelten spezifisch für Kulturen, Schichten, Institutionen, Interaktionsgruppen, und sie sind nicht in gleicher Weise fundamental, sondern reichen von Basisregeln bis zu speziellsten

Konventionen. Am Beispiel des Verkaufsgesprächs sei die Skala der Möglichkeiten angedeutet:

Angenommen, die Verkäuferin würde nach der Begrüßung und dem Bedienungsangebot auf die Bitte der Kundin: *ich hätte mir gern ma ein frÜhstückservI angesEh–n* eine der folgenden Antworten geben:

a) Guten Tag.
b) Ja, und warum sagen Sie das mir?
c) Tut mir leid, Sektkelche haben wir leider im Augenblick nicht vorrätig.
d) Ich mir auch, aber ich komme einfach nicht dazu.
e) Soll das heißen, ich hätte Sie bisher daran gehindert?
f) Warum?
g) Wieso Frühstücksservice? Meinen Sie nicht, daß man es auch zum Abendbrot benutzen kann?
h) Nur ansehen oder auch kaufen?
i) Gut, sagen Sie mir bitte zunächst Ihren werten Namen und Ihre Adresse.
k) Na los, kommen se mit.
l) Wir haben aber nur teure Service.

–: so verstieße sie damit gegen universale Konsistenzprinzipien (a–c), kultur-, sprach- und institutionsspezifische Kooperationsprinzipien (d–g) und spezielle Normen für das Verkäuferverhalten (h–l).

Das Eintreten in das Geschäft sowie die Gesprächsakte der Begrüßung, des Bedienungsangebots und der Wunschäußerung schaffen im Rahmen der institutionellen Bedingungen jeweils nicht zurücknehmbare Obligationen für den weiteren Gesprächsverlauf (s. auch oben 4.2., S. 154 f. und Kap. 1., S. 18f.): Wer grüßt, verpflichtet sich zur Kommunikationsbereitschaft und darf einen Gegengruß erwarten, der dann die Kommunikation ratifiziert, so daß die Begrüßung nicht wiederholt werden kann (s. o. S. 169). Wer als Verkäufer seine Dienste anbietet, verpflichtet den Kunden zur Annahme des Angebots und zur Äußerung eines akzeptablen Wunsches sowie sich selbst zur anschließenden Erfüllung des Wunsches, soweit es in seiner Macht steht. Außerhalb eines

4.4. Folgestrukturen von Gesprächseinheiten

solchen institutionellen Rahmens würde ein entsprechendes Angebot beide Partner mindestens zur ernsthaften Erwägung von Annahme und Erfüllung verpflichten und im Falle der Ablehnung eine Rechtfertigung erforderlich machen.

„Jede Sprechhandlung bewirkt eine Änderung der zwischen Sprecher, Angesprochenen (und evtl. weiteren Hörern) bestehenden sozialen Situation", und zwar (a) bewirkt sie „Änderungen in der Einschätzung der kommunikativen Situation" und (b) „erfüllt und/oder erzeugt sie bestimmte Obligationen für Sprecher und Hörer" (*Wunderlich* 1974, 344). Diese Obligationen sind ein Teil der Handlungsbedeutung von Gesprächsakten und dementsprechend von unterschiedlicher Art, Zahl und Stärke. Z. B. ist die Obligation für den Hörer, einer Aufforderung zu entsprechen, schwächer, wenn es sich um eine Bitte, als wenn es sich um einen Befehl handelt; wie stark dann allerdings die Verpflichtung zur Ausführung des Befehls ist, d. h. was der sich ihm Verweigernde an Sanktionen zu erwarten hat und welcher Spielraum an „alternativen Ersatzhandlungen" (*Wunderlich* 1974, 346) zugestanden wird, hängt von der sozialen Beziehung der betreffenden Personen und den Gepflogenheiten ihrer Interaktionsgemeinschaft ab. Gesprächsakte geben also einen mehr oder weniger bindenden Anstoß

- zu nicht-sprachlichen/nicht-kommunikativen Aktionen (*Grab das Beet um!*) – oft zu solchen, die nach Beendigung der Interaktion auszuführen sind,
- im Minimalfall zur bloßen Kenntnisnahme (z. B. die laute Punktzählung beim Tischtennis)
- und/oder zu weiteren Gesprächsakten des Sprechers oder seiner Gesprächspartner (beim Befehl etwa zur Bestätigung: *Jawoll, wird gemacht!*).

Komplementär dazu beziehen sich Gesprächsakte als obligationserfüllende Akte zurück auf Aktionen, unwillkürliches Verhalten und andere Gesprächsakte.

Somit besitzen die den Gesprächsakten inhärenten Obligationen eine wichtige – wenn auch nicht die einzige – gesprächskonstitutive und -strukturierende Funktion. Es ist z. B. undenkbar, daß die

Verkäuferin des Verkaufsgesprächs einen Monolog hielte und die Kundin sich auf die Äußerung von Rückmeldungspartikeln beschränkte. Die Regeln höflicher Kooperation verlangen von der Kundin, daß sie – auch bei geringem Interesse – immer wieder kommentierend zur präsentierten Ware Stellung nimmt und – was unsere Kundin nur ein einziges Mal tut – Informationsfragen stellt, die wiederum die Verkäuferin zur Antwort verpflichten.

Die strukturierende Kraft von Gesprächsakt-Obligationen ist durch zwei voneinander unabhängige Forschergruppen untersucht worden:

a) durch *Sacks, Schegloff, Jefferson* und ihre Mitarbeiter, die allerdings eine methodische Trennung zwischen Gesprächsschritt-Wechsel und Gesprächsakt-Verknüpfung unterlassen haben; darüber wurde oben S. 15 ff. berichtet;

b) durch *Wunderlich*, der den Ansatz der Sprechakttheorie auf die Analyse „dialogischer Sprechhandlungssequenzen" (1974, 347) ausdehnte (*Wunderlich* 1972) und damit eine Reihe von Untersuchungen anregte, von denen zwei Arbeiten zur Vorwurf-/Rechtfertigungsinteraktion besonders bekannt wurden (*Rehbein* 1972; *Fritz/Hundsnurscher* 1975). In diesen Arbeiten spielt der Begriff „Sprechaktsequenz" bzw. „Sprechhandlungssequenz" eine Rolle, den *Wunderlich* in der folgenden Definition von dem Begriff „Sprechhandlungsverkettung" abgrenzt: „Im Falle, daß unbedingte Obligationen zur Fortsetzung vorliegen, will ich von *Sprechhandlungssequenzen* sprechen; im anderen Fall, wenn ein Dialog oder Monolog ohne solche [d. h. unter bedingten] Obligationen fortgesetzt wird [...], will ich von *Sprechhandlungsverkettungen* sprechen".

Was *Wunderlich* unter bedingten und unbedingten Obligationen versteht, läßt sich an drei Beispielen unseres Textes zeigen:

13,4 ff.: un(d)= das käme wIEvIEl'': Die Frage enthält eine unbedingte Obligation für den Hörer.

1,46 ff.: da hab–n wir einmal= ++ kerAmiksach–n': *einmal* enthält eine unbedingte Obligation für den

3,44 ff.: das island' + auch ganz neu': Sprecher, mit *dann* (1,51) fortzufahren. *Wunderlich* berücksichtigt also im Gegensatz zu *Sacks* et al. auch gesprächsschrittinterne Obligationen. Die Behauptung enthält die bedingte Obligation für die Sprecherin, auf Nachfrage die Wahrheit des Gesagten zu begründen. Aus dem Einwand der Kundin (3,51 ff.) könnte sich ein argumentativer Dialog entspinnen, was hier aber unterbleibt.

Wieweit diese an sich recht nützliche Unterscheidung *Wunderlichs* in der Lage ist, die initiierende Kraft von Gesprächsakten zu erfassen, wird der nächste Abschnitt zeigen.

4.4.2.2. *Determination von Gesprächsakten*

Wenn man im Verkaufsgespräch Sequenzen im Sinne *Wunderlichs* sucht, so findet man deren nicht allzu viele: Nur die Phasen des Gesprächsbeginns und der Gesprächsbeendigung bestehen zur Gänze aus: Gruß und Gegengruß (1,1–6); Angebot und Akzeptierung (1,3–15); Bitte und Erfüllung (1,7–17; 17,52–61); Versprechen und Honorierung (15,1–10; 17,42–51); Dank und Gegendank (15,11–20; 17,36–41); Abschied und Abschied (15,59–62) (vgl. *Wunderlich* 1976, 300). In der ganzen Gesprächsmitte finden sich dagegen lediglich drei Fragen (1,18 ff.: unbeantwortet; 9,68 ff., 13,4 ff.) und eine Handlungsaufforderung (15,31 ff.), dazu drei Ankündigungen des Typs „Ich will Ihnen zeigen" (1,30 ff.; 5,43 ff.; 10,33 ff.).

Nur wenige Gesprächsakte der Gesprächsmitte werden also durch Obligationen der vorauf gehenden Gesprächsakte initiiert (d. h. als bestimmte Akte am bestimmten Ort hervorgerufen). Jedoch bewirken die institutionellen Rahmenobligationen eines Verkaufsgesprächs, daß als Erwiderung auf bestimmte Gesprächsakte nur eine Auswahl von Akten zulässig ist. Wenn also ein erwidernder Gesprächsakt vollzogen wird, so ist er in gewissem Maße durch den (die) voraufgehenden Akt(e) determiniert. So kann z. B. die Kundin auf einen Präsentationsakt der Verkäuferin nur dann mit einer Erzählung antworten, wenn diese zugleich als Begründung für einen Kommentar zur Ware dient: 3,51 ff.; 9,24 ff. Präsentation/Erläuterung und Kommentar/Frage bilden im Verkaufsgespräch eine bedingte Sequenz: Die Kundin ist gehalten, ab und zu etwas zu den Erläuterungen der Verkäuferin zu äußern, und zwar dann einen Kommentar oder eine Frage.

Rahmenobligationen bestehen auch für die thematische Ebene der Gesprächsakte, und zwar recht generelle: Wenn die Kundin ein *frühstücksservI* zu sehen wünscht und damit den Bereich der zu zeigenden Gegenstände festlegt, so initiiert sie zugleich einen thematischen Brennpunkt (einen Fokus: s. o. S. 155; s. dazu etwa *Bayer* 1977, 152 ff.) für die das Vorzeigen begleitenden sprachlichen Handlungen. Da die Verkäuferin das Thema akzeptiert, gilt es bis auf weiteres und schließt andere mögliche Themen aus.

Die Obligation beim initiierten und akzeptierten Thema zu bleiben, ist für alle Gespräche sehr stark — insbesondere für themenfixierte Besprechungen, Verhandlungen, Diskussionen. Aber auch im lockeren „small talk" (etwa eines Partygesprächs, s. u. S. 216 ff.) kann man nicht unvermittelt das Thema verlassen: Ein abrupter Themenwechsel muß explizit gekennzeichnet werden (*mal was anderes!:*) und ist erst zulässig, wenn das erste Thema zu einem gewissen Grad erschöpft ist.

Nur wenige Gesprächsakte haben in einem Gespräch eine so weitreichende themeninitiierende Funktion. Viele andere Gesprächsakte aber beeinflussen die folgenden Akte, indem sie Subthemen, thematische Aspekte oder den kommunikativen Kern (*Posner* 1972: die „kommunikativ relevante Information") ihrer Sätze initiieren:

Zu Beginn des Zeitabschnittes 6 unseres Beispielgesprächs behandelt die Verkäuferin das Subthema „Einzelteile und Aussehen eines bestimmten Services", hebt zum Schluß ihres Beitrags die thematischen Aspekte „Lusti-

4.4. Folgestrukturen von Gesprächseinheiten

ges Aussehen" und „Verwendungszweck Frühstück" hervor und behauptet folgende Beziehung zwischen diesen (= im Sinne der Sprecherintention relevante Information): „Das lustige Aussehen ist dem geplanten Verwendungszweck besonders angemessen". Die Kundin greift (innerhalb des Subthemas) beide thematischen Aspekte und die behauptete Beziehung auf, indem sie einen weiteren Verwendungszweck nennt und folgendes behauptet: „(Aufgrund des Aussehens) eignet sich das Service für den anspruchsvolleren Verwendungszweck (Nachmittags-),Kaffee' unter der (erfüllbaren) Bedingung ‚Kombination mit hübscher Tischdecke'". Die Verkäuferin knüpft an den zweiten Teil der Behauptung an, indem sie die Erfüllbarkeit der Bedingung zunächst mit einem konkreten Hinweis bekräftigt und schließlich generalisiert.

Anstelle eines solchen „direkten Kommentars" (*Posner* 1972, 187) hätte die Verkäuferin auch sagen können:

a) Es ist eben farbenfroh und trotzdem dezent.
b) Es ist so ganz anders in der Form, nich.
c) Das Gedeck kostet vierzehn Mark und neunzig.
d) Die modernen Decken sind ja so nett und zugleich praktisch.

Mit a) hätte sie den kommunikativen Kern des vorausgehenden Gesprächsaktes, mit b) zusätzlich die thematischen Aspekte, mit c) das Subthema und mit d) das Gesamtthema verlassen.

Die zunehmende Akzeptabilität von d) nach a) zeigt: Je untergeordneter der thematisierte Inhalt eines Gesprächsaktes in der Hierarchie der Textinhalte ist, desto weniger vermag er den Inhalt des folgenden Aktes zu binden. Der kommunikative Kern eines Gesprächsaktes enthält weniger eine Obligation als eine Option (zur Anknüpfung) – immerhin aber eine so starke, daß der Erwidernde sie nicht in beliebiger Weise und nicht beliebig oft mißachten kann, ohne als unerfreulicher Gesprächspartner zu gelten.

Alle bisher behandelten Obligationen beruhen im Grunde auf der Norm einer kooperativen Beziehung der Gesprächspartner. Diese Norm bewirkt auch speziellere Obligationen der Beziehungsebene: Mindestens in unserem Kulturkreis besteht eine stark sanktionierte und affektiv besetzte Verpflichtung, freundliches sowie zurückhaltendes Verhalten mit einem ebensolchen zu beantworten, während unfreundliche sowie zudringliche Handlungen entpflichtend wirken. Freundliche und zurückhaltende Gesprächsakte vermögen honorierende Akte zu initiieren und überhaupt die Beziehungsqualität der folgenden Akte zu determinieren: Gutgemeinte, aber nutzlose Angebote müssen mit einem freundlichen Dank honoriert werden; „kameradschaftliches" Verhalten ist ein probates Mittel gegen Flirtversuche; eine lächelnde Bosheit kann den Gegner entwaffnen; faires Verhalten in einem öffentlichen Streit zwingt auch den Gegner zu fairem Verhalten, will er nicht sein Gesicht verlieren. Mit hoher Wahrscheinlichkeit sind auch die zahlreichen Bestätigungsko:nmentare in unserem Verkaufsgespräch durch solche Obligationen der Beziehungsebene mitbestimmt, z. B. in 8,51ff.: K: =m:' *aber dAs gefällt mir sehr gut.* V: *das is= wIrklich nett.* Für diese sowie auch die anschließende sachlich redundante (s. 6,44ff. u. oben S. 158) Äußerung der Verkäuferin (*grAde. und man kAnn es durch die verschied-nen dEcken undsoweiter' + kann mans Immer= wIEder= frOh= + + und anders gestAlt-n, in der dekoration.*) ist eine Handlungs- und Themaobligation nicht erkennbar.

Dafür läßt sich an diesen Beispielen ein Determinationsmodus ablesen, von dem bis jetzt noch nicht die Rede war. Wir haben oben S. 159 f. von der Wahrscheinlichkeit gesprochen, daß die Verkäuferin einem Handlungsplan folgt: positive Kundenkommentare zu bestätigen und erst nach einem deutlich geäußerten Interesse den Preis zu nennen. Wenn man bei der Verkäuferin ein solches interessegesteuertes Bedingungsgefüge voraussetzen darf, so wirken die positiven Kundenkommentare als Auslöser für prädisponierte Gesprächsakte der Verkäuferin.

Angenommen, die Kundin — die vielleicht zuvor schon etwas gemäkelt hätte — würde die Preisnennung (7,73) mit der spitzen Bemerkung quittieren: „Bei XY kostet das gleiche Gedeck nur zehn Mark zwanzig", so wäre die Verkäuferin nach ihren Berufsnormen zu einer ruhig-höflichen Richtigstellung verpflichtet; dennoch könnte sie sich unter Umständen zu einer ärgerlichen Entgegnung provozieren lassen: „Warum gehen Sie dann nicht dorthin?" Gesprächsakte können also im Rahmen geltender Obligationen, aber auch gegen sie auslösend, anregend, provozierend, kurz: motivierend wirken, indem sie bestimmte psychische Dispositionen des Hörers aktivieren.

4.4. Folgestrukturen von Gesprächseinheiten 203

Rehbein (1972) und *Fritz/Hundsnurscher* (1975) haben gezeigt, daß es im Rahmen geltender Obligationen für einen Vorwurf eine ganze Palette von Erwiderungsmöglichkeiten gibt, die vom Übergehen des Vorwurfs bis zur Normendiskussion reicht. Der Angegriffene kann daraus nach „strategischen Regeln" wählen; zumeist jedoch — so muß man hinzufügen — wird seine Reaktion dadurch bestimmt, daß er sich herausgefordert fühlt, sich ärgert, „das nicht auf sich sitzen lassen will". Wo ein Gesprächsakt derartige hörerspezifische Wirkungen entfaltet, schafft er unter dem konventionell Möglichen eine Präferenz und determiniert somit die Erwiderung mehr oder weniger stark — im Extremfall automatisierter Reaktionsweisen sogar vollkommen vorhersagbar.

Daß Gesprächsakte nicht nur auf der Handlungsebene, sondern auch auf der Thema- und der Beziehungsebene motivierende Kraft besitzen können, ist wohl unmittelbar einsichtig und muß nicht näher erläutert werden. Zur Veranschaulichung der thematischen Motivation sei nur an jene Lehrer erinnert, die sich durch ein geschickt plaziertes Stichwort immer wieder zur Erzählung ihrer Kriegserlebnisse oder der Fortschritte ihrer eigenen Kinder verleiten lassen.

Ein dritter Modus der Gesprächsdetermination soll ungeachtet seiner Wichtigkeit hier nur kurz berührt werden; er ist an dem schon oben S. 169 besprochenen Beispiel zu erkennen:

8,20ff.:

K | (ja) ne kaffekanne brauch ich

K | nich weil ich ne kaffeemaschIne habe.
V | jA.

K | + da is= dA brAUch man ja meistens keine,
V | genAU. dann= fällt das ja sowiesO flach'

Die Kundin bringt einen Einwand vor und begründet ihn zunächst mit einem Faktum. Damit setzt sie einen allgemeinen „Grundsatz" als gültig voraus, ohne den (als 1. Prämisse) ihre Begründung hinfällig wäre: „Wenn man eine Kaffeemaschine besitzt, braucht man zumeist keine Kaffeekanne". Diese implizite Prämisse entnehmen sodann die Kundin wie auch die Verkäuferin dem Gesprächsakt ‚Begründung' und formulieren ihn simultan: die Kundin (man ja meistens), weil sie ihre Begründung zu legitimieren sucht; die Verkäuferin (ja sowieso), weil sie sich offenbar verpflichtet und/oder motiviert fühlt, den Einwand der Kundin als stichhaltig zu bestätigen.

Der Inhalt der Fremd- und der Selbstbestätigung wird also durch die logische Struktur des zu bestätigenden Gesprächsaktes sehr stark präformiert. Derartige logisch-strukturelle Determinationen, die natürlich nicht immer so eindeutig sind, finden sich vor allem auf der thematischen Ebene, sind aber wohl auch auf der Handlungs- und der Beziehungsebene denkbar.

Die Ergebnisse dieses Abschnitts seien nunmehr in fünf Punkten zusammengefaßt und ergänzt:

(1.) Gesprächsakte determinieren nachfolgende Akte, indem sie sie „initiieren" (s. etwa *Schwitalla* 1976, 87ff.) — d. h. einen mehr oder weniger starken „Zwang" ausüben, daß diese bestimmten Akte vollzogen werden — oder indem sie ohnehin erwartbare Akte darin, wie sie vollzogen werden, beeinflussen.

(2.) Gesprächsakte determinieren nachfolgende Akte auf drei Ebenen:
— der Handlungsebene,
— der thematisch-inhaltlichen Ebene,
— der Beziehungsebene,
sowie in drei Modi:
— durch Obligation bzw. Option (illokutiver Modus),
— durch Motivation (perlokutiver Modus),
— durch Konklusion (propositionaler Modus).
Hinzu tritt als vierter Modus: nicht-determinierend.

(3.) Derselbe Gesprächsakt kann auf den einzelnen Ebenen jeweils auf verschiedene Weise determinieren; dafür ein Beispiel:

Wenn eine Mutter ihren auf mehrfaches Rufen nicht antwortenden Sohn schließlich fragt: „Sag mal, du sitzt wohl auf deinen Ohren?", so enthält diese Vorwurfsfrage Obligationen lediglich auf der Handlungsebene: Erwartet wird eine unverzügliche Reaktion, womöglich eine Entschuldigung.

4.4. Folgestrukturen von Gesprächseinheiten

Auf der thematischen Ebene und auf der Beziehungsebene kann die Frage jedoch stark motivierend wirken, nämlich den Sohn zu einer metakommunikativen Diskussion herausfordern und ihn zu aggresiven Äußerungen provozieren.

Antwortet er dann etwa: „O ja, und darum habe ich soeben deine letzte Frage nicht verstanden!", so ist diese schlagfertige Erwiderung zusätzlich durch die semantisch-pragmatische Widersprüchlichkeit der Vorwurfsfrage (in ihrer „wörtlichen" Bedeutung), also durch Konklusion auf der thematischen Ebene determiniert.

(4.) Gesprächsakte können nicht nur daraufhin untersucht werden, wie und auf welcher Ebene, sondern auch was sie determinieren/initiieren: z. B. metakommunikative Gesprächshandlungen (s. *Schwitalla* 1976, 90 f.).

(5.) Die determinierende Kraft eines Gesprächsaktes ist eine Eigenschaft dieses Aktes relativ zum Regelbesitz und zu den individuellen psychischen Dispositionen des Hörers. Der Sprecher kann Art und Stärke der Determination in der Regel antizipieren; insofern „steuert" er den Gesprächsverlauf. Des öfteren jedoch gehen Sprecher fehl in der Antizipation – insbesondere gegenüber Gesprächspartnern aus fremden Interaktionsgruppen; dann kommt es zu illokutiven, perlokutiven oder propositionalen „Nachspielen" (Terminus von *Austin* 1962).

4.4.2.3. Responsivität von Gesprächsakten

Wenn im vorigen Abschnitt von „Initiierung" und „Determination" die Rede war, so war damit kein unausweichlich wirkender Zwang gemeint. Der Antwortende besitzt nicht nur die Freiheit, unter den determinierten Erwiderungsalternativen entsprechend seinen Interessen zu wählen, sondern vermag sich ihnen überhaupt oder teilweise zu entziehen – unter Umständen jedoch mit negativen Auswirkungen auf den Gesprächsverlauf.

Je nachdem, wie Gesprächsakte den Determinationen ihrer Vorgängerakte entsprechen, d. h. auf sie „antworten", sind sie in unterschiedlicher Weise und unterschiedlichem Maße responsiv. Auch hier ist im Prinzip zwischen der Handlungs-, der Thema- und der Beziehungsebene zu differenzieren; doch bereitet eine solche analytische Trennung in der Praxis Schwierigkeiten, insbesondere was die Absonderung der Beziehungsebene betrifft: Zwar nicht immer, aber sehr oft ist eine geringe Responsivität auf der Handlungs- und der Themaebene zugleich Ausdruck für eine Distanzierung auf der Beziehungsebene.

Es ist darum nicht verwunderlich, wenn *Schwitalla* (1976, 92) nur die Kriterien „Intention" (Handlungsebene) und „Inhalt" (Themaebene) nennt, wenn er „drei Grade von Responsivität" vorschlägt:

„responsiv (wenn der Antwortende auf Intention und Inhalt des initiierenden Zuges eingeht), teilresponsiv (wenn er einen Teil des Inhalts isoliert und nur darauf eingeht), nonresponsiv (wenn er weder auf Inhalt, noch auf Intention eingeht)."

Unser Verkaufsgespräch bietet kaum Beispiele, um daran diese Dreiteilung zu veranschaulichen und gegebenenfalls zu differenzieren. Abgesehen von wenigen Ausnahmen − vgl. die beiden schon mehrfach diskutierten (s. o. S. 178, 189) Wiederaufnahmen der Präsentationshandlung durch die Verkäuferin: 3,30ff.; 3,99 − verhalten sich beide Gesprächspartner durchweg responsiv.

Man stelle sich aber einmal folgende Antworten auf die Kundenfrage: *un(d)= das käme wIEvIEl"* (13,4−7) vor:

(a) Diese Frage steht Ihnen nicht zu.
(b) Bei einem so schönen Service sollte man nicht über den Preis reden.
(c) Haben Sie denn Interesse für das Service?
(d) Erlauben Sie, daß wir über den Preis etwas später reden.
(e) Ich zeige Ihnen nur Service, die Sie sich leisten können.
(f) Das ist ein für seine Schönheit sehr preisgünstiges Service (und danach keine exakte Preisnennung).
(g) Zwanzig Mark dreißig.
(h) Warum sagen Sie denn „käme"?

In (a) wird der initiierende Gesprächsakt, in (b) das initiierte Thema zurückgewiesen; dabei ist aber (b) auf der Handlungsebene teilresponsiv, insofern die Zurückweisung des Themas die Verweigerung der Antwort rechtfertigt, die initiierende Frage mithin als solche akzeptiert wurde.

In (c) wird zwar die Frage vorläufig angenommen, ihre Beantwortung und damit die Akzeptierung des Themas jedoch bis zur Klärung einer Voraussetzung zurückgestellt. Dagegen impliziert der Aufschub der Antwort in

4.4. Folgestrukturen von Gesprächseinheiten

(d), daß Fragehandlung und Thema akzeptiert wurden; die Erwiderung ist eine teilresponsive Zwischenantwort.

Die Erwiderungen (e), (f) und (g) sind auf der Handlungsebene responsiv, insofern die Frage *wieviel* ja „beantwortet" wird: in (e) allerdings völlig vage, also thematisch nonresponsiv; in (f) grob klassifizierend: thematisch teilresponsiv; in (g) exakt: thematisch responsiv.

Andererseits bildet aber (g) (neben (a), (c), (e) und (h)) ein Beispiel für mangelnde Responsivität auf der Beziehungsebene: Eine freundliche Verkäuferin wirft den Kunden nicht eine nackte Zahl hin.

Erwiderung (h) ist schließlich ein Musterbeispiel einer „tangentialen" (*Ruesch* 1958) Antwort, die einen gänzlich nebensächlichen Aspekt der Vorgängeräußerung thematisiert und damit die Vorgängeräußerung (zugleich auch ihren Sprecher) in extremer Weise „entwertet".

An den soeben besprochenen möglichen Antworten auf eine Informationsfrage lassen sich Grade und Ebenen der Responsivität aufzeigen; für die weitere Differenzierung responsiver Akte müssen jedoch komplexere Beispiele herangezogen werden. Zunächst sei eine bestätigende Stellungnahme der Verkäuferin zitiert:

7,34 ff.:

K | (i)ch muß sAg-n das gefällt mir dOch nOch besser, auch
V | ja'

K | als dies= brAUne da hint-n, + + ja-a'
V | dIE=   auch=   ja. es is

K | jà'   m-m'
V | dOch etwas farbenfroher, frEUndlicher= + + und= +

V | es is AUch-ɔ in der prEIslage= + + dOch AUch noch

V | erschwinglich= . . . . .

Die Antwort der Verkäuferin ist responsiv; zudem stimmt die Verkäuferin der Kundin zu. Daß Responsivität nicht immer auch Zustimmung bedeutet — wie man vielleicht meinen könnte —, zeigt sich, wenn man die Antwort der Verkäuferin abwandelt: „Ich glaube, auf die Dauer gefällt Ihnen das Braune doch besser." Auch eine solche Antwort wäre im oben beschriebenen Sinne responsiv zu nennen; doch würde die Verkäuferin in ihr einen Dissens mit der Meinung der Kundin äußern, während sie im realen Gespräch einen Konsens artikuliert.

Mit dem Kategorienpaar ‚Konsens — Dissens' ist eine explizite Zustimmung — Ablehnung gemeint; daraus geht hervor, daß die Kategorien nicht auf nonresponsive Erwiderungen angewendet werden können, in denen der Sprecher wohl eine vage Ablehnung zum Ausdruck bringen mag, jedoch nicht eine der Nachprüfung offene, konkret beziehbare Stellungnahme formuliert.

Eine weitere wichtige Unterscheidung ist an dem Beispiel abzulesen: Die Verkäuferin beschränkt sich nicht auf bloße Zustimmung, sondern führt den Vergleich der Kundin „besser als das braune" fort, indem sie versucht, das darin enthaltene Wunschbild der Kundin positiv zu benennen, und daran (mit *AUch*) anschließend zum Preis übergeht. Sie integriert also in ihrem ersten Gesprächsakt reaktive und initiative Elemente. Dies ist nicht selbstverständlich: Würde die Verkäuferin antworten: „Ja, das Braune ist nicht so schön. — Der Preis ist übrigens . . .", so trennte sie ihren Gesprächsschritt in einen reaktiven (und zwar ebenfalls responsiven) und einen initiativen Gesprächsakt, der abrupt etwas Neues zur Sprache brächte, also nonresponsiv zu nennen wäre. In diesem Fall bliebe die Responsivität mehr eine äußere Form und erreichte nicht den kommunikativen Kern der Aussage der Verkäuferin. Eine Untersuchung der Responsivität muß also berücksichtigen, inwieweit diese in den initiativen Teil von Gesprächsschritten hineinreicht, so daß deren Fortschreiten als ein (bezugnehmendes) Fortführen verstanden werden kann.

Daß die Beurteilung der Responsivität einer Erwiderung sich nicht immer an der sprachlichen „Oberfläche" einer Äußerung orientieren darf, hat *Labov* (1972, 197ff.) an einem sehr instruktiven Beispiel gezeigt. Einen ähnlichen Fall wie den von *Labov* beschriebenen können wir in unserem Beispieltext finden: Als die Verkäuferin auf die Kundenfrage, von der soeben die Rede war

4.4. Folgestrukturen von Gesprächseinheiten

(13,4—7), ausführlich die gewünschten Preise genannt hat, erwidert die Kundin: ..... *(man nimmt) dann dOch was ein—m gefÄllt, nich' denn=* + *(da)s hat man nOch über lÄngere zEIt=*. Dieser Gesprächsakt scheint zunächst thematisch völlig nonresponsiv zu sein. Beachtet man jedoch, daß die Verkäuferin bei der Preisnennung den Preisunterschied zum ersten Service zugleich thematisiert und bagatellisiert *(AUch minimAl, AUch so in der prEIslage)*, so erkennt man, daß die Kundin auf die dahinter stehende Befürchtung — „Vermutlich erscheint Ihnen das als zu teuer" — eingeht und der Verkäuferin mitteilt, daß sie den Preis angemessen findet. Dies ist zugleich eine Bestätigung auf der Beziehungsebene.

Der umgekehrte Fall liegt vor, wenn in einem vorliegenden Gesprächstext eine junge Frau sich gegenüber Vorwürfen ihres zu Recht eifersüchtigen Freundes sehr explizit rechtfertigt, ohne das emotionale Recht seiner Vorwürfe irgendwie zu berücksichtigen. Thematische Responsivität dient hier dazu, Responsivität auf der Beziehungsebene zu vermeiden.

Dergleichen konfliktreiche Gespräche zeigen übrigens auch, wie stark das Antwortverhalten auf den weiteren Gesprächsverlauf einwirkt: Die wahrgenommene Responsivität determiniert nachfolgende Gesprächsakte

- durch Obligation: große Responsivität verpflichtet zu entsprechend großer Responsivität,
- durch Motivation: geringe Responsivität gegenüber kommunikativ Relevantem (insbesondere geringe Responsivität auf der Beziehungsebene) löst Unwillen, Zorn oder gar den Wunsch aus, das Gespräch abzubrechen.

Hierbei können die Gesprächsteilnehmer auf doppelte Weise irren: indem sie respondierende Züge in der Erwiderung des Partners nicht wahrnehmen oder — grundsätzlicher —: indem sie von verschiedenen Determinationserwartungen ausgehen. Wo ein Hörer bestimmte Gesprächsobligationen nicht kennt oder durch provokant Gemeintes nicht provoziert wird, darf die ausbleibende Reaktion nicht als mangelnde Responsivität gewertet werden. Vor dieser

Möglichkeit einer Interpretationsdifferenz steht auch der Wissenschaftler, der die Responsivität von Gesprächsakten untersucht.

4.4.3. *Distributionsanalyse und Interaktionsstruktur*

Nachdem wir elementare Gesprächseinheiten sowie die Typen ihres Wechsels und ihrer Verknüpfung am Beispiel entwickelt haben, ist es an der Zeit zu fragen, inwieweit die Anwendung dieser Kategorien der zusammenhängenden Analyse konkreter Gespräche nützen kann. Daß eine formelle Analyse mit Hilfe theoretisch begründeter Kategorien wichtige Einsichten in die Struktur von Gesprächen vermittelt, dürfte die Behandlung von Gesprächsausschnitten in den Unterkapiteln 4.3., 4.4.1. und 4.4.2. gezeigt haben. Doch haben wir bisher lediglich punktuelle Beispiele aus dem Verkaufsgespräch herausgegriffen, da es uns um die Entwicklung jener Kategorien ging. Dreht man nun die Fragerichtung um und stellt die Analyse konkreter Gespräche mit Hilfe der gewonnenen Kategorien in den Mittelpunkt, so reicht ein solch punktuelles Verfahren nicht aus. Hierzu ist es vielmehr notwendig,

– die kategoriale Analyse einzelner Ausschnitte in eine interpretierende Analyse des gesamten Handlungsgefüges zu überführen und zugleich
– die quantitative Verteilung (Distribution) der Einheiten, Relationen und Prozesse im Gespräch zu untersuchen. Dies ist insbesondere bei Gruppengesprächen mit drei und mehr Teilnehmern erforderlich.

Die erste der beiden Aufgaben könnte im Zusammenhang dieses Kapitels durch eine „Reformulierung" der „informellen Analyse" (4.2.) gelöst werden. Ein bloßer Ersatz dort verwendeter umgangssprachlicher Wörter durch gesprächsanalytische Termini würde allerdings keinen Erkenntnisgewinn bewirken, sondern nur ans Licht bringen, daß die „informelle" Analyse nicht im Besitz gesprächsanalytischer Unschuld durchgeführt wurde. Es käme vielmehr darauf an, die Kapazität des Kategorieninventars in einer zugleich umfassenden und detaillierten Untersuchung zu erproben – und dies in einer Ausführlichkeit, die die Analyse vor der Beschränkung auf das leicht Zugängliche ebenso bewahrte wie die Interpretation vor allzu schneller Synthese.

4.4. Folgestrukturen von Gesprächseinheiten

Daß weder diese noch die zweite oben genannte Aufgabe einer exakten Distributionsanalyse im Rahmen einer Einführung geleistet und vorgeführt werden kann, leuchtet wohl ein. Stattdessen soll hier wenigstens angedeutet werden, welche Einzelaufgaben bei einer Distributionsanalyse zu bewältigen und welche Erkenntnisse dabei zu gewinnen sind:

(1) Relativ einfach in der Handhabung und darum auch recht beliebt als Mittel, Interaktionsstrukturen schnell festzustellen, ist eine Distributionsanalyse auf der Gesprächsschrittebene:
 - Wer spricht wie häufig und wie lange?
 - Wer spricht wie oft zu wem?

Schon eine bloß quantitative Bestimmung der Redebeiträge und ihrer Adressierungen gibt Hinweise darauf, wer wie stark in einem Gespräch dominiert oder in die Gruppe integriert ist. Die Adressatenanalyse läßt sich dann z. B. in ein anschauliches „Interaktogramm" übertragen, in dem die Dicke der Pfeile die Frequenz der Adressierungen abbildet:

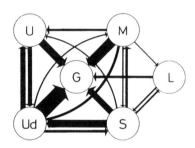

(*Diegritz/Rosenbusch* 1977, 108)

Die Konturen der sich in einem solchen Schaubild abzeichnenden Gesprächsstruktur verschärfen sich noch, wenn man den sequentiellen Aspekt:
 - Wer übernimmt nach wem wie oft einen Gesprächsschritt?
 - Wie ist die Verteilung von Selbstwahl und Fremdwahl (wer von wem wie oft?)
mit einbezieht.

4. Entwicklung von Kategorien und Analyseverfahren

(2) Doch ein solches Schaubild, so beeindruckend es auch ist, wird eigentlich erst aussagekräftig, wenn man weiß, was für Gesprächsakte (zu welchen Themen) sich hinter diesen Pfeilen verbergen. Ein überwiegend zuhörender, aber einflußreicher Gesprächsteilnehmer kann mit einem einzigen kurzen Beitrag den Gesprächsverlauf stärker beeinflussen als andere mit häufigen und ausführlichen Erörterungen.

Insbesondere aber bleibt eine Untersuchung der Typen des Gesprächsschrittwechsels, der Unterbrechungen und Pausen leer ohne Berücksichtigung der daran beteiligten Gesprächsakte und Themen. Zählt man z. B. einfach aus,

– wer wen wie oft unterbricht und wer sich durch wen unterbrechen läßt (d. h. verstummt) oder weiterredet –,

so hat man vermutlich Eulen und Nachtigallen zusammengezählt: Es macht einen sehr großen Unterschied, ob ich meinen Gesprächspartner zu Beginn, in der Mitte oder gegen Ende seines Gesprächsschritts unterbreche; ob ich ihm mit einer zustimmenden Äußerung, einer Informationsfrage, einem Einwand oder einer Abwertung ins Wort falle; ob ich seinen Gesprächsschritt in seinem Sinne mitdenkend oder ironisch umdeutend zu Ende führe; und ob er in einem längeren strukturierten oder kurzen, einem für ihn wichtigen oder nebensächlichen, einem vorbedacht-geschlossenen oder überlegend-tastenden Beitrag unterbrochen wird.

Ebenso hängt die Interpretation von Pausen z. B. davon ab, was ihnen vorausgeht und folgt, ob es sich um ein arbeitsbegleitendes oder arbeitsentlastetes, um ein problematisierendes oder plauderndes Gespräch handelt.

Einheiten, Sequenzen und Prozesse der Äußerungsebene bedürfen also einer handlungssemantischen Subkategorisierung, bevor sie Gegenstand einer interpretierbaren Distributionsanalyse werden können.

(3) Es ist demzufolge nicht erstaunlich, daß die Mehrzahl interaktionsanalytischer Forschungen mit Einheiten der Handlungsebene operiert (zusammenfassend zur Interaktionsanalyse

4.4. Folgestrukturen von Gesprächseinheiten

jetzt: *Merkens/Seiler* 1978) – allerdings bis vor kurzem aufgrund der jeweiligen soziologischen oder pädagogischen Erkenntnisinteressen zumeist nicht mit linguistisch fundierten Kategorien (zu einigen neueren sprechakt- und gesprächsanalytischen Arbeiten zur Schulkommunikation s. u. Kap. 5.3.).

Bezogen auf unsere gesprächsanalytischen Kategorien bedeutet eine Distributionsanalyse auf der handlungssemantischen Ebene, daß man untersucht,

– wer wem gegenüber wie oft welche Gesprächsakttypen ausführt – oder bei begrenztem Erkenntnisziel: welche speziellen Gesprächsakttypen wer (etc.) ausführt (z. B. „Regulativa": bitten, befehlen, verweigern, drohen etc.);
– wessen Gesprächsakte wem gegenüber wie oft und in welcher Weise determinierend sind, wie die Adressaten darauf antworten – mit welchen Gesprächsakten und in welcher Weise responsiv – und wie dieses Antwortverhalten wiederum bewertet und beantwortet wird.

Diese schon sehr komplexe Verteilungsstruktur ist des weiteren zu beziehen auf verschiedene Variablen, insbesondere das jeweilige Thema:

– Wer äußert sich (überhaupt und wenn, dann) zu wem mit welchem Gesprächsakt gesprächsthematisch, und zwar zu welchen speziellen Themen, oder metakommunikativ: über Teilnehmer oder über den Gesprächsverlauf?

Eine solche Analyse ist nicht nur von theoretischem Interesse, sondern kann in der Praxis zur Bewußtmachung von Interaktionsstrukturen verwendet werden – dann allerdings mit einer durch das jeweilige Erkenntnisziel motivierten engeren Auswahl von Variablen. So können Interaktionsgruppen durch eine Analyse ihrer – möglicherweise ungewollt asymmetrischen – realen Interaktionsstruktur erkennen, in welch spezifischer und vielleicht änderbarer Weise diese von der „idealen Sprechsituation" abweicht, in der nach *Habermas* (1971, 137) „für alle möglichen Beteiligten eine symmetrische Verteilung der Chancen, Sprechakte zu wählen und auszuüben, gegeben ist."

(4) Die Variable ‚Zeit' muß gesondert erwähnt werden, da alle genannten Verteilungen auf sie bezogen werden können: Diese können entweder global für das gesamte Gespräch oder aber innerhalb bestimmter zu begründender Gesprächsausschnitte (z. B. Phasen) untersucht werden. Im letzteren Falle werden Veränderungen des Interaktionsverhaltens einzelner Teilnehmer sowie die zeitliche Entwicklung der Interaktionsstruktur sichtbar.

(5) Wir sind in diesem Abschnitt bislang von der stillschweigenden Voraussetzung ausgegangen, Gegenstand der Analyse konkreter Gespräche sei immer das individuelle Gespräch. Dem ist nicht so. Linguistische Untersuchungen verfolgen das Ziel, zu generellen Aussagen über ihren Gegenstandsbereich zu gelangen, hier also zur Abgrenzung und Beschreibung von Gesprächsklassen bzw. -typen.

Genauer besehen kommt auch eine Analyse individueller Gespräche ohne die Kenntnis von Gesprächstypen nicht aus. Das Individuelle und Spezifische eines Gesprächs tritt erst hervor, wenn man dagegen hält, was in einem so beschaffenen Gespräch als normal und als normiert erwartbar ist. Wenn der eine immer fragt und der andere nur antwortet, so ist das in einem Gespräch unter Freunden ungewöhnlich, in einem Interview dagegen die normativ vorgegebene Struktur.

Da derartige „präskriptive" Normen, die für bestimmte (insbesondere auch institutionalisierte) Gesprächstypen gelten, den Interaktanten bewußt sind, kann man sie relativ leicht durch direkte Befragung eruieren. Dagegen bildet die Befragung keine zuverlässige Methode, um das „Normale" in diesen Gesprächstypen zu ermitteln: auf welche Weise nämlich und inwieweit überhaupt die reflektierten Normen realisiert werden und welche sonstigen Eigenschaften Gespräche eines bestimmten Typs aufweisen. Hier hilft nur die empirische Forschung an größeren Korpora, innerhalb derer Gesprächsklassen bzw. -typen durch Variablenselektion (s. oben Kap. 2.2.) unterschieden und durch Merkmalskonstitution beschrieben werden.

Dazu variiert man gesprächsexterne Faktoren wie z. B. Lebensalter, soziale Schicht, Beruf oder die oben S. 26 f. genannten kommunikativ-pragmatischen Merkmale. Mit diesen externen (unabhängigen) Variablen werden sodann die gesprächsinternen (abhängigen) Variablen korreliert, u. a. also gesprächsanalytische Einheiten, Sequenzen und Prozesse. Ziel der Untersuchung ist es, statistisch gesicherte (und im Idealfall außerdem kausal erklärbare) Zuordnungen von externen Variablenstrukturen (z. B. „Redekonstellationen" in den Arbeiten der Freiburger Arbeitsgruppe, s. *Schröder* 1975, 26) und internen Variablenstrukturen (z. B. den beschriebenen Distributionen) festzustellen, so daß Voraussagen über die erwartbare „Normalform" des Gesprächstyps möglich sind.

4.5. Zur Analyse des Partygesprächs

Es gehört zur Ideologie abendlicher Zusammenkünfte von der Art unseres „Partygesprächs", daß es ihr Zweck sei, Vergnügen zu bereiten, und zwar vor allem durch Gespräche. Auch wenn in speziellen Fällen ein solches Vergnügen nicht erwartet wird oder sich nicht einstellen will, wird man das in der Regel keinesfalls zugeben. Man bemüht sich vielmehr – entsprechend den Normen der Höflichkeit – um Kooperativität, d. h. man versucht, für die Anwesenden ein möglichst interessanter, mindestens aber ein aufmerksamer Gesprächspartner zu sein.

Denn jenes Vergnügen soll und kann durch die Befriedigung zweier Bedürfnisse geweckt werden: des Bedürfnisses nach Erweiterung oder Intensivierung mitmenschlicher Kontakte und der Kenntnis fremder Lebens- und Erfahrungsbereiche sowie des Bedürfnisses, sich selbst, seine Gedanken, Urteile und Erlebnisse anderen darzustellen und über deren Reaktionen die Erfahrung der eigenen Identität zu erweitern und zu befestigen („identifying self in relation to others" als wesentliche Aufgabe geselliger Zusammenkünfte: *Watson/Potter* 1962).

Diese beiden Bedürfnisse können sich Gesprächsteilnehmer nur in einem reziprok-kooperativen Prozeß erfüllen, wobei sie idealiter in jedem einzelnen Akt zugleich ihre eigene Sache und die der anderen betreiben: als Sprecher durch eine Selbstdarstellung, die sich daran orientiert, ob sie für die anderen verstehbar, im Augenblick interessant und überhaupt gewinnbringend ist; als Hörer durch aufmerksame Zuwendung für die Selbstdarstellung der anderen, durch probeweises Sich-darauf-Einlassen, welches zugleich die Voraussetzung dafür ist, selbst aus der Begegnung Gewinn zu ziehen. In der Realität wird allerdings wohl eher eine Art Gleichgewicht zwischen den eigenen Bedürfnissen und denen der anderen angestrebt: Man billigt den Gesprächspartnern und sich selbst ein gewisses Maß an Egozentrik zu, erwartet aber demgegenüber von sich und den anderen auch nur ein bestimmtes Maß an Responsivität. Man darf also schon einmal den übrigen Anwesenden etwas für sie Langweiliges erzählen; man darf aber auch bei grundsätzlich vorhandenem Interesse ein spezielles Desinteresse zeigen.

Diese Interaktionsstruktur hat natürlich Auswirkungen auf der thematischen Ebene. *Watson* und *Potter* (1962) gehen wahrscheinlich etwas zu weit, wenn sie generell den Themen in einer gesellig-zwanglosen („sociable") Interaktion eine zweitrangige Stellung zumessen und sie − im Gegensatz zum Thema einer ziel- und ergebnisorientierten Interaktion − als bloße Quelle („resource") auffassen, die die Partner zur Mitteilung „verdeckter" Informationen ausschöpfen: über die Stimmung, die gegenseitige Sympathie, die gleichen oder verschiedenen geistigen „Welten". Es gibt jedoch hinsichtlich der Wichtigkeit des Themas für das Gespräch eine Skala von Möglichkeiten, an deren einem Ende jene „phatische" (*Jakobson*) Kommunikation steht, in der man „redet, um nicht zu schweigen", und an deren anderem Ende sich das „tiefsinnige Gespräch" (*Bollnow*) oder die engagierte Diskussion bis zum Morgengrauen befinden.

Doch auch und gerade bei einer solchen Diskussion ist neben dem Thema die Beziehung zum Partner, der Wunsch, ihn zu verstehen oder sich mit ihm zu messen, von mindestens gleichrangiger Bedeutung. Das Thema entfaltet sich frei nach dem Interesse der Beteiligten, es besteht kein Plan oder Zwang, zu einer Entscheidung oder einem Ergebnis zu kommen, und es wirkt unkooperativ, auf allzuviel Folgerichtigkeit zu bestehen. Dies gilt besonders für die erzählenden Partien „normaler" Party-Unterhaltungen, in denen

4.5. Zur Analyse des Partygesprächs

sich die Entfaltung des Themas („elaboration of a conversational resource", *Watson/Potter* 1962) als „assoziativer Prozeß" vollzieht — wie in unserem Beispielgespräch (s. o. Kap. 3.2.):

Nachdem hA, fA und hC sich über einen defekten Dimmer unterhalten haben und fB mit einer dazu passenden Familienanekdote einen Heiterkeitserfolg errungen hat, fühlt sich nun auch hB dazu bewogen, mit „hübschen sachen" (1,7f.), nämlich dem Schicksal zweier selbstgebauter Dimmer, zur allgemeinen Erheiterung beizutragen. Das dramatische Element der Geschichte, die Explosion, ist für ihn allerdings nur Rankenwerk; ihm geht es — auch als Fortführung der vorausgegangenen Unterhaltung — um die mangelhafte Funktion und deren Ursachen. So kann er der Versuchung nicht widerstehen, auf zweifelnde Zwischenfragen hDs (2,5; 2,13 ff.) und offenbares Verständnis hCs zu antworten, und zwar Gründe für den Vorfall zu nennen (2,31 ff.), einen weiteren Defekt zu erwähnen (2,44 ff.) und dann noch von zwei gelungeneren Selbstbauprodukten zu berichten, die aber schließlich in ähnlicher Weise versagten wie das Exemplar von hA (2,90–3,41).

Dieser wohl allzu ausführliche (36 sec.) Bericht wirkt in seinem zweiten Teil auf die übrigen höflich zuhörenden Gesprächsteilnehmer offensichtlich nicht sehr stimulierend. Schon zuvor war das zeitweilig stärkere Interesse der Zuhörer vor allem durch das Eingreifen von fB geweckt worden, die zweimal (1,72 ff.; 1,93 ff.) versucht hatte, ihre Geschichte des kaputten Dimmers zu erzählen: Mit verbalen, prosodischen und mimisch-gestischen (s. u.) Mitteln vergegenwärtigt sie den Schreck der von der Explosion unmittelbar Betroffenen. Eben diese emotionale Betroffenheit veranlaßt fB, nach dem Bericht ihres Mannes noch einmal mit mehr Details die Geschichte der Explosion wiederaufzunehmen (3,62 ff.). Damit gibt sie den Anstoß für weitere Beiträge zum Thema „Explosion": hC erzählt anschaulich, aber emotional distanziert von der Explosion eines Tonbandgerätes (3,108 ff.), was einerseits fB dazu anregt, vom Schreck über eine Kurzschluß-Stichflamme zu berichten (4,67 ff.), andererseits hA an einen Zeitungsbericht über ein explodierendes Bierfaß erinnert.

Mit der Erzählung dieses Ereignisses (5,32 ff.), das hA als Kuriosität unter dem Aspekt der Dummheit des Opfers betrachtet (was von hC und hD auch in diesem Sinne aufgenommen wird), überschreitet hA nicht nur endgültig das Thema „Funktionieren elektrischer Geräte", sondern auch wegen der grausigen Details mindestens für fB und hB das im Rahmen dieser Interaktion Erträgliche (6,88–6,106). Die Situation wird gerettet durch Themenwechsel: hA, hB und hD überführen die Bierfaßgeschichte in eine Erörterung der technischen Eigenschaften von Druckminderern, die durch hBs Fragen mehrere Minuten lang durchgehalten wird; fB dagegen, die sich durch das Verzehren einer sauren Gurke abzulenken versucht, gibt fA die Gelegenheit, über eine Gastgeberfrage (7,63 ff.: *schmEck–n ihn–n die gUrk–n' frau B'*) das Gespräch auf das völlig unexplosive Thema „Selbst-Eingemachtes" zu bringen, das fA, fB, fC, fD und den dazwischen sitzenden hC ebenfalls mehrere Minuten beschäftigt.

Eine derartige fließende Gesprächsstruktur mit immer neuen Verschiebungen des Themas läßt eine Gliederung in klar abgegrenzte Gesprächs(teil)phasen nicht zu. Will man überhaupt Phasen unterscheiden, so handelt es sich allenfalls um Gesprächsabschnitte mit einem thematischen Schwerpunkt und unscharfen Rändern.

Deutlicher abgrenzbar und intuitiv einleuchtender sind dagegen Gesprächshandlungen: In unserem Ausschnitt sind es die Erzählbeiträge von fB/hB − hC − fB − hA, die im Wechselspiel mit Rückmeldungsakten, zweifelnden Fragen, sachlichen oder emotionalen Kommentaren entfaltet werden. Einen ganz anderen Typ von Gesprächshandlung bildet eine später am Abend geführte (und nicht aufgezeichnete) Diskussion zwischen fB und hC über Schulprobleme, die wegen ihres Umfangs und ihrer thematischen Geschlossenheit den Status einer Teilphase erreicht.

Auch zwischen den Gesprächshandlungen gibt es Überlappungen und Überschneidungen, die sich teils aus der allgemeinen Schwierigkeit, in einem Mehr-Personen-Gespräch ohne Gesprächsleiter einen reibungslosen Gesprächsschrittwechsel zu praktizieren, teils aus der Lockerheit ergeben, mit der der Wechsel im informellen Gespräch gehandhabt wird:

Nachdem hC (4,57) seine Tonband-Geschichte mit einem witzigen Kommentar abgeschlossen hat, lachen hA und fC gebührend und fA äußert beklommen ihre Angst vor elektrischen Geräten (4,58 ff.). Damit scheint diese Gesprächshandlung abgeschlossen zu sein, und fB beginnt (4,67) mit der Erzählung einer ähnlichen Geschichte. hC, der sich in diesem Augenblick leider außerhalb des Kameraausschnitts befindet, scheint noch in Gedanken bei seiner eigenen Geschichte zu sein; so fügt er − 2 Sekunden, nachdem fB ihren Gesprächsschritt begonnen hat − mit einer illustrierenden Handbewegung (an hA gewandt?) seiner Gesprächshandlung einen erläuternden Nachtrag hinzu: *wir hab–n überspIElt* (4,86 ff.). Darauf antwortet hA: *aber hAste gehÖrt"* (4,84 ff.). Es ist dies offensichtlich der Be-

4.5. Zur Analyse des Partygesprächs

ginn seiner etwas später vorgetragenen Bierfaß-Erzählung, die er gleichzeitig mit dem Beginn von fBs Gesprächshandlung zu konzipieren scheint: Er setzt sich zurück, nimmt sein Bierglas, wendet sich an hC, sagt: *aber hAste gehÖrt*, trinkt einen Schluck und läßt dann zunächst fB ausreden.

Schon hier hätte eine Spaltung („schism": *Sacks/Schegloff/Jefferson* 1974) in zwei Gesprächsparteien erfolgen können, wird aber von hA aus nicht eindeutig feststellbarem Grund vermieden.

Bei dem Übergang zur folgenden Gesprächshandlung kommt es zu einer deutlichen vorübergehenden Spaltung: hA, der offensichtlich darauf brennt, seine Geschichte los zu werden, meldet sich ziemlich lautstark und mit mehreren gesprächsschrittbeanspruchenden Wendungen (5,32 ff.: *aber in= in gÖtting-n hat EIner= + hIEr, hat EIner doch das= haste gelEs-n inner zeitung' + bIErfaß angeschloss-n . . .*) zu Wort, während fA und hD noch die Erzählung fBs kommentieren. Er beginnt also eine neue Gesprächshandlung, bevor die alte abgeschlossen ist; und da hD den von fB geschilderten Schreck etwas relativiert (5,34 ff.), fühlt sich fB zu einer Antwort provoziert. Bis fB diese geäußert (5,57 ff.) und hD mit *nA* (5,67) reagiert hat, bilden fB und hD eine halb einander zugewandte Zweiergruppe.

Während sich hier die Gesprächsrunde noch einmal restituiert, spaltet sie sich kurz darauf für einige Zeit in zwei Teile (7,63 ff.); offenbar erscheint insbesondere den Damen fA, fC und fD das durch die Gastgeberin en passant eingeführte Thema „Selbsteingemachtes" lohnender und emotional befriedigender als Stichflammen und explodierende Bierfässer. Wichtiger allerdings als eine Spekulation über die Gründe ist die Feststellung, daß die Herren hA, hB und hD die Separation der Damen gar nicht beachten, sie also für vollkommen „normal" halten.

Diese einem jeden bekannte Tendenz „geselliger Runden", sich abwechselnd zu spalten und wieder zu vereinigen, bietet die Grundlage für eine Reihe aufschlußreicher Verhaltensweisen, die wir in den uns vorliegenden Partygesprächen beobachten konnten: Z. B. setzen bestimmte Sprecher (besonders in vorgerückter Stunde), wenn ihre Hörer aus irgendeinem Grund abgelenkt werden und sich aus der Hörerrolle zurückziehen, ohne Pause ihre (Selbst-)Darstellung fort, indem sie sich an den nächstbesten gerade nicht aktiven Anwesenden wenden. Andere Teilnehmer hören bei einer Spaltung gern mit einem Ohr zur anderen Gruppe, um dort gegebenenfalls auch einen Beitrag plazieren zu können; dies wird natürlich besonders dann der Fall sein, wenn sie durch die Sitzordnung in eine Gruppe verwiesen sind, deren Thema sie weniger interessiert als das einer weiter entfernten Gruppe. Ein etwas andersartiges „splitting" beobachtete *Scheflen* (1976, 243 f.): „Individuen in Gruppen (neigen) dazu, ihr Orientierungsverhalten aufzuteilen, indem sie sich mit der oberen Körperhälfte in die eine Richtung und mit der unteren Körperhälfte in eine andere orientieren. [...] Diese gemischten Konfigurationen scheinen die Gruppenstabilität aufrechtzuerhalten."

Mit der Erwähnung *Scheflens* sind wir an einem Punkt angelangt, da wir zum Abschluß dieses Kapitels etwas ausführlicher auf die bisher von uns recht stiefmütterlich behandelten visuellen Daten eingehen müssen. Schon bei dem Zwei-Personen-Verkaufsgespräch konnten manche Fragen zur Gesprächsschritt- und Gesprächsaktanalyse aus der bloßen Tonbandaufzeichnung nicht beantwortet werden; ein Mehr-Personen-Gespräch jedoch – das dürften die obigen Ausführungen unter anderem gezeigt haben – läßt sich überhaupt nicht zureichend unter gesprächsanalytischen Gesichtspunkten untersuchen, wenn nicht die Mimik und Gestik, insbesondere aber die Körper-, Kopf- und Blickzuwendung mit berücksichtigt werden können.

Zu den vielfältigen Formen und Funktionen nonverbalen kommunikativen Verhaltens gibt es eine umfangreiche Forschung. Diese hat einerseits versucht, durch Laborexperimente die Bedeutung nonverbaler Zeichen sowie die Prozesse ihrer Enkodierung und Dekodierung zu entschlüsseln; andererseits hat man (vor allem *Birdwhistell* und seine Schule) an Aufzeichnungen natürlicher Gespräche durch Einzelbildanalyse feinste Mikrostrukturen der Bewegungsabläufe und deren Synchronizität bei den Gesprächspartnern sowie die Koordination sprachlicher und nicht-sprachlicher Prozesse untersucht. Da für eine Darstellung dieser Ansätze der Raum fehlt, sei auf die ausführlichen Zusammenfassungen von *Argyle* (1975, engl. Original 1969) und *Scherer* (1974) verwiesen. Hier soll lediglich die Rolle illustrativer Gesten und der Blickzuwendung am Beispiel unseres Partygespräches erörtert werden.

Man kann die „leibgebundenen" Zeichen und Anzeichen nach ihrer Funktion etwa folgendermaßen einteilen: Sie dienen

4.5. Zur Analyse des Partygesprächs

— der Expression, und zwar dem Ausdruck der seelischen Gestimmtheit, der wechselnden Gefühle und Empfindungen, der Bewertung der besprochenen Gegenstände und Sachverhalte, der Einschätzung des Partners, der Interaktionsbereitschaft sowie des Verstehens und der Bewertung der Partneräußerungen;
— der Ersetzung oder Ergänzung sprachlicher Zeichen (Ersetzung: konventionalisierte Gesten wie Nicken etc.; Ergänzung: verstärkend, abschwächend, abwandelnd, widersprechend);
— der Gliederung der Rede;
— der Aufforderung zu Aktionen und zu Gesprächstätigkeiten wie Zuhören oder Gesprächsschrittübernahme, – damit zugleich auch:
— der Gesprächsorganisation (vgl. auch *Ekman/Friesen* 1968; *Scherer* 1977).

Bezieht man diese Liste auf die Gesten der Arme und Hände, so ist leicht zu sehen, daß diese an allen genannten Funktionen teilhaben, daß sie aber im besonderen Maße zur Ergänzung der sprachlichen Äußerung, zur „Illustration" dienen. Die Kenntnis der illustrativen Gesten ist allerdings zur Durchführung einer Gesprächsanalyse nicht immer notwendig:

Wenn hC sagt, alles habe *in so–ne(r) grOß–n blAU–n wOlke* (4,28 ff.) gestanden, so versteht man dies auch, wenn man nicht sieht, daß hC die Form der „Wolke" (als Halbkreis) mit den Händen nachzeichnet. Bei seiner illustrierenden Wickelbewegung zu dem *oll–n blöd–n stAnniOlkondensAtor* (2,48 ff.) jedoch verhält es sich wohl schon etwas anders: hB mag dieser Geste entnommen haben, daß hC Kenntnisse im Bereich der Elektronik besitzt und sich auch für weitere Details der vorgetragenen Dimmer-Erfahrungen interessieren dürfte.

Ebenso aufschlußreich sind die beiden Gesten, mit denen hB (1,89) und fB (1,104 f.) den Flug des Dimmers illustrieren. Den übrigen Anwesenden wird allerdings wohl kaum aufgefallen sein, daß hB seine Hand von hinten nach vorn, fB dagegen die ihre von vorn nach hinten bewegt. Im Nachhinein jedoch zeigen diese Gesten besonders anschaulich, daß beide Ehepartner gemeinsam zwei verschiedene Geschichten erzählen: hB hat die Explosion nicht miterlebt und sieht das Ereignis von außen, d. h. mit dem

4. Entwicklung von Kategorien und Analyseverfahren

Blick vom Kopfende des Bettes zur gegenüberliegenden Wand, wo der Dimmer später gefunden wurde; fB dagegen lag bäuchlings im Bett, als der Dimmer vom Kopfende des Bettes aus unmittelbar an ihrem Ohr, also für sie von vorn nach hinten, vorbeiflog.

hC, fB und hB benutzen derartige Gesten recht sparsam; sie unterstreichen damit ihre Worte, die auch für sich allein verständlich sind. Demgegenüber produziert hA beim Erzählen eine kontinuierliche, rhythmisch gegliederte Folge von expressiven, appellativen, gliedernden, deiktischen und illustrativen Gesten (vgl. 5,73–6,79; 6,109–7,84), die nicht nur wesentlich zur Lebendigkeit seiner Erzählung beitragen, sondern zuweilen auch die verbale Prädikation ersetzen: In seiner Äußerung: *das ding is=* (6,52 ff.) vertraut hA auf die Eindeutigkeit der eine Explosion andeutenden Armund Kopfgeste und erspart sich die verbale Explikation. Ohne die Videoaufzeichnung wäre der Sinn seiner Worte nur zu erahnen.

Für die übrigen Funktionen der Armgesten sollen hier keine Beispiele gegeben werden; ertragreich für die Gesprächsanalyse wären inbesondere diejenigen Armgesten, mit denen ein intensiver Adressatenbezug (z. B. auch bei der Gruppenspaltung) erreicht wird. Solche Gesten setzen fort, was im allgemeinen durch Blick-, Kopf-, evtl. auch Körperzuwendung erreicht wird.

Die Funktionen des Anblickens im Gespräch sind zuerst von *Kendon* (1967) gründlich untersucht worden. Seine Ergebnisse, die er an inszenierten Zweiergesprächen einander fremder Partner gewann, waren allerdings nur zum Teil auf andere Gespräche übertragbar: Neuere Untersuchungen (s. zusammenfassend *Argyle/Cook* 1976; *Baltus* 1977; *Beattie* 1978) zeigen den Einfluß von Variablen wie Geschlecht, Bekanntschaft, vorhandene oder gewünschte Intimität, Bewertung des Blickverhaltens. Dennoch bleiben wichtige Feststellungen *Kendons* unbestritten, die auch an unserem Gesprächsausschnitt aufweisbar sind:

Das wichtigste Anzeichen des Zuhörens ist auch in unserem Beispiel, den Sprecher anzublicken oder vorsichtiger: zu ihm hinzublicken, wobei sich die Art des Zuhörens (fasziniert, ruhig-folgend, kritisch) in der begleitenden Gestik, Mimik (und Prosodik) ausdrückt (s. o. S. 192 f.). Diese relativ triviale Feststellung bekommt eine kleine selbstkritische Pointe dadurch, daß die Hörer nicht nur den Sprecher im oben S. 10 ff. definierten Sinne, sondern auch diejenigen Hörer ansehen, die auffällige Rückmeldungsäußerungen von sich geben (z. B. 1,83). Für den Hörer hat nämlich das Hinblicken

4.5. Zur Analyse des Partygesprächs

vornehmlich die Funktion, den Sinn und die Glaubwürdigkeit von Äußerungen an den mimisch-gestischen Anzeichen des Sprechers und anderer Hörer zu überprüfen. Eine komplementäre Überprüfung vollzieht der Sprecher, wenn er wie hB bei seiner Erzählung in die Runde schaut: Er vergewissert sich, ob und wie die Hörer zuhören. Besonders deutlich wird dies, wenn hB zuerst nach hDs amüsiertem Lachen (nach 1,91) und dann nach hDs Kommentarschritt (2,13 ff.) durch Zurück- bzw. Vorbeugen (an fB vorbei) hD anzublicken sucht. Insgesamt schauen alle Sprecher ihre Zuhörer öfter und länger an, als nach *Kendon* (1967) zu erwarten wäre (so auch *Baltus* 1977, *Beattie* 1978); jedoch wird *Kendons* von der Forschung bestätigte Beobachtung, daß in Phasen zögernden Sprechens (also der Unsicherheit oder des Überlegens) der Blick vom Hörer abgewendet wird, auch durch hBs Verhalten gestützt: Dieser schaut zum ersten Mal vor sich nieder, als er 3,42 ff. nach einem Abschluß seiner Erzählung sucht.

Dadurch, daß der Sprecher mit seinem Blick das Zuhören überprüft, übt er zugleich auf den Hörer einen gewissen Appell aus, aufmerksam zu sein und diese Aufmerksamkeit zu bestätigen: Als hBs in die Runde schweifender Blick bei hA ankommt (2,62), lacht dieser kurz auf, etwas gezwungen und offenbar aus Höflichkeit. Dies entspricht *Kendons* Ergebnis, daß Sprecher am Ende von „minimally meaningful units of an utterance" (1967, 41) den Hörer anschauen und ihn so zu Rückmeldungsakten veranlassen.

In unserem Ausschnitt begegnen allerdings auch andere Kontroll- und Bestätigungsblicke: als fB von der Stichflamme aus dem Stecker erzählt, blickt sie bei den Worten *Irgendwie war das hInt–n defekt, ich wEIß nich, an der strIppe oder so,* (4,100 ff.) ihren Mann an, sei es, daß sie nur sehen will, ob er zustimmt, sei es, daß sie ihn mit dem Blick zu einer Bestätigung an die Gruppe veranlassen will. Umgekehrt schaut hB zu seiner Frau, als er vom Einbau des Dimmers in das Bett berichtet (1,59 ff.), wohl um die Gemeinsamkeit des Erzählten zu betonen (Blickzuwendung genau bei *Unser*: 1,68). fB interpretiert allerdings diesen Blick als Zeichen der Gesprächsschrittübergabe, was hBs Intention nicht entspricht (s. 1,80 ff.), aus fBs Sicht aber verständlich ist, zumal sie die Dimmerexplosion als „ihre Geschichte" betrachtet. Besäßen wir nur die Tonaufzeichnung, so würde fBs Gesprächsschrittübernahme als bloße Unterbrechung, als „Wegschnappen der Pointe" erscheinen – so hat es hB in der Situation übrigens empfunden –, während die Videoaufzeichnung darauf hindeutet, daß fB einer Handlungsintention „Weiterführen eines Gesprächsschrittes nach Fremdwahl" folgte.

5. Anwendungsaspekte der Gesprächsanalyse

5.1. Anwendungsbereiche — eine orientierende Übersicht

Wenn die vorstehenden Kapitel eine Antwort geben sollten auf sprachtheoretische (Was ist ein Gespräch?) und methodologische Fragen (Wie analysiert man Gespräche?), so soll abschließend eine Antwort gesucht werden auf die die sprachtheoretischen und methodologischen Aspekte ergänzende Frage: Zu welchem Ende betreibt man Gesprächsanalyse? G. *Ungeheuer* (1977, 34) hat diese sich ergänzenden Fragestellungen folgendermaßen erläutert: Es gebe zwei „Typen von Gesprächsanalysen, nämlich sowohl diejenigen, die der Theoriebildung dienen, als auch jene mit Fallstudiencharakter [...]". Im ersten Falle werde „Gesprächsanalyse zur Theoriebildung" betrieben und im zweiten Fall Gesprächsanalyse zum Zweck „der Enthüllung systematischer Eigenschaften eines einzelnen konkreten Gesprächs auf der Basis einer Kommunikationstheorie" (31). Die systematischen Eigenschaften konkreter Gespräche würden im letzteren Falle nicht als solche eruiert, sondern relativ zu einem „übergeordneten Problemkomplex" (35). Nun ist eine solche Scheidung heuristisch brauchbar; in der Praxis der Forschung wird sie fortwährend unterlaufen. So schreibt etwa A. E. *Scheflen* in seiner Untersuchung „auf dem Gebiet der Psychotherapie" zur „Bedeutung der Körperhaltung in Kommunikationssystemen" (Titel): „Die bewußte Kenntnis dieser Funktionen von Körperhaltungen ist bei der Erforschung menschlichen Verhaltens u n d der fundierten Beobachtung oder Durchführung einer psychotherapeutischen Sitzung von großem Wert" (1976, 221). Die Sperrung des „und" im vorstehenden Zitat ist von uns: Dieses u n d zeigt in schöner Deutlichkeit an, daß Studien s o w o h l der Theoriebildung a l s a u c h einer „fundierten Beobachtung oder Durchführung" therapeutischer Gespräche dienen. Allerdings ist sofort hinzuzufügen, daß eine „fundierte Durchführung" einer therapeutischen Sitzung als solche nur relativ zu einer therapeutischen Lehrmeinung zu beurteilen ist.

5.1. Anwendungsbereiche – eine orientierende Übersicht

H. Ramge nennt in seiner Untersuchung „Spracherwerb und sprachliches Handeln" sein erstes Kapitel: „Spracherwerb im Deutschen: eine Fallstudie". Diese „Fallstudie zum Spracherwerb im Deutschen", also die Studie eines Falles (nämlich der Sprache des Sohnes des Verfassers: drei ganztägige Aufnahmen und mehrere Stundenprotokolle), dient *Ramge* dazu, „einen Beitrag zum Verhältnis von Entwicklungspsycholinguistik und Sprechhandlungstheorie zu liefern" (1976, 19). Hier wird also eine Fallstudie in erster Linie zum Zwecke der Theoriebildung durchgeführt: zur Überprüfung vorher konzipierter Thesen zum Spracherwerb und zur Formulierung von „Konsequenzen für Spracherwerbsforschung und Sprachwissenschaft" und „für sprachdidaktische Fragestellungen" (226 ff.). Gegen den Strich kann man die Fallstudie jedoch auch als Studie der persönlichen Sprache und als Studie des Erwerbs von Sprache des dreijährigen Peter Ramge lesen.

Vielleicht sollte man versuchen, die Dichotomie *Ungeheuers* durch eine Trichotomie zu ersetzen (*Ungeheuer* 1977, 30 f. gibt selbst Hinweise):

1. Die hypothesengeleitete und interpretative Analyse faktischer Gespräche führt zum Entwurf einer Theorie oder Teiltheorie der Kommunikation („Gesprächstheorie").

2. Die Theoriestücke werden einer fortwährenden und gezielten Überprüfung (Modifikation, Falsifikation) unterworfen. Dieser systematische Überprüfungsprozeß macht es notwendig, ein Korpus (s. o. S. 153) faktischer Gespräche bereitzustellen, damit die Theorie sich am Aspektreichtum gesprochener Sprache bewähren kann.

3. Auf dieser theoretischen Grundlage können konkrete Gespräche analysiert werden. Das Analyseinteresse kann zum einen sprachtheoretisch motiviert sein, zum anderen durch übergeordnete, z. B. psychotherapeutische Erkenntnisziele. Hieraus erklärt sich die Zwitterstellung vieler konkreter Gesprächsanalysen. Da eine Theorie nie abgeschlossen ist, können, wie unmittelbar einsichtig, auch diese Analysen zum Zwecke der Modifikation von Theoriestücken benutzt werden.

5. Anwendungsaspekte der Gesprächsanalyse

Sofern übergeordnete Erkenntnisziele die gesprächsanalytischen Untersuchungen leiten, kann man diese dem zurechnen, was man traditionell „angewandte Wissenschaft" nennt. Diese ist am besten von ihren praktischen Forschungszielen her zu bestimmen. Indem das leitende Erkenntnisinteresse den engeren sprachwissenschaftlichen Bereich überschreitet, wird die angewandte Wissenschaft als Ausdruck dieses überschreitenden Interesses entweder interdisziplinär bedeutsam oder direkt applizierbar (vgl. *Kühlwein* 1973, 561).

Um eine Systematik der Gesprächsanalyse als angewandter Wissenschaft zu entwerfen, wäre nun die Liste der Gesprächsbereiche (s. o. S. 24) durchzugehen und aufzuzeigen, in welchem Bereich Fallstudien als angewandte Gesprächsanalysen vorliegen und inwiefern jeweils, bedingt durch den speziellen Interaktionsbereich, der Forscher vor besondere Probleme gestellt ist. Das soll hier nicht erfolgen; vielmehr sollen Bereiche genannt werden, die das Interesse der anwendungsorientierten Forschung gefunden haben. Dabei sei sogleich, wie oben ausgeführt, an das doppelte Erkenntnisinteresse erinnert, das konkrete Fallstudien leiten kann. Demnach ergibt sich folgende Liste, die nur der Übersicht dienen soll und des weiteren Kommentars bedürftig ist:

1. Therapiegespräche
1.1. Psychotherapeutische Gespräche
1.2. Arzt-Patienten-Gespräche

2. Beratungsgespräche
2.1. In Schule und Hochschule
2.2. In Ämtern (Finanzamt, Katasteramt usw.)
2.3. In sonstigen öffentlichen und halböffentlichen Institutionen
2.4. Seelsorgerische Gespräche

3. Verhandlungsgespräche
3.1. Gerichtsverhandlungen und Vernehmungen
3.2. Politische und wirtschaftliche Verhandlungen

4. Mediengespräche
4.1. Politische und literarische Interviews
4.2. Politische und literarische Diskussionen
4.3. Talk-Shows

5.1. Anwendungsbereiche – eine orientierende Übersicht 227

       5. Unterrichtsgespräche
5.1. Kommunikation im Schulunterricht
5.2. Kommunikation im Hochschulunterricht und anderen Bildungsinstitutionen

       6. Spracherwerb und Interaktion in der Familie
6.1. Spracherwerb des Kindes (als soziale Interaktion)
6.2. Gespräche in der Familie

       7. Literarische Gespräche
7.1. Unter literaturwissenschaftlichem Aspekt
7.2. Unter dramaturgischem Aspekt (Theaterpraxis)

Vielfach kann man als Schwerpunkt nur einen Unterpunkt eines Bereiches bezeichnen. Die weiteren Punkte sind hinzugefügt, um den Stellenwert der Schwerpunkte einerseits und Desiderata angewandter Forschung andererseits kenntlich zu machen. So können innerhalb des ersten Bereiches nur psychotherapeutische Gespräche als ein Schwerpunkt angewandter Gesprächsanalyse bezeichnet werden. Sie sind Mittel zum Zweck der Heilung, während Arzt-Patienten-Gespräche Voraussetzung zum Zweck der Heilung sind. Bei Beratungsgesprächen stehen solche der Institution Hochschule im Vordergrund des Interesses. Gerichtsverhandlungen und deren kommunikative Struktur sind ein wichtiger Teil jeder gesellschaftlichen Ordnung. Die antike Rhetorik hat im Gerichtsbereich ihren Ursprung, sie ist u. a. die „Kunst der (besonders vor Gericht gehaltenen) Parteirede" (*Lausberg* 1963, 15). In moderner Forschung interessiert die durch fachsprachliche Elemente eher noch verstärkte asymmetrische Struktur von auf Erwiderung hin angelegten Verhören und „Aussagen". Mediengespräche haben gleichfalls eine unmittelbare gesellschaftliche Bedeutsamkeit. Sie stellen denjenigen Bereich dar, der die geringsten Aufnahmeschwierigkeiten deshalb hat, weil diese Gespräche vielfach in Hörfunk oder Fernsehen gesendet werden. Wenn oben von dem interdisziplinären Charakter angewandter Gesprächsanalyse gesprochen wurde, so ist das unmittelbar einsichtig bei Unterrichtsgesprächen, die einer fundierenden pädagogischen Theorie bedürfen. Kommunikation im Schulunterricht stellt einen herausragenden Schwerpunkt angewandter Gesprächsanalytik dar (und soll deshalb in Kap. 5.3. näher ausgeführt werden). Der Forschungsschwerpunkt Schulkommunikation ist in den USA entwickelt worden, hat aber inzwischen eine vor allem europäische Ausdehnung erfahren. Der sechste Bereich ist derjenige, der eher privaten Gegenständen gewidmet ist. Da das Erlernen einer Sprache durch Zuwendung und Gespräch erfolgt, liegt es nahe, den Interaktionscharakter des Spracherwerbs im Gespräch aufzudecken und zugleich die Struktur familialer Gespräche darzustellen. In literarischer Dialoganalyse schließlich wird versucht, gesprächsanalytische Kategorien auf Dramentexte anzuwenden, und so einerseits den dialogischen Kunstcharakter nachzuzeichnen, andererseits in spontan-sprechsprachlicher Hinsicht den defizitären Charakter dieser Texte aufzuweisen (aus dem u. a. der Kunstcharakter stammt). Diese Übersicht mit Titeln zu belegen, müssen wir uns an dieser Stelle versagen (und darauf hoffen, daß ein Handbuch dieses später nachholt).

5.2. Gesprächsanalyse und Sprachgeschichte

Mit Bedacht wurde die Sprachgeschichte nicht den Anwendungsbereichen zugerechnet; denn Sprachgeschichte stellt höchstens einen Anwendungsaspekt dar — und das in einem zu präzisierenden Sinn. Zunächst ist zu betonen, daß Geschichte eine fundierende Größe für die Sprachwissenschaft darstellt. Demnach ist die Historizität, das Gewordensein gegenwärtiger Gespräche und der fortwährende Wandel der ihnen zugrundeliegenden Regeln hervorzuheben: „Die Sprache, die sich wandelt, ist die wirkliche Sprache in ihrer konkreten Existenz" (*Coseriu* 1974, 11). Der Ort dieses Wandels wiederum ist das Gespräch: „Der Sprachwandel hat seinen Ursprung im Dialog: im Übergang sprachlicher Verfahren vom Sprechen des einen Gesprächspartners zum Wissen des anderen" (*Coseriu* 1974, 67). Nur auf diesem diachronisch-historischen Hintergrund werden Struktur und Funktion gegenwärtiger Gespräche und ihr permanenter Wandel verständlich. Dies impliziert notwendig, Gespräche vergangener Sprachstadien, deren Voraussetzungen, Strukturen und Funktionen zu erarbeiten. In diesem Sinn sollte eine historisch gewendete Gesprächsanalyse in der Lage sein, historische gesprochene Sprache im Gespräch zu rekonstru-

5.2. Gesprächsanalyse und Sprachgeschichte

ieren. So verstanden soll Sprachgeschichte einen Anwendungsaspekt darstellen (vgl. auch *Sitta* 1979).

Derjenige Bereich, zu dem sprachhistorische Forschung nur teilweise Zugang hatte, ist der der gesprochenen Sprache im Gespräch. Dabei haben die Forschungen zur gesprochenen deutschen Sprache Tradition (vgl. *Henne* 1975, 52 f.). Erst nach dem Versuch einer pragmatischen Fundierung der Sprachwissenschaft wird jedoch eine Beziehung hergestellt zwischen der Erforschung gesprochener Sprache und der Gesprächsforschung bzw. Gesprächsanalyse (vgl. *Schank/Schoenthal* 1976, 2—6). So konnte *H. Zimmermann* seine Untersuchungen „zu einer Typologie des spontanen Gesprächs" von 1965 noch ohne gesprächstheoretische Fundierung schreiben. Elf Jahre später fügen *Schank* und *Schoenthal* ihrer „Einführung in Forschungsansätze und Analysemethoden" (Untertitel) zur gesprochenen Sprache ein Kapitel „Aspekte des Dialogischen" (61 ff.) hinzu, das gesprächsanalytische Verfahren bekannt machen soll. An dieser Stelle ist nun ein Schritt weiter zu gehen, und zwar ein Schritt in eine historische Gesprächsanalyse zum Zwecke der Rekonstruktion historischer gesprochener Sprache im Gespräch. Die Anregungen zu einer historischen Sprechaktanalyse (vgl. u. a. *Schlieben-Lange* 1976) geben dazu einerseits wichtige Hinweise und müßten andererseits einer gesprächsanalytischen Kritik unterworfen werden.

Hervorzuheben ist in diesem Zusammenhang der Begriff ‚Rekonstruktion'. Er ist — so meinen wir — lehrreich, weil er von vornherein unterstellt, daß historische Sprache im Gespräch nicht als solche verfügbar ist, sondern zumindest dreifach gefiltert: 1) durch gesprächsanalytische Kategorien (innerhalb einer Gesprächstheorie); 2) durch sprachhistorische Kategorien (innerhalb einer Theorie der Sprachgeschichte); 3) durch die Interpretation des Wissenschaftlers (Sprache im Gespräch als interpretierte Sprache (s. o. S. 179 f.)). Bei speziellen Fragestellungen, z. B. wenn die Aufgabe gestellt sein sollte, gesprochene Sprache im letzten Drittel des 18. Jahrhunderts auf der Datenbasis von Sturm- und Drang-Dramen zu rekonstruieren, kommt ein weiterer Filter intervenierend hinzu. In diesem Fall muß die literarische Theorie und Praxis des ‚Sturm und Drang' kontrolliert werden hinsichtlich des Anspruchs, alltägliche und gesprochene Sprache in Dramen abzubilden. Im folgenden soll nun der Versuch unternommen werden, Ansätze eines Forschungsprogramms zur historischen Gesprächsanalyse am Beispiel des letzten Drittels des 18. Jahrhunderts zu entwickeln.

1. Zunächst ist die Frage zu beantworten, welchen Stellenwert das Gespräch und unterschiedliche Gesprächsbereiche im öffentlichen und privaten Leben der Menschen haben. Diese Frage kann nur vergleichend angegangen werden: indem andere Formen der Kommunikation, wie Brief- und Buchwesen, auf dem Hintergrund gesellschaftlicher Zusammenhänge vergleichend skizziert werden. Zweck einer solchen Bestandsaufnahme ist: Einblick in den historischen Prozeß der Einschätzung und Ausbildung der Kategorie Gespräch zu bekommen.

2. Danach sind vorliegende, in der Terminologie von 1.3.4.: natürliche, fiktive und fiktionale Gespräche, jeweils in der Form vorliegender Verschriftlichung, zu einem Korpus zusammenzufassen und nach Gesprächsbereichen und Gesprächstypen zu sortieren. Dieses Korpus ist relativ zu den unter 1. gewonnenen Erfahrungen sowie hinsichtlich des Kunstcharakters (fiktionale Gespräche), des didaktischen Charakters (fiktive Gespräche) und des durch die Überlieferungsform der Verschriftlichung bedingten defizitären Charakters (natürliche Gespräche) zu bewerten und zu interpretieren.

3. Auf dieser Basis kann dann der Versuch unternommen werden, typische Gesprächsstrukturen der Zeit und deren sprachliche Mittel zu rekonstruieren: Welche sprachlichen Mittel werden in welchen Gesprächsbereichen und Gesprächstypen (s. o. S.32) verwendet (z. B. sprachliche Rückmeldungsakte und strukturierende Gesprächsakte)? Welche Versatzstücke, also ritualisierte Gesprächsstücke, haben institutionalisierte Gespräche, z. B. Gespräche im Unterricht und wissenschaftliche Diskussionen? Wie ist insgesamt der Zusammenhang von Gesprächen in der Literatur, im Unterricht, im öffentlichen und privaten Leben? Die Beantwortung dieser und weiterer Fragen wäre insgesamt ein Beitrag zur Rekonstruktion gesprochener Sprache in Gesprächen des 18. Jahrhunderts.

5.2. Gesprächsanalyse und Sprachgeschichte

Um nun die Abstraktheit der vorstehenden Fragen etwas zu mildern, sollen zumindest Hinweise zu deren Beantwortung gegeben werden.

Zu 1: Die sich im 18. Jahrhundert ausbildende bürgerliche Öffentlichkeit setzt das argumentative Gespräch und die wissenschaftliche Diskussion ein zur Beförderung ihrer emanzipativen Ziele. In der „Beantwortung der Frage: Was ist Aufklärung?" (*Kant* 1783 (1968, 55), vgl. auch *Winter* 1974, 36 ff.) heißt es: „Zu dieser Aufklärung aber wird nichts erfordert als F r e i h e i t ; und zwar die unschädlichste unter allem, was nur Freiheit heißen mag, nämlich die: von seiner Vernunft in allen Stücken ö f f e n t l i c h e n G e b r a u c h zu machen. Nun höre ich aber von allen Seiten rufen: r ä s o n n i e r t n i c h t! Der Offizier sagt: räsonniert nicht, sondern exerziert! Der Finanzrat: räsonniert nicht, sondern bezahlt! Der Geistliche: räsonniert nicht, sondern glaubt!" *räsonnieren,* also „vernunftbegründete Argumente öffentlich einsetzen", geht natürlich über Formen des Gesprächs hinaus; aber verwirklicht sich doch erst einmal im Gespräch.

Aus ganz anderer Perspektive plädiert *J. W. von Goethe* für eine dialogische Argumentation, wenn er das „Selbstgespräch zum Zwiegespräch" umbildet:

„Gewöhnt, am liebsten seine Zeit in Gesellschaft zuzubringen, verwandelte er auch das einsame Denken zur geselligen Unterhaltung, und zwar auf folgende Weise. Er pflegte nämlich, wenn er sich allein sah, irgend eine Person seiner Bekanntschaft im Geiste zu sich zu rufen. Er bat sie, nieder zu sitzen, ging an ihr auf und ab, blieb vor ihr stehen, und verhandelte mit ihr den Gegenstand, der ihm eben im Sinne lag. Hierauf antwortete sie gelegentlich, oder gab durch die gewöhnliche Mimik ihr Zu- oder Abstimmen zu erkennen; wie denn jeder Mensch hierin etwas Eignes hat. Sodann fuhr der Sprechende fort, dasjenige, was dem Gaste zu gefallen schien, weiter auszuführen oder, was derselbe mißbilligte, zu bedingen, näher zu bestimmen, und gab auch wohl zuletzt seine These gefällig auf" (*Goethe* 1955, 576; vgl. auch *E. u. R. Grumach* 1965, VIII). Diese Zeilen stehen in „Dichtung und Wahrheit", *Goethe* schildert rückblickend seine Entwicklung und Eigenart

5. Anwendungsaspekte der Gesprächsanalyse

und damit auch, so scheint es, ein Charakteristikum seiner gesprächsfreudigen Zeit.

Ganz anders behandelt der Sprachwissenschaftler *J. Ch. Adelung* die Kategorie Gespräch. In seiner Monographie „Ueber den Deutschen Styl" von 1785 entwirft er folgende Taxonomie (die wir nach seiner Beschreibung, S. 318—325, aufstellen):

(Die Kanten symbolisieren Teil-Ganzes-Beziehungen.)

Schon diese Taxonomie erweist, daß es *Adelung* (wie auch anderen Theoretikern (s. u.)) um das „künstliche" Gespräch geht, was eine in gewisser Weise treffende Oppositionsbildung zu unserem Begriff ‚natürliches' Gespräch darstellt. Dieses künstliche Gespräch ist ein „schriftstellerisches Product" (323), wobei in wirklichen Gesprächen nur die „unterredenden Personen" (324) zugelassen sind, während in erzählenden Gesprächen der Autor das Gespräch „erzählungsweise vorträgt" (324). „Das schriftliche Gespräch ist eine Nachahmung des wirklichen" (324), und von diesem trägt *Adelung* nur vor, welche Vorschriften in grammatischer und stilistischer Hinsicht zu beachten seien: Die Zeit ist auf der Suche nach dem anspruchsvollen Lehr- und Kunstgespräch, das ästhetischer Qualität und thematischem Anspruch nachkommt.

Dieser Eindruck wird durch Abhandlungen von *Sulzer* (1771) und *Engel* (1774 (1964)) bestätigt. *Sulzer* faßt von vornherein nur das künstliche Gespräch ins Auge: „kurze unter mehrern Personen abwechselnde Reden, nach Art derjenigen, die in dem täglichen Umgang über Geschäfte; Angelegenheiten oder über spekulative Materien vorfallen" (1771, 473). Weiter unten skizziert er ein allgemeines Forschungsprogramm, das auch als Einladung zur Ge-

5.2. Gesprächsanalyse und Sprachgeschichte

sprächsanalyse aufgefaßt werden kann: „Es wäre der Mühe wol werth, daß jemand den eigentlichen Charakter des Gespräches, den sich dazu vorzüglich schikenden Inhalt und dann den besten Vortrag desselben besonders untersuchte" (474). Auf diese Aufforderung *Sulzers* bezieht sich *Engel* in seiner Abhandlung (1964, 230). Diesem kommt es vor allem darauf an, die Leistungsfähigkeit des künstlichen Gesprächs im Vergleich zur „Erzählung" bei der Darstellung von Charakteren und deren inneren Beweggründen zu zeigen: „Die feine Auswahl der Worte, die zwischen sie eingestreuten Partikeln, die oft in den Gesinnungen der Seele so unendlich viel bestimmen, die Inversionen der Rede, das was gesagt, und das was verschwiegen wird, die Verbindungen, die gemacht, und die nicht gemacht werden, das plötzliche Abbrechen eines Gedankens, der mannichfaltige richtige Gebrauch der Figuren, der Fall, der Klang, der ganze Zusammenbau der Periode: – alles dieses giebt erst dem Gedanken seine individuelle Bestimmung, sein Leben [...]" (234). Man ist fast geneigt, dies als den Versuch einer Antwort (in sprachlich-stilistischer Hinsicht) auf *Sulzers* Frage nach dem „eigentlichen Charakter des Gespräches" zu werten.

Zu 2 und 3: Da für die Darstellung des künstlichen Gesprächs hinreichendes Quellenmaterial vorhanden ist, soll hier das Problem des „mündlichen" Gesprächs im 18. Jahrhundert kurz behandelt werden. Materialien, die Rekonstruktionsversuche lohnend erscheinen lassen, sind u. a. durch die Goethe-Philologie erstellt worden. Hier sind vor allem die von *E.* und *R. Grumach* (bisher) edierten Bände „Goethe. Begegnungen und Gespräche" (hierfür wie für die folgenden Titel s. Literaturverzeichnis) zu nennen, ferner „Goethes Gespräche" in vier Bänden, herausgegeben von *W. Herwig, Eckermanns* „Gespräche mit Goethe" und die kritische Ausgabe (besorgt von *E. Grumach*) der „Unterhaltungen mit Goethe" des Kanzlers *von Müller*. Vor allem *E. Grumach* hat darauf verwiesen, daß wir es mit „Niederschriften" von Gesprächen, „Ausarbeitungen" von Tagebuchnotizen (*Grumach* 1956, IXf.) sowie „Gesprächsberichten" von Goethes Gesprächspartnern zu tun haben. Allemal liegt also den Gesprächen die Erinnerung der Gesprächspartner zugrunde: „Mündliche" historische Gespräche sind für die Zeit vor der Erfindung des Phonographen nur als erinnerte Gespräche zu haben. Somit ist die Batterie der Filter (s. o. S. 229) noch zu erweitern; zugleich ist die Systematik der „Gesprächsgattungen" (s. o. S. 26) durch die Subkategorie „erinnertes Gespräch" zu bereichern. Dies ist lehrreich insofern, als hier demonstriert wird, daß historische Fragestellungen ein gegenwartsbezogenes Kategorieninventar notwendig verändern.

Solche erinnerten Gespräche können nun mithilfe gesprächsanalytischer Kategorien daraufhin überprüft werden, inwiefern sie dem nahekommen, was *Campe* (1813, 226) ‚Conversationssprache' nennt und mit „Umgangssprache" puristisch übersetzt. Nehmen wir folgendes erinnertes Gespräch (*E.* und *R. Grumach* 1965, 243): Am 28. 11. 1810 schreibt Bettina Brentano an J. W. von Goethe einen Brief, in dem sie ein Begebnis des Winters 1774 diesem in Erinnerung ruft: Goethe sei mit seiner Mutter, die einen karmesinroten Pelz mit einem „langen Schlepp" getragen habe, in Begleitung von Gästen zum Schlittschuhlaufen gefahren. Wir zitieren im folgenden aus diesem Brief: „wie er nun den karmesinrothen Pelz sieht, kommt er [Goethe] herbei an die Kutsch und lacht mich [Elisabeth Goethe] ganz freundlich an. – nun was willst Du? sag ich. Ey Mutter, Sie hat ja doch nicht kalt im Wagen, geb Sie mir ihren Sammetrock! – Du wirst ihn doch nit gar anziehen wollen? – freilich will ich ihn anziehen". Dies wird Goethe gewährt und wie ein „Göttersohn auf dem Eiß" mit der „Schlepp über dem Arm" fährt er dahin: Schauläufer Goethe. – Der obige Dialog ist lehrreich in mehrfacher Hinsicht: Er zeigt, daß ein Gespräch auch gestisch-mimisch eröffnet werden kann („lacht mich ganz freundlich an"); er zeigt ferner, daß in der „Conversationssprache" Gliederungspartikeln, hier: strukturierende Gesprächsakte, die den Gesprächsschritt einleiten (*nun, ey*), häufig und gezielt Verwendung finden; er zeigt weiterhin, daß in der Sprache der Konversation „eingestreute Partikeln" (s. o. S. 233) (*ja, doch, gar, freilich*) die Gesprächsschritte und -akte akzentuieren. Von der Gliederungspartikel *nun,* wie sie hier Verwendung findet, sagt *Campe* (1809, 523): „Oft dient es [*nun*] nur in der vertraulichen Sprechart, eine Frage zu begleiten, wo es immer voran steht". In der Tat: Von diesem Gespräch zwischen Mutter und Sohn kann man wahrscheinlich machen, daß es der „vertraulichen Sprechart" zuzurechnen und der „Conversationssprache" verpflichtet ist. Diese Sprache im erinnerten „mündlichen" Gespräch ist noch zu entdecken.

Modewörter haben ihren Ort im flotten Dialog; dementsprechend sind sie in der „Conversationssprache" aufzuspüren: „Damals war das Wort unendlich überall wiederkehrendes Stichwort. Wenn Göthe Abends bei Wielands essen wollte, so schickte er seine[n] Bedienten (der beiläufig in allem seinen Meister nachahmt, so gieng, den Kopf schüttelte, sprach u. s. w.) vorher ins Haus, und ließ sich eine unendliche Schüssel unendlicher Borstorferäpfel (gedämpft) ausbitten" (*E. und R. Grumach* 1965, 477); auch daß Goethe, 1798 aus der Schweiz zurück, „jedes hübsche Mädchen ein Müßchen (das schweizerische Deminutif von Maus)" (*E. und R. Grumach* 1966, 222) nannte, ist dichterischen Texten sicher nicht zu entnehmen. Am 17. 2. 1783 schreibt Herder an Hamann einen Brief (*E. u. R. Grumach* 1966, 403), der aus mehreren Dialogen besteht. In einem dieser Dialoge kommt der Herzog mit folgender Äußerung zu Wort: „Übrigens war die Predigt ganz ohne Piques". Herder selbst kommentiert: „das ist ein Lieblingswort hier". *Campe* (1813, 480) verdeutscht mit „Groll". Der hier gebrauchte Plural wäre angemessener mit ‚Sticheleien' wiederzugeben.

Gesprochene Sprache im Gespräch hat nicht nur ihre „eingestreuten Partikeln, die oft in den Gesinnungen der Seele so unendlich viel bestimmen", sie hat auch ihre Stichwörter, Lieblingswörter, Kosenamen. Eine historische Gesprächsanalyse wird auch diesen Wortschatz der „Konversation" aufzudecken haben.

5.3. *Gesprächsanalyse und Kommunikation im Unterricht*

„Unterrichten als Dialog" überschrieb *Wunderlich* (1969) einen seiner Aufsätze und benannte damit zugleich den gemeinsamen Nenner moderner Unterrichtskonzeptionen; man möchte allerdings ergänzen: Unterricht als institutionalisierter spontaner Dialog, der stets am Rande seines Scheiterns stattfindet und der der Ergebnisse von Unterrichtsforschung bedarf, um sich seinem Ziel – dem Lernerfolg der Schüler – nähern zu können. Es ist darum verständlich, daß sich die traditionelle „interaktionsanalytische"

Unterrichtsforschung (zusammenfassend: *Dunkin/Biddle* 1974; *Bachmair* 1976) unter anderem mit Fragen zu beschäftigen hatte, die man als „gesprächsanalytisch" bezeichnen könnte:

Wie oft und wie lange redet der Lehrer, reden die Schüler?
Wie oft antworten Schüler unmittelbar auf Schüleräußerungen?
Wie verteilen sich überhaupt initiative und reaktive Akte zwischen Lehrer und Schülern?
Welche typischen Sequenzen von Lehrer- und Schüleräußerungen lassen sich feststellen?
Wie „offen" oder „geschlossen" sind Lehrerfragen, d. h. wie stark schränken Lehrerfragen die Schüler auf bloß reaktive Akte ein?
In welchem Maße und in welcher Weise verhält sich der Lehrer gegenüber Schüleräußerungen responsiv?
Wie oft und wann bewertet, lobt, tadelt der Lehrer?
Inwieweit ist das Lehrerverhalten „reversibel", d. h. inwieweit können Schüler es übernehmen, ohne Sanktionen befürchten zu müssen?

Durch die Beantwortung solcher und ähnlicher Fragen soll der Unterrichtsstil des Lehrers bestimmt werden, insbesondere auf den „zwei Hauptdimensionen [. .]: Wertschätzung – Wärme – Zuneigung [. .] und [. .] Lenkung–Dirigierung–Kontrolle" (*Tausch/ Tausch* 1973, 163). Der Unterrichtsstil wird sodann mit dem zugehörigen Schülerverhalten bzw. dem Lernerfolg der Schüler korreliert und damit einer Bewertung zugeführt, aus der Handlungsanweisungen für eine Verbesserung des Unterrichts abgeleitet werden.

Es ist nicht zu leugnen, daß die Bearbeitung dieser „gesprächsanalytischen" Fragestellungen zu wichtigen Ergebnissen für die Unterrichtsmethodik geführt hat, auch wenn man sie – zu einer Zeit, als die Linguistik die Sprachverwendung nicht zu ihrem Untersuchungsbereich zählte – linguistisch „naiv" (*Ehlich/Rehbein* 1976, 25) zu beantworten suchte. In den 70er Jahren wurden jedoch die theoretischen und technischen Voraussetzungen geschaffen, die Interaktion im Unterricht mit pragmalinguistischen und gesprächsanalytischen Methoden zu untersuchen. Dies führte

5.3. Gesprächsanalyse und Kommunikation im Unterricht

allerdings nicht nur zu differenzierteren Antworten auf alte Fragen, sondern auch zur Differenzierung und Verschiebung der Fragestellungen selbst. Die Defizienzen der interaktionsanalytischen Unterrichtsforschung traten nun klar hervor (s. dazu: *Ehlich/ Rehbein* 1976; *Switalla* 1977; *Merkens/Seiler* 1978):

(a) Die Analyse stützte sich auf kategorial gesteuerte Beobachtungsprotokolle (s. o. S. 38); um eine schnelle und sichere Kodierung zu gewährleisten, mußten die Kategorien grob gerastert und die Daten explizit und oberflächennah sein.

(b) Die Kategorien wurden intuitiv und alltagssprachlich konstituiert und gestatten oft keine ein-eindeutige Zuordnung der Daten. Das gilt selbst für das an *Wittgensteins* Sprachspielbegriff äußerlich anknüpfende, differenzierte und mehrdimensionale Kategoriensystem von *Bellack* u. a. (1966, dt. 1974; s. *Ehlich/Rehbein* 1976).

(c) Visuelle Daten wurden nur impressionistisch und unsystematisch berücksichtigt.

(d) Es wurden vornehmlich Lehrer-Schüler-Interaktionen im „normalen" Frontalunterricht untersucht, wobei die Schüler zumeist als einheitlicher Block repräsentiert waren. Selbst der differenziertere Ansatz von *Good/Brophy* (1970), der sich auf die einzelnen „dyadischen" Lehrer-Schüler-Interaktionen konzentrierte, berücksichtigte kaum Schüler-Schüler-Interaktionen (*Merkens/Seiler* 1978, 108 ff.).

(e) Behandelt wurde ferner ausschließlich der „offizielle" Unterrichtsdiskurs, wobei nicht-unterrichtsbezogene Schüleraktivitäten als „Unruhe" etc. in einer Sammelkategorie notiert wurden.

(f) Die unterrichtliche Interaktion wurde weitgehend in Isolation betrachtet; die den Unterrichtsverlauf thematisch und organisatorisch mitbestimmende „Zwangsinstitution Schule" (*Roeder/Schümer* 1976, 310) sowie deren gesellschaftliche und bildungspolitische Bedingtheit wurden ausgeklammert.

Der unter (f) genannte Mangel gilt im besonderen Maße auch für den Ansatz von *Sinclair/Coulthard* (1975; dt. 1977). Er ähnelt in der Richtung dem *Bellack*'schen Ansatz, bietet jedoch im expliziten Bezug auf die amerikanische „conversational analysis" ein linguistisch fundiertes Kategoriensystem zur Analyse von Unterrichtsaufzeichnungen. Unterschieden werden auf der „Diskursebene" die Einheiten: „lesson, transaction, exchange, move, act", die als Einheiten begründet, sprachlichen Realisationen zugeordnet und in ihren hierarchischen und sequentiellen Beziehungen untersucht werden. Dabei werden u. a. auch die Funktion von Gliederungsakten und Formen des Sprecherwechsels mit einbezogen. Das Ergebnis ist dennoch enttäuschend, weil *Sinclair/Coulthard* bei einer rein deskriptiven und isolierten Strukturanalyse von Hauptdiskursen lehrerzentrierten Unterrichts stehenbleiben; der Bearbeiter der deutschen Ausgabe, *H.-J. Krumm*, hat allerdings den Ansatz partiell erweitert.

Daß detaillierte und interpretative Analysen der Lehrer-Schüler-Interaktion zu wichtigen Ergebnissen führen können, zeigen etwa Arbeiten von *Cicourel* (1975, 192 ff.; *Cicourel* u. a. 1974), *Roeder/ Schümer* (1976), *Martens* (1977) und *Rigol* (1977). Daneben erscheint aber eine Untersuchung der mit Videorecorder aufgezeichneten Schüler-Schüler-Interaktion als zunehmend lohnender. Die Arbeit von *Diegritz/Rosenbusch* (1977) konzentriert sich auf die Interaktionsstruktur des „offiziellen" Gruppenunterrichts, die Verhaltensunterschiede im Gruppen- und Frontalunterricht sowie die Bewertung dieser Unterrichtsformen durch die Schüler. Mit Hilfe einer quantitativen Analyse der Interaktionsrichtungen und -frequenzen, einer interpretativen Verlaufsanalyse und einer qualitativ-quantitativen Sprechhandlungsanalyse untersuchen sie Gruppeninteraktionen hinsichtlich der Inhalts- und der Beziehungsebene, zeigen die dabei auftretenden Konflikte (die zur Ablehnung des Gruppenunterrichts durch die Schüler führen) und geben Hinweise für den Lehrer, wie diese Konflikte aufgefangen werden können.

Während *Diegritz/Rosenbusch* die visuellen Daten ihrer Aufzeichnung nur insoweit auswerten, als sie bei normaler Wiedergabe erkennbar sind, arbeitet die Düsseldorfer Projektgruppe KidS (= Kommunikation in der Schule; *Ehlich/Rehbein* 1977) mit slowmotion- und Einzelbildanalysen. So zeigen sie, wie die flüchtige mimische Abwertung einer Schüleräußerung durch die Lehrerin

5.3. Gesprächsanalyse und Kommunikation im Unterricht

den Schüler zur mimisch-gestischen Entwertung und zum Abbruch seines Beitrags veranlaßt. Mit ihrer Methode sind sie in der Lage, halb verdeckte, in sich widersprüchliche Kommunikationsakte zu beschreiben, die aus dem institutionell bedingten Konflikt von Handlungsmaximen entspringen: z. B. aus dem Widerstreit der „Maximen": „Bringe den Lernstoff so, daß der Schüler selbst die Lösung findet" und „Erfülle den Unterrichtsplan!" (in der vorgeschriebenen Zeit) (*Ehlich/Rehbein* 1977, 101).

Damit kommen Interaktionsprobleme in den Blick, die nicht der einzelne Lehrer allein zu verantworten und durch eine gute „Methodik" zu bewältigen hat, sondern die institutionell vorgegeben sind: „die eigentliche Schwierigkeit liegt, soweit wir bisher sehen, eben darin, daß die Lehrer teilweise Fehler sozusagen ‚machen müssen', d. h. daß die Handlungskonstellationen, in denen sie stehen, im Normalfall keine anderen Handlungsabfolgen gestatten als solche, die als ‚fehlerhaft' im pädagogischen Wissen [. .] bewertet sind." (*Ehlich/Rehbein* 1977, 72f.) Die interaktionalen Auswirkungen der institutionellen Bedingungen und Anforderungen in ihrer Widersprüchlichkeit und ihrem Gegensatz zu Schülerbedürfnissen bilden im Augenblick einen Schwerpunkt in den Untersuchungen zur Schulkommunikation; das belegen nicht nur weitere Beiträge im Sammelband von *Goeppert* (1977; außer *Ehlich/Rehbein* auch *Wellendorf, Flader* und *Goeppert*), sondern auch die Bücher von *Wellendorf* (1975) und *Heinze* (1976) sowie zahlreiche Vorträge auf einem Düsseldorfer Kolloquium über Kommunikation in der Schule im Jahre 1978 (s. *Ehlich/Rehbein* 1981).

Wenn man einen solchen Schwerpunkt wählt, so ist es nicht länger möglich, sich auf den „offiziellen", zu optimierenden Unterrichtsdiskurs zu beschränken und alles, was sonst noch in der Klasse geschieht, als lästige Nebenerscheinung abzutun. Man wählt vielmehr einen Meta-Standpunkt, von dem aus das gesamte interaktionale Geschehen im Klassenraum als Unterrichtsgespräch erscheint, innerhalb dessen der unterrichtsthematische Hauptdiskurs lediglich einen — wenn auch zentralen — Teil ausmacht. Wichtig ist also innerhalb eines solchen Ansatzes die Analyse der nicht-offiziellen Schüleraktivitäten und -äußerungen (in ihrem

Bezug zum Hauptdiskurs), die in ihrer Vielfalt allererst zu entdecken sind. Lehrer wissen zwar, was Schüler so nebenbei tun, daß sie träumen, schwatzen, Briefe schreiben, Flittchen schießen; was sie aber wann worüber und aus welchen Motiven zum Nebenmann sagen, bemerkt der durch die didaktische Umsetzung des Stoffes beanspruchte Lehrer in der Regel nicht oder nur dann, wenn die Äußerungen einen gewissen Störpegel überschreiten.

Um Genaueres über die Nebentätigkeiten der Schüler zu erfahren, kann und soll man Schüler interviewen, etwa so, wie es *Heinze* (1976) im Anschluß an Unterrichtsbeobachtungen tat; denn die Schüler liefern Fakten und notwendige Interpretationen zugleich. Wichtiger aber erscheint die Aufzeichnung und Analyse konkreter Schüler-Schüler-Gespräche während des Unterrichts, und zwar im Rahmen eines interpretativen Ansatzes, der die Überlegungen *Switallas* (1977) zur „methodischen Rekonstruktion sprachlicher Handlungen im Unterricht" mit einbezieht. Erste Versuche einer Braunschweiger Arbeitsgruppe „Nebenkommunikation im Unterricht", der einer der Verfasser (*Rehbock*) angehört, haben gezeigt, daß die Gesprächsanalyse hier ein lohnendes Betätigungsfeld und zugleich auch Anstöße zur Differenzierung ihres Beschreibungsinventars finden kann (*Arbeitsgruppe Braunschweig* 1978). Die Komplexität der dabei zu analysierenden Gesprächsakte sei zum Abschluß an einem kurzen Unterrichtsausschnitt demonstriert, in dem sich ein Schüler aus ununterbrochener Nebenkommunikation heraus im Hauptdiskurs zu Wort meldet:

Aufnahme in der Integrierten Gesamtschule Wolfsburg-Westhagen am 12. 4. 1978; 5. Klasse, 1. Stunde, Gesellschaftskunde.

Aufzeichnung durch:

1. TB-Gerät mit zwei Mikros an der Tafel, auf die ganze Klasse gerichtet;
2. Videokamera, fest auf einen Gruppentisch gerichtet, dazu ein Mikro, nach unten zeigend über dem Tisch;
3. 3 Beobachter für je 2 Schüler (Beobachtungsprotokolle).

5.3. Gesprächsanalyse und Kommunikation im Unterricht 241

Sitzordnung:

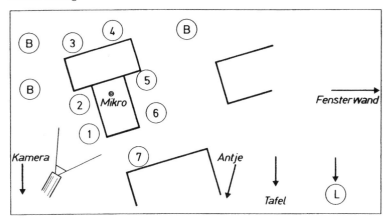

Schüler: 1, 2, 6, 7: Jungen; 3–5: Mädchen. An der Interaktion des zitierten Ausschnitts beteiligt:
1 (Frank): Klassensprecher; sehr interessiert (besonders Gesellschaftskunde), lebhafte Beteiligung; aber auch in die Tischgruppe der Jungen voll integriert; beteiligt sich oft an Nebenkommunikation (incl. „Blödsinn").
2 (Christian): In unseren Aufnahmen keine „offizielle" Beteiligung am Unterricht; sehr aktiv in witzigen, spöttischen, ironischen Kommentaren zum Unterrichtsgeschehen und Schülerverhalten, zumeist in Tischlautstärke; nicht so offen provokativ wie 6; kommuniziert vorwiegend mit 6.
5 (Stefanie): Beteiligt sich wenig am Unterricht, scheint ihm aber zu folgen; kommuniziert viel mit 6, verbal und nonverbal: 6 rangelt oft mit ihr, was sie sich – leicht abwehrend – gefallen läßt.
6 (Matthias): Gilt als Klassenclown; sehr aufgeweckt, beteiligt sich aber fast gar nicht am lehrerzentrierten Unterricht; dagegen zahlreiche (oft sehr fantasievolle) Nebenaktivitäten, besonders mit 2 (aber auch 1

5. Anwendungsaspekte der Gesprächsanalyse

und 5); ist sich der Aufnahmesituation sehr bewußt, neigt dazu, sich vor der Kamera zu produzieren.

MS: Nicht sichtbare Mitschüler.

Thema des Unterrichts: Jüngere Steinzeit; in der ersten Hälfte der Stunde Wiederholung: Lebensweise, Geräte, Nahrungsbeschaffung, Klimaverhältnisse. In unserem Ausschnitt geht es um die Klimaveränderungen (und die daraus folgenden Veränderungen in der Lebensweise) zwischen der älteren und der jüngeren Steinzeit; die Lehrerin versucht, die Klimaveränderungen am Beispiel der Vegetation im Hochgebirge klarzumachen und an Seilbahn-Erfahrungen der Schüler anzuknüpfen.

Ausschnitt einer Video-Aufzeichnung in informeller Notation:

MS ERZÄHLT ÜBER EINE FAHRT MIT DER SEILBAHN UND DIE DABEI BEOBACHTETEN VERÄNDERUNGEN DES PFLANZENWACHSTUMS.

6 LEISE ZU 1, 2 UND 5: jetz wolln wer mein frühstücksbrot mal holen.

6 HOLT EIN EINGEWICKELTES BROT UNTER DEM TISCH HERVOR UND BEGINNT ES AUSZUWIKKELN. 1, 2 UND 5 SIND AMÜSIERT; 5 LACHT, SCHÜTTELT DEN KOPF.

6 HALBLAUT, MIT KOPFBEWEGUNG ZUM NEBENTISCH: antje frißt auch. (ANTJE SITZT AM TISCH VON 7)

5 .... gefilmt. WEITERE LEISE BEMERKUNGEN VON 1/2/5.

2 HALBLAUT ZU 6: antjes, antjes von gouda. (LACHT MIT SEITENBLICK ZU ANTJE KURZ AUF.)

L aha, woran liegt das also, daß ganz oben aufm berg nichts mehr wächst und wenn man langsam weiter runter kommt, daß dann plötzlich wieder große bäume stehen?

6 WÄHRENDDESSEN HAT 6 SEIN BROT AUSGEPACKT, ABGEBISSEN (1? LACHT LAUT), GENUSSVOLL hm GESAGT, DAS BROT LAUT KNISTERND WIEDER EINGEWICKELT UND UNTER DEM TISCH VERSTAUT. EBEN DA BEENDET L IHRE FRAGE.

5.3. Gesprächsanalyse und Kommunikation im Unterricht

	6 MELDET SICH KAUEND. (AUSSERDEM MELDET SICH 1 WÄHREND DER FOLGESEQUENZ.)
MS	...... gibts sträucher ...... genug stoffe ......
MS	AN ANTJES TISCH: die klaut mir alles ausm mund, ej.
	7 GRINST.
L	ja. – matthias (AUFRUF)
6	MIT VOLLEM MUND: da is der/ da verändert sich der luftdruck.
L	RUHIG, BESTIMMT: matthias, du ißt bitte in der stunde nicht mehr, ja.
6	da sagen se der antje sie soll auch aufhörn.
L	antje, du auch nich.
MSa	die ißt ja gar nich.
2	die futtert, die frißt.
MSb	die ißt ja gar nich, du spinner.
1	doch, n snicker.
L	holger!
2	unter ihrem mantel.
6	HAT INZWISCHEN SEINEN BISSEN HINUNTER-GESCHLUCKT.
L	so matthias, nu sag noch mal, was de jetz sagen wolltest.
6	da verändert sich der luftdruck und äh + (GUCKT RATLOS) ja (SCHULTERZUCKEN)

Dieser auf den ersten Blick vielleicht trivial anmutende Unterrichtsausschnitt besitzt eine recht komplexe Struktur, und zwar sowohl was einzelne kommunikative Akte, als auch was den gesamten Interaktionsverlauf betrifft. Während der gesamten Unterrichtsphase der lehrerzentrierten Wiederholung laufen neben dem von der Lehrerin und den „sich beteiligenden" Schülern getragenen Hauptdiskurs zahlreiche Nebenkommunikationen einher, die zum größten Teil im Hintergrund als Geräuschpegel hörbar sind. Im Vordergrund der Aufnahme zu sehen und zu verstehen sind die Aktivitäten an Antjes Tisch (in unserem Ausschnitt: Essen Antjes, verbaler Kommentar und Grinsen der Mitschüler) und am gefilmten Tisch (in unserem Ausschnitt: Kommentar zu Antje, Aktivitäten von Matthias (6) und Kommentar der Tischnachbarn dazu). Es besteht also die Situation der Gesprächsspaltung, die allerdings gegenüber dem „splitting" beim Partygespräch (s. oben S. 219) einen Hauptunterschied aufweist, von dem alle weiteren Differenzen abhängen: Die Teil-Gespräche sind nicht gleichberechtigt und besitzen dementsprechend eine einander entgegengesetzte Struktur.

Der Hauptdiskurs konstituiert und strukturiert die Unterrichtsphase, in der er stattfindet, und bildet den offiziellen oder gar: den einzig legitimen Teil des Unterrichtsgesprächs. Er ist vorwiegend verbal akzentuiert, themenfixiert, auf eine bestimmte Dauer und einen bestimmten Ablauf hin von der Lehrerin geplant und wird von ihr durch Initiierung und Kontrolle gelenkt:

- Die Gesprächsschrittübernahme der Lehrerin erfolgt durch Selbstwahl, die der Schüler (weitgehend) nach Fremdwahl durch die Lehrerin;
- der Gesprächsschrittwechsel erfolgt in den meisten Fällen glatt, und zwar fugenlos oder zäsuriert;
- Unterbrechungen werden in der Regel sanktioniert, längere Pausen vermieden;
- das Thema und die Subthemen werden vollständig, die thematischen Aspekte zum größten Teil von der Lehrerin initiiert;
- die Verteilung der Gesprächsakte ist weitgehend komplementär (insbesondere Frage-Antwort-Sequenzen);
- für die Schüler besteht die Obligation, aufmerksam zuhörend responsive Erwiderungen auf die Lehrerfragen und die Schülerbeiträge in Gedanken vorzubereiten und nach Aufruf – aber auch nur dann – vorzutragen.

Demgegenüber zeichnen sich die nicht-offiziellen Nebenaktivitäten und -gespräche der Schüler aus durch

- Gleichrangigkeit der sprachlichen und nicht-sprachlichen Tätigkeiten;
- geringe Themafixiertheit und Spontaneität;
- Selbstwahl der Gesprächsschritte;
- alle Typen von Gesprächsschrittwechseln, häufige Unterbrechungen und Pausen;
- selbst initiierte, wenn auch oft durch den Hauptdiskurs angeregte Themen;
- nicht-fixierte Gesprächsaktverteilung;

5.3. Gesprächsanalyse und Kommunikation im Unterricht 245

- geringe Obligationen für responsives Antwortverhalten, Determination mehr durch Motivation.

Diese Nebenkommunikationen entsprechen in der Interaktionsstruktur den außerschulischen Gesprächen der Jugendlichen und wirken demnach entlastend gegenüber den Ansprüchen der „formalen" (vgl. *McHoul* 1978) Interaktionsstruktur des Hauptdiskurses. Somit haben sie auch eine für den Unterricht nützliche Funktion, was einer der Gründe dafür ist, daß Lehrer die Nebenaktivitäten der Schüler in einem je verschiedenen Maße übersehen.

Die Toleranzschwelle der Lehrerin unseres Unterrichtsausschnitts ist offensichtlich recht hoch: Matthias hat während der ersten Hälfte des Unterrichts sein Desinteresse durch Abwendung von der Tafel, Nicht-Melden, Rangeleien, witzige Kommentare und clowneske Darbietungen offen zur Schau gestellt, ohne dafür mehr als einmal ermahnt worden zu sein. Nun jedoch wählt er ein Verhalten, das die Lehrerin zur Kenntnis nehmen muß, und das es ihm gestattet, sie zu einer Ermahnung Antjes und seine Mitschüler zu einem spontanen Disput im Stil der Nebenkommunikation zu motivieren, kurz: den Hauptdiskurs für einige Augenblicke zu suspendieren – und all dies, ohne daß die Lehrerin hat merken können, was gespielt wurde.

Denn im Gegensatz zu unseren Aufnahmegeräten hat sie nicht sehen (und hören) können, daß Matthias sein Butterbrot zu einem offenbar lustigen Zweck für einen einzigen Bissen ausgepackt und sich sofort nach dem Abbeißen gemeldet hat. Aus ihrer Perspektive muß dieses erste Melden in der Stunde als ein Versuch erscheinen, sich endlich in den Hauptdiskurs zu integrieren, als ein Versuch, der aus pädagogischen Gründen unverzüglich zu honorieren ist.

Wenn man unterstellt, daß der ansonsten intelligente und fantasievolle Matthias nicht aus purer Dummheit die Lehrerin zu einem Tadel provoziert mit einem Beitrag, der am Thema völlig vorbeigeht – und dies scheint eine plausible Unterstellung zu sein –, so muß man auch annehmen, daß er die Interpretationen und pädagogischen Intentionen der Lehrerin mehr oder weniger bewußt antizipiert. Damit wird aber seine Handlung als ein mindestens doppelbödiger und doppelt adressierter Gesprächsakt erkennbar:

für die Lehrerin als ein ernsthafter, wenn auch eine Ermahnung erfordernder Beitrag zum Hauptdiskurs; für die Mitschüler (und für die Kamera?) als zündender Einfall, die Lehrerin auf den Arm zu nehmen, ohne daß sie es merkt.

An dieser Stelle wird wiederum die Grenze der Gesprächsanalyse sichtbar: Da Intentionen nicht unmittelbar zugänglich sind, ist der Wissenschaftler bei der Analyse von Handlungen prinzipiell in derselben Lage wie die Interaktionspartner: Er interpretiert den subjektiven Sinn der Handlungen und ist nur insoweit in einer graduell besseren Lage, als er seine Interpretation auf mehr Daten stützen und reiflicher überlegen kann als die Interaktanten. Immerhin zeigt aber die Gesprächsanalyse eindeutig die Komplexität der kommunikativen Akte in einer komplexen Situation, während die traditionelle Unterrichtsanalyse den Gesprächsakt des Matthias hätte verzeichnen müssen als „themabezogene Schülerantwort".

6. Gesprächsanalytische Kategorien: systematische Übersicht

Im folgenden sollen nicht alle in den vorstehenden Kapiteln diskutierten Kategorien nochmals aufgeführt werden; vielmehr werden die in den Teilkapiteln 4.3. und 4.4. am Text erarbeiteten Analysekategorien (der mittleren Ebene) und deren Folgestrukturen („Wechsel" und „Verknüpfung") in einer systematischen Übersicht dargestellt. Dies erfolgt in didaktischer Absicht: Die argumentative Entfaltung der Kategorien bedarf, zum Zwecke des besseren Verstehens, der Stützung einer solchen Übersicht. Wenn die Kategorien der Makro- und Mikroebene hier ausgespart werden, so soll das nicht darauf hindeuten, daß sie eher zu vernachlässigen seien; wir haben vielmehr in 1.3.3. Kategorien der Makroebene (Gesprächseröffnung, Gesprächsbeendigung, Gesprächsmitte) unter dem Oberbegriff Gesprächsphase vorgestellt und in 4.3.5. versucht, die Kategorie Gesprächsphase und die ihr zugeordnete Kategorie Gesprächsteilphase präziser zu bestimmen. Zu den Kategorien der Mikroebene haben wir in bezug auf die sprachlichen Aspekte in 1.3.3. einen Problemkatalog aufgestellt, haben darüber hinaus, im Zusammenhang mit dem Entwurf einer „Taxonomie der Daten in mündlicher Kommunikation" (2.2.5.), dem Entwurf eines Notationssystems (2.5.2.) und der Analyse des Partygesprächs (4.5.) die mimisch-gestischen Aspekte und in 4.3.6. Wort- und Satzprobleme („gesprächsaktinterne Probleme") behandelt.

In bezug auf die Kategorien der mittleren Ebene haben wir zwischen Äußerungseinheiten und handlungssemantischen Einheiten unterschieden. Der Prototyp der Äußerungseinheiten ist der Gesprächsschritt, der Prototyp der handlungssemantischen Einheiten der Gesprächsakt. Äußerungseinheiten bauen ein Gespräch auf: Sofern wir von Gesprächsschritt, Kommentarschritt, Rückmeldung sprechen, sehen wir ab von der besonderen sinnsubjektiven und sinnintersubjektiven Komponente, die Gesprächsakte (und

Gesprächshandlungen) auszeichnet. Man kann sagen, daß die handlungssemantischen Kategorien eine sinnorientierte Interpretation der gesprächsstrukturellen Äußerungseinheiten – als Erscheinungsformen des Gesprächs – geben. Entsprechend der vorgenommenen kategorialen Differenzierung haben wir auch unterschiedliche Formen der Abfolge der Einheiten, nämlich solche des Wechsels für Äußerungseinheiten und solche der Verknüpfung für handlungssemantische Einheiten, unterschieden:

1. Kategorien der Äußerungsebene
   (a) Sprecher (b) Hörer
   1.1. (a) Gesprächsschritt   1.2. (b) Kommentarschritt
                               1.3. (b) Rückmeldung
                               1.4. (b) Gesprächsschrittbeanspruchung

2. Kombinationen der unter 1. aufgeführten Kategorien
   2.1. (a) Gesprächssequenz
   2.2. (a) simultaner Gesprächsschritt

3. Kategorien der handlungssemantischen Ebene
   3.1. (a) Sprechakt   3.3. (b) Rückmeldungsakt
   3.2. (a) Gesprächsakt
      3.2.1. (a) thematischer Gesprächsakt
      3.2.2. (a) strukturierender Gesprächsakt

4. Kombination der unter 3. aufgeführten Kategorien
   (a) und (b) Gesprächshandlung

5. Wechsel von Gesprächsschritten
5.1. Wechsel mit Unterbrechung
5.2. glatter Wechsel
   5.2.1. fugenlos
   5.2.2. überlappend
   5.2.3. zäsuriert
5.3. Wechsel nach Pause

6. Verknüpfung von Gesprächsakten
6.1. vom ersten Akt aus gesehen:
   Determination („Initiierung")
   6.1.1. durch Obligation/Option

6. Gesprächsanalytische Kategorien: systematische Übersicht 249

- 6.1.2. durch Motivation
- 6.1.3. durch Konklusion
- 6.1.4. nicht determinierend
- 6.2. Vom zweiten Akt aus gesehen: Responsivität
  - 6.2.1. responsiv: Konsens oder Dissens; reaktiv oder initiativ
  - 6.2.2. teilresponsiv (s. 6.2.1.)
  - 6.2.3. nicht responsiv

Die Subkategorien von 6.1. und 6.2. sind zu spezifizieren in bezug auf drei Ebenen: Handlung, Thema, Beziehung.

Die vorstehende Systematik hat nicht nur didaktische Funktionen; sie soll auch zur Kritik einladen. Die Übersicht hätte dagegen ihren Zweck verfehlt, wenn sie dazu beitrüge, die Gesprächsanalyse auf diesen kategorialen Rahmen festzulegen. Darüber hinaus bringt eine solche systematisierende Übersicht (als Systematik) gerade nicht zum Ausdruck, daß gesprächsanalytische Kategorien interpretative Kategorien sind, die einer zureichenden empirischen Grundlage bedürfen. Das darzustellen, war in den vorstehenden Kapiteln gleichfalls unser Bemühen.

7. Neuere Gesprächsforschung: Fortschritte und Probleme

7.1. Schwerpunkte der Gesprächsforschung

Als im Frühjahr 1980 in Mannheim die Jahrestagung des Instituts für deutsche Sprache unter das Thema „Dialogforschung" gestellt wurde, zeigte die Zahl von mehr als 300 Teilnehmern ein zunehmendes Interesse an diesem Forschungsbereich, das sich seit 1978/79 auch in universitären und schulischen Veranstaltungen (vgl. von Ammon 1979; Frank 1979), in Sektionen linguistischer Tagungen und in einer Fülle wissenschaftlicher Publikationen niedergeschlagen hat. Wie die Beiträge jener Tagung zeigen (abgedruckt in Schröder/Steger 1981; vgl. auch den Bericht von Burkhardt/Kanth 1980), ermöglicht die Untersuchung von Gesprächen der Linguistik in besonderem Maße eine interdisziplinäre Kooperation mit anderen Fächern wie Soziologie; Psychologie, Sozialpsychologie und Psychotherapie; Philosophie; Literaturwissenschaft (vgl. auch van Dijk 1980, 221 f.). Darüber hinaus hat sich der gesprächsanalytische Ansatz auch innerhalb der Linguistik im engeren Sinne als überaus fruchtbares Forschungsparadigma erwiesen, das verspricht, die kommunikativen Funktionen lexikalischer und grammatischer Mittel in ihrer Regelhaftigkeit besser erkennen und den wechselseitigen Zusammenhang von einzelsprachlicher „Grammatik und Konversation" (Franck 1980; vgl. auch Dittmann 1981; Sennekamp 1979; Coulmas 1981) transparent werden zu lassen.

Insgesamt sind seit dem Erscheinen der 1. Auflage dieser Einführung so zahlreiche Anwendungsbereiche der Gesprächsanalyse erschlossen, Fragestellungen entwickelt, interaktionale und sprachliche Phänomene beobachtet und beschrieben worden, daß es kaum möglich erscheint, im Rahmen eines knapp bemessenen Nachtragskapitels den Stand der Forschung in allen relevanten Aspekten kritisch zu referieren. Wir werden deshalb nach einem

7.1. Schwerpunkte der Gesprächsforschung 251

summarischen Überblick über wichtige (vorwiegend) deutsche Publikationen (seit 1978/79) im Kapitel 7.2 einige vordringlich erscheinende Korrekturen und Erweiterungen zu gesprächsanalytischen Grundbegriffen erörtern und uns danach auf sprachliche Mittel dialogischen Handelns konzentrieren, deren Behandlung wir in den Kapiteln 1–6 teilweise ausgespart hatten: zunächst in Kapitel 7.3 anhand einer detaillierten Analyse eines Gesprächsausschnitts, sodann in Kapitel 7.4 in einem Forschungsreferat zu Gesprächsmitteln der deutschen Sprache.

Wer sich einen raschen Überblick über Themen und Fragestellungen der gegenwärtigen Gesprächsforschung verschaffen möchte, kann zu (weiteren) Einführungen und Überblicksartikeln (Coulthard 1977; Ramge 1978; Rath 1979; Schank/Schwitalla 1980; van Dijk 1980, Kapitel 7) und zu Forschungsberichten (Betten 1978a; Kanth 1981) greifen; einen unmittelbaren Zugang gewinnt er allerdings, wenn er die neuesten Sammelbände unterschiedlicher Forschergruppen in die Hand nimmt: Studien der amerikanischen Ethnomethodologen zur „Organization of Conversational Interaction" und zur „Everyday Language" sind zusammengestellt in Schenkein (1978) und Psathas (1979) (zur ethnomethodologischen Konversationsanalyse vgl. auch den Aufsatz von Bergmann 1981 mit ausführlicher Bibliographie); ein „nicht zu enges Spektrum konversationsanalytischer Forschung" (Vorwort) der „Freiburger Arbeitsstelle" bietet der von Dittmann (1979) herausgegebene Band; ferner ist hier der Hinweis auf die schon oben genannte Vortragssammlung zur „Dialogforschung" (Schröder/Steger 1981) zu wiederholen, die sowohl die Kontinuität der älteren konversationsanalytischen Themen als auch die Vielfalt neuer Fragestellungen und Anwendungsbereiche exemplarisch demonstriert (weitere Sammelbände: Heindrichs/Rump 1979 und Meyer-Herrmann 1978, in dem allerdings nur der Beitrag von Kallmeyer explizit gesprächsanalytisch orientiert ist).

Mehrere Aufsätze und Monografien beschäftigen sich mit Problemen der Segmentierung und Sequenzierung von Gesprächseinheiten im Sinne oder als Fortsetzung des „Projekts Dialogstrukturen" (Berens u. a. 1976): mit der *Gesprächseröffnung* (Werlen 1979; Berens 1981; Gülich 1981), der *Binnensegmentierung* von

Gesprächen und den entsprechenden *Gliederungssignalen* (Schank 1979, 1981; Bliesener/Nothdurft 1978), den Formen und Mitteln der *Gesprächssteuerung* (Schwitalla 1979a, b, c), speziell den *Sprecher- und Hörersignalen* (s. Kap. 7.4) und der *Gesprächsbeendigung* (Werlen 1979). Auch diese Untersuchungen greifen jedoch zumeist über das ursprünglich gesteckte Ziel hinaus und wenden sich den Fragestellungen, Gesprächsformen und Gesprächstypen/-bereichen zu, die die Physiognomie der jüngsten Dialogforschung prägen.

Fragestellungen:

Auf dem Hintergrund neuerer Untersuchungen zu „komplexen" Handlungen und Handlungsmustern (u. a. Rehbein 1977; Ehlich/Rehbein 1979) wird der Versuch unternommen, „*Ablaufmuster*" von Gesprächshandlungen und -phasen für bestimmte Gesprächstypen zu erarbeiten (für Beratungen: Schank 1979, 1981; Wegauskünfte: Wunderlich 1978; Klein 1979; Instruktionen: Giesecke 1979).

Die Organisation der *thematischen* Ebene wird untersucht zum Zwecke der *Gesprächsgliederung* (Schank 1981) sowie der Beschreibung der *Sachverhaltskonstitution* und *Verständnissicherung* (insbesondere Kallmeyer 1977, 1978, 1981; Kallmeyer/Schütze 1977).

Eine bedeutende Erweiterung des gesprächsanalytischen Untersuchungsrahmens ergibt sich aus der Thematisierung *affektiver Bewertungen und Prozesse* (Klann 1979; Engelkamp 1981) und der verstärkten Hinwendung zur Beschreibung von *Beziehungsstrukturen und -störungen:* Ausgehend von Watzlawick u. a. (1972) und insbesondere den Arbeiten Goffmans untersucht Holly (1979) „rituelle" Sprachhandlungen zur Wahrung und Wiederherstellung des eigenen und fremden „*Images*" (s. u. S. 274); ferner sind in diesem Zusammenhang unter anderen zu nennen die Arbeiten von Kallmeyer (1979), Schwitalla (1979b, c und d), Frankenberg (1979) und Sager (1981).

7.1. Schwerpunkte der Gesprächsforschung

Gesprächsformen:

Zu einem gewichtigen Schwerpunkt der Gesprächsforschung hat sich das Thema „Erzählen in Gesprächen" (Quasthoff 1980a) ausgewachsen: Die vorliegenden deutschen Untersuchungen knüpfen an die wegweisenden Arbeiten von Labov/Waletzky (1973) und Sacks (1971) an (vgl. auch die Arbeiten von Jefferson und Ryave in Schenkein 1978) und arbeiten vor allem Aspekte der Einbettung, Planung, Sequenzierung, Hörerreaktion und -steuerung sowie Gliederung von „Alltags"erzählungen, ferner spezifische Funktionen von Erzählungen in unterschiedlichen Gesprächskontexten heraus (z. B. Quasthoff 1980a und b, 1981; Rath 1981; die Aufsätze im Sammelband Ehlich 1980).

Demgegenüber steht die gesprächsanalytisch orientierte Erforschung von Formen und Funktionen *argumentativer* Handlungen und ihrer alltagsrhetorischen Aktualisierung erst in den Anfängen (Schwitalla 1977; Heringer u. a. 1977; Klein 1981; Ullmer-Ehrich 1981; zur logischen Struktur und Technik des Argumentierens vgl. auch: Goettert 1978; Völzing 1979).

Gesprächstypen und -bereiche:

Entscheidende theoretische und methodische Impulse erhält die Gesprächsanalyse aus ihrer Anwendung auf neue Gesprächstypen und -bereiche, deren spezifische Interaktionsmodalitäten und -strukturen die Differenzierung, Erweiterung und Neugewichtung des bestehenden Analyseinstrumentariums erforderlich machen. Faßt man die wichtigsten Arbeiten ins Auge, so zeigen sich vier Richtungen, in die das Standardrepertoire von Gesprächstypen (universitäre Beratungen; Interviews; Streit- und Verkaufsgespräche; Small Talk; Dienstleistungsgespräche und Wegauskünfte) erweitert wurde:

— Aus der Beschäftigung mit dem sprachlichen Handeln unter *institutionellen* Bedingungen sind zweifellos die wichtigsten und vielfältigsten Anregungen hervorgegangen. Neben allgemeineren Arbeiten zu Gesprächsformen innerhalb von Institutionen (z. B. Dittmann 1979b; Gülich 1981) stehen Untersuchungen zur Prägung der Gesprächsprozesse durch spezifische Institutionen: *Gerichtsverhandlungen* und *polizeiliche Vernehmungen* (z. B. Atkinson/Drew 1979; Schütze 1978; Schmitz 1979; Schumann 1979; Hoffmann 1980; Ullmer-Ehrich 1981), *(psychoanalytische) Therapiegespräche* (Turner 1976; Labov/Fanshel 1977; Flader/Grodzicki 1978; Flader 1978, 1979, 1980; die Aufsätze im Sammelband Flader/Wodak-Leodolter 1979; Bergmann 1979; Wahmhoff 1981), *Interaktion im Schulunterricht* (s. Kapitel 5.3; ferner: Ramge 1980; Wràgge-Lange 1980; Ehlich/Rehbein 1981; Ehlich 1981; Baurmann/Cherubim/Rehbock 1981), *Beratungen im Sozialamt* (Wahmhoff/Wenzel 1979; Wenzel 1981) sind als die wichtigsten Bereiche zu nennen.

– Altersgruppenspezifische Gesprächsweisen werden derzeit insbesondere an *Kindern*, speziell unter dem Gesichtspunkt des Erwerbs der „Dialogfähigkeit" (z. B. Sammelband Ervin-Tripp/Mitchell-Kernan 1977; Slama-Cazacu 1977; Biere 1978; Giesecke 1979; Keenan 1979; Jochens 1979 und weitere Aufsätze im Sammelband Martens 1979), sowie an *Jugendlichen* (Henne 1981) erforscht.

– Medienspezifische Bedingungen der Gesprächskonstitution und -organisation werden in dem an sich „klassischen" Bereich der *Telefongespräche* untersucht von Berens (1981).

– Schließlich sei auf Arbeiten hingewiesen, welche – anregend für beide beteiligten Disziplinen – *literarische Dialoge* auf dem Hintergrund von Alltagsgesprächen mit konversationsanalytischen Methoden behandeln (Beiersdorf/Schöttker 1978; Hess-Lüttich 1980; Kloepfer 1981; vgl. auch Kap. 7.4).

Wenn man diese Revue der Publikationen noch ergänzt durch die Erwähnung von Arbeiten zu *Gesprächsakttypen* (z. B. metakommunikative Akte: Schwitalla 1979d; Meyer-Herrman 1978a; Wiegand 1979; aufhebende Akte: Franck 1979b; Bewertungen: Streeck 1979; Engelkamp 1981; Aufforderungen: Berens 1979; Drohungen: Apeltauer 1977) und *Gesprächsmitteln* wie Routineformeln und Partikeln (s. dazu Kap. 7.4), so ergibt sich daraus ein Bild von den Schwerpunkten und Tendenzen gegenwärtiger Gesprächs-

7.2. Gesprächsanalytische Grundbegriffe

forschung, das diese auf dem Wege zeigt, drei Typen komplexer Wechselwirkungen empirisch aufzuhellen: zwischen den Regeln und Strukturen kommunikativer Interaktion einerseits und andererseits den interaktionsfundierenden und -begleitenden psychischen Prozessen, den Formen und Funktionen der (jeweiligen) Sprache, sowie – ein besonders dringendes Desiderat – den Wert-, Wissens- und Handlungssystemen der (oder: dieser) Gesellschaft (s. dazu die ältere Arbeit von Martens 1974; ferner Techtmeier 1980).

7.2. Gesprächsanalytische Grundbegriffe: Korrekturen und Differenzierungen

7.2.1. Gespräche und Gesprächsphasen: Probleme ihrer Definition und Abgrenzung

Unter „Gespräch" (im oben (Kap. 1) explizierten Sinne verstehen wir eine jede sprechsprachliche, dialogische und thematisch zentrierte Interaktion. Das erste Definiens rückt Blick- und Briefwechsel, das zweite Vorträge, Gebete und lautes Denken von „Gesprächen" ab; durch die Forderung, die sprachliche Interaktion müsse auf gemeinsame thematische Bezugsobjekte zentriert sein, wird auch der Austausch bloßer Grußformeln aus dem Gesprächsbegriff ausgegrenzt. Nicht alle Forscher geben sich allerdings mit diesen drei konstitutiven Merkmalen zufrieden: In älteren und neueren Arbeiten – wie auch in der Umgangssprache – wird der Gesprächsbegriff oft durch zusätzliche Bestimmungsstücke „emphatisch" (Ehlich 1981, 335f.) verengt. Natürlich ist es für bestimmte, z. B. pädagogische Zwecke akzeptabel, den Terminus *Gespräch* wie Bollnow (1969) dem offenen, produktiven, mußevollen, eine echte Begegnung ermöglichenden Freundschaftsdialog vorzubehalten oder wie Geißner (1971) und Steger (1976b) das „chancengleiche", partnerschaftlich symmetrische „Gespräch" von asymmetrischen Interaktionen wie Interview, Beratung, Lehrdiskurs etc. abzugrenzen; daß damit jedoch der Gegenstandsbereich einer Disziplin „Gesprächsanalyse" zu eng bemessen wäre, liegt wohl auf der Hand (s. auch Dittmann 1979a, 6f.). Zu bedenken ist jedoch der Vorschlag Dittmanns (1979a, 3ff.), nur solche Interaktionen als „Gespräche" anzuerkennen, deren Teilnehmer ihre Aufmerksamkeit im wesentlichen auf ein sprachlich konstituiertes Thema zentrieren; auszuschließen sei das „handlungsbegleitende Sprechen" (z. B. zweier Klavierträger bei der Arbeit), da hier die nicht-sprachlichen Handlungen im Brennpunkt der Aufmerksamkeit stehen. Dieser Gesprächsbegriff scheint „sprachnäher" als der unsrige und zugleich präziser, weil er eine implizite Kohärenzanforderung enthält: Der Zusammenhang zwischen den aufeinanderfolgenden Gesprächsschritten wird beim „thematischen Sprechen" durch verbale Responsivität, dagegen beim „handlungsbegleitenden Sprechen" (so wie Dittmann es exemplifiziert) vorwiegend durch die Kohärenz der außersprachlichen Handlung gestiftet. Daß eine derartige Abgrenzung dennoch wenig praktikabel ist, erweist die einfache Beobachtung, daß in zahlreichen natürlichen Gesprächen „handlungsbegleitendes" und „thematisches Sprechen" miteinander verwoben sind: Auch Dittmanns Klavierträger haben sich vielleicht beim Ausladen über das Thema „Feierabend" unterhalten, sodann (ebenfalls „thematisch") die günstigste Plazierung der Gurte diskutiert, auf der Treppe sich zunächst („handlungsbegleitend") mit kurzen Zurufen verständigt, dann aber (wiederum „thematisch") darüber argumentiert, wie ein Engpaß zu überwinden sei. Müßte man hier eine Abfolge von Gesprächen und Nicht-Gesprächen ansetzen, wären auch in unserem Verkaufsgespräch (Kap. 3) einige Phasen, in denen das außersprachliche Zeigen dominiert, vor der Analyse zu eliminieren. Wir möchten deshalb an dem weiteren, nicht-normativen Gesprächsbegriff festhalten, der es u. a. erlaubt, empraktisches Sich-Verständigen mit thematischem Bezug, aber ohne thematische Entfaltung als Grenzfälle dialogischer Kommunikation zu untersuchen.

Grundsätzlichere Probleme stellen sich hinsichtlich der Ausgrenzung der Interaktionseinheit „Gespräch" aus dem „Fluß des Verhaltens". Entsprechend unseren Ausführungen in Kapitel 1 leisten dies die Phasen der Gesprächseröffnung und -beendigung. Mustert man jedoch die Vielfalt empirischer Gespräche, so zeigt sich schnell, daß Eröffnungs- und Beendigungsphasen in vielen Fällen nicht obligatorisch, ja nicht einmal erwartbar sind. Wenn während einer langen Autofahrt gen Süden der Beifahrer oder die Bei-

7.2. Gesprächsanalytische Grundbegriffe

fahrerin aus einer Schlafpause erwacht, beginnt er/sie ein neues Gespräch natürlich mit der Gesprächsmitte: „Wo sind wir jetzt gerade?" – nachdem das voraufgehende Gespräch vielleicht ohne erkennbare Beendigungsphase zusammen mit dem Gesprächspartner eingeschlafen war. Oder handelt es sich wegen des Fehlens gesprächsbegrenzender Phasen gar nicht um ein neues Gespräch, sondern um die Fortsetzung des alten? Dies mag hier den Beteiligten oder dem Analysator plausibel erscheinen, insofern sie den einheitsstiftenden Merkmalen (gleiche Teilnehmer, gleiche Situation) mehr Gewicht beimessen als der Diskontinuität in Zeit und Thema (deutlicher noch bei einem pausenreichen Gespräch vor dem Kaminfeuer). Andererseits sind eindeutig als gesonderte Einheiten empfundene Gespräche im Freundes- oder Familienkreis oder auch zwischen Kollegen bei der Arbeit oft oder gar in der Regel ohne Begrenzungsphasen eingebettet in umfassendere kontinuierliche Interaktionen: Es genügt, sich als Beispiel den Verlauf eines gemeinsam verbrachten Theaterabends vorzustellen. Darüber hinaus schaffen in der Regel Personen, die täglich miteinander umgehen, mit Gruß und Abschied längerfristige Interaktionsrahmen zeiträumlicher Präsenz, innerhalb derer die eingespielten sozialen Beziehungen und Gepflogenheiten (etwa hinsichtlich der Dialogbereitschaft) in der einander indizierten „Tagesform" in Kraft gesetzt sind und innerhalb derer man sich trennt und wieder trifft und dann, soweit nicht besondere Umstände (z. B. Störung bei einer wichtigen Beschäftigung, längere Inanspruchnahme) zusätzliche rituelle Akte geboten erscheinen lassen, sofort „zur Sache" kommen kann.

„Begrüßungen und Abschiede sind die rituellen Klammern für eine Vielfalt von gemeinsamen Aktivitäten – gleichsam Interpunktionszeichen" (Goffman 1974, 118). Man sollte diese „Zugänglichkeitsrituale" und weitere beziehungsetablierende informative Akte – Erkundung und Mitteilung von Namen, Rang, Gruppenzugehörigkeit, Grad der Kontakt-/Interaktionsbereitschaft etc. – als interaktionsbegründende soziale Handlungen betrachten, die nicht prinzipiell, sondern nur in bestimmten Interaktionstypen und -situationen als Teil derjenigen Gespräche vollzogen werden, die sie rahmengebend fundieren. Dennoch erscheint es sinnvoll, die

Begriffe „Gesprächseröffnung und -beendigung" als Handlungskategorien beizubehalten; denn Gesprächspartner können nicht umhin, mit dem Beginn und Abschluß eines Gesprächs eine bestimmte Situationsdefinition wechselseitig in Kraft und wieder außer Kraft zu setzen. Soweit sie meinen, auf explizite rituelle und informative Akte verzichten und das Gespräch mit der Themeninitiierung und -akzeptierung, also mit der Gesprächs-„mitte" eröffnen zu können, ratifizieren sie implizit die bereits bestehende, oft in institutionellen Rahmen eingespielte Interaktionsbeziehung als zureichende Gesprächsbasis; entsprechend definieren sie im Falle einer (vermutlich selteneren) nicht-expliziten Beendigung das Gesprächsbedürfnis als vorerst gestillt, die Interaktionsbeziehung jedoch als weiter in Geltung.

Eine solche fraglos unterstellte Beziehung kann von sehr allgemeiner Struktur sein: Bei flüchtigen Kontakten zwischen Fremden entfallen gemäß den sachlichen und interpersonellen Gesprächszielen bestimmte Interaktionsbedingungen und entsprechend rahmensetzende Akte. Die Handlung SICH VORSTELLEN z. B. ist dort weder konstitutiv wie für geschäftliche oder politische Verhandlungen noch obligatorisch wie (aufgrund von Höflichkeitsregeln) etwa für Unterhaltungen von Fachkollegen auf Tagungen, sondern fakultativ oder gar unerwünscht. Der verbleibende Rest von gesprächsnotwendigen Beziehungskomponenten ergibt sich dann durch den Eintritt in eine institutionell geprägte oder alltagspsychologisch durchschaubare Situation. Insofern ist nicht nur der Freundeskreis Schauplatz abrupter Gesprächseröffnungen und -beendigungen, sondern auch der Fahrkartenschalter oder die Bushaltestelle im Regen.

All diese Überlegungen vermögen nicht das oben angeschnittene Problem der Ausgrenzung eingebetteter Gespräche zu lösen, das sich in ähnlicher Weise auch bei der Bestimmung und Abgrenzung von Gesprächsphasen und -teilphasen stellt. Die „Gliederungssignale" und metakommunikativen „Formulierungshandlungen" (Garfinkel/Sacks 1976; Schank 1981), mit denen Gesprächsteilnehmer den Gesprächsverlauf (zu) segmentieren (versuchen), sind ja in den seltensten Fällen Vollzugsakte einer schon vorgegebenen überschaubaren Interaktionsstruktur („Wir kommen jetzt zu

7.2. Gesprächsanalytische Grundbegriffe

Punkt 5 der Tagesordnung!"), sondern sind eher auf der Ebene der Gesprächshandlungen und -schritte angesiedelt. Wo sie phaseninitiierend oder -beendigend zu sein beanspruchen („wir sollten jetzt mal langsam zur Sache kommen!"; *ja= (d)as müßt ich mir noch mAl (überleg-n)*, s. oben S. 181), steht hinter ihnen die Interpretation des Gesprächsverlaufs, die der jeweilige Sprecher aufgrund von Beobachtungen und Wertungen thematischer, interaktionaler und situativer Prozesse gewonnen hat. Die Vielfalt dieser Gesichtspunkte eröffnet aber in der Regel einen so beträchtlichen Spielraum an Gliederungsmöglichkeiten, daß die Teilnehmer nicht nur innerhalb der Interaktion oft den bisherigen Ablauf und augenblicklichen Stand des Gesprächs unterschiedlich einschätzen (während der eine die Beendigungsinitiative ergreift, wähnt sich der andere noch in der Gesprächsmitte), sondern auch in extrakommunikativer Perspektive – etwa bei einer anschließenden Erörterung des Gesprächs – zu divergierenden, aber durchaus gleichberechtigten Ergebnissen gelangen können. Die gleiche Abschweifung auf ein persönliches Thema innerhalb eines offiziellen Beratungsgesprächs wird im Hinblick auf die Durchführung des Handlungsplans BERATEN als separate Phase, unter dem Gesichtspunkt der Beziehungsstruktur dagegen unter Umständen als Teil einer umfassenden Phase erhöhter wechselseitiger Zuwendung eingeordnet werden.

Der Gesprächsforscher ist demgegenüber nur insofern in einer besseren Lage, als er das Gespräch in seiner Gänze besser kennt und auch nicht den möglicherweise egozentrischen Interpretationsprinzipien der einzelnen Teilnehmer verpflichtet ist. Auch er kann jedoch nicht als unparteiischer und allwissender Beobachter d i e Gesprächsstruktur beschreiben, sondern hat im Hinblick auf seine Erkenntnisinteressen Gliederungskriterien für die Segmentierung von Untersuchungseinheiten zu wählen und zu begründen. Schank (1981) z. B. segmentiert für seine „Untersuchungen zum Ablauf natürlicher Dialoge" in „thematische Abschnitte" – zunächst aufgrund seiner eigenen methodisch kontrollierten Interaktionskompetenz; die postulierten Einschnitte reduziert er in einem zweiten Schritt auf solche, an denen „regelhaft am Anfang und am Ende von thematischen Abschnitten auftretende Cluster aus Signalen und Formulierungshandlungen" (1981, 54) nachzuweisen sind, die er als Indikator für eigene „Segmentierungsleistungen" der Gesprächsteilnehmer interpretiert. Auch Schanks Gliederungsverfahren bleibt somit zirkelhaft der Interpretationsleistung des Analysierenden verhaftet, erhöht bestenfalls deren intersubjektive Plausibilität. Hier zeigt sich exemplarisch die Grenze wissenschaftlicher Objektivierbarkeit in der Gesprächsanalyse: Die Evidenz von Beobachtungsdaten und die Stringenz von Struktur- und Prozeßanalysen können nicht darüber hinwegtäuschen, daß das eigentliche Fundament dieser Analysen, die Untersuchungseinheit, strittig und somit auf Zustimmung angewiesen ist.

7.2.2. Gesprächsrollen: Probleme ihrer Differenzierung und Überlagerung

Wenn wir oben (S.168; 183 f.) Gesprächsschritte als Äußerungseinheiten und Gesprächsakte als Einheiten der Handlungsbedeutung einander gegenübergestellt haben, so war dies eine didaktische Vereinfachung, die den Anschein erwecken kann, als kämen die Gesprächsakte allein für den gesamten Handlungsgehalt der Gesprächshandlungen auf. Aus den Erläuterungen zur Kategorie „Gesprächsschritt" geht freilich hervor, daß nach Abzug der gesprächshandlungsspezifischen Illokution (der Gesprächsakte) eine grundlegende kommunikative Handlung übrigbleibt, die die Interaktanten mit dem Vollzug von Gesprächsschritten und Rückmeldungen ausführen: Sie übernehmen und übergeben die Rollen von Sprecher und Hörer.

Auf allgemeinster Ebene meint dies zunächst: Wer etwas sagt, erhebt den Anspruch, gehört zu werden, und bindet damit den Hörer an die kooperative Tätigkeit des Zuhörens; wer als Hörer aufmerksame Zuwendung zeigt, erhebt den Anspruch, etwas Relevantes zu vernehmen und bindet damit den Sprecher an die von Grice (1975) formulierten „Konversationspostulate" (vgl. auch Brünner 1979). Darüber hinaus aber verschiebt die Gesprächsanalyse die alltagssprachliche Grenze zwischen den Begriffen „Sprecher" und „Hörer" dergestalt, daß sie die beobachtbaren Äußerungen in „Gesprächsschritte" und „Rückmeldungen"

7.2. Gesprächsanalytische Grundbegriffe

unterteilt und damit die Sprecher- und Hörerrolle um weitere Handlungselemente bereichert: die Beanspruchung, Behauptung und Zubilligung des „turn" als einer gesprächsstrukturellen zeitlich-thematischen Einheit. Verbale Äußerungen sind nicht eo ipso Gesprächsschritte oder Rückmeldungen, sondern werden als solche interpretiert, und zwar nicht nur vom Gesprächsforscher, sondern auch von den Interaktanten während des Gesprächs, wenn sie sich selbst oder dem Partner jeweils das Recht zubilligen, „an der Reihe zu sein".

„An der Reihe sein" bedeutet für den Sprecher, eine bestimmte Redezeit für die Entfaltung eines als thematisch-illokutive Einheit konzipierten „Schritts" beanspruchen zu können. Umfang, Inhalt und Verbindlichkeit dieses Anspruchs variieren jedoch entsprechend den Erfordernissen des jeweiligen Gesprächstyps, den Kommunikationsstilen der Beteiligten, den situativen Bedingungen, und demgemäß verlagert sich auch jeweils die Grenze zwischen „Sprecher"- und „Hörer"äußerungen.

Zum Beispiel: Das Recht auf spontane Selbst- und Partnerselektion der Gesprächsschrittübernahme wird in formelleren Diskussionsrunden durch das Führen einer Rednerliste eingeschränkt oder gar — etwa in manchen Fernsehdiskussionen — durch völlige Festlegung einer einzuhaltenden Reihenfolge („preallocation", Sacks/Schegloff/Jefferson 1978) aufgehoben; infolgedessen werden dort unangemeldete Diskussionsbeiträge als „out of turn" interpretiert und gegebenenfalls sanktioniert.

Oder: Das in informellen und symmetrischen Gesprächen dem Sprecher in der Regel zugestandene Recht, etwa eine Erzählung entsprechend seinen eigenen Vorstellungen aufzubauen und vorzutragen, weicht in asymmetrischen Befragungen (Interview, Prüfung, Verhör) dem Recht des Auskunftheischenden, den Erzählinhalt in Abschnitten und in einer Ordnung abzufordern, die in wesentlichen Teilen von den Intentionen des Fragenden bestimmt ist. Demzufolge wird dieselbe Frage: „Wie schnell fuhren Sie denn da?" im ersten Falle als Hörerrückfrage, im zweiten dagegen als thematisch initiierender Gesprächsschritt einzustufen sein.

7. Neuere Gesprächsforschung: Fortschritte und Probleme

Oder: Wenn sich Freunde in einer hitzigen Diskussionsphase unbekümmert ins Wort fallen und den Gesprächsschritt ohne Zimperlichkeit erobern, simultan behaupten, aber auch klaglos preisgeben, verflüchtigt sich der „turn"-Begriff im strengen Sinne einer wechselnden und wechselseitig respektierten Rollenverteilung. Dies geschieht auch dort, wo stichomythischer Wechsel den Gesprächsverlauf kennzeichnet: im zugespitzten Schlagabtausch eines Streitgesprächs oder beim locker-flachsenden Geplänkel. Die Bälle, die man dann einander zuwirft, können mit einem Griff aufgefangen und zurückgeworfen werden, und spezielle Rückmeldungen über das Sammeln und Ordnen von Ballserien erübrigen sich: Die kurzen Gesprächsschritte haben zugleich rückmeldende Funktion. Drei kurze Textbeispiele mögen diese zuletzt genannten turn-taking-Stile der hitzigen Diskussion, des Schlagabtauschs und des Geplänkels illustrieren:

1. Ausschnitt aus einer privaten Diskussion von Lehrern über die Praxis der BAT-Verträge:

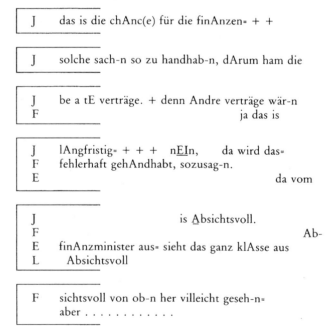

7.2. Gesprächsanalytische Grundbegriffe

2. Ausschnitt aus einem Streitgespräch von Studenten in der Mensa, studentische Aufnahme und Transkription (1976):
(A weiblich; B männlich)

B: Ich könnte dir paar + + Ich könnte dir rechts und links n paar Ohrfeigen geben.
A: Tu dir keinen Zwang an. Aber hüte dich vor den Reaktionen. (Lacht)
B: Deine Tricks kenn ich ja inzwischen.
A: Kennst aber nich alle. Ich hab inzwischen n paar neue dazugelernt.
B: Ach nee.
A: Hm ach ja.
B: Die Frau das bekannte Unwesen.
A: (Lacht) Das Wunder der Hiebe. Von Oswalda Knolle.

3. Ausschnitt aus einem Gespräch in einer studentischen Wohngemeinschaft, studentische Aufnahme und Transkription (1975):
(A und B männlich, C und D weiblich)

A (zu C): Du, ich frag dich was, mach schnell dein Examen, und dann heiratste mich.
B: Daß de schnell was ver<u>dienst</u>.
C: Der meint das ja nicht ernst.
B: Na, D. doch <u>auch</u>.
D: Ich mein das bitter ernst.
B: Ja.
. . . . (Gespräch über Terminschwierigkeiten bei Heiratsplänen,
. . . . weil die Vorlesungen immer vormittags stattfinden)
C: Ich bin jetz gerade in der Stimmung, nich zu heiraten.
B: Oh, warum denn nich?
A: Is hier irgend jemand im Raum in der Stimmung zu heiraten?
B: Wir sind dafür.
A: Ehrlich? // Simultan D zu A: Wolln wir?
B: Doch.
C: Ihr seid ja bescheuert, ihr verzichtet damit auf euer Bafög.

Eine Überlagerung der Gesprächsrollen läßt sich auch in Fällen *gestufter* Interaktion beobachten: In Gesprächen mit klar definierten Zielen, z. B. in geschäftlichen Besprechungen oder wissenschaftlichen Diskussionen sind in der Regel nur bestimmte Themen und Gesprächshandlungen in einer bestimmten sequenziellen Ordnung zugelassen. Relativ zur dergestalt konstituierten „Haupthandlung" gelten thematisch und illokutiv abweichende Interaktionen als (geduldete oder sanktionierte) „Nebenhandlungen"; diese können das Hauptgespräch entweder unterbrechen oder parallel zu ihr verlaufen.

Unterbrechungen der Haupthandlung durch „side sequences" (Jefferson 1972) sind z. T. lediglich thematische Digressionen und berühren die Sprecher-Hörer-Rollen nicht: sei es, daß man sich während einer Besprechung kurz über das Öffnen eines Fensters oder das Nachschenken von Kaffee verständigt, also auf ein sachfremdes Thema einläßt; sei es, daß der thematische Hauptstrang durch die Klärung von Nebenaspekten, Präsuppositionen oder Geschäftsordnungsfragen aufgehalten wird. Die Gesprächsrollen werden hingegen dort tangiert, wo ein Sprecher einen umfangreichen Gesprächsschritt, etwa eine Erzählung, vorübergehend suspendiert, um Hörerrückfragen oder -kommentare zu beantworten oder gar zu diskutieren. Obwohl der Erzähler innerhalb eines solchen Intermezzos (vgl. oben S. 186 f.) Sprecher und Hörer ist, behält er als „primärer Sprecher" (Wald 1978) auf der Ebene der Haupthandlung seinen turn: Man wartet ja, vielleicht sogar ungeduldig, auf die Fortsetzung der Erzählung, und auch der Frager fragt und diskutiert als Hörer (der Haupthandlung), mag er auch innerhalb der eingebetteten Sequenz gleichfalls Sprecher und Hörer sein. Darüber hinaus können Hörer auch unterstützende Sprecherfunktionen übernehmen: Wenn „ein Ehepaar eine Geschichte erzählt" (vgl. Quasthoff 1980b) – so wie das Ehepaar fB und hB in unserem Partygespräch (1,1–3,107) –, gibt es nicht nur den Wettstreit um die Rolle des „zuständigen" Erzählers, sondern auch kooperative oder antagonistische Beiträge des jeweils (eigentlich) zuhörenden „Koerzählers": im kooperativen Falle Aushilfen, Ergänzungen, Korrekturen, Akzentuierungen und Verstärkungen (vgl. Quasthoffs beispielgestützte Systematik und im Partygespräch die Äußerungen von fB: 2,77–89 und 2,97–112).

Beginnen Gesprächsteilnehmer *parallel* zum weiterlaufenden Hauptgespräch eine Interaktion, die durch die Art ihrer Ausführung (z. B. leise Stimme; Beschränkung auf nicht-mündliche oder nonverbale Äußerungen) oder auch von vornherein durch einen normativen Gesprächsrahmen als nicht gleichbe-

7.2. Gesprächsanalytische Grundbegriffe

rechtigt ausgewiesen ist, mithin nicht als „splitting" (s. oben S. 218 f., 243 f.) beurteilt werden kann, so handelt es sich um das Phänomen der *Nebenkommunikation*, wie es schon oben S.240 ff. im Blick auf den Schulunterricht belegt und besprochen wurde (vgl. auch: Baurmann/Cherubim/Rehbock 1981; darin zur Problematik der Hörerrolle: Rehbock 1981; Jost 1981). Nebenkommunikation kann prinzipiell in allen Gesprächen auftreten, findet sich aber in der Regel erst in Gruppen von mehr als drei Teilnehmern und besonders in größeren institutionalisierten Gruppen. Sie entsteht oft aus einem vorübergehend reduzierten dialogischen Engagement: Wer sich gegenüber einem Rededuell, einer langweiligen Unterhaltung oder monologisierenden Vor- und Beiträgen in der Rolle des bloßen Zuhörers befindet, mag Lust verspüren oder „es sich auch leisten können", aus dem „Haupt-" in ein „Nebenengagement" auszuweichen (Goffman 1975, 145).

Allerdings zeugen Nebenkommunikationen nicht in allen Fällen davon, daß sich Hörer innerlich von der Haupthandlung distanzieren; Nebensequenzen können (und oft nicht zum Nachteil des Interaktionsverlaufs) an die Stelle von Rückmeldungen (der Hauptebene) treten: Der Zuhörer, der seinem Nachbarn eine kritische Bemerkung zuflüstert oder eine Verständnisfrage stellt, erfüllt einen Teil seiner Hörerrolle gerade durch die Übernahme eines untergeordneten Gesprächsschritts. Ferner gibt es Nebenhandlungen, die die Rolle des Hörers (im Hauptgespräch) weder positiv noch negativ berühren: die Bitte um Feuer z. B. oder der Austausch von Sympathiebekundungen. Wenn sich der Hörer jedoch in einem asymmetrischen, insbesondere institutionellen Interaktionsrahmen, der ihn zum Verweilen nötigt, einer die Aufmerksamkeit absorbierenden Nebentätigkeit hingibt – also etwa ein Schüler, der während eines Lehrervortrages schwatzt oder Briefchen schreibt –, geraten die Rollen von „Sprecher" und „Hörer" in den Konflikt einander widersprechender Situationsdefinitionen: Die schwatzenden Schüler negieren als aktive Teilnehmer an einem offiziell nicht gebilligten „splitting" die Hörerrolle, die ihnen als Adressaten eines Lehrervortrags institutionell zugewiesen bleibt und der sie allenfalls durch Taktiken der „Abschirmung" einen äußerlichen Tribut zollen.

7.2.3. Kontextspezifische Gesprächsakt- und Gesprächshandlungsstrukturen

Es ist mittlerweile ein Topos von Seminardiskussionen, daß Gesprächsakte nur im Rahmen gewisser, zuweilen recht eng gesteckter Plausibilitätsgrenzen bestimmt werden können. Grundsätzlich stehen ja für denselben Gesprächsakt mehrere mögliche metakommunikative Bezeichnungen bereit, die jeweils unterschiedliche Aspekte akzentuieren oder verschiedene Abstraktionsniveaus erreichen. Selbst ein so einfaches und scheinbar klares Beispiel wie die schon oben, S. 203 f. besprochene Äußerung der Verkäuferin (8, 36—41 unseres Verkaufsgesprächs) enthüllt bei genauerer Analyse eine komplexe illokutive Struktur, die nicht in allen Punkten gleich unstrittig ist:

Mit *dAnn= fällt das ja sowiesO flach'* vollzieht die Verkäuferin eine FESTSTELLUNG (eines als wahr unterstellten Sachverhalts, indiziert durch die Partikel *ja*) und gibt damit zugleich eine ANTWORT auf den vorausgehenden Gesprächsschritt der Kundin, und zwar als ZUSTIMMUNG zu deren propositionalem und illokutivem Gehalt; mit den vorhergehenden und nachfolgenden Bestandteilen ihres eigenen Gesprächsschritts *(jA. genAU. und: jA" das stimmt.)* steht der Gesprächsakt in einem Verhältnis wechselseitiger BEKRÄFTIGUNG. Weniger eindeutig sind die logisch-argumentativen Relationen der Äußerung: Handelt es sich um eine (nachträglich im Sinne der Kundin gegebene) BEGRÜNDUNG (s. oben S. 204) für die Stichhaltigkeit des Kundeneinwands *(ne kaffeekanne brauch ich nich weil ich ne kaffeemaschIne habe.)* oder um eine generalisierende FOLGERUNG daraus? Eher wohl um eine Folgerung, allerdings um eine argumentativ funktionalisierte: Die Verkäuferin AKZEPTIERT den Einwand gegen das Detail „Kaffeekanne" als förderlichen Beitrag im Sinne ihres übergeordneten Argumentationsziels (zu zeigen, daß das Gedeck *AUch noch erschwinglich* sei) und BESTÄTIGT damit zugleich die Kundin als kooperative Gesprächspartnerin. Ob diese (übrigens durch die Partikel *sowieso* indizierte) Sprachhandlung geHEUCHELT ist, sei dahingestellt; immerhin ist die zum Ausdruck gebrachte kooperative Interpretation nicht die einzig mögliche: Man kann den Gesprächsakt MITTEILUNG/

7.2. Gesprächsanalytische Grundbegriffe

EINWAND der Kundin (u. a. auch in Anbetracht seiner matten Artikulation) auf der nächst höheren Ebene nicht nur als BESTÄTIGUNG (der von der Verkäuferin propagierten Erschwinglichkeit), sondern auch — illokutiv — als ZURÜCKWEISUNG (eines Angebots) und — gesprächsorganisatorisch — als ABBLOCKEN (eines Gesprächsschritts) hören.

Derartige Schwierigkeiten bei der Bestimmung von Gesprächsakten sind bekannt (Wunderlich 1979, 321 ff. unterscheidet Abgrenzungs-, Identifizierungs-, Klassifizierungs-, Spezifizierungs-, Kompositions- und Projektionsprobleme) und sollen hier nicht weiter verfolgt werden (vgl. auch Schoenthal 1979). Lohnender erscheint es uns, anhand einiger Beispiele auf die systematischen Veränderungen einzugehen, denen in eingespielten, speziell in institutionalisierten Interaktionsrahmen die Determinations- und Responsionsregeln unterliegen — mit dem Ergebnis situations- bzw. institutionsspezifischer Gesprächshandlungstypen.

Ein solcher Interaktionsrahmen ist zum Beispiel der spielerisch- „flachsende" im Freundes- und Kollegenkreis, von dem das oben zitierte „Heiratsgespräch" aus der studentischen Wohngemeinschaft (s. S. 263) eine Probe gibt. Derartige *Illokutionsspiele* — unernste Liebeserklärungen, Heiratsanträge, Komplimente und ehrerbietige Anreden, scherzhafte Drohungen, Befehle oder Beschimpfungen, der Streit um fiktive Objekte etc. — fingieren beziehungsrelevante „Einleitungs- und Aufrichtigkeitsregeln" (im Sinne von Searle 1969), von denen die Interaktanten sowohl wissen, daß sie irreal sind, als auch, daß die Partner sie als nicht in Geltung erachten. Insofern sind die normalen Obligationen und Motivationen derartiger Gesprächsakte außer Kraft gesetzt, und eine sie ernstnehmende Antwort wäre ebenso nicht-responsiv wie ein spielverderberisches Achselzucken. Responsiv verhält sich vielmehr, wer die fingierten Illokutionsbedingungen als Fiktion ernstnimmt und komplementär erwidert, damit zugleich ein eingespieltes, spezifisches Gesprächshandlungsmuster aufgreift und bestätigt. Über den „innerlich sozialen Nutzeffekt" derartiger Spiele mag man sich anhand des von Berne (1970, 223 f.) beschriebenen „Kavalierspiels" seine Gedanken machen (Berne behandelt zum eigenen Bedauern fast ausschließlich destruktiv-

„ausbeutende" „Spiele der Erwachsenen"); auf jeden Fall testen und demonstrieren die Gesprächspartner die Gefahrlosigkeit des Spiels, möglicherweise auch die Bändigung einer entsprechenden latenten Gefahr und somit die Fortdauer eines beziehungstragenden Einverständnisses.

Ein besonders ergiebiges Feld für die Untersuchung der Umstrukturierung von Gesprächshandlungsmustern durch institutionelle Bedingungen bietet der Schulunterricht. So hat Ehlich (1981) am Beispiel der Lehrerfrage dargetan, wie sich im Rahmen des „Unterrichtsdiskurses" außerschulische zu „schulspezifischen Handlungsformen" verwandeln, „die eine gewisse Konstanz und damit eine reziproke Erwartbarkeit aufweisen, so daß sie als Handlungsformen den Aktanten, die ein institutionsspezifisches Wissen ausgebildet haben, fraglos zur Verfügung stehen" (Ehlich 1981, 345). Dieses Wissen bezieht sich wiederum auf veränderte Obligationen und entsprechende Responsivitätsbedingungen: Zu den außerschulischen „Einleitungsregeln" des Gesprächsakts FRAGE gehört die Annahme des Sprechers, der Befragte verfüge über die gewünschte Information; hat dieser Grund zu der Vermutung, der Sprecher hege diese Annahme nicht, wird er zu Recht die Frage zurückweisen oder als „rhetorische" interpretieren; weiß er die Antwort nicht zu geben, so erfüllt er seine Gesprächsobligation, wenn er eben dies äußert. Schüler kommen im „Unterrichtsdiskurs" (des Frontalunterrichts) in der Regel nicht so leicht davon: Mäeutische Fragen werden ja zu dem Zweck gestellt, dem Schüler das Noch-nicht-Wissen von Wissenswertem bewußt zu machen und ihn zur Veränderung dieses Zustands, d. h. zu „mentalen Operationen" anzuregen. Die Ergebnisse ihres Nachdenkens oder Sich-Erinnerns formulieren die Schüler dann zumeist als konstatierende Gesprächsakte, welche ebenfalls – wie Streeck (1979) gezeigt hat – eine unterrichtsspezifische Besonderheit aufweisen: Es fehlt ihnen der übliche „Geltungsanspruch der Wahrheit", den erst die anschließende Bewertung des Lehrers verleihen kann, wenn dieser „den behaupteten Sachverhalt [...] als ‚Faktum' ratifiziert" (Streeck 1979, 249). Diese besonderen Determinations- und Responsionsbedingungen begründen den aus Lehrerfrage, Schülerantwort und Lehrerbewertung bestehenden Gesprächs-

7.2. Gesprächsanalytische Grundbegriffe

Typus der Äußerungsfolge	Eröffnungsschritt (des Lehrers)	Antwortschritt (der Schüler)	Auswertungsschritt (des Lehrers)
Auslöser	Would you use these for cutting things like paper and cardboard?	No. (CHOR)	No.
Auslöser	What would you use for those?	Scissors.	Yes. You would use scissors for those soft things.
Auslöser	Would you use this for cutting bread?	No.	
Auslöser	Hands up. What would you use for cutting bread?	Knife. Knife.	A knife yes.
Anweisung	You're shouting out though and I don't want you to shout out.		
Auslöser	What would you use for cutting wood?	Saw.	A saw, good boy.

(nach Sinclair/Coulthard 1977, 131 f.)

handlungstyp, der sich in zahlreichen Untersuchungen zur Interaktion im Unterricht (vgl. Kap. 5) als so dominant erwiesen hat, daß ihn z. B. Sinclair und Coulthard (1977) als generelle Matrix ihren Transkriptionen und Analysen „sachbezogener Äußerungsfolgen" zugrundelegten (s. S. 269).

Es wäre aufschlußreich, die „strategischen" Veränderungen zu erörtern, die die Sequenzierungsbedingungen und -normen in antagonistischen, insbesondere öffentlichen Interaktionen (konfliktären Verhandlungen, öffentlichen Streitgesprächen etc.) erleiden. Auch hier ergeben sich auf der Basis systematischer Regeldurchbrechungen für den „Wissenden" Spielregeln höherer Ordnung, relativ zu denen sich Gesprächsakte im strengen Sinne des Wortes als (gute, schlechte, riskante, entscheidende . . .) „Züge" im Konfliktspiel profilieren (vgl. dazu u. a. Fritz/Hundsnurscher 1975; Heringer u. a. 1977; Völzing 1979; Rapoport 1976). Eine eingehende Behandlung dieses Themas würde den Rahmen dieses Kapitels sprengen; stattdessen sei abschließend ein Bereich institutionalisierter Gespräche angesprochen, der sich seit kurzem zu einem Brennpunkt gesprächsanalytischer Forschung entwickelt hat: das psychoanalytische Gespräch. In Anlehnung an Klann (1979) und Flader (1978; 1979: dort die ausführliche Analyse eines sehr instruktiven Beispiels) sei die „gezielte Veränderung bestimmter Ordnungsstrukturen verbaler Interaktion" im psychoanalytischen „setting" in unvermeidlicher Verkürzung der komplexen Zusammenhänge skizziert:

Der Patient soll sich während der Sitzung unter Verzicht auf bewußtes Nachdenken spontanen Einfällen hingeben und diese unzensiert dem Therapeuten mitteilen, seien sie auch peinlich, scheinbar unsinnig oder nicht passend zum vorher Gesagten (dies ist der Inhalt der „analytischen Grundregel" Freuds). Der Therapeut hingegen „beschränkt sich in erster Linie auf das Zuhören mit dem Ziel, sowohl den bewußten wie den unbewußten Sinn der Rede des Patienten zu entschlüsseln," (Schröter 1979, 179) und demonstriert dies durch Schweigen, Hörersignale, Nachfragen, (um)deutende, fokussierende und vergleichende „Interventionen" sowie durch Verzicht auf emotionale Reaktionen, wertende Stellungnahmen, Handlungsanweisungen und Selbstdarstellung. Auf alle diesbezüg-

7.2. Gesprächsanalytische Grundbegriffe

lichen verdeckten oder offenen Aufforderungen des Patienten, die ihm die Rollen des Experten, des Helfers, des Beziehungspartners zuweisen wollen, reagiert er „neutral": Die nach normalen Obligations- und Motivationsregeln erwartbare Antwort bleibt er schuldig, ohne zugleich damit — was im nicht-therapeutischen Gespräch impliziert wäre — die Gesprächsakte des Patienten und damit diesen selbst zu entwerten. Er nimmt sie vielmehr ernst gemäß der „Grundregel", nämlich als „Ausdruck" (im Bühlerschen Doppelsinn von „Expression" und „Symptom") der psychischen Befindlichkeit des Patienten, der er verstehend und deutend zugewandt ist.

Indem der Therapeut also nicht im üblichen Sinne reagiert, auch nicht zeigt, wie er über den Patienten und den Inhalt seiner Äußerungen urteilt oder was er (abgesehen von freundlicher Zuwendung) für ihn fühlt, indem er ferner seine eigene Individualität möglichst im Dunkeln beläßt, schafft er für den Patienten ein „perzeptives und emotionales Vakuum" (Stone 1961), das dieser durch die vermehrte Aktivierung jener unbewußten und dem unmittelbaren Zugriff entzogenen Inhalte und Verhaltensantriebe füllen soll, die als Wurzel seiner Leiden vermutet werden dürfen. Gebunden in eine vom Arzt etablierte „Beziehung der Nicht-Beziehung" (Fürstenau 1977) wird der Patient angeregt, unbewältigt fortwirkende kindliche Denk-, Beziehungs- und Interaktionsmuster auf die therapeutische Interaktion zu „übertragen" und sie auf diese Weise — unter Umgehung seiner „Widerstands"barrieren — zutage treten zu lassen. Aufgabe des Therapeuten ist es dann, durch vorsichtige metakommunikative Interventionen beim Patienten die Wahrnehmung der manifesten kindlich-konfliktären Verhaltensmuster zu wecken, sie mit ihm gemeinsam zu ihren lebensgeschichtlichen Ursprüngen zu verfolgen und ihn zur „erwachsenen" Auseinandersetzung und Verarbeitung des in der Kindheit nicht Bewältigten, also zu einem langwierigen Prozeß der Selbstheilung anzuleiten.

Diese doppelte Responsivität des Therapeuten: auf den unwillkürlichen Ausdruck unbewußter psychischer Prozesse sowie auf das bewußt-reflexive, „einsichtsfähige Ich", mit dem er das therapeutische „Arbeitsbündnis" eingegangen ist, unterscheidet sein

Verhalten von jener aufreizenden Indifferenz, die im Kampf eng liierter Menschen die böseste Waffe sein kann. Darüber hinaus ist der „neutrale Reaktionsmodus des Analytikers bezüglich sequenzinitiierender Sprechakte" ja nicht das Ergebnis einer Laune, sondern „eine der normativen Regeln seines kommunikativen Verhaltens in der Behandlungssituation" (Flader 1978, 32) — eine Regel, die auch der Patient zumindest rational sehr bald in seinen Erwartungshorizont übernimmt. Würde der Therapeut z. B. eine Traumerzählung des Patienten mit alltäglichen „erzählfördernden Zuhöreraktivitäten" (Quasthoff 1981, 194 ff.) stimulieren und steuern, mit erstaunten Ausrufen oder wertenden Kommentaren quittieren, schließlich durch eine eigene Parallelerzählung in eine neue Richtung lenken, anstatt ihm sein Vor-Spiel etwa mit der Frage „Was empfinden Sie bei der Erzählung?" zurückzuspielen, so dürfte sich der erfahrene Patient durch eine derartige Substitution eines therapeutischen durch einen nicht-therapeutischen Gesprächshandlungstyp ERZÄHLEN mit Recht auf den Arm genommen fühlen. Auch im Gesprächsbereich „psychoanalytische Therapie" stellt sich also wie in den oben besprochenen Interaktionskontexten das System der Durchbrechung „normaler" Regeln, der Verweigerungen und Zuwendungen dar als „hochkomplexe Modifikation und Spezialisierung sozialer Kommunikation" (Flader 1978, 30); und auch hier resultiert — wie im Gesprächsspiel, wie im Unterricht — die Dynamik der psychischen Wirkungen dieses Systems zu einem guten Teil aus der erlebten Spannung zu seinem Gegenpart, der „normalen" Alltagskommunikation — einer Spannung, die somit als funktionaler Bestandteil in das System aufgenommen ist.

Zum Abschluß dieses Kapitels über Gesprächshandlungen scheint noch eine Bemerkung über die therapeutische Wirkung der wissenschaftlichen Beschäftigung mit therapeutischen Gesprächen angebracht, auf die Klann mehrfach hingewiesen hat: „Gerade in ihrer systematischen Abweichung von der Alltagspraxis zeigen therapeutische Dialoge wesentliche Merkmale der alltäglichen auf": nämlich die Ebene der „unbewußten psychischen Prozesse" und der „affektiven Steuerung von Gesprächen" (Klann 1979, 118; 153). Deren Erforschung könnte innerhalb der Gesprächsanalyse zu einem Gegengift gegen das rationalistische Erbe von Sprechakt- und Handlungstheorie werden, aus deren Perspektive menschliche Handlungen lediglich als beabsichtigte, intersubjektiv verantwortbare und zurechenbare, metasprachlich „ausdrückbare" betrachtet werden. Daß aber vorbewußte Einstellungen, Affekte und Impulse die Wahl und Ausführung von Handlungen entscheidend steuern, prägen und stören, wird in der Linguistik bislang nur selten (z. B. Ockel 1977; Klann 1979) thematisiert. Hier dürfte sich ein wichtiges und vielversprechendes Forschungsgebiet für eine interdisziplinäre Gesprächsforschung auftun.

7.3. Sprachliche Mittel dialogischen Handelns – am Beispiel eines Gesprächsausschnitts

Einen komplexen Gegenstand – wie den eines Gesprächs – pflegt man in der Wissenschaft nach methodischen Gesichtspunkten zu differenzieren. Eine solche Differenzierung stellen die in Kapitel 4 eingeführten (und in 7.2. problematisierten) Ebenen der Äußerungseinheiten und der Handlungssemantik dar. Solche methodischen Differenzierungen wird man dann am besten rechtfertigen können, wenn man nachweist, daß sie, bezogen auf den Gegenstand Gespräch, wesentlichen „Aufgaben" der Gesprächsteilnehmer – als sprachlich interagierenden – entsprechen (vgl. u. a. Kallmeyer 1977, 52). Dieser spricht deshalb von „Ordnungsebenen" (Kallmeyer/Schütze 1977, 159) bzw. neuerdings von „Aspekten der Interaktionskonstitution" (Kallmeyer 1981, 89). Ohne uns Kallmeyer in allen begrifflichen und methodischen Implikationen seiner Terminologie anzuschließen, wollen wir drei dieser Aspekte als wesentlich herausstellen: Konstitution sozialer Identitäten und Beziehungen; Handlungs- und Bedeutungskonstitution; Gesprächsorganisation. Diese drei Aspekte reflektieren die Tatsache, daß Gespräche dialogisch sind und also eine Beziehung der Partner hergestellt werden muß; daß Gespräche thematisch zentriert sind und somit durch sprachliche Handlungen Bedeutung konstituiert wird; daß Gespräche darüber hinaus dies mittels Texten leisten, die – bezogen auf Sprecher- und Themenwechsel,

Steuerung des Gesprächs und dessen Anfang und Ende – gegliedert und geordnet sind, kurz: einer spezifischen Organisation bedürfen.

Hinsichtlich der Konstitution sozialer Identitäten und Beziehungen greifen wir vor allem auf den von Goffman entwickelten Begriff der ‚rituellen Kommunikation' zurück (vgl. Werlen 1979, Holly 1979). Goffman spricht von ritueller Kommunikation dann, wenn die Partner im Gespräch „face work" (‚Imagearbeit') leisten und damit „defensiv" das eigene Image schützen und „protektiv" das Image des Gesprächspartners respektieren – oder es verletzen. (Vgl. Goffman 1975, 25: „Ich verwende den Terminus *Ritual*, weil ich mich auf Handlungen beziehe, durch deren symbolische Komponente der Handelnde zeigt, wie achtenswert er ist oder für wie achtenswert er die anderen hält. [...] Das Image eines Menschen ist etwas Heiliges und die zu seiner Erhaltung erforderliche expressive Ordnung deswegen etwas Rituelles.") Das „Image" des Einzelnen ist Teil seiner ‚sozialen Identität', die Gesprächspartner in ein Gespräch einbringen und damit wechselseitig in Beziehung setzen. Goffman unterscheidet zwei Typen von Ritualen: positive und negative. Positive Rituale führen zum ‚bestätigenden Austausch' (Beispiel: Grüße), ein negatives Ritual zu einer Tabuverletzung, der (häufig) ein ‚korrektiver Schritt' folgt, so daß also bestätigende und korrektive ‚Austäusche' („interchanges") zu unterscheiden sind (vgl. Holly 1979, 47f.; s. o. S. 20).

Die thematische Orientierung der Handlungs- und Bedeutungskonstitution bedeutet, daß im Gespräch über Sachverhalte verhandelt wird. Über diese wird jedoch nicht als solche verhandelt, sondern relativ zu den Interessen, Einstellungen und dem Wissen der Teilnehmer. Ein in das Gespräch eingeführter Sachverhalt soll ‚Thema' heißen. Dieses stellt ein „intentionales Objekt im Fokus des Gesprächs" dar (Schank 1981, 51), ein ‚Objekt', das eingeführt, entwickelt und abgelöst werden muß.

Statt nun die allgemeine (und also eher theoretische) Rechtfertigung weiterzuführen, sollen im folgenden am Beispiel eines Gesprächsausschnitts die vorgenommene „Aspektualisierung" aufgezeigt und zugleich sprachliche Mittel des Deutschen benannt

7.3. Sprachliche Mittel dialogischen Handelns 275

werden, die entsprechende Aufgaben der Gesprächsteilnehmer sichern. Wir greifen auf einen Text zurück, der (im wesentlichen) nur „verbal" (s. S. 56) notiert ist und dessen phonische, prosodische (und mimisch-gestische) Notation nur rudimentär vorliegt. Im Vergleich dazu werden wir in 7.3.2. einen (vergleichbaren), zureichend notierten Gesprächsausschnitt vorführen und dessen Vorteile für eine einzelsprachlich orientierte Analyse exemplarisch aufzeigen.

Der folgende Gesprächstext einer Talkshow ist den „Mediengesprächen" (s. S. 24) zuzurechnen. Er ist einem Aufsatz von Bayer (1975, 141f.) entnommen. Dieser erläutert zunächst die „Vorgeschichte" dieser (wie jeder anderen) Talkshow (der Reihe „Je später der Abend ...") (S. 138f.): daß „Vorgespräche" stattfinden, ein Redaktionsteam „eine detaillierte Planung des Gesprächs" vornimmt, es „nicht um Themen, sondern um interessante Personen" und, mehr als um das Gespräch, um die Wirkung auf die Fernsehzuschauer geht, während das Studiopublikum den Schein einer „Live-Atmosphäre" vermitteln und Reaktionen im Sinne des Talkmasters zeigen soll, der sich nur zum Schein als „uninformierter Frager" aufspielt. Diese komplexe Voraussetzungssituation veranlaßt Bayer, eine Talkshow eine „inszenierte Spontaneität" (Titel) zu nennen. – Zum Verständnis des Gesprächstextes schreibt er darüber hinaus: „Nachdem sich Talk Master Dietmar Schönherr [im folgenden: S] zunächst etwa fünf Minuten lang mit einleitenden Worten (Begrüßung, Vorstellung der Gäste, allgemeine Bemerkungen zur Talk Show, Eingehen auf Kritik) an das Fernsehpublikum gewandt hat, versucht er, seinen ersten Gesprächspartner, die Schriftstellerin Esther Vilar [V] [...] ins Gespräch zu ziehen. Die beiden anderen Studiogäste, der Minister Egon Bahr [B] und der Bankier Dr. Ludwig Poullain [P] greifen zunächst nicht in den Dialog ein" (Bayer 1975, 141f.). Hinzuzufügen ist noch, daß das Gespräch am 17. 9. 1974, 22.50 Uhr ff. stattfand.

(„Kursiv gedruckte Silben sind besonders betont", Bayer a.a.O., 143, die „Äußerungen" haben jeweils Nummern, hier von 1 bis 12.)

1 S: Esther Vilar, Sie haben äh schon *vor* der Sendung einige Anrufe bekommen, wo man gesagt hat: „Warum darf denn

nun diese Frau wieder ihre hanebüchenen Theorien dem Fernsehvolk darbieten?" (V und Publikum lachen.) Was sagen Sie denn dazu?
2 V: Ja, ich weiß nich, was ich dazu sagen soll. Ich weiß es wirklich nich. Es is en bißchen zu früh, würd ich sagen.
3 S: Es ist zu früh?
4 V: Ja ja.
5 S: Weil Sie meinen, da die Leute diese Theorien noch nich kennen?
6 V: Nein. Ich denke, Sie wissen ja auch nich, was ich sagen woll äh was ich sagen will.
7 S: Es dreht sich ja es dreht sich ja um die Theorien, die die Leute kennen. Weil Sie haben das ja schon mal ge äh gelegentlich in einer gemeinsamen Begegnung in einer Sendung, die „Wünsch Dir was" hieß, haben Sie ja diese Thesen schon von sich gegeben.
8 V: Ja, aber das war vor drei vier Jahren. Ich könnte mich ja vollkommen geändert haben inzwischen.
9 S: Na ja.
10 V: Is doch immerhin möglich.
11 S: Aber das glauben *diese* Leute, die angerufen haben, offenbar nicht.
12 V: Ja. Die haben auch recht. (Publikum lacht.)

Dieses Gespräch ist auch von Holly (1979) – unter dem Aspekt der „Imagearbeit" – einer Interpretation unterzogen worden. Wir knüpfen an die Interpretation von Bayer (1975) und Holly (1979) an. Dabei wollen wir die beiden ersten Gesprächsschritte einer „Interlinear-Analyse" unterziehen und in einem anschließenden Kommentar die einzelsprachlichen Mittel herausarbeiten. Die Interlinear-Analyse ist eine Ebenen-Analyse: Die Ebenen entsprechen den „Aspekten der Interaktionskonstitution". Dabei wird die Ebene der Handlungs- und Bedeutungskonstitution (HB) differenziert in propositionaler und illokutiver Hinsicht – diese vereinfachende Form der Darstellung sei hier erlaubt. Zur Notation: die Ebene der Gesprächsorganisation wird als GO, die der Beziehungskonstitution als BK geführt, sprachliche Handlungen sind VERSAL gesetzt, in runden Klammern stehen erläuternde

277

HB	*Esther Vilar, Sie haben äh schon vor der Sendung einige Anrufe bekommen, wo man gesagt hat:*	
	S. STELLT FEST gegenüber V. (und) INFORMIERT (damit) Studio- und Fernsehpublikum (daß)	
	(R:) V. (P:) ist angerufen worden vor der Sendung	(und) (R:) Anrufer (P:) haben gesagt
BK	S. REDET V. (kollegial) AN (durch Namensnennung) (und) fährt in dritter Person Plural fort)	
GO	S. ÜBERNIMMT ersten Gesprächsschritt (gemäß seiner Rolle als Initiant) (und) ERÖFFNET (damit) das Gespräch	
HB	*„Warum darf denn nun diese Frau wieder ihre hanebüchenen Theorien dem Fernsehvolk darbieten?"*	
	S. ZITIERT Anrufer	
	Anrufer FRAGEN (und) PROTESTIEREN (damit) DAGEGEN (daß)	
	warum (R:) diese Frau (P:) ihre h. Theorien dem Fernsehvolk darbieten darf (R:) V. (P:) auftritt	
BK	(indem S. ZITIERT) PROVOZIERT S. V. (die rituelle Verletzung wird vorbereitet)	
GO	S. INITIIERT Thema und MOTIVIERT V. zur Stellungnahme	
HB	*Was sagen Sie denn dazu?*	*2 V: Ja, ich weiß nich, was ich dazu sagen soll*
	S. FRAGT V. (und) FORDERT V. AUF	V. ANTWORTET S. (indem) sie BEHAUPTET (daß) (und damit) ANTWORT VERWEIGERT
	(R:) V. (P:) soll Stellung beziehen	(R:) V. (P:) weiß keine Antwort
BK	(die Abtönungspartikel ‚denn' überninmt die Provokation des Zitats in die Frage)	V. VERWEIGERT kooperative Antwort (und) KRITISIERT (damit) S.
GO	S. LEGT Aktivität von V. FEST (zusätzlich zur Provokation: Frage-Antwort-Obligation; „conditional relevance", s. o. S. 24)	V. ÜBERNIMMT Gesprächsschritt JA (als strukturierender Gesprächsakt) (signalisiert Skepsis?)
		Es is en bißchen zu früh, würd ich sagen.
HB	*Ich weiß es wirklich nich.*	V. STELLT FEST (und) BEGRÜNDET (damit daß)
	V. BETEUERT Nichtwissen	(R:) die Frage (P:) ist zu früh gestellt
	(und)	(R:) V. (P:) weiß keine Antwort
BK	V. BEKRÄFTIGT (dadurch) Kritik	(und) BEGRÜNDET die Kritik → FORMULIERUNGSHANDLUNG (die floskelhaft ist und Unsicherheit (?) verrät)
GO	V. AKZEPTIERT Thema nicht.	V. INITIIERT Argumentationssequenz

Hinweise (P = Prädikation, R = Referenz); die Handlungsbeteiligten sind S(chönherr) und V(ilar), das Studiopublikum ist aktiver, das Fernsehpublikum passiver Rezipient; die „Anrufer" sind indirekte Handlungsbeteiligte.

Quer zu diesen Ebenen stehen einzelsprachliche Mittel, die funktional im Sinne der jeweiligen (komplexen) Sprecherintention eingesetzt werden. Zwar gibt es für jede Ebene spezifische einzelsprachliche Mittel; aber diese erschöpfen die sprachlichen Möglichkeiten nicht.

So dient die Nennung des Vor- und Nachnamens *(Esther Vilar)* und die anschließende pronominale Anrede *(Sie)* dazu, den Beziehungsaspekt inhaltlich zu fokussieren (vgl. Holly 1979, 11); darüber hinaus spricht der Talkmaster seine Partnerin (in dem zitierten Ausschnitt) viermal mit *Sie* an (während sich E. Vilar einer solchen Anrede enthält: Anredeenthaltung als Ausdruck von Distanz); aber damit sind natürlich die Mittel, eine Beziehung aufzubauen, nicht erschöpft. Beziehungskonstitution läuft auch und gerade über Handlungs- und Bedeutungskonstitution: Das zeigt ein zweiter Blick auf die Interlinearanalyse: Indem der Talkmaster schon in seinem ersten Gesprächsschritt ein scheinbar wörtliches und für seine Partnerin sehr unfreundliches Zitat präsentiert und somit in seinem Gespräch den Aspekt öffentlicher Ablehnung priorisiert, bereitet er eine rituelle Verletzung vor. Auch der weitere Weg dieser rituellen Verletzung (ohne korrektiven Schritt) läuft über handlungs- und bedeutungskonstitutive Aspekte. Innerhalb dieses Weges gibt es spezifische Mittel, die die Verletzung anzeigen: Der Talkmaster zitiert *diese Frau* und bezieht sich damit anaphorisch auf *Esther Vilar*; die Anrufer, die der Talkmaster zitiert, bezogen sich gleichfalls auf *Esther Vilar* (in einer Programmankündigung). Das Demonstrativpronomen *diese* erhält schon in dieser ersten Proform seinen herabsetzenden Klang (vgl. Drosdowski Bd. 2. 1976, 553: „Wer ist denn dieser Herr Krause?"). Die Spur der Verletzung setzt sich u. a. fort mit *diese Theorien* (5 S) und *diese Thesen* (7 S), die sich jeweils auf *hanebüchene Theorien* beziehen. Die innertextlichen Verweise mithilfe von Demonstrativpronomina als Proformen stiften Kohärenz und werten zugleich ab. Doch nicht nur innertextliche Verweise unter-

7.3. Sprachliche Mittel dialogischen Handelns

liegen der Einschätzung durch die Gesprächspartner; auch Propositionen (hier z. B. (daß) „diese Frau ihre [. . .] Theorien dem Fernsehvolk präsentieren darf") werden nicht als solche in das Gespräch eingebracht, sondern mit einer spezifischen Einschätzung (traditionell: Einstellung).

Eine Möglichkeit, solche Einschätzungen sprachlich zu aktualisieren, besteht darin, Prädikationen mit negativ wertenden **Adjektiven** zu versehen: *hanebüchene Theorien (hanebüchen*: „(in bezug auf eine Handlung, Handlungsweise) so geartet, daß man darüber entrüstet, empört ist; unglaublich, unerhört; unverschämt"; Drosdowski Bd. 3. 1977, 1145). Eine weitere ist dadurch gegeben, abwertende **Verben** an die Stelle üblicher Bezeichnungen zu setzen: Theorien werden üblicherweise *erklärt,* während der Talkmaster (durch den Mund des Fernsehvolks) kundtut, sie würden *dargeboten* (wie ein Schmierenschauspiel). Und schließlich erlaubt auch die Verwendung von bewertenden **Substantiven**, besondere Einschätzungen vorzunehmen: *Theorien* werden in dem Zitat des Talkmasters eindeutig jenen „abstrakten Gedanken und Vorstellungen (zugeordnet), deren Bezug zur Realität nicht evident ist oder bezweifelt wird" (Klappenbach/Steinitz Bd. 5. 1976, 3729). **Abtönungspartikeln** sind weitere bevorzugte Mittel der Einschätzung, weil sie zugleich Präsuppositionsindikatoren und/oder textverweisend sind. In: *Was sagen Sie denn dazu?* verweist die Abtönungspartikel *denn* auf das vorhergehende unfreundliche Zitat und trägt zugleich die kritische Meinung des Fragers. In *Es dreht sich ja um die Theorien* (7 S) indiziert die Abtönungspartikel *ja* die Präsupposition des Talkmasters, die anschließend expliziert wird. Der kurze Gesprächsausschnitt häuft Abtönungspartikeln *(denn nun; denn; ja auch; ja* (5 mal); *immerhin);* das zeigt an, daß die Gesprächspartner meinen, auf die Kundgabe ihrer Einschätzung im Verlauf des Gesprächs angewiesen zu sein. Darüber hinaus haben **Gliederungspartikeln** neben ihrer strukturierenden Funktion auch eine wertende. Innerhalb der Interlinear-Analyse wurde am Beispiel des gesprächsschritteröffnenden *ja* (2 V) darauf eingegangen. Den Gliederungspartikeln des Sprechers sind die **Rückmeldungspartikeln** vergleichbar. Das *na ja* (9 S) des Talkmasters ist eine solche Rückmeldungspartikel und wie alle

Partikeln ein kompakter Ausdruck (dessen Redebedeutung zwar eine Einschätzung darstellt, diese aber nicht wie innerhalb einer Argumentation entfaltet). Die einschätzende Funktion solcher Gliederungs- und Rückmeldungspartikeln ist besonders dann schwer abzuschätzen, wenn sie hinsichtlich ihrer lautlichen Aktualisierung nicht zureichend notiert sind (wir kommen darauf zurück).

Eine Form des Sprechens, die sich gleichfalls nicht auf bestimmte Ebenen festlegen läßt, ist präsuppositional. Der Sprecher rekurriert auf ein Wissen, das als gemeinsam vorausgesetzt („präsupponiert") wird. Mit einem solchen impliziten Sprechen, das zunächst handlungs- und bedeutungskonstitutiv ist, können zugleich Einschätzungen verbunden werden. So fragt der Talkmaster (als Sprachrohr des „Fernsehvolkes"), warum *diese Frau wieder* ihre Theorien *darbieten* dürfe: *wieder* bezieht sich auf das abermalige Auftreten von Frau Vilar im Fernsehen und signalisiert zugleich den Überdruß über diesen wiederholten Auftritt. Mit der Äußerung des Arguments *Es is en bißchen zu früh* wird präsupponiert, daß jedermann wisse, daß man Menschen nach ihren Argumenten im Gespräch beurteilt — wie sich zeigt, ist diese Annahme falsch.

Versuchen wir noch, sprachliche Mittel herauszuarbeiten, die der Gesprächsorganisation dienen. Dabei wird sich wiederum erweisen, daß die sprachliche Wirklichkeit eines Gesprächs komplexer ist, als es die vorgenommene Aspektualisierung suggeriert.

Wie es seiner Rolle zukommt, eröffnet der Talkmaster — als rechtmäßiger Initiant — das Gespräch mit einem ‚beziehungsstrukturellen Gesprächsakt' (Henne 1980, 96): Die Namensnennung ist beziehungsstiftend und gesprächseröffnend. Sprachliche Mittel sind also, bezogen auf die „Aspekte der Interaktionskonstitution", mehrfunktional. Der Zusammenhang von handlungs- und bedeutungskonstitutiven Aspekten mit beziehungskonstitutiven hat das fortlaufend belegt. Nach der Eröffnung des Gesprächs gehört es zur Rolle des Initianten, das Gespräch weiterzuführen und durch eine Frage (in Fragesatzform) den Ge-

7.3. Sprachliche Mittel dialogischen Handelns

sprächspartner zur Stellungnahme aufzufordern und damit seine Aktivität festzulegen. Es gehört zur Rolle des Akzeptanten, mit einer Antwort (in Aussagesatzform) seiner Rolle als Akzeptant nachzukommen. Zugleich kann er seine Antwort durch eine diese einleitende Gliederungspartikel *(ja)* strukturieren. Anrede, Frage, Antwort — diese entsprechend den unterschiedlichen Rollen verteilt: das sind klassische Mittel, ein Gespräch zu organisieren. Die „vorgreifende Aktivitätsfestlegung" (Kallmeyer 1977, 57) des Initianten führt im folgenden zu aufeinander bezogenen Gesprächsschritten und Rückmeldungen, die das grundlegende Muster von ‚Anrede und Erwiderung' bzw. ‚Darlegung und Erwiderung' (vgl. o. S. 7) variieren.

So enthält die Antwort von Frau Vilar (2 V) eine spezifische routinierte Formulierungshandlung (Antos 1980, 86: „textorganisierende Handlung") *(würd ich sagen)*, die einerseits das Ende des Gesprächsschritts anzeigt, andererseits aber auch verrät, wie schwer der Befragten eine Antwort fällt, so daß sie sich teilweise in floskelhafte Routine rettet. Die nachfolgende „Äußerung", die eine „Bitte um Klärung" (s. o. S. 21) mithilfe einer Echo-Frage (in Aussagesatzform mit (wahrscheinlich) steigender Intonation) darstellt, muß als Hörer-Rückmeldung gewertet werden, auf die eine eindeutige Antwort *(Ja ja)* erfolgt. Nicht nur hier wird der Nachteil, den eine nicht zureichende Notation darstellt, unmittelbar einsichtig. Wie ist darüber hinaus z. B. das *na ja* von S 9 zu interpretieren? Sicher gibt es plausible Antworten; aber diesen Antworten fehlt die relative Sicherheit, die eine zureichende Notation vermittelt.

Um das am Beispiel zu verdeutlichen, greifen wir auf einen Gesprächsausschnitt einer Talkshow zurück, die am 3. 9. 1981 gesendet wurde. III nach 9 ist eine Sendung von Radio Bremen. Als letzter der geladenen Gäste kam der „Wiener Berufsmelancholiker" (Der Spiegel, 31. 8. 81, 216) André Heller zu Wort. Er wurde ins Gespräch gezogen von Marianne Koch, einer der Moderatorinnen der Sendung: Eine Frau befragt einen Mann — die Rollen haben sich verkehrt. Bevor das Gespräch begann, wurde eine (kurze) Nummer aus „Flic-Flac" gezeigt, einer Revue, die, von André Heller in Szene gesetzt, zur Zeit des Gesprächs in Hamburg lief.

7. Neuere Gesprächsforschung: Fortschritte und Probleme

A.H.	das wA"	war aber sEhr kurz ne=
M.K.		das war Alles scho s fAnd ich AUch

A.H.		jetzt sAgt er ja die wEsentlichen dinge,
M.K.	vIEl zu kurz	

A.H.		jetzt kommt die ideologische AUssage= jetzt nehmt ihr
M.K.	ə:	

A.H.	so das bIld da weg=	
M.K.		wir habn nur wir habn nur einen gAnz

A.H.		hm hm der splitter eines
M.K.	kleinen hAUch von flic flac darEIn gespielt= + damit die	

A.H.	splItters=	
M.K.	lEUte ja, genAU + um die lEUte= die flic flac kennən'	

A.H.		
M.K.	den hAUch wieder zu erweckən, und ə bei dEnen dies	

A.H.		hm vielleicht
M.K.	noch nicht kennən ein + eine lUst darauf + viellEIcht=	

M.K.	ja:" + wir frEUen uns daß sie bEI uns sind, andré heller

Wenn man den Gesprächsausschnitt der Talkshow von Dietmar Schönherr unter einen Begriff bringen wollte, so wäre *Provokation* sicherlich zutreffend. Wahrscheinlich ist die Rückmeldungspartikel *na ja* (9 S) der Inbegriff dieser Provokation — eine Feststellung, die Vermutung bleiben muß, solange keine zureichende

7.3. Sprachliche Mittel dialogischen Handelns

Notation oder das Ton- (und Bild-) Dokument dem Gesprächsforscher vorliegt. – Wollte man das Bremer Pendant entsprechend charakterisieren, so müßte man diesen Gesprächsausschnitt unter die Überschrift *Besänftigung* stellen. Ganz sicher ist, daß diese Besänftigung in der Gliederungspartikel *ja:"* kondensiert ist, die der Begrüßung und Anrede (*andré heller*) vorausgeht. Diese Gliederungspartikel hat zwei Funktionen: zum einen die *Voreröffnung* abzuschließen (Gespräche haben also zuweilen nicht nur keine Eröffnungen (s. o. S. 256 f.), sondern auch „Voreröffnungen") und zum anderen die in dieser Voreröffnung demonstrierte besänftigende Haltung zusammenzufassen: Das leicht gedehnte, stark steigende *ja:"* ist Partikel gewordene Sanftmut – und bereitet eine freundliche Begrüßung (die „eigentliche" Eröffnung) vor.

So grundverschieden die beiden Gesprächsausschnitte in thematischer und beziehungskonstitutiver Hinsicht sind, sie haben einige Gemeinsamkeiten. Z. B. die, daß der Gast jeweils seine Argumente entfaltet, sagen wir präziser: detailliert; z. B. die, daß der Talkmaster und sein Bremer Pendant Wiederholungen produzieren (*Es dreht sich ja es dreht sich ja*: 7 S und *wir habn nur wir habn nur*) und zur Anakoluthie („Satzbruch') neigen (*um die lEUte= die flic flac kennən' den hAUch wieder zu erweckən* und 7 S), wenn sie in Schwierigkeiten geraten.

Aber kehren wir zu der Aufgabe zurück – die uns noch blieb –, den Zusammenhang von Handlungs- und Bedeutungskonstitution und einzelsprachlichen Mitteln deutlich zu machen. Aus der Sicht der Beteiligten, die von einem Dritten sicher nicht objektiv (schon gar nicht ohne deren Befragung) rekonstruiert werden kann, bietet sich der Gesprächsverlauf jeweils etwa folgendermaßen dar: Für D. Schönherr geht es darum, Kritik zu üben und sich auf andere zu berufen; für E. Vilar darum, diese Kritik begründet zurückzuweisen. Wie im folgenden zu zeigen sein wird, bedienen sich die Kontrahenten unterschiedlicher Argumentationsmuster – und reden somit teilweise „aneinander vorbei". Das Argumentationsmuster von E. Vilar hat folgende Struktur (wir rekonstruieren nach Toulmin 1975):

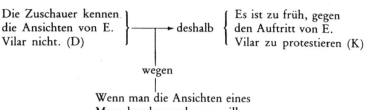

wegen

Wenn man die Ansichten eines
Menschen kennenlernen will,
muß man ein Gespräch mit ihm
führen. (Wenn ein Gespräch noch
nicht geführt ist, ist es zu
früh zu protestieren.) (SR)

Auf die Daten (D) (also die Fakten) nimmt Vilar explizit Bezug (*sie wissen ja auch nich, was ich sagen* [...] *will*). Gleichfalls explizit führt sie die Konklusion (K) oder Schlußfolgerung ein (*Es is en bißchen zu früh*). Nur implizit bleibt (als „Schlußpräsupposition", Heringer u. a. 1977, 258f.) die Schlußregel (SR), die wahrscheinlich erst bei einer Nachfrage „expliziert" würde. (Heringer u. a. 1977, 362f. sprechen von „Argument" statt, wie wir, von „Daten"; „das Ganze – also Argument, Konklusion und Schlußpräsupposition" – nennen sie „Argumentation".)

D. Schönherr fragt u. a. deshalb nicht nach, weil er auf andere „Daten" zurückgreift und somit folgendes Argumentationsmuster aktualisiert:

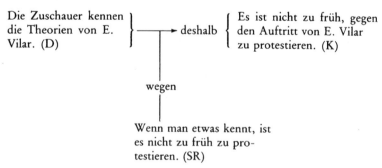

Auf die „Daten" nimmt der Talkmaster explizit Bezug, und zwar im Widerspruch zu den „Daten" von E. Vilar (*Es dreht sich ja* [...] *um die Theorien, die die Leute kennen*). Die Abtönungspar-

7.3. Sprachliche Mittel dialogischen Handelns 285

tikel *ja* zeigt hier an, daß er sich – im Widerspruch – auf den vorhergehenden Gesprächsschritt, in dem E. Vilar ihre „Datenbasis" (oder nach Heringer u. a. 1977: ihr Argument) erläutert, ausdrücklich bezieht. Die Schlußfolgerung wird in Form einer Nachfrage zur Konklusion oder Schlußfolgerung von E. Vilar ausgedrückt (*Es ist zu früh?*), und die Schlußfolgerungsregel wird wie üblich nur präsupponiert.

Der Eindruck des Aneinander-Vorbei-Redens entsteht dadurch, daß E. Vilar von Ansichten (*was ich sagen* [. . .] *will*), D. Schönherr von *Theorien* (in einer spezifischen Teilbedeutung, s. o. S. 279) ihren Ausgangspunkt nehmen. Erst mit 8 V geht E. Vilar auf die Daten (das Argument) und die Konklusion oder Schlußfolgerung von D. Schönherr ein insofern, als sie dessen Konklusion durch eine „Ausnahmebedingung" einschränkt:

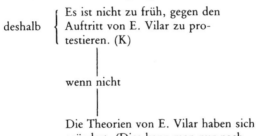

Den Gesprächsakt *Die haben auch recht* kann man als Sarkasmus bezeichnen. Ein Sarkasmus besteht offensichtlich darin, eine Ausnahmebedingung einzuführen, die eine Schlußfolgerung außer Kraft setzt, und dann diese Ausnahmebedingung selbst wieder aufzuheben (vgl. Holly 1979, 92, der die „überraschende Wendung" von Frau Vilar als „Selbstverletzung" interpretiert).

Insofern auf unterschiedliche Daten Bezug genommen wird; Teile dieser Daten nur unscharf formuliert eingeführt werden (*Theorien* einerseits, *was ich sagen will* als Entsprechung zu ‚Ansichten' andererseits); Schlußfolgerungsregeln nur als Schlußpräsuppositionen vorliegen; die Konklusion des einen (Schönherr) nur als (kritische) Nachfrage an den anderen (Vilar) erscheint (*Es ist zu früh?*); diese an einer spezifischen Stelle der Auseinandersetzung auf die Daten (das Argument) von D. Schönherr einschwenkt und für dessen Konklusion eine Ausnahmebedingung einführt (*Ja, aber* [. . .]), die sie dann selbst wieder aufhebt, – erwecken die einzelsprachlichen Argumentationsstrukturen den Eindruck des Unübersichtlichen. Aber täuschen wir uns nicht: Alltägliche Argumentation ist notwendig so, weil sie verkürzt, unscharf, präsuppositional und spontan arbeitet und sprech- und dialogsprachliche Mittel dies reflektieren. Es ist in der Regel nicht so, daß Gesprächspartner in alltäglicher Kommunikation mit explizit performativen Handlungsverben arbeiten, etwa in folgender Weise: S. „Ich FRAGE Sie (hiermit), was Sie darauf zu antworten zu haben." V. „Ich BEHAUPTE (hiermit), daß ich keine Antwort weiß und VERWEIGERE insofern die Antwort" (vgl. dazu die Interlinear-Analyse). Vielmehr ist der Normalfall eher der der implizierenden Sprachhandlung (indem S. ZITIERT (in direkter Rede), PROVOZIERT er) oder der durch unterschiedliche sprachliche Formen realisierten „primären" (Austin 1972, 87) Sprachhandlung, z. B. hier: Fragesatz, routinierte Wendungen wie Namensnennung, „würd ich sagen", Partikeln etc. (vgl. v. Polenz 1981).

Insofern dialogische Kommunikation dieser Art unter dem Druck des Spontanen steht, sind Versprecher und Selbstkorrekturen „Ausdruck" dieser Spontaneität und zugleich Ausdruck eines störenden Einflusses „von außerhalb der intendierten Rede, und das Störende ist entweder ein einzelner, unbewußt gebliebener Gedanke, der sich durch das Versprechen kundgibt [. . .] oder es ist ein allgemeineres psychisches Motiv, welches sich gegen die ganze Rede richtet" (Freud 1961, 59). Stellt der Versprecher von E. Vilar (*was ich sagen woll äh was ich sagen will*) das frühzeitige Eingeständnis dar, daß sie doch eher schon Bekanntes vortragen „woll"-te – aber dennoch auf die Chance des Vortrags pocht? Oder ist der Versprecher Ausdruck der Resignation, mit der die Sprecherin zu erkennen gibt, daß sie nicht mehr zu Wort kommt mit dem, was sie sagen „will"?

7.4. Sprachliche Mittel dialogischen Handelns – Hinweise zur neueren Forschung

Gespräche sind jeweils an einzelsprachliche Mittel und Strukturen gebunden und prägen diese zugleich. Demzufolge haben sich in dialogischer Sprache besondere phonetische, prosodische, lexikalische und grammatische Mittel herausgebildet, die besondere dialogische Funktionen übernehmen. Die Beispiel-Analyse von 7.3. erweiternd, sollen im folgenden Hinweise auf die diesbezügliche neuere Forschung gegeben werden. Dabei versuchen wir – vor allem in didaktischer Hinsicht –, Problemfelder auszugrenzen. Notwendig ist darüber hinaus die Bemerkung, daß wir (aus der seit 1979 erschienenen Literatur) eine Auswahl treffen.

Die Rolle des Hörers im Gespräch

Daß Gespräche ein Ineinander von Sprecher- und Höreräußerungen sind, war eine der frühen Erkenntnisse der Gesprächsforschung. Der Hörer und seine Tätigkeit im Gespräch haben in der Gesprächsforschung eine bevorzugte Stellung: Den Prototyp einer Rückmeldungspartikel, nämlich *hm*, untersucht Ehlich (1979). Dieser versucht, eine auf unterschiedliche „Töne" gestützte Typologie (mit Grundformen und abgeleiteten Formen) zu erarbeiten. Programmatisch ist der Titel von Wahmhoff/Wenzel (1979) „Ein *hm* ist noch lange kein *hm*". Der kategoriellen und typologisch orientierten Arbeit von Ehlich stellen sie eine empirische Analyse gegenüber, innerhalb derer sie gleichfalls zu einer „Typologie der Hörersignale" vordringen. Beide Arbeiten stellen die Steuerung des Sprechers durch den Hörer gebührend heraus. „Zuhöreraktivitäten beim konversationellen Erzählen" (Titel) versucht Quasthoff (1981) zu systematisieren. Ausdrücklich widmet sie sich der „konversationellen Rolle des Zuhörers" (dessen „Aktivitäten" sie in „erzählfördernde", z. B. informationsorientierende Nachfrage, und „erzählhemmende", z. B. Verweigerung eines *hm* trotz Einladung des Sprechers, differenziert). Rath (1981) spricht dementsprechend von „Höreranteilen bei der Erzählung von Geschichten", die er in „Nachfragen", „Pointieren-Miterzählen" und „Ausleiten von Erzählungen" spezifiziert. Hörerbeiträge seien „implizite Kundgaben", daß der Hörer das „expansive

Rederecht" des Sprechers ratifiziert habe. Rehbock (1981) verweist darauf, daß Höreraktivitäten auch innerhalb von „Nebenkommunikationen" (NK, s. o. S. 244 f.) existieren, und er differenziert in „Hörerrollen-NK", „hörerrollen-neutrale NK" und „hörerrollendistanzierte NK": diese Begriffsreihe zeigt, wie der Hörer sich mehr und mehr der Hörer-NK hingibt. Jost (1981) versucht, die „spezifik der hörerrolle in institutionalisierten großgruppen" (Titel), und zwar am Beispiel des Schulunterrichts, zu erfassen. Ergebnis seiner Ausführung ist das „konzept eines situativ differenzierten rückmeldungsbegriffs", dessen einzelsprachliche „Auffüllung" noch zu leisten ist. Henne (1979) bestimmt prinzipiell „die unterschiedlichen Formen und Funktionen der Höreraktivitäten", wobei „Klassen hörerspezifischer Kommunikationsmittel" (des Deutschen) erarbeitet und zugleich Ansätze einer „Textsyntax von Höreräußerungen" entwickelt werden. Die „Aufmerksamkeitssteuerung" des Hörers (und künftigen Sprechers) „zur Verstehenssicherung des Gemeinten und Mitgemeinten" (Titel) untersuchen Bublitz/Kühn (1981), wobei sie vorgestellte, begleitende und nachgestellte „Aufmerksamkeitssteuerungen" (jeweils verbal oder/und nonverbal) unterscheiden. Den Übergang vom Hörer zum Sprecher, auf jeden Fall eine Nahtstelle der aufeinander bezogenen Rollen, markiert die Kategorie ‚Kommentarschritt' (s. o. S. 174), den Kneip (1979) in die Diskussion eingeführt hat. Daß nicht nur mit einer „Sprechersteuerung (durch den Hörer)", sondern auch mit einer „Hörersteuerung durch den Sprecher" zu rechnen ist, macht Rehbein (1979) klar, der insgesamt einen Beitrag zur „Organisation der Hörersteuerung" leisten möchte. Dazu gehören u. a. spezifische Partikeln des Sprechers – und damit ist nun endgültig die Hörerrolle (und ihre Funktion im Gespräch) verlassen. In diesen Zusammenhang gehören auch die Ausführungen von Jefferson (1981), die die Weiterverfolgung „der Antwort nach der Antwort" (z. B. durch *ne*) untersucht, also die Funktion verzögerter Gliederungspartikeln bestimmt, die nach der eigenen Äußerung in den Gesprächsschritt des Partners platzen.

Partikeln im Gespräch

„Von Randerscheinungen abgesehen", habe die „germanistische Linguistik" „die Abtönungspartikeln als legitimes Forschungsob-

7.4. Sprachliche Mittel dialogischen Handelns

jekt" kaum zur Kenntnis genommen, schreibt Weydt (1977, VII), der selbst erheblichen Anteil an der Aktivierung der Partikelforschung hat. Dabei ist festzuhalten, daß bald versucht wurde, über Abtönungspartikeln hinaus die Funktion von Gesprächspartikeln (als ‚Gesprächswörter') zu bestimmen (Henne 1978). Man kann heute von einer aktiven Partikelforschung sprechen, die einerseits systematische Entwürfe und andererseits (notwendige) empirische Einzelarbeiten vorlegt. Burkhardt (1981) versucht eine „Neubestimmung der Kategorie ‚Gesprächswort' anhand semantischer und pragmatischer Kriterien", wobei er ‚Rückmeldungspartikeln', ‚Interjektionen', ‚Sprechhandlungspartikeln', ‚Gliederungspartikeln' und ‚Abtönungspartikeln' unterscheidet. Letztere verweisen „auf die (pragmatische) Präsuppositionsstruktur der Redesituation": „Indem sie auf Vorannahmen des Sprechers und Hörers hinweisen, geben sie oft auch die Einstellung zum Gesagten kund und haben konversationelle und interaktionsstrategische Bedeutung". Ähnlich verweist Franck (1979a) darauf, daß Abtönungspartikeln den „vorangegangenen Stand der Konversation" wie deren weiteren Gang „modifizieren" (und letzteren insofern „vorstrukturieren"). Den Zusammenhang von „Grammatik und Konversation" (Titel) versucht dieselbe Verfasserin am Beispiel der „Bedeutungsbeschreibung einzelner Modalpartikeln" herauszuarbeiten, wobei sie, in Fortführung ihrer Arbeit, den Einfluß von Modalpartikeln (= Abtönungspartikeln) auf das „lokale Management" des Gesprächsverlaufs (im Gegensatz zu globalen Interaktionsstrategien) hervorhebt. Einen (notwendigen) „wissenschaftsgeschichtlichen Beitrag" (Untertitel) leistet Dittmann (1980) bei der Beschreibung von *auch* und *denn* (als Abtönungspartikeln), insofern er auf Behaghels „Deutsche Syntax" (1923ff.) Bezug nimmt. – Abschließend verweisen wir auf den von H. Weydt (1979) edierten Sammelband (und hier insbesondere auf die Beiträge in dem Kapitel „Partikeln und Interaktion": Körfer, Lütten, Quasthoff, Reiter, Sandig). Der Beitrag von v. Roncador/Bublitz (1979) (in diesem Sammelband) führt aus der Partikelwelt hinaus in die Welt der ‚Abschweifungen': Mit *übrigens* und *nun* untersuchen die Verfasser zwei „lexikalische Redemittel", „mit denen der Anfang einer Abschweifung bzw. die Rückkehr zum Hauptstrang der Darlegung signalisiert werden können".

Zur „Grammatik" dialogischer Sprache: Ellipse, Ausklammerung, Paraphrase, Anakoluth, Korrektur, Wiederaufnahme und Prolepse

Die vorstehenden Kategorien wurden vor allem innerhalb der Forschungen zur gesprochenen Sprache (vgl. Schank/Schoenthal 1976; Betten 1977/78) er- und bearbeitet. Rath (1979) faßt „Ellipsenbildung und Ausklammerung" (Ellipsen: „Äußerungseinheiten, die *nicht ohne Kontext* verstehbar sind" (140); Ausklammerung am Beispiel: „so möchte ich nur hinweisen auf die Vereine, [...]") als „Verfahren ökonomischer Sprachverwendung in der Kommunikation" auf (132 ff). In ähnlicher Weise interpretiert er „Paraphrasierung und Korrektur" als „sprachliche Verfahren zur Textkonstitution im Kommunikationsablauf" (185 ff.). Ein Anakoluth sei eine „sprachliche Normwidrigkeit" (218), in deren Gefolge es häufig zu Korrekturprozessen komme. Paraphrasierungen hingegen dienten „Erweiterungen (Aspektualisierungen) vorgängiger Äußerungen unter Beibehaltung von Thema und Rhema" (226). ‚Präzisierung' liege im „Überschneidungsbereich von Korrektur und Paraphrasierung" insofern, als sie einen „Grenzfall der Korrektur" darstelle. Als eine Erscheinung der gesprochenen Sprache, die auch in dialogischer Kommunikation eine wichtige Rolle spielt, untersucht Wichter (1980) die ‚Prolepse' („Abfolge aus Nominalphrase und Satz", Beispiel: „aber die Jungs die sind ä wirklich dahinter her"), deren Funktion er unter dem Aspekt: Trennung von Gegenstand der Rede und Bemerkung über diesen Gegenstand beschreibt. Häufig vorkommende „Wiederaufnahme-Formen" (Beispiel: „darum ist es wichtig ich stimme da ganz zu wichtig nicht das zu tun was [...]") bestimmt Betten (1980) als „funktional motivierte Formen", die durch die Besonderheit dialogischer Kommunikation bedingt seien. Der kategoriellen Differenzierung von ‚Paraphrase' ist der Beitrag von Wenzel (1981) gewidmet. Sie unterscheidet die „rhetorische und rekonstruierende" Paraphrase. Letztere verdeutlicht nicht den „eigenen Gedankengang", sondern der Sprecher „versucht eine Rekonstruktion dessen, was der Gesprächspartner gemeint haben könnte" (387). Diese Kategorie wird bei Ullmer-Ehrich (1981), bezogen auf ihren Untersuchungsgegenstand ‚Gerichtsverhandlung', unter dem Begriff ‚Reformulierung' geführt: „Reformu-

7.4. Sprachliche Mittel dialogischen Handelns 291

lierungen des Richters (dienen) der Ergebnisfeststellung" (204). Wahmhoff (1981) untersucht die Funktion rekonstruierender Paraphrasen in der Gesprächspsychotherapie: „Sie erfüllen die Funktionen (1) der Verständnissicherung, (2) der Sprecherwechselvorbereitung und (3) der thematischen Steuerung".

Gesprächsdeixis, metakommunikative und textformulative Aspekte

Die Probleme, die sich unter dem Begriff ‚Gesprächsdeixis' verbergen, sind bisher nicht zureichend erkannt worden. Wenn Kallmeyer (1981, 90) schreibt: „Zu den grundlegenden Eigenschaften der Bedeutungskonstitution gehört [. . .] die Indexikalität aller Äußerungen, d. h. die Rückgebundenheit an die Bedingungen ihrer Verwendung", so stellen personale, lokale und temporale deiktische Mittel (*er, ich, jetzt, hier* usw.) ein Instrumentarium dar, das einen wesentlichen Teil der Indexikalität der Äußerungen sichert. Probleme der „lokalen Deixis" untersucht Klein (1978). Er formuliert u. a.: „Man muß daher klären: 1. welche Mittel die jeweilige Sprache zum Ausdruck der betreffenden Denotate ausgebildet hat und wie ihre Oppositionen sind; 2. durch welche Mittel ein Sprecher klarmacht, welches „dort" bzw. „da" er meint; 3. wie dieses System von Oppositionen von Kindern erlernt wird" (35). J. C. P. Auer (1981) untersucht eine spezifische nicht-anaphorische Verwendung von *dies-* (Beispiel: C.: aber was isch gut fande war dieser Hemdglöcknerumzug – von den Kindern, wo die auch so X.: was fürn Umzug; ──── = simultanes Sprechen). Er führt für diese Form indexikalischen Sprechens den Begriff ‚Indexikalitätsmarker' ein: (diese) „dienen dazu, den Rezipienten offen auf die zwar vom theoretischen Standpunkt aus immer gegebene, von den Teilnehmern in der Regel aber vernachlässigte und übergangene Indexikalität aller sprachlichen Handlungen hinzuweisen" (308). Probleme „personaler Referenzausdrücke" werden auch von Holly (1979) 198–203 (sehr) knapp behandelt: „Ich möchte bei der rituellen Verwendung von Personaldeixis verschiedene gängige Verfahren unterscheiden, die ich als Generalisierung [„man"], Kollektivierung [„wir"], Weglassung und Vermeidung [ ] (s. o. S. 278) bezeichnen werde". Für Probleme der Metakommunikation verweisen wir exemplarisch auf Schwitalla (1979d), der

„Metakommunikation zur Dialogorganisation", „metakommunikatives Mitteilen des Verständnisses [. . .]" und „metakommunikative Beziehungsaspekte" unterscheidet und auf die „Fülle von syntaktischen und semantischen Versprachlichungsmöglichkeiten für Metakommunikationen" aufmerksam macht (140) (Beispiel: „das muß ich in aller Deutlichkeit sagen"). — Auf die „formulativen" Aspekte sprachlicher Interaktion — daß also Texte auch jeweils ein „Formulierungsresultat" sind — macht Antos (1980) aufmerksam. Er listet auf und ordnet ein ca. 200 „formulierungskommentierende Ausdrücke" (von *abfällig* bis *zynisch*) und bestimmt die Funktion „textorganisierender Ausdrücke" (wie: *nochmals gesagt; um es zu wiederholen*), wobei er zugleich eine Subklassifikation textorganisierender Verben (S. 87) erarbeitet (z. B. unterscheidet er „ablaufkonstituierende Verben", wie *vorausschicken*, von „verständnissichernden", wie *verdeutlichen*). Metakommunikative Probleme werden folglich bei Antos in den weiteren Rahmen textformulativer Aspekte gestellt. Mit ‚formulations' (dt. Übersetzung: ‚Formulierungen') nehmen nach Garfinkel/Sacks (1976, 146 f.) Gesprächspartner reflexiv Bezug auf „ihr" Gespräch: sie grenzen aus, akzentuieren, schweifen ab . . . (vgl. Bliesener/Nothdurft 1978, 35 ff., die als Übersetzung ‚Formulationen" vorschlagen, und Henne 1975, 6ff.: „metakommunikativ-reflexives Handeln").

Nicht „Formulationen", wohl aber routinierte Formulierungen (die sich aber zu Formulationen auswachsen können) behandelt Coulmas (1981); zuvor hat Wenzel (1978) „Stereotype in gesprochener Sprache" (Titel) untersucht. Idiomatische Ausdrücke (Coulmas unterscheidet ‚Sprichwörter', ‚Gemeinplätze', ‚Routineformeln' und ‚Redewendungen'), „um die es hier geht, sind in gewisser Weise eigentümlich für die Sprache, der sie angehören" (Coulmas 1981, 2). Im folgenden unterscheidet er zwischen „Routine, die ihren Niederschlag in sprachlichen Einheiten gefunden hat", und „Routine, die sich als fixierte diskursive Strategie resp. als Ablaufmuster zur Durchführung verbalkommunikativer Handlungen [. . .] manifestiert" (Coulmas 1981, 124). Zu Routineformeln zählen z. B. auch ‚Verständnissicherungsformeln', ‚Kommentarformeln' und ‚Korrekturformeln', die unter dem Oberbegriff ‚metakommunikative Formeln' zusammengefaßt werden (vgl. hierzu auch den von Coulmas (1981) edierten Sammelband „Conversational Routine").

Epilog

Zum Abschluß möchten wir — eher unsystematisch — einige weiterführende Bemerkungen machen. Zunächst: wir sparen hier aus das weite und fruchtbare Feld von ‚Literatur, Gespräch und Geschichte', also Fragen einer literarischen und historischen Gesprächsanalyse. Auf die von Hess-Lüttich (1980) und H. Sitta (1980) edierten Sammelbände verweisen wir exemplarisch. Darüber hinaus auf zwei neueste Arbeiten: E. Oksaar (1981) rekonstruiert „am Beispiel von dialogischen Erzähltexten" u. a. die „Komplexität der Gesprächskommunikation", indem sie eine systematische und kommunikativ orientierte Analyse von Dialogen und „Erzählersprache" vornimmt (Beispiel: „Hm . . . wie beliebt?" fragte die Konsulin, indem sie ihre hellen Augen ein wenig beiseite gleiten ließ . . . „A Kreiz is'!" wiederholte Herr Permaneder außerordentlich laut und grob). P. v. Polenz (1981) beschreibt „sprachhandlungen in dichterischen dialogen des deutschen mittelalters" (am Beispiel des Hildebrandlieds und der 14. Aventiure des Nibelungenlieds) und kann die Ergebnisse seiner satzsemantischen und sprachpragmatischen Analyse mit denen älterer philologischer Forschung vergleichen (und diese überprüfen und gelegentlich korrigieren).

Wie könnte sich eine empirisch fundierte und einzelsprachlich orientierte Gesprächsanalyse weiterentwickeln? Notwendig scheint uns die Hinwendung zur vergleichenden Forschung. Das bedeutete, daß einerseits altersgruppenspezifische (vgl. Henne 1981), dialektale (vgl. Böttcher [u. a.] 1981; Schlieben-Lange 1979) und soziolektale (vgl. Hess-Lüttich 1981; Reiher 1980) Gespräche und ihre situationell, lebensgeschichtlich und gesellschaftlich bedingten besonderen Gesprächsstrukturen und -elemente ins Blickfeld kämen. Eine solche Gesprächsforschung könnte man implizit vergleichend nennen, weil die Besonderheit dieser Gespräche sich ergibt auf der Folie standardsprachlicher Formen. Eine zweite Form vergleichender Forschung konfrontierte explizit z. B. standardsprachliche Gespräche des Deutschen mit vom Gesprächsbereich und -typus her vergleichbaren Gesprächen z. B. des Englischen und Schwedischen. Die internalisierte und eingelebte Gesprächsroutine kann möglicherweise den Blick für das Wesentliche und Besondere verstellen; dieser kann durch den Blick über die Grenze (des eigenen Gesprächs und der eigenen Gesprächserfahrung) aufgehellt werden.

Einer Lust mußten wir in diesem Nachtrag entsagen: der Lust, dem Gespräch im Wandel der Jahrhunderte nachzugehen. Wenigstens die Abschiedsformel soll unsere historische Neigung deutlich machen: „Gehabt euch wohl, liebe Leser!" (vgl. Apostelgeschichte 15, 29).

Literaturverzeichnis

(Zur Unterscheidung von Jahrgang und Heftnummern: Jahrgangsziffern werden durch Komma, Heftnummern durch Virgel (/) von den anschließenden Seitenzahlen getrennt.)

Adams, R. S. u. *B. J. Biddle* (1970): Realities of Teaching. Explorations with Video-Tape. New York [usw.].
Adelung, J. Ch. (1785): Ueber den Deutschen Stil. Berlin.
Ammon, R. von u. a. (1979): Gesprächsanalyse: Empirie und didaktische Anwendbarkeit. In: Linguistik und Didaktik 10, 15–38.
Antos, G. (1980): Grundlagen einer Theorie des Formulierens. Textherstellung in geschriebener und gesprochener Sprache. Diss. Saarbrücken 1980 (demn. RGL 1982).
Apel, K.-O. (1972): Die Kommunikationsgemeinschaft als transzendentale Voraussetzung der Sozialwissenschaften. In: Neue Hefte für Philosophie 2–3/1–40.
Apeltauer, E. (1977): Drohen. In: K. Sprengel [u. a.] (Hrsg.), Semantik und Pragmatik. Akten des 11. Linguistischen Kolloquiums Aachen 1976, Bd. 2. Tübingen, 187–198.
Apeltauer, E. (1978): Elemente und Verlaufsformen von Streitgesprächen. Diss. (Masch.) Münster.
Arbeitsgruppe Braunschweig (1978): Zum Verhältnis von Haupt- und Nebenkommunikation im Unterricht. In: *Ehlich/Rehbein* 1981.
Argyle, M. (1972): Soziale Interaktion. Köln.
Argyle, M. u. *M. Cook* (1976): Gaze and Mutual Gaze. Cambridge.
Atkinson, J. M. u. *P. Drew* (1979): Order in court. The organization of verbal interaction in judicial settings. London.
Auer, J. C. P. (1981): Zur indexikalitätsmarkierenden Funktion der demonstrativen Artikelform in deutschen Konversationen. In: G. Hindelang u. W. Zillig (Hrsg.), Sprache, Verstehen und Handeln. Akten des 15. Linguistischen Kolloquiums Münster 1980, Bd. 2. Tübingen, 301–321.
Austin, J. L. (1962): How to Do Things with Words. Cambridge, Mass. [Dt.: Zur Theorie der Sprechakte. Stuttgart 1972].
Bachmair, G. (1976): Unterrichtsanalyse. Weinheim/Basel.
Bales, R. F. (1950): Interaction Process Analysis: A Method for the Study of Small Groups. Cambridge, Mass.

Baltus, B. (1977): Visuelles Verhalten in pädagogischer Kommunikation. In: Reinert/Thiele (Hrsg.) 1977, 61−81.
Bauer, G. (1969): Zur Poetik des Dialogs. Leistung und Formen der Gesprächsführung in der neueren deutschen Literatur. Darmstadt.
Baurmann, J. u. *D. Cherubim* u. *H. Rehbock* (Hrsg.) (1981): Neben-Kommunikationen. Beobachtungen und Analysen zum nichtoffiziellen Schülerverhalten innerhalb und außerhalb des Unterrichts. Braunschweig.
Bausch, K.-H. (1971): Zur Umschrift gesprochener Hochsprache. In: Texte gesprochener deutscher Standardsprache I. München/Düsseldorf, 33−54.
Bayer, K. (1975): Talk Show − die inszenierte Spontaneität. Aspekte der Talk Show vom 17. 9. 1974. Beiträge zur linguistischen Pragmatik unter Berücksichtigung der Besonderheiten der massenmedialen Situation. In: C. V. Barloewen u. H. Brandenburg (Hrsg.), Talk Show. Unterhaltung im Fernsehen = Fernsehunterhaltung? München, 138−164.
Bayer, K. (1977): Sprechen und Situation. Aspekte einer Theorie der sprachlichen Interaktion. Tübingen.
Beattie, G. W. (1978): Sequential Temporal Patterns of Speech and Gaze in Dialogue. In: Semiotica 23/29−52.
Behaghel, O. (1923−1932): Deutsche Syntax. Bd. 1−4. Heidelberg.
Beiersdorf, G. u. *D. Schöttker* (1978): Alltagsgespräch, literarischer Dialog, ästhetische Kommunikation. In: Diskussion Deutsch 9, 501−518.
Bellack, A. A. u. *H. M. Kliebard* u. *R. T. Hyman* u. *F. L. Smith* (1966): The Language of the Classroom. New York. [Dt.: Die Sprache im Klassenzimmer. Düsseldorf 1974].
Berens, F.-J. (1975): Analyse des Sprachverhaltens im Redekonstellationstyp „Interview". Eine empirische Untersuchung. München.
Berens, F.-J. (1976): Bemerkungen zur Dialogkonstituierung. In: Berens [u. a.] 1976b, 15−34.
Berens, F.-J. (1979): Aufforderungshandlungen und ihre Versprachlichungen in Beratungsgesprächen. Vorschläge zur Untersuchung. In: Rosengren (Hrsg.) 1978, 135−148.
Berens, F.-J. (1981): Dialogeröffnung in Telefongesprächen: Handlungen und Handlungsschemata der Herstellung sozialer und kommunikativer Beziehungen. In: Schröder/Steger (Hrsg.) 1981, 402−417.
Berens, F.-J. u. *K. H. Jäger* u. *G. Schank* u. *J. Schwitalla* (1976a): Dialogstrukturen. In: Jahrbuch „Deutsch als Fremdsprache" Bd. 2, 265−279.
Berens, F.-J. u. *K. H. Jäger* u. *G. Schank* u. *J. Schwitalla* (1976b): Projekt Dialogstrukturen. Ein Arbeitsbericht. Mit einer Einleitung von H. Steger. München.
Bergenholtz, H. u. *B. Schaeder* (Hrsg.) (1979): Empirische Textwissenschaft. Aufbau und Auswertung von Text-Corpora. Königstein/Ts.

Bergmann, J. R. (1979): Interaktion und Exploration. Eine konversationsanalytische Studie zur sozialen Organisation der Eröffnungsphase von psychiatrischen Aufnahmegesprächen. Diss. Konstanz.
Bergmann, J. R. (1981): Ethnomethodologische Konversationsanalyse. In: Schröder/Steger (Hrsg.) 1981, 9–52.
Berne, E. (1970): Spiele der Erwachsenen. Psychologie der menschlichen Beziehungen. Reinbek bei Hamburg.
Bernstein, B. (1962): Social Class, Linguistic Codes and Grammatical Elements. In: Language and Speech 5, 221–240.
Bernstein, B. (1962): Linguistic Codes, Hesitation Phenomena and Intelligence. In: Language and Speech 5, 31–46.
Betten, A. (1977/78): Erforschung gesprochener deutscher Standardsprache (Teil I u. II). In: Deutsche Sprache 5, 335–361; 6, 21–44.
Betten, A. (1978): Der dramatische Dialog bei Friedrich Dürrenmatt im Vergleich mit spontan gesprochener Sprache. In: Hess-Lüttich (Hrsg.) 1980, 286–323.
Betten, A. (1980): Fehler und Kommunikationsstrategien. In: D. Cherubim (Hrsg.), Fehlerlinguistik. Beiträge zum Problem der sprachlichen Abweichung. Tübingen, 188–208.
Bielefeld, H. U. u. E. W. B. Hess-Lüttich u. A. Lundt (Hrsg.) (1977): Soziolinguistik and Empirie. Beiträge zu Problemen der Corpusgewinnung und -auswertung. Wiesbaden.
Birdwhistell, R. L. (1970): Kinesics and Context. Philadelphia.
Biere, B. U. (1978): Kommunikation unter Kindern. Methodische Reflexion und exemplarische Beschreibung. Tübingen.
Bliesener, Th. u. W. Nothdurft (1978): Episodenschwellen und Zwischenfälle. Zur Dynamik der Gesprächsorganisation. Hamburg.
Böttcher, K. u. S. Dreher-Hartmann u. D. Johannsen u. D. Gottwald (1981): Unterhaltungen im Niederdeutschen. Am Beispiel eines ostfälischen Gesprächs. Seminararbeit Braunschweig.
Bollnow, O. F. (1966): Sprache und Erziehung. Stuttgart.
Braunroth, M. u. G. Seyfert u. K. Siegel u. F. Vahle (1975): Ansätze und Aufgaben der linguistischen Pragmatik. Frankfurt/M.
Brinkmann, H. (1971): Die deutsche Sprache. Gestalt und Leistung. Düsseldorf.
Brünner, G. (1979): Konversationspostulate und kooperative Tätigkeit. In: W. Vandeweghe u. M. van de Velde (Hrsg.), Bedeutung, Sprechakte und Texte. Akten des 13. Linguistischen Kolloquiums Gent 1978, Bd. 2, Tübingen, 201–208.
Bublitz, W. u. P. Kühn (1981): Aufmerksamkeitssteuerung: Zur Verstehenssicherung des Gemeinten und des Mitgemeinten. In: Zeitschrift für germanistische Linguistik 9, 55–76.

Bühler, K. (1929): Die Krise der Psychologie. Jena.
Bühler, K. (1978): Sprachtheorie. Die Darstellungsfunktion der Sprache. Frankfurt/M. [usw.]. [1. Aufl. 1934.]
Burger, H. (1973): Idiomatik des Deutschen. Tübingen.
Burkhardt, A. (1981): Gesprächswörter. Ihre lexikologische Bestimmung und lexikographische Beschreibung. In: W. Mentrup (Hrsg.), Konzepte zur Lexikographie. Studien zur Bedeutungserklärung in einsprachigen Wörterbüchern. Tübingen.
Burkhardt, A. u. *R. Kanth* (1980): Dialogforschung. Bericht über die 15. Jahrestagung des Instituts für deutsche Sprache in Mannheim vom 4. bis 7. März 1980. In: Zeitschrift für germanistische Linguistik 8, 221—235.
Campe, J. H. (1809): Wörterbuch der deutschen Sprache. 3. Teil. L bis R. Braunschweig.
Campe, J. H. (1813): Wörterbuch zur Erklärung und Verdeutschung der unserer Sprache aufgedrungenen fremden Ausdrücke. Braunschweig.
Cicourel, A. V. (1970): Methode und Messung in der Soziologie. Frankfurt/M.
Cicourel, A. V. (1975): Sprache in der sozialen Interaktion. München.
Cicourel, A. V. [u. a.] (1974): Language Use and School Performance. New York [usw.].
Coseriu, E. (1974): Synchronie, Diachronie und Geschichte. Das Problem des Sprachwandels. München.
Coulmas, F. (1979): Riten des Alltags. Sequenzierungsbedingungen in präfigurierter Rede. In: W. Vandeweghe u. M. van de Velde (Hrsg.), Bedeutung, Sprechakte und Texte. Akten des 13. Linguistischen Kolloquiums Gent 1978, Bd. 2. Tübingen, 171—180.
Coulmas, F. (1981): Routine im Gespräch. Zur pragmatischen Fundierung der Idiomatik. Wiesbaden.
Coulmas, F. (1981) (Hrsg.): Conversational Routine. Explorations in Standardized Communication Situations and Prepatterned Speech. The Hague, Paris, New York.
Coulthard, M. (1977): An Introduction to Discourse Analysis. London.
Deutrich, K.-H. (1971): Aufnahme und Archivierung gesprochener Hochsprache. In: Texte gesprochener deutscher Standardsprache I, 18—32.
Diegritz, Th. u. *H. S. Rosenbusch* (1977): Kommunikation zwischen Schülern. München/Wien/Baltimore.
Dijk, T. A. van (1980): Textwissenschaft. Eine interdisziplinäre Einführung. München.
Dittmann, J. (Hrsg.) (1979): Arbeiten zur Konversationsanalyse. Tübingen.
Dittmann, J. (1979a): Was ist, zu welchen Zwecken und wie treiben wir Konversationsanalyse? In: Dittmann (Hrsg.) 1979, 1—43.

Dittmann, J. (1979 b): Institution und sprachliches Handeln. In: Dittmann (Hrsg.) 1979, 198−234.
Dittmann, J. (1980): *Auch* und *denn* als abtönungspartikeln. Zugleich ein wissenschaftsgeschichtlicher beitrag. In: Zeitschrift für germanistische Linguistik 8, 51−73.
Dittmann, J. (1981): Konstitutionsprobleme und Prinzipien einer kommunikativen Grammatik. In: Schröder/Steger (Hrsg.) 1981, 135−177.
Dittmar, N. (1973): Soziolinguistik. Exemplarische und kritische Darstellung ihrer Theorie, Empirie und Anwendung. Mit kommentierter Bibliographie. Frankfurt/M.
Drosdowski, G. [u. a.] (Hrsg.) (1976/77): Duden. Das große Wörterbuch der dt. Sprache in sechs Bänden. Bd. 2, 1976; Bd. 3, 1977. Mannheim.
Duncan, S. jr. (1972): Some Signals and Rules for Taking Speaking Turns in Conversations. In: Journal of Personality and Social Psychology 23, 283−292.
Duncan, S. jr. (1973): Toward a Grammar for Dyadic Conversation. In: Semiotica 9/29−46.
Duncan, S. jr. (1974): On the Structure of Speaker-Auditor Interaction during Speaking Turns. In: Language in Society 3, 161−180.
Duncan, S. jr. u. *D. W. Fiske* (1977): Face-to-Face-Interaction: Research, Methods and Theory. Hillsdale, New Jersey.
Duncan, S. jr. u. *G. Niederehe* (1974): On signalling that it's your turn to speak. In: Journal of Experimental Social Psychology 10, 234−247.
Dunkin, M. J. u. *B. J. Biddle* (1974): The Study of Teaching. New York [usw.].
Eberhard, J. A. [u. a.] (1852): Deutsche Synonymik. Durchgesehen, ergänzt u. vollendet von C. H. Meyer. 2 Bde. Leipzig (Neudruck Hildesheim/New York 1971).
Eckermann, J. P. (1942): Gespräche mit Goethe in den letzten Jahren seines Lebens. Zürich (Gedenkausgabe der Werke, Briefe und Gespräche. Hrsg. von E. Beutler. Bd. 24. 25).
Ehlich, K. (1979): Formen und Funktionen von ‚HM'. Eine phonologisch-pragmatische Analyse. In: Weydt (Hrsg.) 1979, 503−517.
Ehlich, K. (Hrsg.) (1980): Erzählen im Alltag. Frankfurt/M.
Ehlich, K. (1981): Schulischer Diskurs als Dialog? In: Schröder/Steger (Hrsg.) 1981, 334−369.
Ehlich, K. u. *J. Rehbein* (1972): Zur Konstitution pragmatischer Einheiten in einer Institution. Das Speiserestaurant. In: Wunderlich (Hrsg.) 1972, 209−254.
Ehlich, K. u. *J. Rehbein* (1976): Sprache im Unterricht − Linguistische Verfahren und schulische Wirklichkeit. In: Studium Linguistik 1/21−41.

Ehlich, K. u. *J. Rehbein* (1976): Halbinterpretative Arbeitstranskriptionen (HIAT). In: Linguistische Berichte 45/21–42.
Ehlich, K. u. *J. Rehbein* (1977): Wissen, kommunikatives Handeln und die Schule. In: Goeppert (Hrsg.) 1977, 36–114.
Ehlich, K. u. *J. Rehbein* (1979): Sprachliche Handlungsmuster. In: Soeffner (Hrsg.) 1979, 243–274.
Ehlich, K. u. *J. Rehbein* (Hrsg.) (1981): Kommunikation in Schule und Hochschule. Linguistische und ethnomethodologische Analysen. Tübingen.
Ehlich, K. u. *B. Switalla* (1976): Transkriptionssysteme. Eine exemplarische Übersicht. In: Studium Linguistik 2/78–105.
Eitge, H. (1976): Kommunikativ-pragmatische Bedingungen von Sprech- und Schreibakten und deren textuelle Struktur. Staatsexamensarbeit Braunschweig.
Ekman, P. u. *W. V. Friesen* (1968): Nonverbal Behavior in Psychotherapy Research. In: J. Shlien (Hrsg.), Research in Psychotherapy, Bd. 3. Washington, 179–216.
Engel, J. J. (1964): Über Handlung, Gespräch und Erzählung. Faksimiledruck der ersten Fasung von 1774. Hrsg. und mit einem Nachwort versehen von E. Th. Voss. Stuttgart.
Engel, U. (1969): Das Mannheimer Corpus. In: Forschungsberichte des Instituts für deutsche Sprache 3/75–84.
Engelkamp, J. (1981): Affektive Bewertungen im Dialog. In: Schröder/ Steger (Hrsg.) 1981, 457–471.
Erben, J. (1972): Deutsche Grammatik. Ein Abriß. München.
Ervin-Tripp, S. u. *C. Mitchell-Kernan* (Hrsg.) (1977): Child Discourse. New York/San Francisco/London.
Feldmann, P. (1973): Verkaufstraining. München.
Finke, P. (1976): Anmerkungen zur Empiriediskussion. In: D. Wunderlich (Hrsg.), Wissenschaftstheorie der Linguistik. Kronberg/Ts., 175–182.
Fishman, J. A. (1975): Soziologie der Sprache. München.
Flader, D. (1978): Die psychoanalytische Therapie als Gegenstand sprachwissenschaftlicher Forschung. In: Studium Linguistik 5/23–36.
Flader, D. (1979): Techniken der Verstehenssteuerung im psychoanalytischen Diskurs. In: Flader/Wodak-Leodolter (Hrsg.) 1979, 24–43.
Flader, D. u. *M. Giesecke* (1980): Erzählen im psychoanalytischen Erstinterview. In: Ehlich (Hrsg.) 1980, 209–262.
Flader, D. u. *W. D. Grodzicki* (1978): Hypothesen zur Wirkungsweise der psychoanalytischen „Grundregel". In: Psyche 32, 545–594.
Flader, D. u. *R. Wodak-Leodolter* (Hrsg.) (1979): Therapeutische Kommunikation. Ansätze zur Erforschung der Sprache im psychoanalytischen Prozeß. Königstein/Ts.

Flanders, N. A. (1970): Analyzing Teaching Behavior. Reading.
Franck, D. (1975): Zur Analyse indirekter Sprechakte. In: V. Ehrich u. P. Finke (Hrsg.), Beiträge zur Grammatik und Pragmatik. Kronberg/Ts., 219–231.
Franck, D. (1979 a): Abtönungspartikel und Interaktionsmanagement. Tendenziöse Fragen. In: Weydt (Hrsg.) 1979, 3–13.
Franck, D. (1979 b): „Ein Mann – ein Wort": Überlegungen zu aufhebenden Sprechakten. In: G. Grewendorf (Hrsg.), Sprechakttheorie und Semantik. Frankfurt/M., 325–344.
Franck, D. (1980): Grammatik und Konversation. Königstein/Ts.
Frank, R. (1979): Einführung in die Kommunikationsanalyse. Eine Unterrichtsreihe im Rahmen des Lernbereichs „Sprachreflexion" in der Klasse 10. In: Wirkendes Wort 29, 333–350.
Frankenberg, H. (1979): Gestörte Kommunikation als Reproduktion einer Beziehungsstörung in der Ehetherapie. In: Flader/Wodak-Leodolter (Hrsg.) 1979, 44–77.
Freud, Siegmund (1961): Das Versprechen. In: S. F., Zur Psychopathologie des Alltagslebens. Frankfurt/M., 52–94.
Friedrichs, J. (1973): Methoden empirischer Sozialforschung. Reinbek.
Fritz, G. u. F. Hundsnurscher (1975): Sprechaktsequenzen. Überlegungen zur Vorwurf/Rechtfertigungs-Interaktion. In: Der Deutschunterricht 27, H. 2, 81–103.
Fürstenau, P. (1977): Praxeologische Grundlagen der Psychoanalyse. In: Handbuch der Psychologie, Bd. 8: Klinische Psychologie, 1. Halbband. Göttingen, 847–888.
Funk-Kolleg Sprache (1973): Eine Einführung in die moderne Linguistik. Bd. 1. Frankfurt/M.
Garfinkel, H. (1972): Studies of the Routine. Grounds of Everyday Activities. In: D. Sudnow (Hrsg.), Studies in Social Interaction. New York/London, 1–30.
Garfinkel, H. u. H. Sacks (1976): Über formale Strukturen praktischer Handlungen. In: E. Weingarten [u. a.] (Hrsg.), Ethnomethodologie: Beiträge zu einer Soziologie des Alltagshandelns. Frankfurt/M., 130–176.
Geißner, H. (1971): Anpassung oder Aufklärung. Zur Theorie der rhetorischen Kommunikation. In: Außerschulische Bildung 2, 4, B 51–B 61.
Giesecke, M. (1979): Instruktionssituationen in Sozialisationsinstitutionen – Ablaufschemata und Bedeutungsübertragung bei instrumentellen Instruktionen im Kindergarten. In: Soeffner (Hrsg.) 1979, 38–66.
Gleason, H. A. (1969): An Introduction to Descriptive Linguistics. London.
Glindemann, R. (1981): Pausengespräche in schulen. In: Baurmann/Cherubim/Rehbock (Hrsg.) 1981, 223–246.

Goeppert, H. C. (Hrsg.) (1977): Sprachverhalten im Unterricht. München.
Goeppert, S. u. *H. C.* (1973): Sprache und Psychoanalyse. Reinbek bei Hamburg.
Goethe, J. W. (1955): Werke. Bd. 9. Hamburg.
Goettert, K.-H. (1978): Argumentation. Tübingen.
Goffman, E. (1971): Verhalten in sozialen Situationen. Bielefeld.
Goffman, E. (1974): Das Individuum im öffentlichen Austausch. Frankfurt/M.
Goffman, E. (1975): Interaktionsrituale. Über Verhalten in direkter Kommunikation. Frankfurt/M.
Goffman, E. (1976): Replies and Responses. In: Language and Society 5, 257–313.
Goffman, E. (1980): Rahmen-Analyse. Ein Versuch über die Organisation von Alltagserfahrungen. Frankfurt/M.
Good, T. L. u. *J. E. Brophy* (1970): Teacher-Child Dyadic Interactions: A New Method of Classroom Observations. In: Journal of School Psychology 8, 131–138.
Grice, H. P. (1975): Logic and Conversation. In: Speech Acts. Ed. by P. Cole and J. L. Morgan. New York [usw.], 41–58.
Grumach, E. (Hrsg.) (1956): Kanzler von Müller, Unterhaltungen mit Goethe. Kritische Ausgabe. Weimar.
Grumach, E. u. *R. Grumach* (Hrsg.) (1965, 1966): Goethe. Begegnungen und Gespräche. Bd. 1, 1749–1776; Bd. 2, 1777–1785. Berlin/New York.
Grumach, R. (Hrsg.) (1977): Goethe. Begegnungen und Gespräche. Bd. 3, 1786–1792. Berlin/New York.
Gülich, E. (1970): Makrosyntax der Gliederungssignale im gesprochenen Französisch. München.
Gülich, E (1981): Dialogkonstitution in institutionell geregelter Kommunikation. In: Schröder/Steger (Hrsg.) 1981, 418–456.
Habermas, J. (1971): Vorbereitende Bemerkungen zu einer Theorie der kommunikativen Kompetenz. In: J. Habermas u. N. Luhmann, Theorie der Gesellschaft oder Sozialtechnologie – Was leistet die Systemforschung? Frankfurt, 101–141.
Harris, Z. S. (1961): Structural Linguistics. Chicago.
Haug, W. F. (1974): Das Verkaufsgespräch. Charaktermaske von Käufer und Verkäufer. In: J. Dyck (Hrsg.), Rhetorik in der Schule. Kronberg/Ts., 196–203.
Heindrichs, W. u. *G. Ch. Rump* (Hrsg.) (1979): Dialoge. Beiträge zur Interaktions- und Diskursanalyse. Hildesheim.
Heinze, Th. (1976): Unterricht als soziale Situation. Zur Interaktion von Schülern und Lehrern. München.

Hellmann, M. W. (1969): Über Corpusgewinnung und Dokumentation im Mannheimer IDS. In: Forschungsberichte des Instituts für deutsche Sprache 3/25−54.
Henne, H. (1975): Sprachpragmatik. Nachschrift einer Vorlesung. Tübingen.
Henne, H. (1977): Gesprächsanalyse − Aspekte einer pragmatischen Sprachwissenschaft. In: D. Wegner (Hrsg.), Gesprächsanalysen. Hamburg, 67−92.
Henne, H. (1978): Gesprächswörter. Für eine Erweiterung der Wortarten. In: H. Henne u. W. Mentrup u. D. Möhn u. H. Weinrich (Hrsg.), Interdisziplinäres deutsches Wörterbuch in der Diskussion. Düsseldorf, 42−47.
Henne, H. (1979): Die Rolle des Hörers im Gespräch. In: I. Rosengren (Hrsg.) 1978, 122−134.
Henne, H. (1980): Probleme einer historischen Gesprächsanalyse. Zur Rekonstruktion gesprochener Sprache im 18. Jh. In: H. Sitta (Hrsg.) 1980, 89−102.
Henne, H. (1981): Jugendsprache und Jugendgespräche. In: Schröder/ Steger (Hrsg.) 1981, 370−384.
Heringer, H.-J. (1970): Deutsche Syntax. Berlin.
Heringer, H.-J. [u. a.] (1977): Einführung in die Praktische Semantik. Heidelberg.
Herwig, W. (Hrsg.) (1965 ff.): Goethes Gespräche. Eine Sammlung zeitgenössischer Berichte auf Grund der Ausgabe und des Nachlasses von F. Freiherrn von Biedermann. Bd. 1−4. Zürich.
Hess-Lüttich, E. W. B. (1981): Kooperative Textkonstitution in Unterschichtdialogen als Gegenstand angewandter Soziolinguistik. In: G. Peuser u. St. Winter (Hrsg.), Angewandte Sprachwissenschaft. Grundfragen-Bereiche-Methoden. Bonn, 513−560.
Hess-Lüttich, E. W. B. (Hrsg.) (1980): Literatur und Konversation. Wiesbaden.
Hirzel, R. (1895): Der Dialog. Ein literarhistorischer Versuch. 2 Bde. Leipzig (Neudruck Hildesheim 1963).
Hoffmann, L. (1980): Zur Pragmatik von Erzählformen vor Gericht. In: Ehlich (Hrsg.) 1980, 28−63.
Holly, W. (1979): Imagearbeit in Gesprächen. Zur linguistischen Beschreibung des Beziehungsaspekts. Tübingen.
Hufschmidt, J. u. K. J. Mattheier (1976): Sprachdatenerhebung. Methoden und Erfahrungen bei sprachsoziologischen Feldforschungen. In: W. Viereck (Hrsg.), Sprachliches Handeln. München, 105−138; 360−361.
Humboldt, W. v. (1963): Ueber den Dualis. In: W. v. H., Schriften zur Sprachphilosophie. Darmstadt, 113−143. [Gelesen in der Akademie der Wiss. am 26. 4. 1827].

Hundsnurscher, F. (1973): Syntax. In: H. P. Althaus u. H. Henne u. H. E. Wiegand (Hrsg.), Lexikon der Germanistischen Linguistik. Tübingen, 184–221.

Jäger, K.-H. (1976): Untersuchungen zur Klassifikation gesprochener deutscher Standardsprache. Redekonstellationstypen und argumentative Dialogsorten. München.

Jäger, K.-H. (1976): Zur Beendigung von Dialogen. In: Berens [u. a.] 1976 b, 105–136.

Jefferson, G. (1972): Side sequences. In: D. Sudnow (Hrsg.), Studies in Social Interaction. New York/London, 294–338.

Jefferson, G. (1978): Sequential Aspects of Storytelling in Conversation. In: Schenkein (Hrsg.) 1978, 219–248.

Jefferson, G. (1981): The Abominable *Ne?* An Exploration of Post-Response Pursuit of Response. In: Schröder/Steger (Hrsg.) 1981, 53–88.

Jochens, B. (1979): „Fragen" im Mutter-Kind-Dialog: Zur Strategie der Gesprächsorganisation von Müttern. In: Martens (Hrsg.) 1979, 110–132.

Jost, W. (1981): Zur spezifik der hörerrolle in institutionalisierten großgruppen: am beispiel schulischen unterrichts. In: Baurmann/Cherubim/Rehbock (Hrsg.) 1981, 89–106.

Kallmeyer, W. (1977): Verständigungsprobleme in Alltagsgesprächen. Zur Identifizierung von Sachverhalten und Handlungszusammenhängen. In: Der Deutschunterricht 29, H. 6, 52–69.

Kallmeyer, W. (1978): Fokuswechsel und Fokussierungen als Aktivitäten der Gesprächskonstitution. In: Meyer-Herrmann (Hrsg.) 1978, 191–242.

Kallmeyer, W. (1979): Kritische Momente. Zur Konversationsanalyse von Interaktionsstörungen. In: W. Frier u. G. Labroisse (Hrsg.), Grundfragen der Textwissenschaft. Amsterdam, 59–109.

Kallmeyer, W. (1981): Aushandlung und Bedeutungskonstitution. In: Schröder/Steger (Hrsg.) 1981, 89–127.

Kallmeyer, W. u. *F. Schütze* (1975): Konversationsmaximen/Interaktionspostulate. In: Kleines Lexikon der Linguistik, Linguistik und Didaktik 6, 61–84.

Kallmeyer, W. u. *F. Schütze* (1976): Konversationsanalyse. In: Studium Linguistik 1/1976, 1–28.

Kallmeyer, W. u. *F. Schütze* (1977): Zur Konstitution von Kommunikationsschemata der Sachverhaltsdarstellung. In: D. Wegner (Hrsg.), Gesprächsanalysen. Hamburg, 159–274.

Kant, I. (1968): Beantwortung der Frage: Was ist Aufklärung? In: I. K., Schriften zur Anthropologie, Geschichtsphilosophie, Politik und Pädagogik. Darmstadt, 53–61. [Zuerst veröffentlicht 1783].

Kanth, R. (1981): Kommunikativ-pragmatische Gesprächsforschung: Neuere gesprächs- und konversationsanalytische Arbeiten. In: Zeitschrift für germanistische Linguistik 9, 202–222.

Keenan, E. O. (1979): Gesprächskompetenz bei Kindern. In: Martens (Hrsg.) 1979, 168–201.

Keenan, E. O. u. B. B. Schieffelin (1976): Topic as a discourse notion: A study of topics in the conversation of children and adults. In: C. Li (Hrsg.), Subject and topic. New York, 335–384.

Kendon, A. (1967): Some Functions of Gaze-Direction in Social Interaction. In: Acta Psychologica 26, 22–63.

Kirchhoff, H. (1968): Leichter, schneller, mehr verkaufen. Düsseldorf/Wien.

Klann, G. (1979): Die Rolle affektiver Prozesse in der Dialogstrukturierung. In: Flader/Wodak-Leodolter (Hrsg.) 1979, 117–155.

Klappenbach, R. u. W. Steinitz (Hrsg.) (1976): Wörterbuch der deutschen Gegenwartssprache. Bd. 5. 1976. Berlin/Ost.

Klein, W. (1978): Wo ist hier? Präliminarien zu einer Untersuchung der lokalen Deixis. In: Linguistische Berichte 58/18–40.

Klein, W. (1979): Wegauskünfte. In: Zeitschrift für Literaturwissenschaft und Linguistik 33/9–57.

Klein, W. (1981): Logik der Argumentation. In: Schröder/Steger (Hrsg.) 1981, 226–264.

Kloepfer, R. (1981): Das Dialogische in Alltagssprache und Literatur. In: Schröder/Steger (Hrsg.) 1981, 314–333.

Klotz, V. (1960): Geschlossene und offene Form im Drama. Stuttgart.

Kneip, R. (1979): Der Kommentarschritt – eine Analysekategorie der Gesprächstheorie. In: Th. Pettersson (Hrsg.), Papers from the 5th Scandinavian Conference of Linguistics. Part 2. Lund, 53–69.

Knetschke, E. u. M. Sperlbaum (1967): Anleitung für die Herstellung von Monographien der Lautbibliothek. Basel/New York.

Koerfer, A. (1979): Zur konversationellen Funktion von *ja aber*. Am Beispiel universitärer Diskurse. In: Weydt (Hrsg.) 1979, 14–29.

Kohler, K. J. (1977): Einführung in die Phonetik des Deutschen. Berlin.

Krieger, I. u. B. Schläfke u. R. Schrader u. W. Wetzel (1980): Ein niederdeutsches Verkaufsgespräch. Methodische Schwierigkeiten und linguistische Aspekte. Seminararbeit Braunschweig.

Kühlwein, W. (1973): Applikation der Linguistik. In: H. P. Althaus, H. Henne u. H. E. Wiegand (Hrsg.), Lexikon der Germanischen Linguistik. Tübingen, 561–571.

Labov, W. (1972): Das Studium der Sprache im sozialen Kontext. In: W. Klein u. D. Wunderlich (Hrsg.), Aspekte der Soziolinguistik. Frankfurt/M., 123–206.
Labov, W. u. *D. Fanshel* (1977): Therapeutic Discourse. Psychotherapy as Conversation. New York/San Francisco/London.
Labov, W. u. *J. Waletzky* (1973): Erzählanalyse: mündliche Versionen persönlicher Erfahrung. In: J. Ihwe (Hrsg.), Literaturwissenschaft und Linguistik, Bd. 1. Frankfurt/M., 78–126.
Lausberg, H. (1963): Elemente der literarischen Rhetorik. München.
Leodolter, R. (1975): Das Sprachverhalten von Angeklagten bei Gericht. Kronberg/Ts.
Lorenz, K. (1972): Der dialogische Wahrheitsbegriff. In: Neue Hefte für Philosophie 2–3/111–123.
Lorenzen, P. (1974): Methodisches Denken. Frankfurt/M.
Luckmann, T. u. *P. Gross* (1977): Analyse unmittelbarer Kommunikation und Interaktion als Zugang zum Problem der Konstitution sozialwissenschaftlicher Daten. In: Bielefeld [u. a.] (Hrsg.) 1977, 198–207.
Lütten, J. (1979): Die Rolle der Partikeln *doch, eben* und *ja* als Konsensus-Konstitutiva in gesprochener Sprache. In: Weydt (Hrsg.) 1979, 30–38.
Martens, K. (1974): Sprachliche Kommunikation in der Familie. Kronberg/Ts.
Martens, K. (1977): Zur Analyse von Sprechhandlungsstrategien im Zusammenhang mit der lenkenden Tätigkeit des Lehrers im Unterricht. In: Goeppert (Hrsg.) 1977, 224–268.
Martens, K. (Hrsg.) (1979): Kindliche Kommunikation. Theoretische Perspektiven, empirische Analysen, methodologische Grundlagen. Frankfurt/M.
McHoul, A. (1978): The Organization of Turns at Formal Talk in the Classroom. In: Language in Society 7, 183–213.
Menninger, S. (1975): Wie verkauft man erfolgreich? Köln.
Merkens, H. u. *H. Seiler* (1978): Interaktionsanalyse. Stuttgart/Berlin/Köln/Mainz.
Meyer-Herrmann, R. (Hrsg.) (1978): Sprechen – Handeln – Interaktion. Ergebnisse aus Bielefelder Forschungsprojekten zu Texttheorie, Sprechakttheorie und Konversationsanalyse. Tübingen.
Meyer-Herrmann, R. (1978a): Aspekte der Analyse metakommunikativer Interaktionen. In: Meyer-Herrmann (Hrsg.) 1978, 103–142.
Minter, H. (1976): Sprachhandlungssequenzen in persuasiver Kommunikation. Untersuchungen an einem selbst erstellten Korpus ‚Verkaufsgespräche'. Staatsexamensarbeit Braunschweig.
Müller, R. (1975): Die Konzeption des Corpus gesprochener Texte in der Forschungsstelle Freiburg des Instituts für deutsche Sprache. In: Forschungsberichte des Instituts für deutsche Sprache 7/47–75.

Mukařovský, J. (1967): Kapitel aus der Poetik. Frankfurt/M.
Ockel, E. (1977): Emotionalität als vernachlässigte Basisstruktur von Sprecherstrategien. In: Wirkendes Wort 27, 369—385.
Oevermann, U. (1972): Sprache und soziale Herkunft. Frankfurt/M.
Oksaar, E. (1981): Kommunikative Akte und Textanalyse. Am Beispiel von dialogischen Erzähltexten. In: Zeitschrift für germanistische Linguistik, 9, 129—151.
Passier, B. (1978): Hörerverhalten im Gespräch und satzstrukturelle Aspekte. Seminararbeit Braunschweig.
Pitcher, G. (1964): The philosophy of Wittgenstein. Englewood Cliffs, New York.
Polenz, P. von (1981): Der ausdruck von sprachhandlungen in dichterischem dialogen des deutschen mittelalters. In: Zeitschrift für germanistische Linguistik 9, 249ff.
Posner, R. (1972): Dialogsorten. Die Verwendung von Mikrostrukturen zur Textklassifizierung. In: E. Gülich u. W. Raible (Hrsg.), Textsorten. Differenzierungskriterien aus linguistischer Sicht. Frankfurt/M., 183—197.
Pomerantz, A. (1978): Compliment Responses: Notes on the Co-operation of Multiple Constraints. In: Schenkein (Hrsg.) 1978, 79—112.
Psathas, G. (Hrsg.) (1979): Everyday language. Studies in ethnomethodology. New York.
Quasthoff, U. M. (1979): Verzögerungsphänomene, Verknüpfungs- und Gliederungssignale in Alltagsargumentationen und Alltagserzählungen. In: Weydt (Hrsg.) 1979, 39—57.
Quasthoff, U. M. (1980a): Erzählen in Gesprächen. Linguistische Untersuchungen zu Strukturen und Funktionen am Beispiel einer Kommunikationsform des Alltags. Tübingen.
Quasthoff, U. M. (1980b): Gemeinsames Erzählen als Form und Mittel im sozialen Konflikt oder Ein Ehepaar erzählt eine Geschichte. In: Ehlich (Hrsg.) 1980, 109—142.
Quasthoff, U. M. (1981): Zuhöreraktivitäten beim konversationellen Erzählen. In: Schröder/Steger (Hrsg.) 1981, 287—313.
Ramge, H. (1976): Spracherwerb und sprachliches Handeln. Studien zum Sprechen eines Kindes im dritten Lebensjahr. Düsseldorf.
Ramge, H. (1978): Alltagsgespräche. Arbeitsbuch für den Deutschunterricht in der Sekundarstufe II und zum Selbststudium. Frankfurt/M./Berlin/München.
Ramge, H. (Hrsg.) (1980): Studien zum sprachlichen Handeln im Unterricht. Gießen.
Rapoport, A. (1976): Kämpfe, Spiele und Debatten. Drei Konfliktmodelle. Darmstadt.

Rasper, Chr. [u. a.] (1978): Die Beziehung zwischen Turn-Taking Verhalten und sozialem Rang. Ein Modellversuch zur praktischen Anwendbarkeit eines turn-taking Systems. In: Linguistische Berichte 56/1−22.
Rath, R. (1975a): Kommunikative Paraphrasen. In: Linguistik und Didaktik 6, 103−118.
Rath, R. (1975b): Korrektur und Anakoluth im gesprochenen Deutsch. In: Linguistische Berichte 37/1−12.
Rath, R. (1979): Kommunikationspraxis. Analysen zur Textbildung und Textgliederung im gesprochenen Deutsch. Göttingen.
Rath, R. (1981): Zur Legitimation und Einbettung von Erzählungen in Alltagsdialogen. In: Schröder/Steger (Hrsg.) 1981, 265−286.
Rehbein, J. (1972): Entschuldigungen und Rechtfertigungen. In: Wunderlich (Hrsg.) 1972, 288−317.
Rehbein, J. (1977): Komplexes Handeln. Elemente zur Handlungstheorie der Sprache. Stuttgart.
Rehbein, J. (1979): Sprechhandlungsaugmente. Zur Organisation der Hörersteuerung. In: Weydt (Hrsg.) 1979, 58−74.
Rehbock, H. (1981): Nebenkommunikationen im unterricht: funktionen, wirkungen, wertungen. In: Baurmann/Cherubim/Rehbock (Hrsg.) 1981, 35−88.
Reiher, R. (1980): Zur sprachlichen Kommunikation im sozialistischen Industriebetrieb. Texte und sprachliche Analysen. Berlin (Linguistische Studien. 71).
Reinert, G.-B. u. *J. Thiele* (Hrsg.) (1977): Nonverbale pädagogische Kommunikation. München.
Reiter, N. (1979): Partikeln als gruppendynamische Regulative. In: Weydt (Hrsg.) 1979, 75−83.
Rhode, L. u. *N. Roßdeutscher* (1973): Aufnahme, Transkription und Auswertung spontanen Sprechens. Vorschläge zur methodischen Erforschung sprachlicher Rollen. In: B. S. Wackernagel-Jolles (Hrsg.), Aspekte der gesprochenen Sprache. Göppingen, 25−79.
Richter, H. u. *F. Weidmann* (1975): Semantisch bedingte Kommunikationskonflikte bei Gleichsprachigen. Hamburg.
Riesel, E. (1970): Der Stil der deutschen Alltagsrede. Leipzig.
Rigol, R. (1977): Sprechtätigkeit im Unterricht. Analyse eines Protokolls. In: Goeppert (Hrsg.) 1977, 269−302.
Roeder, P. M. u. *G. Schümer* (1976): Unterricht als Sprachlernsitutation. Düsseldorf.
Roncador, M. von u. *W. Bublitz* (1979): Abschweifungen. In: Weydt (Hrsg.) 1979, 285−298.
Rosengren, I. (Hrsg.) (1979): Sprache und Pragmatik. Lunder Symposium 1978. Lund.

Ruesch, J. (1958): The Tangential Response. In: P. H. Hoch u. J. Zubin (Hrsg.), Psychopathology of Communication. New York, 37–48.
Ruoff, A. (1972): Grundlagen und Methoden der Untersuchung gesprochener Sprache. Tübingen.
Sachs, J. (1967): Recognition Memory for Syntactic and Semantic Aspects of Connected Discourse. In: Perception and Psychophysics 1967, 437–442.
Sacks, H. (1971): Das Erzählen von Geschichten innerhalb von Unterhaltungen. In: R. Kjolseth u. F. Sack (Hrsg.), Zur Soziologie der Sprache. Sonderheft 15 der Kölner Zeitschrift für Soziologie und Sozialpsychologie, 307–314.
Sacks, H. u. *E. A. Schegloff* u. *G. Jefferson* (1974/1978): A Simplest Systematics for the Organisation of Turn-Taking for Conversation. In: Language 50, 696–735. Veränderte Fassung in: Schenkein (Hrsg.) 1978, 7–55.
S. F. Sager (1981): Sprache und Beziehung. Linguistische Untersuchungen zum Zusammenhang von sprachlicher Kommunikation und zwischenmenschlicher Beziehung. Tübingen.
Sandig, B. (1979): Beschreibung des Gebrauchs von Abtönungspartikeln im Dialog. In: Weydt (Hrsg.) 1979, 84–94.
Schank, G. (1973): Zur Korpusfrage in der Linguistik. In: Deutsche Sprache 4/16–26.
Schank, G. (1976): Zur Binnensegmentierung natürlicher Dialoge. In: Berens [u. a.] 1976b, 35–72.
Schank, G. (1979): Zum Ablaufmuster von Kurzberatungen – Beschreibung einer Gesprächsstruktur. In: Dittmann (Hrsg.) 1979, 176–197.
Schank, G. (1981): Untersuchungen zum Ablauf natürlicher Dialoge. München.
Schank, G. u. *G. Schoenthal* (1976): Gesprochene Sprache. Eine Einführung in Forschungsansätze und Analysemethoden. Tübingen.
Schank, G. u. *J. Schwitalla* (1980): Gesprochene Sprache und Gesprächsanalyse. In: H. P. Althaus u. H. Henne u. H. E. Wiegand (Hrsg.), Lexikon der Germanistischen Linguistik. 2. vollst. neu bearb. u. erw. Aufl. Tübingen, 313–322.
Scheflen, A. E. (1976): Die Bedeutung der Körperhaltung in Kommunikationssystemen. In: M. Auwärter [u. a.] (Hrsg.), Seminar: Kommunikation, Interaktion, Identität. Frankfurt/M., 221–253.
Schegloff, E. A. (1968): Sequencing in Conversational Openings. In: American Anthropologist 70, 1075–1095.
Schegloff, E. A. (1972): Notes on a Conversational Practice: Formulating Place. In: D. Sudnow (Hrsg.), Studies in Social Interaction. London, 75–119.

Schegloff, E. A. u. *H. Sacks* (1973): Opening up Closings. In: Semiotica 8/ 289–327.
Schenkein, J. (Hrsg.) (1978): Studies in the Organization of Conversational Interaction. New York/San Francisco/London.
Scherer, K. R. (1974): Beobachtungsverfahren zur Mikroanalyse nonverbaler Verhaltensweisen. In: J. van Koolwijk u. M. Wieken-Mayser, Erhebungsmethoden: Beobachtung und Analyse von Kommunikation. München/Wien, 66–109.
Scherer, K. R. (1977): Die Funktionen des nonverbalen Verhaltens im Gespräch. In: D. Wegner (Hrsg.), Gesprächsanalysen. Hamburg, 275–297.
Schlieben-Lange, B. (1975): Linguistische Pragmatik. Stuttgart [usw.].
Schlieben-Lange, B. (1976): Für eine historische Analyse von Sprechakten. In: H. Weber u. H. Weydt (Hrsg.), Sprachtheorie und Pragmatik. Akten des 10. Linguistischen Kolloquiums. Tübingen, Bd. 1, 113–119.
Schlieben-Lange, B. (1979): Bairisch eh – halt – fei. In: Weydt (Hrsg.) 1979, 307–317.
Schmitz, H. W. (1979): Zur Analyse von Aushandlungsprozessen in polizeilichen Vernehmungen von Geschädigten und Zeugen. In: Soeffner (Hrsg.) 1979, 24–37.
Schmölders, C. (Hrsg. u. Einl.) (1979): Die Kunst des Gesprächs. Texte zur Geschichte der europäischen Konversationstheorie. München.
Schoenthal, G. (1979): Sprechakttheorie und Konversationsanalyse. In: Dittmann (Hrsg.) 1979, 44–72.
Schröder, P. (1975): Die Untersuchung gesprochener Sprache im Projekt ‚Grundstrukturen der Deutschen Sprache'. Planungen, Probleme, Durchführung. In: Forschungsberichte des Instituts für deutsche Sprache 7/5–46.
Schröder, P. u. *H. Steger* (Hrsg.) (1981): Dialogforschung. Jahrbuch 1980 des Instituts für deutsche Sprache. Düsseldorf.
Schröter, K. (1979): Einige formale Aspekte des psychoanalytischen Dialogs. In: Flader/Wodak-Leodolter (Hrsg.) 1979, 179–185.
Schütz, A. (1962/1964/1966): Collected Papers, 3 Bde. Den Haag.
Schütze F. (1978): Strategische Interaktion im Verwaltungsgericht – eine soziolinguistische Analyse zum Kommunikationsverlauf im Verfahren zur Anerkennung als Wehrdienstverweigerer. In: Interaktion vor Gericht. Mit Beiträgen von W. Hoffmann-Riem, H. Rottleuthner, F. Schütze und A. Zielcke. Baden-Baden, 19–100.
Schumann, K. F. (1979): „Aushandeln von Sachverhalten innerhalb des Strafprozesses". In: Soeffner (Hrsg.) 1979, 10–23.
Schwitalla, J. (1976): Dialogsteuerung: Vorschläge zur Untersuchung. In: Berens [u. a.] 1976b, 73–104.

Schwitalla, J. (1977): Über Formen des argumentativen Widerspruchs. In: M. Schecker (Hrsg.), Theorie der Argumentation. Tübingen, 27−54.
Schwitalla, J. (1979 a): Dialogsteuerung in Interviews. Ansätze zu einer Theorie der Dialogsteuerung mit empirischen Untersuchungen von Politiker-, Experten- und Starinterviews in Rundfunk und Fernsehen. München.
Schwitalla, J. (1979 b): Dialogsteuerungsversuche interviewter Politiker. In: Rosengren (Hrsg.) 1979, 149−168.
Schwitalla, J. (1979 c): Nonresponsive Antworten. In: Deutsche Sprache 3/193−211.
Schwitalla, J. (1979 d): Metakommunikationen als Mittel der Dialogorganisation und der Beziehungsdefinition. In: Dittmann (Hrsg.) 1979, 111−143.
Searle, J. R. (1965): What is a Speech Act? In: M. Black (Hrsg.), Philosophy in America. Ithaca N. Y., 221−239.
Searle, J. R. (1969): Speech Acts. An Essay in the Philosophy of Language. Cambridge. [Dt.: Sprechakte. Ein sprachphilosophischer Essay. Frankfurt/M. 1971].
Searle, J. R. (1973): Linguistik und Sprachphilosophie. In: R. Bartsch u. Th. Vennemann (Hrsg.), Linguistik und Nachbarwissenschaften. Kronberg/Ts., 113−125.
Sennekamp, M. (1979): Die Verwendungsmöglichkeiten von Negationszeichen in Dialogen. Ein dialoggrammatischer Ansatz mit empirischer Überprüfung an Texten gesprochener deutscher Standardsprache. München.
Simon, A. u. E. G. Boyer (1970): Mirrors for Behavior II. An Anthology of Observation Instruments. Vol. A/B. Philadelphia.
Sinclair, J. Mc H. u. M. Coulthard (1977): Analyse der Unterrichtssprache. Ansätze zu einer Diskursanalyse [. . .] übersetzt, bearbeitet und hrsg. v. H.-J. Krumm. Heidelberg.
Sitta, H. (Hrsg.) (1980): Ansätze zu einer pragmatischen Sprachgeschichte. Tübingen.
Slama-Cazacu, T. (1977): Dialogue in children. The Hague.
Soeffner, H.-G. (Hrsg.) (1979): Interpretative Verfahren in den Sozial- und Textwissenschaften. Stuttgart.
Steger, H. (1970): Über Dokumentation und Analyse gesprochener Sprache. In: Zielsprache Deutsch 1−2/13−21; 51−63.
Steger, H. (1976 a): Einleitung. In: Berens [u. a.] 1976 b, 7−14.
Steger, H. (1976 b): Sprechintentionen und Kommunikationssituationen. Unveröff. Ms. Freiburg.
Stellmacher, D. (1972): Gliederungssignale in der gesprochenen Sprache. In: Germanistische Linguistik 4/518−530.

Stone, C. (1961): The Psychoanalytic Situation. New York.
Streeck, J. (1979): Sandwich, Good for you. — Zur pragmatischen und konversationellen Analyse von Bewertungen im institutionellen Diskurs der Schule. In: Dittmann (Hrsg.) 1979, 235—257.
Sulzer, J. G. (1771): [Artikel] Gespräch. In: J. G. S., Allgemeine Theorie der schönen Künste. Theil 1, 473—476.
Switalla, B. (1977): Sprachliches Handeln im Unterricht. München/Wien/Baltimore.
Tausch, R. u. *A.-M. Tausch* (1973): Erziehungspsychologie. Göttingen.
Techtmeier, B. (1980): Gesellschaftlichkeit — Funktionalität — Normativität. Standortbestimmung einer dialektisch-materialistischen Dialogforschung. In: Akademie der Wissenschaften der DDR, Zentralinstitut für Sprachwissenschaft (Hrsg.), Linguistische Studien, Reihe A, 72/II: Internationales Kolloquium „Gesellschaftliche Funktionen und Strukturen sprachlicher Kommunikation" 1979 Magdeburg. Berlin, 205—219.
Texte gesprochener deutscher Standardsprache (1971—79). Bd. 1—4. Erarbeitet im Institut für deutsche Sprache, Forschungsstelle Freiburg i. Br. Bd. 1: München/Düsseldorf 1971; Bd. 3: Alltagsgespräche. Hrsg. und eingeleitet v. H. P. Fuchs u. G. Schank. München 1975; Bd. 4: Beratungen und Dienstleistungsdialoge. Hrsg. und eingeleitet von K.-H. Jäger. Mit Beiträgen von D. Strauss u. J. A. Weijenberg. München 1979.
Theunissen, M. (1965): Der Andere. Studien zur Sozialontologie der Gegenwart. Berlin.
Toulmin, St. (1975): Der Gebrauch von Argumenten. Kronberg/Ts.
Troemel-Ploetz, S. (1979): „She is just not an open person". Linguistische Analyse einer restrukturierenden Intervention in der Familientherapie. In: Flader/Wodak-Leodolter (Hrsg.) 1979, 156—178.
Tugendhat, E. (1976): Vorlesungen zur Einführung in die sprachanalytische Philosophie. Frankfurt/M.
Turner, R. (1976): Einige formale Eigenschaften des therapeutischen Gesprächs. In: M. Auwärter [u. a.] (Hrsg.), Seminar: Kommunikation, Interaktion, Identität. Frankfurt/M., 170—190.
Ullmer-Ehrich, V. (1981): Linguistische Aspekte der forensischen Argumentation. In: Schröder/Steger (Hrsg.) 1981, 188—225.
Ungeheuer, G. (1974): Kommunikationssemantik: skizze eines problemfeldes. In: Zeitschrift für germanistische Linguistik 2, 1—24.
Ungeheuer, G. (1974): Was heißt ‚Verständigung durch Sprechen'? In: Gesprochene Sprache. Jahrbuch 1972. Düsseldorf, 7—38.
Ungeheuer, G. (1977): Gesprächsanalyse und ihre kommunikationstheoretischen Voraussetzungen. In: D. Wegner (Hrsg.), Gesprächsanalysen. Hamburg, 27—65.

Völzing, P.-L. (1979): Begründen, Erklären, Argumentieren. Modelle und Materialien zu einer Theorie der Metakommunikation. Heidelberg.
Vogel, B. (1979): Zur pragmatischen Funktion von Adversativ- und Konzessivsätzen in Dialogen. In: Weydt (Hrsg.) 1979, 95–108.
Wackernagel-Jolles, B. (1971): Untersuchungen zur gesprochenen Sprache: Beobachtungen zur Verknüpfung spontanen Sprechens. Göppingen.
Wackernagel-Jolles, B. (1973): „Nee also, Mensch, weißt du . . .". Zur Funktion der Gliederungssignale in der gesprochenen Sprache. In: B. W.-J. (Hrsg.), Aspekte der gesprochenen Sprache. Göppingen, 159–181.
Wagner, K. R. (1974/75): Die Sprechsprache des Kindes. 2 Bde. Düsseldorf.
Wahmhoff, S. (1981): Die Funktion der Paraphrase in gesprächspsychotherapeutischen Beratungen. In: Deutsche Sprache 2/97–118.
Wahmhoff, S. u. A. Wenzel (1979): Ein *hm* ist noch lange kein *hm* – oder – Was heißt klientenbezogene Gesprächsführung? In: Dittmann (Hrsg.) 1979, 258–297.
Wald, B. (1978): Zur Einheitlichkeit und Einleitung von Diskurseinheiten. In: Quasthoff (Hrsg.) 1978, 128–149.
Watson, J. u. R. J. Potter (1962): An Analytic Unit for the Study of Interaction. In: Human Relations 15, 245–263.
Watzlawick, P. u. J. H. Beavin u. D. D. Jackson (1972): Menschliche Kommunikation. Formen, Störungen, Paradoxien. Stuttgart/Wien.
Wellendorf, F. (1975): Schulische Sozialisation und Identität. Zur Sozialpsychologie der Schule als Institution. Weinheim.
Wenzel, A. (1978): Stereotype in gesprochener Sprache. Form, Vorkommen und Funktion in Dialogen. München.
Wenzel, A. (1981): Funktionen kommunikativer Paraphrasen. Am Beispiel von Gesprächen zwischen Bürgern und Beamten am Sozialamt. In: Schröder/Steger (Hrsg.) 1981, 385–401.
Werlen, I. (1979): Konversationsrituale. In: Dittmann (Hrsg.) 1979, 144–175.
Weydt, H. (Hrsg.) (1977): Aspekte der Modalpartikeln. Studien zur deutschen Abtönung. Tübingen.
Weydt, H. (Hrsg.) (1979): Die Partikeln der deutschen Sprache. Berlin/New York.
Wichter, S. (1980): Die Abfolge von Nominalphrase und Satz als Einheit des gesprochenen Deutsch. In: Zeitschrift für germanistische Linguistik 8, 34–50.
Wiegand, H. E. (1979): Bemerkungen zur Bestimmung metakommunikativer Sprechakte. In: Rosengren (Hrsg.) 1979, 214–244.

Wiehl, R. (1972): Dialog und philosophische Reflexion. In: Neue Hefte für Philosophie 2–3/41–94.
Winter, H. G. (1974): Dialog und Dialogroman in der Aufklärung. Mit einer Analyse von J. J. Engels Gesprächstheorie. Darmstadt.
Wragge-Lange, J. (1980): Interaktion im Unterricht. Ein Verfahren zur Analyse schulischer Sozialisationsprozesse. Weinheim/Basel.
Wunderlich, D. (1969): Unterrichten als Dialog. In: Sprache im technischen Zeitalter 32/263–287.
Wunderlich, D. (1970): Die Rolle der Pragmatik in der Linguistik. In: Der Deutschunterricht 22, H. 4, 5–41.
Wunderlich D. (1972): Zur Konventionalität von Sprechhandlungen. In: Wunderlich (Hrsg.) 1972, 11–58.
Wunderlich, D.(Hrsg.) (1972): Linguistische Pragmatik. Frankfurt/M.
Wunderlich, D. (1974): Grundlagen der Linguistik. Reinbek.
Wunderlich, D. (1976): Studien zur Sprechakttheorie. Frankfurt/M.
Wunderlich, D. (1978): Wie analysiert man Gespräche? Beispiel Wegauskünfte. In: Linguistische Berichte 58/41–76.
Wunderlich, D. (1979): Was ist das für ein Sprechakt? In: G. Grewendorf (Hrsg.), Sprechakttheorie und Semantik. Frankfurt/M., 275–324.
Yngve, V. A. (1970): On Getting a Word in Edgewise. In: Papers from the 6th Regional Meeting of the Chicago Linguistic Society. Chicago, 567–578.
Zimmermann, H. (1965): Zu einer Typologie des spontanen Gesprächs. Syntaktische Studien zur Baseldeutschen Umgangssprache. Bern.
Zwirner, E. u. *W. Bethge* (1958): Erläuterungen zu den Texten. In: Lautbibliothek der deutschen Mundarten, Bd. 1. Göttingen.

Bibliographischer Anhang

1. Einführungen

Brinker, Klaus u. *Sven F. Sager*: Linguistische Gesprächsanalyse. Eine Einführung. 2., durchgesehene und ergänzte Aufl. Berlin 1996 (Grundlagen der Germanistik; 30).
Deppermann, Arnulf: Gespräche analysieren. Eine Einführung in gesprächsanalytische Methoden. 2. Aufl. Opladen 2001 (Qualitative Sozialforschung; 3).
Franke, Wilhelm: Elementare Dialogstrukturen. Darstellung, Analyse, Diskussion. Tübingen 1990 (Reihe Germanistische Linguistik; 101).
Heinemann, Wolfgang u. *Dieter Viehweger*: Textlinguistik. Eine Einführung. Tübingen 1991 (Reihe Germanistische Linguistik; 115) [Kap. 4: Das Gespräch, S. 176–208].
Hutchby, Ian u. *Robin Wooffitt*: Conversation analysis. Principles, practices, and applications. Cambridge 1998.
Levinson, Stephen C.: Pragmatics. Cambridge 1983 [Kap. 6: Conversational structure, S. 284–370].
Sager, Sven F.: Gesprächsanalyse und Verhaltensforschung. Tübingen 2001 (Stauffenburg Einführungen; 10).
Saville-Troike, Muriel: The Ethnography of Communication. An Introduction. Oxford 1982 (Language in society; 3).
Stubbs, Michael: Discourse Analysis. The Sociolinguistic Analysis of Natural Language. Oxford 1983.
Techtmeier, Bärbel: Das Gespräch. Funktionen, Normen und Strukturen. Berlin (Ost) 1984 (Sprache und Gesellschaft; 19).
Wardhaugh, Ronald: How Conversation Works. Oxford 1985.

2. Handbücher

Brinker, Klaus u. *Gerd Antos* u. *Wolfgang Heinemann* (Hrsg.): Text- und Gesprächslinguistik, Band 2. Berlin, New York 2001 (HSK; 16,2).
Dijk, Teun A. van (Hrsg.): Handbook of Discourse Analysis. Bd. 1: Disciplines of Discourse; Bd. 2: Dimensions of Discourse; Bd. 3: Dis-

course and Dialogue; Bd. 4: Discourse Analysis in Society. London 1985.

Ehlich, Konrad (Hrsg.): Diskursanalyse in Europa. Frankfurt/M. 1993.

Fritz, Gerd u. *Franz Hundsnurscher* (Hrsg.): Handbuch der Dialoganalyse. Tübingen 1994.

3. Sammelwerke

Bazzanella, Carla (Hrsg.): Repetition in dialogue. Tübingen 1996 (Beiträge zur Dialogforschung; 11).

Boden, Deirdre u. *Don H. Zimmermann* (Hrsg.): Talk and Social Structure. Studies in Ethnomethodology and Conversation Analysis. Cambridge 1991.

Brünner, Gisela u. *Reinhard Fiehler* u. *Walther Kindt* (Hrsg.): Angewandte Diskursforschung. 2 Bde. Opladen 1999.

Cherubim, Dieter u. *Helmut Henne* u. *Helmut Rehbock* (Hrsg.): Gespräche zwischen Alltag und Literatur. Beiträge zur germanistischen Gesprächsforschung. Tübingen 1984 (Reihe Germanistische Linguistik; 53).

Cmejrková, Světlá [u.a.] (Hrsg.): Dialoganalyse VI. Referate der 6. Arbeitstagung Prag 1996. 2 Bde. Tübingen 1998.

Couper-Kuhlen, Elizabeth u. *Margret Selting* (Hrsg.): Prosody in Conversation. Interactional Studies. Cambridge 1996.

Dascal, Marcelo (Hrsg.): Dialogue. An Interdisciplinary Approach. Amsterdam, Philadelphia 1985 (Pragmatics and beyond companion series; 1).

Dialoganalyse: s. *Hundsnurscher/Weigand* (1986), *Weigand/Hundsnurscher* (1989), *Stati/Weigand/Hundsnurscher* (1991), *Löffler* (1992), *Pietri* (1997), *Cmejrková* (1998).

Dijk, Teun A. van (Hrsg.): Discourse Studies. A Multidisciplinary Introduction. Bd. 1: Discourse as Structure and Process. Bd. 2: Discourse as Social Interaction. London 1997.

Ehlich, Konrad u. *Armin Koerfer* u. *Angelika Redder* u. *Rüdiger Weingarten* (Hrsg.): Medizinische und therapeutische Kommunikation. Diskursanalytische Untersuchungen. Opladen 1990.

Ehlich, Konrad u. *Johannes Wagner* (Hrsg.): The Discourse of Business Negotiation. Berlin, New York 1995.

Ensink, Titus u. *Arthur van Essen* u. *Ton van der Geest* (Hrsg.): Discourse Analysis and Public Life. Papers of the Groningen Conference on Medical and Political Discourse. Dordrecht, Providence 1986.

Fiehler, Reinhard u. *Wolfgang Sucharowski* (Hrsg.): Kommunikationsberatung und Kommunikationstraining. Anwendungsfelder der Diskursforschung. Opladen 1992.

Flader, Dieter (Hrsg.): Verbale Interaktion. Stuttgart 1991.

Flader, Dieter u. *Wolf-Dietrich Grodzicki* u. *Klaus Schröter* (Hrsg.): Psychoanalyse als Gespräch. Interaktionsanalytische Untersuchungen über Therapie und Supervision. Frankfurt/M. 1982 (Suhrkamp Taschenbuch Wissenschaft; 377).

Fritz, Gerd u. *Andreas H. Jucker* (Hrsg.): Kommunikationsformen im Wandel der Zeit. Vom mittelalterlichen Heldenepos zum elektronischen Hypertext. Tübingen 2000 (Beiträge zur Dialogforschung; 21).

Givón, Talmy (Hrsg.): Conversation. Cognitive, communicative, and social perspectives. Amsterdam 1997 (Typological studies in language; 34).

Gülich, Elisabeth u. *Thomas Kotschi* (Hrsg.): Grammatik, Konversation, Interaktion. Beiträge zum Romanistentag 1983. Tübingen 1985 (Linguistische Arbeiten; 153).

Gülich, Elisabeth u. *Bärbel Techtmeier* (Hrsg.): Rundtischgespräch auf dem 14. Internationalen Linguistenkongreß „Methodologische Aspekte der linguistischen Analyse von Gesprächen". In: Zeitschrift für Phonetik, Sprachwissenschaft und Kommunikationsforschung 42. 1989, S. 145–214.

Günthner, Susanne u. *Helga Kotthoff* (Hrsg.): Die Geschlechter im Gespräch. Kommunikation in Institutionen. Stuttgart 1992.

Hoffmann, Ludger (Hrsg.): Rechtsdiskurse. Untersuchungen zur Kommunikation in Gerichtsverfahren. Tübingen 1989 (Kommunikation und Institution; 11).

Holly, Werner u. *Peter Kühn* u. *Ulrich Püschel* (Hrsg.): Redeshows. Fernsehdiskussionen in der Diskussion. Tübingen 1989 (Medien in Forschung + Unterricht; Serie A, Bd. 26).

Hundsnurscher, Franz u. *Wilhelm Franke* (Hrsg.): Das Verkaufs-/Einkaufsgespräch. Eine linguistische Analyse. Stuttgart 1985.

Hundsnurscher, Franz u. *Edda Weigand* (Hrsg.): Dialoganalyse. Referate der 1. Arbeitstagung, Münster 1986. Tübingen 1986 (Linguistische Arbeiten; 176).

Hundsnurscher, Franz u. *Edda Weigand* (Hrsg.): Future perspectives of dialogue analysis. Tübingen 1995 (Beiträge zur Dialogforschung; 8).

Jucker, Andreas H. (Hrsg.): Historical dialogue analysis. Amsterdam 1999 (Pragmatics & beyond, N.S.; 66).

Jucker, Andreas H. u. *Yael Ziv* (Hrsg.): Discourse markers. Description and theory. Amsterdam 1998.

Kallmeyer, Werner (Hrsg.): Gesprächsrhetorik. Rhetorische Verfahren im Gesprächsprozeß. Tübingen 1996 (Studien zur deutschen Sprache; 4).

Keseling, Gisbert u. *Arne Wrobel* (Hrsg.): Latente Gesprächsstrukturen. Weinheim 1983.

Kittler, Friedrich A. u. *Manfred Schneider* u. *Samuel Weber* (Hrsg.): Diskursanalysen. Bd. 1: Medien. Bd. 2: Institution Universität. Opladen 1987 u. 1990.

Kotthoff, Helga (Hrsg.): Scherzkommunikation. Beiträge aus der empirischen Gesprächsforschung. Opladen 1996.

Löffler, Heinrich (Hrsg.): Beiträge zur Dialogforschung. Dialoganalyse IV. Referate der 4. Arbeitstagung, Basel 1992. 2 Bde. Tübingen 1993.

Löning, Petra u. *Jochen Rehbein* (Hrsg.); Arzt-Patienten-Kommunikation. Analysen zu interdisziplinären Problemen des medizinischen Diskurses. Berlin, New York 1993.

Meutsch, Dietrich u. *Reinhold Viehoff* (Hrsg.): Comprehension of literary discourse. Results and problems of interdisciplinary approaches. Berlin, New York 1989 (Research in text theory; 13).

Moilanen, Markku u. *Dieter Viehweger* u. *Lauri Carlson* (Hrsg.): Zugänge zur Text- und Dialoganalyse. Hamburg 1994 (Papiere zur Textlinguistik; 69).

Naumann, Bernd (Hrsg.): Dialogue analysis and the mass media. Proceedings of the international conference Erlangen April 2–3, 1998. Tübingen 1999 (Beiträge zur Dialogforschung; 20).

Nothdurft, Werner (Hrsg.): Schlichtung. Bd. 1: Streit schlichten. Gesprächsanalytische Untersuchungen zu institutionellen Formen konsensueller Konfliktregelung. Berlin, New York 1995. – Bd. 2: Konfliktstoff. Gesprächsanalyse der Konfliktbearbeitung in Schlichtungsgesprächen. Berlin, New York 1997. – Bd. 3: *Schröder* (Hrsg.) 1997 (Schriften des Instituts für Deutsche Sprache; 5.1 – 5.3).

Ochs, Elinor u. *Emanuel A. Schegloff* u. *Sandra A. Thompson* (Hrsg.): Interaction and grammar. Cambridge 1996 (Studies in interactional sociolinguistics; 13).

Pietri, Etienne [u.a.] (Hrsg.): Dialoganalyse V. Referate der 5. Arbeitstagung Paris 1994. Tübingen 1997.

Quasthoff, Uta (Hrsg.): Aspects of Oral Communication. Berlin, New York 1995 (Research in Text Theory; 21).

Redder, Angelika (Hrsg.): Diskursanalysen in praktischer Absicht. Oldenburg 1994 (OBST; 49).
Rump, Gerhard Charles u. *Wilfried Heindrichs* (Hrsg.): Interaktionsanalysen: Aspekte dialogischer Kommunikation. Hildesheim 1982.
Sandig, Barbara (Hrsg.): Stilistisch-rhetorische Diskursanalyse. Tübingen 1988.
Schank, Gerd u. *Johannes Schwitalla* (Hrsg.): Konflikte in Gesprächen. Tübingen 1987 (Tübinger Beiträge zur Linguistik; 296).
Schmitz, H. Walter (Hrsg.): Vom Sprecher zum Hörer. Kommunikationswissenschaftliche Beiträge zur Gesprächsanalyse. Münster 1998.
Schröder, Peter (Hrsg.): Beratungsgespräche – ein kommentierter Textband. Tübingen 1985 (Forschungsberichte des Instituts für deutsche Sprache Mannheim; 59).
Schröder, Peter (Hrsg.): Schlichtungsgespräche. Ein Textband mit einer exemplarischen Analyse. Berlin, New York 1997 (= *Nothdurft* (Hrsg.): Schlichtung. Bd. 3).
Selting, Margret u. *Barbara Sandig* (Hrsg.): Sprech- und Gesprächsstile. Berlin, New York 1997.
Stati, Sorin u. *Edda Weigand* (Hrsg.): Methodologie der Dialoganalyse. Tübingen 1992. (Beiträge zur Dialogforschung; 3).
Stati, Sorin u. *Edda Weigand* u. *Franz Hundsnurscher* (Hrsg.): Dialoganalyse III. Referate der dritten Arbeitstagung, Bologna 1990. 2 Bde. Tübingen 1991 (Beiträge zur Dialogforschung; 1,2).
Stierle, Karlheinz u. *Rainer Warning* (Hrsg.): Das Gespräch. München 1984 (Poetik und Hermeneutik; 11).
Sucharowski, Wolfgang (Hrsg.): Gesprächsforschung im Vergleich. Analysen zur Bonner Runde nach der Hessenwahl 1982. Tübingen 1985 (Linguistische Arbeiten; 158).
Tannen, Deborah (Hrsg.): Analysing Discourse: Text and Talk. Georgetown University Round Table on Languages and Linguistics 1981. Georgetown University 1982.
Tannen, Deborah (Hrsg.): Linguistics in Context: Connecting Observation and Understanding. Norwood 1988.
Tannen, Deborah (Hrsg.): Gender and conversational interaction. New York, Oxford 1993.
Trömel-Plötz, Senta (Hrsg.): Gewalt durch Sprache. Die Vergewaltigung von Frauen in Gesprächen. Frankfurt/M. 1984 (Fischer Taschenbuch; 3745).

Vogt, Rüdiger (Hrsg.): Über die Schwierigkeiten der Verständigung beim Reden. Beiträge zur Linguistik des Diskurses. Opladen 1987.
Weigand, Edda (Hrsg.): Dialogue Analysis. Units, Relations and Strategies beyond the Sentence. Contributions in Honour of Sorin Stati's 65th Birthday. Tübingen 1997 (Beiträge zur Dialogforschung; 13).
Weigand, Edda u. *Franz Hundsnurscher* (Hrsg.): Dialoganalyse II. Referate der zweiten Arbeitstagung, Bochum 1988. 2 Bde. Tübingen 1989 (Linguistische Arbeiten; 229, 230).
Wodak, Ruth (Hrsg.): Gender and discourse. London 1997.

4. Monographien

Aijmer, Karin: Conversational Routines in English. Convention and Creativity. London, New York 1996.
Ainsworth-Vaughn, Nancy: Claiming Power in Doctor-Patient Talk. New York, Oxford 1998.
Betten, Anne: Sprachrealismus im deutschen Drama der siebziger Jahre. Heidelberg 1985 (Monographien zur Sprachwissenschaft; 14).
Bliesener, Thomas: Die Visite – ein verhinderter Dialog. Initiativen von Patienten und Abweisungen durch das Personal. Tübingen 1982 (Kommunikation und Institution; 6).
Bliesener, Thomas u. *Karl Köhle*: Die ärztliche Visite. Chance zum Gespräch. Opladen 1986.
Brons-Albert, Ruth: Gesprochenes Standarddeutsch. Telefondialoge. Tübingen 1984 (Studien zur deutschen Grammatik; 18).
Brons-Albert, Ruth: Auswirkungen von Kommunikationstraining auf das Gesprächsverhalten. Tübingen 1995.
Brünner, Gisela: Kommunikation in institutionellen Lehr-Lern-Prozessen. Diskursanalytische Untersuchungen zu Instruktionen in der betrieblichen Ausbildung. Tübingen 1987 (Kommunikation und Institution, 16: Untersuchungen).
Brünner, Gisela: Wirtschaftskommunikation. Linguistische Analyse ihrer mündlichen Formen. Tübingen 2000 (Reihe Germanistische Linguistik; 213).
Bublitz, Wolfram: Supportive Fellow Speakers and Cooperative Conversations. Discourse Topics and Topical Actions, Participant Roles and 'Recipient Action' in a Particular Type of Everyday Conversation. Amsterdam, Philadelphia 1988.

Burger, Harald: Das Gespräch in den Massenmedien. Berlin, New York 1991.
Dijk, Teun A. van: Discourse and Communication. New Approaches to the Analysis of Mass Media Discourse and Communication. Berlin, New York 1985 (Research in Text Theory; 10).
Eggins, Suzanne u. *Diana Slade*: Analysing Casual Conversation. London 1997.
Ehlich, Konrad u. *Jochen Rehbein*: Muster und Institution. Untersuchungen zur schulischen Kommunikation. Tübingen 1986 (Kommunikation und Institution. 15).
Fley, Matthias: Talkshows im deutschen Fernsehen. Konzeptionen und Funktionen einer Sendeform. Bochum 1997.
Glindemann, Ralf: Zusammensprechen in Gesprächen. Aspekte einer konsonanztheoretischen Pragmatik. Tübingen 1987 (Reihe Germanistische Linguistik; 73).
Göttert, Karl-Heinz: Kommunikationsideale. Untersuchungen zur europäischen Konversationstheorie. München 1988.
Grießhaber, Wilhelm: Authentisches und zitierendes Handeln. Bd. 1: Einstellungsgespräche. Bd. 2: Rollenspiele im Sprachunterricht. Tübingen 1987 (Kommunikation und Institution; 13, 14).
Gruber, Helmut: Streitgespräche. Zur Pragmatik einer Diskursform. Opladen 1996.
Günthner, Susanne: Diskursstrategien in der interkulturellen Kommunikation. Analysen deutsch-chinesischer Gespräche. Tübingen 1993 (Linguistische Arbeiten; 286).
Günthner, Susanne: Vorwurfsaktivitäten in der Alltagsinteraktion. Grammatische, prosodische, rhetorisch-stilistische und interaktive Verfahren bei der Konstitution kommunikativer Muster und Gattungen. Tübingen 2000 (Reihe Germanistische Linguistik; 221).
Gumperz, John J.: Discourse Strategies. Cambridge 1982.
Hartog, Jennifer: Das genetische Beratungsgespräch. Institutionalisierte Kommunikation zwischen Experten und Nicht-Experten. Tübingen 1996 (Kommunikation und Institution; 24).
Hartung, Martin: Ironie in der Alltagssprache. Eine gesprächsanalytische Untersuchung. Opladen 1998.
Hausendorf, Heiko: Gespräch als System. Linguistische Aspekte einer Soziologie der Interaktion. Opladen 1992.
Hess-Lüttich, Ernest W. B.: Soziale Interaktion und literarischer Dialog. Bd. 1:

Grundlagen der Dialoglinguistik. Bd. 2: Zeichen und Schichten in Drama und Theater: Gerhard Hauptmanns »Ratten«. Berlin 1981, 1985 (Philologische Studien und Quellen; 97, 98).

Hinnenkamp, Volker: Mißverständnisse in Gesprächen. Eine empirische Untersuchung im Rahmen der interpretativen Soziolinguistik. Wiesbaden 1998.

Hoffmann, Ludger: Kommunikation vor Gericht. Tübingen 1983 (Kommunikation und Institution; 9).

Hoffmann, Rolf-Rüdiger: Politische Fernsehinterviews. Eine empirische Analyse sprachlichen Handelns. Tübingen 1982 (Medien in Forschung + Unterricht; Serie A, Bd. 9).

Holly, Werner u. *Peter Kühn* u. *Ulrich Püschel*: Politische Fernsehdiskussionen. Zur medienspezifischen Inszenierung von Propaganda als Diskussion. Tübingen 1986 (Medien in Forschung + Unterricht; Serie A, Bd. 18).

Jäger, Siegfried: Kritische Diskursanalyse. Eine Einführung. Duisburg 1994.

Kampe, Jürgen: Problem „Reformationsdialog". Untersuchungen zu einer Gattung im reformatorischen Medienwettstreit. Tübingen 1997 (Beiträge zur Dialogforschung; 14).

Keppler, Angela: Tischgespräche. Über Formen kommunikativer Gemeinschaft am Beispiel der Konversation in Familien. Frankfurt/M. 1994 (suhrkamp taschenbuch wissenschaft; 1132).

Kilian, Jörg: Lehrgespräch und Sprachgeschichte. Untersuchungen zur historischen Dialogforschung. Habilitationsschrift Braunschweig 2001.

Kotthoff, Helga: Spaß verstehen. Zur Pragmatik von konversationellem Humor. Tübingen 1998 (Reihe Germanistische Linguistik; 196).

Kowal, Sabine: Über die zeitliche Organisation des Sprechens in der Öffentlichkeit. Pausen, Sprechtempo und Verzögerungen in Interviews und Reden von Politikern. Bern, Stuttgart, Toronto 1991.

Kühn, Peter: Mehrfachadressierung. Untersuchungen zur adressatenspezifischen Polyvalenz sprachlichen Handelns. Tübingen 1995 (Reihe Germanistische Linguistik; 154).

Leitner, Gerhard: Gesprächsanalyse und Rundfunkkommunikation. Hildesheim 1984.

Lenk, Uta: Marking Discourse Coherence. Functions of Discourse Markers in Spoken English. Tübingen 1998.

Linke, Angelika: Gespräche im Fernsehen. Eine diskursanalytische Untersuchung. Bern [usw.] 1985 (Zürcher germanistische Studien; 1).

Linell, Per: Approaching dialogue. Talk, interaction and contexts in dialogical perspectives. Amsterdam 1998.
Löning, Petra: Das Arzt-Patienten-Gespräch. Gesprächsanalyse eines Fachkommunikationstyps. Bern, Frankfurt/M., New York 1985 (Arbeiten zur Sprachanalyse; 3).
Luttermann, Karin: Gesprächsanalytisches Integrationsmodell am Beispiel der Strafgerichtsbarkeit. Münster 1996.
Meer, Dorothee: Der Prüfer ist nicht der König. Mündliche Abschlußprüfungen in der Hochschule. Tübingen 1998 (Reihe Germanistische Linguistik; 202).
Meier, Christoph: Arbeitsbesprechungen. Interaktionsstruktur, Interaktionsdynamik und Konsequenzen einer sozialen Form. Opladen 1997.
Moeschler, Jacques: Argumentation et conversation. Eléments pour une analyse pragmatique du discours. Paris 1985.
Müller, Andreas P.: Reden ist Chefsache. Linguistische Studien zu sprachlichen Formen sozialer „Kontrolle" in innerbetrieblichen Arbeitsbesprechungen. Tübingen 1997 (Studien zur deutschen Sprache; 6).
Müller, Cornelia: Redebegleitende Gesten. Kulturgeschichte – Theorie – Sprachvergleich. Berlin 1998.
Müller, Klaus: Rahmenanalyse des Dialogs. Aspekte des Sprachverstehens in Alltagssituationen. Tübingen 1984 (Tübinger Beiträge zur Linguistik; 232).
Nothdurft, Werner: „… äh folgendes Problem äh …": Die interaktive Ausarbeitung „des Problems" in Beratungsgesprächen. Tübingen 1984 (Forschungsberichte des Instituts für deutsche Sprache Mannheim; 57).
Nothdurft, Werner: Wortgefecht und Sprachverwirrung. Gesprächsanalyse der Konfliktsicht von Streitparteien. Opladen 1998.
Nothdurft, Werner u. *Ulrich Reitemeier* u. *Peter Schröder:* Beratungsgespräche. Analyse asymmetrischer Dialoge. Tübingen 1994 (Forschungsberichte des Instituts für deutsche Sprache Mannheim; 61).
Oreström, Bengt: Turn-taking in English Conversation. Lund 1983 (Lund Studies in English; 66).
Paul, Ingwer: Rituelle Kommunikation. Sprachliche Verfahren zur Konstitution ritueller Bedeutung und zur Organisation des Rituals. Tübingen 1990 (Kommunikation und Institution; 18).
Petter-Zimmer, Yvonne: Politische Fernsehdiskussionen und ihre Adressaten. Tübingen 1990 (Kommunikation und Institution; 19).

Pothmann, Achim: Diskursanalyse von Verkaufsgesprächen. Opladen 1997.
Psathas, George: Conversation analysis. The study of talk-in-interaction. Thousand Oaks, Calif. 1995.
Rauch, Elisabeth: Sprachrituale in institutionellen und institutionalisierten Text- und Gesprächssorten. Frankfurt/M. [usw.] 1992 (Arbeiten zu Diskurs und Stil; 1).
Roelcke, Thorsten: Dramatische Kommunikation. Modell und Reflexion bei Dürrenmatt, Handke, Weiss. Berlin, New York 1994 (Quellen und Forschungen zur Sprach- und Kulturgeschichte der germanischen Völker; NF 107 [231]).
Schank, Gerd: Redeerwähnung im Interview. Strukturelle und konversationelle Analysen an vier Interviewtypen. Düsseldorf 1989 (Sprache der Gegenwart; 78).
Schmidt, Claudia: »Typisch weiblich, typisch männlich«. Geschlechtstypisches Kommunikationsverhalten in studentischen Kleingruppen. Tübingen 1988 (Reihe Germanistische Linguistik; 87).
Schönherr, Beatrix: Syntax – Prosodie – nonverbale Kommunikation. Empirische Untersuchungen zur Interaktion sprachlicher und parasprachlicher Ausdrucksmittel im Gespräch. Tübingen 1997 (Reihe Germanistische Linguistik; 182).
Scollon, Ron u. *Suzanne Wong Scollon*: Intercultural Communication. A Discourse Approach. Oxford, Cambridge 1995.
Selting, Margret: Prosodie im Gespräch. Aspekte einer interaktionalen Phonologie der Konversation. Tübingen 1995 (Linguistische Arbeiten; 329).
Semeria, Stefano: Talk als Show – Show als Talk. Deutsche und US-amerikanische Daytime-Talkshows im Vergleich. Opladen 1999.
Spiegel, Carmen: Streit. Eine linguistische Untersuchung verbaler Interaktion in alltäglichen Zusammenhängen. Tübingen 1995 (Forschungsberichte des IdS; 75).
Spranz-Fogasy, Thomas: Interaktionsprofile. Die Herausbildung individueller Handlungstypik in Gesprächen. Opladen 1997.
Steuble, Annette: Integrative Konversationsanalyse. Zum Zusammenhang von Sprache, nonverbaler Kommunikation und interaktiver Beziehung. Pfaffenweiler 1986 (Reihe Sprach- und Literaturwissenschaft; 9).
Streeck, Sabine: Die Fokussierung in Kurzzeittherapien. Eine konversationsanalytische Studie. Opladen 1989 (Beiträge zur psychologischen Forschung; 16).

Svennevig, Jan: Getting acquainted in conversation. A study of initial interaction. Amsterdam 1999 (Pragmatics & beyond, N.S.; 64).

Tannen, Deborah: Conversational Style: Analysing Talk Among Friends. Norwood 1984.

Uhmann, Susanne: Grammatische Regeln und konversationelle Strategien. Fallstudien aus Syntax und Phonologie. Tübingen 1997 (Linguistische Arbeiten; 375).

Weinrich, Lotte: Verbale und nonverbale Strategien in Fernsehgesprächen. Eine explorative Studie. Tübingen 1992 (Medien in Forschung + Unterricht; Serie A, 36).

Wenzel, Angelika: Verstehen und Verständigung in Gesprächen am Sozialamt. Eine empirische Untersuchung. Tübingen 1984 (Reihe Germanistische Linguistik; 52).

Willkop, Eva-Maria: Gliederungspartikeln im Dialog. München 1988 (Studien Deutsch; 5).

Wodak, Ruth: Disorders of Discourse. London, New York 1996.

5. Forschungsberichte, Überblicksartikel und Bibliographien

Becker-Mrotzek, Michael: Diskursforschung und Kommunikation in Institutionen. 2., verbesserte und erweiterte Aufl. Heidelberg 1999 (Studienbibliographien Sprachwissenschaft; 4).

Bublitz, Wolfram: Discourse Analysis: The State of the Art. In: C. Uhlig u. R. Zimmermann (Hrsg.): Anglistentag 1990 Marburg. Tübingen 1991, S. 259–284.

Maas, Utz: Probleme und Traditionen der Diskursanalyse. In: Zeitschrift für Phonetik, Sprachwissenschaft und Kommunikationsforschung 41. 1988, S. 717–729.

Meyer, Stefan u. *Michael Weber*: Bibliographie zur linguistischen Gesprächsforschung. Hildesheim, New York 1983 (Germanistische Linguistik; 1–2/1981).

Rath, Rainer: Was ist aus der Erforschung der gesprochenen deutschen Sprache geworden. Anmerkungen zur Geschichte eines Wissenschaftsgebiets. In: Heinrich Löffler [u. a.] (Hrsg.): Texttyp, Sprechergruppe, Kommunikationsbereich. Festschrift für Hugo Steger. Berlin, New York 1994, S. 375–395.

Rehbock, Helmut: Ansätze und Möglichkeiten einer historischen Gesprächsforschung. In: Brinker/Antos/Heinemann (Hrsg.) 2001.

Schiffrin, Deborah: Conversational Analysis. In: Frederick J. Newmeyer (Hrsg.): Linguistics. The Cambridge Survey. Vol. 4: Language: the sociocultural context. Cambridge 1989, S. 251–276.

Schwitalla, Johannes: Neue Aspekte bei der Erforschung gesprochener Sprache. In: Die Deutsche Literatur [Japan] 36. 1992, S. 99–129.

Streeck, Jörg: Konversationsanalyse. Ein Reparaturversuch. In: Zeitschrift für Sprachwissenschaft 2. 1983, S. 72–104.

Taylor, Talbot J. u. *Deborah Cameron*: Analysing Conversation. Rules and Units in the Structure of Talk. Oxford [usw.] 1987.

Sachregister

Abschied 257f.
Abtönungspartikel 279, 285, 288f.
Abschweifungen 289
Adjektive, wertende 279
Adressat 28, 72, 184, 211, 213
Adressatenanalyse 211
Adressatenbezug 222
affektive Bewertungen und Prozesse 252
affektive Gesprächssteuerung 272
Akt, illokutiver 10
–, perlokutiver 10
–, propositionaler 10
Akzeptierung des Rechtfertigungsverlangens 7
Alltagserzählungen 253
Alltagsgespräch 2, 22, 61, 81
altersgruppenspezifische Gesprächsweisen 254
Amtsgespräch 8, 24, 254
Anakoluth 290
Anakoluthie 283
Analyseeinheiten 42
Analysekategorien des Gesprächs 13
Anredeenthaltung 278
Anrede, pronominale 278
Anrede und Erwiderung 6f., 12, 33, 281
Anwendungsbereiche der Gesprächsanalyse 224–228
Anzeichen, gesprächsschrittbezogene 191–194
arbeitsentlastet 24, 212
arbeitsorientiert 24, 212
Argument 284

Argumentation 253, 284
Argumentationsmuster 283
ars dialogica 5
Aufforderung – Antwort – Sequenz 15
Aufnahmesituation 44–46, 84
Aufzeichnung, offene 50ff.
–, verdeckte 45f.
Ausdrücke, idiomatische 292
Ausklammerung 290
Ausnahmebedingung 285f.
Außenpause 191
Äußerungsakt 10
Äußerungsebene 183f., 211f.
Äußerungseinheiten 168, 247f., 273
Austauschbarkeit der Standpunkte 8
Authentizität von Gesprächen 41, 43, 45

back-channel-behavior 14, 20–22, 36, 171
Basisregeln 8, 195f.
Bedeutung von Handlungen und Zeichen 49–54, 64, 81, 163, 197
Beendigungsangebot, -wunsch 162, 164
Beendigungsinitiative 14, 16, 165, 259
Beendigungszustimmung 162
Begrüßungstechnik 159
Bekanntheitsgrad der Gesprächspartner 27
Beobachter 37f., 44–46, 51, 54
Beobachtereffekt, -einfluß 46, 55
Beobachterparadoxon 43

Beobachtung, kategoriale 38, 52, 237
-, systematische 38, 43
-, teilnehmende 38, 45, 53 f.
Beobachtungsprotokolle 38, 52, 237, 240
Beobachtungssituation 43
Beratungsgespräch 24, 31, 226, 252, 254
Betonungen 47, 64, 67, 75 f.
Beziehungskonstitution 276
Beziehungsstörungen 252
Beziehungsstruktur 252
Binnensegmentierung 251 f.
Blick, Funktionen von -en 222 f.
Blickkontakt, -zuwendung 64, 72 f., 79 f., 193, 220, 222 f.

conditional relevance 18
conversational analysis 1, 3, 17, 153, 238
Conversationssprache 234 f.

Darlegung und Erwiderung 7, 281
Daten 46-48, 71, 284 f.
-, irrelevante 46, 48, 64
-, kommunikative, nicht-kommunikative 56-58
-, phonetische 48, 58-60
-, relevante 46, 52, 67
-, sprachliche 152
-, visuelle 79 ff., 164, 192 f., 220-223, 237 f.
Datenkonstitution 153
Datenminimum für gesprächsanalytisches Korpus 61, 64 f.
Datentypen 49, 54-58
Definition der Situation 15, 166 f.
Deixis, lokale 291
Determination, Ebenen der 204
- von Gesprächsakten 199-205, 213
-, Modi der 204

Dialog 3 f., 228
-, konventionssprengender 5 f.
-, konventionstreuer 5 f.
-, Poetik des -s 1, 3 f.
Dialogfähigkeit von Kindern 254
dialogische Kommunikation 54
Dialogtheorie, philosophische 1, 3 f.
direktiv 27, 30
Diskursanalyse 1
diskursiv 27, 30
Dissens 208
Distributionsanalyse 210-215
Doppeladressierung 245 f.
Doppelungstechnik 161 f.
Dyolog 3

Echo-Frage 281
Einfügungssequenz 18 f.
Einstellungskundgabe 173 f.
Einzelbildanalyse 220, 238
einzelsprachliche Mittel dialogischen Handelns 278, 283
Ellipse 290
elliptische Konstruktion 170
Empirie 25, 153 f.
empirische Sprachwissenschaft 39 f.
Empirisierung der Gegenstandskonstitution 153
Erhebungseinheiten 42
Erwartbarkeit, bedingte 18
Erzählen in Gesprächen 253
Ethnomethodologie 8, 251
Exemplarität 65 f.
expressive Bedeutung des vokalen Verhaltens 64, 67 f., 78, 163

Fakten 284 f.
Feier-, Biertisch-, Thekengespräch 24
Fernkommunikation 26
Fokus 155, 200
Formulation 292

Sachregister

Formulierung 292
Formulierungshandlung 258, 260, 281
formulierungskommentierende Ausdrücke 292
Forscher, Person des -s 44
Fortführung, bezugnehmende 184, 208
Frage und Antwort 7
Fremdwahl 17, 184, 211, 244

Gegenstandskonstitution 152
Gegenwärtiger wählt Nächsten 17
Generative Transformationsgrammatik 34 ff.
Gerichtsgespräch 24, 254
Gespräch 1–3, 6, 11, 22, 25, 33, 54, 224, 230, 232, 255 f.
–, apraktisches 27, 31
–, argumentatives 231
–, arrangiertes 26 f.
–, dialektisches 5
–, didaktisches 232
–, dramatisches 232
–, dyadisches 26
–, eingebettetes 258
–, empraktisches 27, 31, 154, 190
–, erinnertes 33 f., 36 f., 39, 234
–, erzählendes 232
–, Fähigkeit zum 33
–, faktisches 25, 32
–, fiktionales 26, 28, 230
–, fiktives 26 f., 230
–, institutionalisiertes 18, 230
–, inszeniertes 26, 28, 83
– in Kleingruppen 68, 70, 184, 210, 218, 220
–, künstliches 232
–, literarisches 5 f., 227, 254
–, mündliches 232–235
–, natürliches 26 f., 83, 230
–, philosophisches 232

–, psychoanalytisches 270–273
–, (re)konstruiertes 34
–, Soziologie des -s 22 ff.
–, spontanes 26
–, unter vier Augen („face to face") 26, 28, 184, 220
–, wirkliches 232
–, zielorientiertes, nicht-zielorientiertes 118, 154
Gesprächsakt 176, 184, 195–210, 212 f., 240, 260, 266 f.
–, Bestimmung von -en 266 f.
–, beziehungsstruktureller 280
–, Distribution von -en 213, 244
–, konstatierender 268
–, strukturierender 176–178, 181, 183, 192 f., 230, 238
–, thematischer 178–180
Gesprächsakttypen 254
Gesprächsanalyse 1, 6, 12, 33 f., 37 f., 48, 54 f., 59, 63, 164, 190, 226, 246
–, Grenzen der 54, 164, 190, 246
–, historische 228–235, 293
–, vergleichende 293
Gesprächsbeendigung 14, 16, 18, 162–166, 168, 181, 299, 247, 252, 256–258
Gesprächsbeendigungsinitiative 167, 176
Gesprächsbeendigungsplan 162
Gesprächsbeitrag 2
Gesprächsbereich 7, 15, 22–26, 32, 81, 180, 226, 230
Gesprächsdeixis 291
Gesprächsdomäne 23, 25
Gesprächseröffnung 14–16, 155, 165–167, 199, 247, 251, 256–258
Gesprächsgattung 26, 234
Gesprächshandlung 166–168, 175 f., 218 f.
Gesprächshandlungsmuster 252

Gesprächshandlungstyp, situationsspezifischer / institutionsspezifischer 267-273
Gesprächsleiter wählt Nächsten 18, 184
Gesprächsmitte 14-16, 156ff., 165f., 199, 247
Gesprächsorganisation 221, 273-276, 280
Gesprächspartikel 289
Gesprächsphase 159, 165f., 167, 180f., 214, 247, 256-260
Gesprächspsychotherapie 291
Gesprächsrollen 260-265
Gesprächsschritt 2, 13f., 16f., 19, 33, 38, 51, 63f., 166-170, 183f., 184-195, 211f., 260-262
–, Abgrenzung von -en 191
Gesprächsschritte, simultane 169f., 184ff.
Gesprächsschrittbeanspruchung 170, 174f., 183, 185, 219
Gesprächsschrittbeendigung 191
Gesprächsschrittinitiative 37
Gesprächsschrittpaar 18
Gesprächsschrittübergabe, Zeichen der 223
Gesprächsschrittübernahme 184ff., 192, 211, 221, 223, 244, 261
Gesprächssequenz 13-16, 18, 168f.
Gesprächssteuerung 252
Gesprächsteilphase 180f., 218, 247
Gesprächstheorie 2, 225
Gesprächstyp 26, 32, 81, 180, 214f., 230
Gesprächstypologie 25
Gesprächswörter 289
Gesprächszeichen 58-61
gesprochene Sprache 47, 54f., 65, 76, 229
Gesten, Funktionen von 220-222
–, illustrative 220-222

Gestik 47, 52, 79ff., 154, 192f., 217, 220ff., 239
Gleichzeitigkeit s. Simultaneität
Gliederungspartikel 75, 177, 192f., 234f., 279, 283, 289
Gliederungssignal 14, 20f., 177, 252, 258
Grammatik und Konversation 250
Großgruppe 28
Grundeinheit sprachlicher Kommunikation 11
Grundgesamtheit 41, 42, 65
Grundregel, psychoanalytische 270f.
Gruppengespräch 26, 28
Gruß 257f.

Handeln, instrumentelles 23
–, kommunikatives 23
–, sprachliches 9
Handlungsdimensionen des Gesprächs 27, 30
Handlungsmaximen 239
Handlungsplan 159f., 176, 202
handlungssemantische Ebene 183f., 212f., 273
– Einheiten 247f.
Handlungs- und Bedeutungskonstitution 273-276, 283
Handlungsverben, explizit performative 286
Handlungszeilen 71, 79-81
Handlungsziel 157-161, 164
Hauptdiskurs im Unterricht 237-246
Haupthandlung 263
Heterogenität der Sprache 153
Homogenität der Sprache 103
Hörer 11, 170f., 260
Höreräußerungen, Textsyntax von 288
Hörerrückmeldung 170-174
Hörerrolle 261

Sachregister

Hörersignal 252
Hörersignale, Typologie der 287
Hörersteuerung, Organisation der 288
Hörerverhalten, Simulation von 194
Hörverstehensakt 14, 19
Hörverstehensakttheorie 11

ideale Sprechsituation 213
Idealisierung, praktische 8, 194
Illokution 19, 204, 260
Illokutionsspiele 267f.
illokutive Struktur 266f.

Image 252
Imagearbeit 274
implizites Sprechen 280
Inaudition 19
Indexikalitätsmarker 291
Indikator, illokutiver 19, 21
initiative Elemente von Gesprächsschritten 208, 236
Initiierung von Gesprächsakten 199, 202, 204f., 244
– thematischer Einheiten 200f., 244
institutionelle Bedingungen 154, 296, 239, 253f.
Intention von Gesprächsakten 164, 175, 191, 194, 246
Interaktion in der Familie 225, 227
–, gestufte 263–265
–, Lehrer-Schüler- 237–240
–, Schüler-Schüler- 237–240
–, zielgerichtete 118, 154
Interaktionsanalyse 38, 212f., 235ff.
Interaktionsbeziehung 258
Interaktionsfrequenz 211
Interaktionskonstitution, Aspekte der 273–276
Interaktionsrahmen 257f., 267ff.
Interaktionsrichtung 211
Interaktionsstruktur 210–216, 218, 238, 245

–, zeitliche Entwicklung der 214
Interaktogramm 211
Interjektion 289
Interlinear-Analyse 277
Intermezzo 264
Interpretation 51–54, 164, 246
– der Aufgenommenen 51
–, normative 35f., 39
Interpretationsvarianz 179, 209
Intervention des Therapeuten 270f.
Interview 214
Introspektion 34–36, 39

Kadenzen 64, 76f., 163
Kadenzzeichen 76f.
Kategorien, interpretative 49, 249
–, interpretierte 180
–, kommunikativ-pragmatische 25, 32, 81, 215
– der Makroebene 14–16, 180f., 247
– der Mikroebene 14, 181–183, 247
– der mittleren Ebene 14, 16–22, 166–183
Kategoriensystem 38, 237f.
Kauf- und Verkaufsgespräch 24
Klangqualität, expressive 64, 67f., 78, 163
Kleingruppe 28
Koerzähler 264
Kolloquium, Konferenz, Diskussion 24
Kommentar 50–53, 61, 63f., 68, 71–75, 78–81
–, akustischer 71, 78–80, 84
–, direkter 201
–, semantisch-pragmatischer 71, 79–81
–, visueller 71, 80, 84
Kommentarschritt, spontaner 170, 173f., 186, 223, 288
kommentierende Äußerung 157, 218

Sachregister

Kommunikationsakt 11, 158, 239 243
Kommunikationsgemeinschaft 4
kompakter Ausdruck 280
Kompetenz 34–36, 39
–, Grenzen der 35, 39
–, kommunikative 33, 36
Kompetenzlinguistik 35 f., 39
Kongruenz der Relevanzsysteme 8
Konklusion 203–205, 284, 286
Konsens 208
Konsensustheorie der Wahrheit 4
Konstellation der Gesprächspartner 26
Konstitutionsproblematik 152
Konstitution sozialer Identitäten und Beziehungen 273 f.
Kontext, situationeller 26, 28
Konversation 3, 5
Konversationsanalyse 1
Konversationsmaximen 17, 260
Kooperationsprinzip 17, 196, 198, 201 f., 215
Kopfhaltung, -zuwendung 64, 72 f., 79 f., 220, 222 f.
Korpus 39–43, 45, 47 f., 51, 53, 55, 58, 61, 64–66, 153, 214, 230
–, gesprächsanalytisches 58, 61, 64
–, maximal informatives 55, 58
–, repräsentatives 41, 42, 55
–, Umfang des 40, 42
Korrektur 290
Kundgabe, implizite 287

Lautäußerungen und -produktionen, nicht-sprachliche 78 f.
Lautstärke 47, 64, 67, 78, 193
Lehrerfrage 268
Lesbarkeit 48, 66 f., 74
Linguistik des Dialogs 1

Management, lokales 289

Materialgewinnung, Verfahren der 38
Mediengespräch, Interview 24, 226, 275
medienspezifische Bedingungen 254
Merkmale, konstante 41
–, konstitutive 41
–, variable 41 f.
Metakommunikation 291
metakommunikativ-deskriptiv 30
metakommunikativ-reflexiv 30, 292
metakommunikative Aktivitäten 164, 205, 213, 254
– Aspekte 291
Methodologie 153
Mikrofonbefangenheit 44
Mimik 47, 52, 59, 79 f., 154, 192 f. 217, 220, 238 f.
Modalpartikel 289
Motivation von Gesprächsakten 202–205, 209, 245, 267
Mustergespräche 159

Nachspiel 205
Nahkommunikation 26
Namensnennung 278, 280, 286
narrativ 27, 30
Nebenaktivitäten, -kommunikationen im Unterricht 237–245, 265, 288
Nebenhandlungen 264
Nicht-Interaktion, Zustand der 193 f.
Normalformerwartung 194 f., 215
Notat 48, 66 f., 77, 80
Notation 47 ff., 50, 52, 61, 65, 71, 83
– akustischer Daten 64, 71
–, Arbeitsaufwand für 47 f., 65
–, gesprächsanalytische 64 ff., 83 ff., 118 ff.
–, phonetische 48, 58 f.
– visueller Daten 64, 71

Sachregister

Notationssystem 66, 71–82, 182, 247

Obligationen, bedingte und unbedingte 198 f.
– der Beziehungsebene 201 f.
– von Gesprächsakten 195–205, 209, 244 f., 267
–, thematische 200 ff., 205
Öffentlichkeit, Grad der 24, 26
Option 201, 204

Paraphrase 290
–, rekonstruierende 290
–, rhetorische 290
Partikel 254
Partitur 68–71
Partiturklammer 68, 70 f.
Partiturzeile (PZ) 68, 70–72, 77, 79 f.
Partnerselektion 261
Partygespräch 50, 65, 69 ff., 118–151, 200, 244
Pause 47, 49, 63 f., 76 f., 185, 187, 189–191, 212, 244
Pausenlänge 47–49
phatische Kommunikation 216
Phrase, idiomatische 177
Prädikation 10, 178 f.
Präsentationshandlung 156–162, 165
Präsupposition 51, 81, 280
Präzisierung 290
preallocation 261
Prolepse 290
Proposition 19, 21, 178 f., 204

Rahmenobligation, institutionelle 199 f.
Raum-Zeit-Verhältnis 26
reaktive Elemente von Gesprächsschritten 208, 236
Redekonstellation 45, 215
Referenz 10, 178 f.
Reformulierung 290 f.

Regeln, fundamentale (guiding rules) 36, 39
Register, stilistisches 59 f.
Regulativa 213
Rekonstruktion gesprochener Sprache 229 f., 233
Repräsentativität von Stichproben und Korpora 41–43, 46, 55, 65
Responsivität von Gesprächsakten 205–210, 213, 216, 236, 244 f., 267
–, Ebenen von 205–207
–, Grade von 206 f.
–, des Therapeuten 272 f.
Reversibilität von Lehrerverhalten 236
Rhetorik 5
rhythmischer Verlauf der Rede 77 f.
Rituale, interpersonelle 20, 252, 274
–, negative 274
–, positive 274
rituelle Kommunikation 274
Rolle des Hörers 287
Routineformeln 254, 292
Rückkoppelungsverhalten 22, 28
Rückmeldung 157, 189, 288
–, Typen der 21 f., 171–173, 178, 260, 265
Rückmeldungsakt 176, 178, 183, 193, 218, 222 f.
Rückmeldungspartikel 20, 74 f., 162, 171 f., 198, 279, 287, 289

Sachverhaltskonstitution 252
Sarkasmus 285
Satz 183
–, unvollständiger 183
satzsoziiert 183
Satzbildungsregel 17, 170, 175
Satzbruch 290
satzwertig 183
Satzwort 183
Satzzeichen 76

Schlußfolgerung 284
Schlußfolgerungsregeln 286
Schlußpräsupposition 284, 286
Schlußregel 284
Schritt, ritueller 17, 20
Segmentierung 47, 251
Selbstdarstellung im Gespräch 216, 219
Selbstgespräch 231
Selbstkorrektur 170
Selbstselektion, -wahl 17, 184, 211, 244, 261
Selektion der Daten 46–49, 55
–, theoriegesteuerte 46
– der Variablen 41–46, 49, 214
Sequenz, bedingte 200
– von Lehrer- und Schüleräußerungen 236
sequenzinitiierender Sprechakt 272
Sequenzstruktur 13, 251
side sequences 264
Signal, audiovisuelles (digitales und analoges) 47, 67
Signalcluster 259 f.
Simultaneität von Äußerungen (Gesprächsschritten) 63, 68 f., 71, 158
– von Signalen 67
Situation 15, 197
–, Definition der 15, 166 f., 258
–, simuliert natürliche 44
Spaltung des Gesprächs 218 f., 243 f., 265
Spielgespräch 24
Sprachbegriff, dialogischer 6 f., 11 f.
Sprachhandlung, primäre 286
Sprechakt 10, 12 f., 14, 19–22, 61, 176
–, gesprächsschrittbeanspruchender 22
–, gesprächsschrittbehauptender 22
–, gesprächsschrittgliedernder 22
–, gesprächsschrittübergebender 22
–, gesprächsstrukturierender 21 f.

–, indirekter 156, 180
–, kommissiver 178
–, Realisierungsform von -en 182
–, satisfaktiver 179
Sprechaktsequenz 11, 179
Sprechakttheorie 10 f., 34, 198 f.
Sprechakttyp 178–180
Sprechen, dialogisches 4
–, handlungsbegleitendes 256
–, thematisches 256
Sprecher 11, 260
–, Bezeichnung der 64, 71 f.
– und Hörer 192–194, 261–265
–, primärer 264
Sprecherfunktionen, unterstützende 264
Sprecher-Hörer-Rollenwechsel 7 f., 193 ff.
Sprecherrolle 187, 189
Sprechersignal 252
Sprecherwechsel (s. auch: Wechsel von Gesprächsschritten) 2, 14, 17 f., 195, 238
Sprecherzeilen 71 f.
Sprechhandlungspartikel 289
Sprechhandlungssequenz 198 ff.
Sprechhandlungsverkettung 198
Sprechtempo 47, 64, 67–69, 193
statement and reply 7
Stereotype 292
Steuerungsmittel, explizite 192 f.
Stichprobe 40–42, 65
Stimmklang 52
Strategien der Gesprächsführung 159 f., 203
Streitgespräch 270
Strukturalismus, amerikanischer 39 f., 55
Substantive, bewertende 279

tangential 207
Terminalsignal 165

Sachregister

textformulative Aspekte 291
Thema von Gesprächshandlungen 200–209, 212f., 216ff., 252, 274
Themafixiertheit des Gesprächs 27, 244
thematische Abschnitte 259f.
– Aspekte 200f.
– Progression 118, 216ff.
Themeninitiierung und -akzeptierung 7f., 258
Themenwechsel 200, 217f.
Therapiegespräch 226, 254, 270–273
Tonhöhe(nverlauf) 67, 74–77
Tonhöhensprung 76f.
Transkriptionssysteme 66
turn 2, 261f.
– signal 187, 191ff.
– taking 2, 14, 17f., 190, 193
turn-taking-Stile 262

Übertragung, psychoanalytische 271
Umschrift, „literarische" 59f., 64, 73
Umstrukturierung von Gesprächshandlungsmustern 268ff.
Unabgeschlossenheit der Gesprächseröffnung 16
Unterbrechung 184–186, 188f., 212, 223, 244
Unterhaltung, persönliche 24, 31
Unterricht, Gruppen- 238
–, lehrerzentrierter 237f., 241, 243f.
Unterrichtsanalyse, -forschung 235–237, 246
Unterrichtsgespräch 24, 227, 254, 268–270
Untersuchungsphasen, exploratorische 45
–, hypothesengeleitete 45

Variablen der Beobachtungssituation 43–46
–, gesprächsexterne 215
–, gesprächsinterne 215
–, irrelevante 42
–, relevante 42, 46
Varianten, dialektale 58–60
Varietät, sprachliche 23
Verben, ablaufkonstituierende 292
–, abwertende 279
–, verständnissichernde 292
Verhältnis, asymmetrisches 26, 29, 213
–, symmetrisches 26, 29
Verhandlungsgespräche 226
Verkaufsgespräch 65, 83–117, 154–166
Verknüpfung von Gesprächsakten 184, 195–210, 213, 248
Verständnissicherung 252
Vollsatz 183
Vorannahme, -entscheidung, theoretische 42f., 48–50
Vorbeendigung 14, 167, 181
Vorbereitetheit der Gesprächspartner 27
Voreröffnung 283

Wechsel, fugenloser 187–189, 244
– von Gesprächsschritten 8, 184–191, 198, 210, 212, 218, 244, 248
–, glatter 184, 186–189
– nach Pause 184, 189–191
–, überlappender 187f.
– nach Unterbrechung 184–186
–, zäsurierter 187f., 244
Wegauskünfte 252
Werkstatt-, Labor-, Feldgespräch 24
Wiederaufnahme 290
Wiederholungen 283
Wort 168
–, parasprachliches 52, 76

Zeichen, analoges 47
–, außersprachliches 18

–, expressives 47, 52
–, gesprächssteuerndes 73, 191–194
–, gestisches 37, 47, 56ff., 64
–, Identifizierung von 47
–, intentionales, nicht-intentionales 57
–, nicht-sprachliches 47f., 56, 60f., 220
–, parasprachliches 18, 22
–, prosodisches 18, 74–77, 217
–, segmentales sprachliches 73–75
–, sprachliches 47f., 56f., 72, 189, 221
–, suprasegmentales sprachliches 75–78
–, tonales 56f., 64, 74f., 81
–, verbales 56, 64, 73, 217
–, vokales 37, 52, 56, 64
Zeichensetzung 76
Zeitzählung 71, 82
Zug 270
Zugänglichkeitsrituale 257
Zuhören, Anzeichen des -s 193, 222f.
Zuhörer 28, 184, 223

Studienbücher bei de Gruyter

Stephen Barbour / Patrick Stevenson
Variation im Deutschen
Soziolinguistische Perspektiven
1998. XVII, 354 Seiten. Mit 18 Abbildungen, 7 Tabellen und 14 Karten. Broschiert.
- ISBN 3-11-014581-2
(de Gruyter Studienbuch)

Hans-Werner Eroms
Syntax der deutschen Sprache
2000. XII, 510 Seiten. Broschiert.
- ISBN 3-11-015666-0
(de Gruyter Studienbuch)

T. Alan Hall
Phonologie
Eine Einführung
2000. XII, 363 Seiten. Broschiert.
- ISBN 3-11-015641-5
(de Gruyter Studienbuch)

Bernd Pompino-Marschall
Einführung in die Phonetik
1995. XIV, 310 Seiten. Mit zahlreichen Abbildungen und Tabellen. Broschiert.
- ISBN 3-11-014763-7
(de Gruyter-Studienbuch)

WALTER DE GRUYTER GMBH & CO. KG
Genthiner Straße 13 · 10785 Berlin
Telefon +49-(0)30-2 60 05-0
Fax +49-(0)30-2 60 05-251
www.deGruyter.de

de Gruyter
Berlin · New York

Studienbücher bei de Gruyter

Andreas Gardt
Geschichte der Sprachwissenschaft in Deutschland
Vom Mittelalter bis ins 20. Jahrhundert
1999. IX, 410 Seiten. Broschiert.
• ISBN 3-11-015788-8
(de Gruyter Studienbuch)

Ulrike Haß-Zumkehr
Deutsche Wörterbücher – Brennpunkt von Sprach- und Kulturgeschichte
2000. XI, 411 Seiten. 27 Abbildungen. Broschiert.
• ISBN 3-11-014885-4
(de Gruyter Studienbuch)

Peter von Polenz
Deutsche Sprachgeschichte vom Spätmittelalter bis zur Gegenwart Band I bis III
2000. Ca. 1760 Seiten. Broschiert.
• ISBN 3-11-016802-2
(de Gruyter Studienbuch)

Sprachwissenschaft – Ein Reader
2., verbesserte Auflage
Herausgegeben von Ludger Hoffmann
2000. XII, 778 Seiten. Mit 42 Abbildungen. Broschiert.
• ISBN 3-11-016896-0
(de Gruyter Studienbuch)

WALTER DE GRUYTER GMBH & CO. KG
Genthiner Straße 13 · 10785 Berlin
Telefon +49-(0)30-2 60 05-0
Fax +49-(0)30-2 60 05-251
www.deGruyter.de

de Gruyter
Berlin · New York